方泽
Further

此生已近
桃花源

丰子恺传

1898
—
1975

AN ARTISTIC EXILE
A LIFE OF
FENG ZIKAI
(1898—1975)

[澳] 白杰明 ___ 著

贺宏亮 _____ 译

北京时代华文书局

图书在版编目（CIP）数据

此生已近桃花源：丰子恺传 / (澳) 白杰明著；贺宏亮译. -- 北京：北京时代华文书局，2025. 4.

ISBN 978-7-5699-5971-0

Ⅰ . K825.72

中国国家版本馆 CIP 数据核字第 2025B52X99 号

AN ARTISTIC EXILE: A LIFE OF FENG ZIKAI (1898-1975)

by

GEREMIE R. BARME

Copyright:© 2002 BY THE REGENTS OF THE UNIVERSITY OF CALIFORNIA

This edition arranged with University of California Press

through Big Apple Agency, Inc., Labuan, Malaysia.

Simplified Chinese edition copyright:

2025 Beijing Time-Chinese Publishing House co.,Ltd.

All rights reserved.

北京市版权局著作权合同登记号 图字：01-2024-5498 号

CISHENG YIJIN TAOHUAYUAN：FENG ZIKAI ZHUAN

出 版 人：陈　涛
策划编辑：范　炜
责任编辑：范　炜
装帧设计：╋‖ Studio｜孙丽莉
责任印制：刘　银

出版发行：北京时代华文书局 http://www.bjsdsj.com.cn
　　　　　北京市东城区安定门外大街 138 号皇城国际大厦 A 座 8 层
　　　　　邮编：100011　电话：010-64263661 64261528
印　　刷：北京盛通印刷股份有限公司
开　　本：710 mm×1000 mm 1/16　　　　　成品尺寸：155mm×230 mm
印　　张：31.5　　　　　　　　　　　　　　字　　数：423 千字
版　　次：2025 年 4 月第 1 版　　　　　　　印　　次：2025 年 4 月第 1 次印刷
定　　价：99.00 元

落花艳舞风流雾香
雪
飘芳树幽红雨
凌霞薄月坐

从任何一字起
或左行或右行
皆成一五绝
清某人砚上铭

▲ 丰子恺所书的回文诗。丰子恺在中间写道：「从任何一字起，或左行或右行，皆成一五绝。清某人砚上铭。」图片来自夏宗禹编，《丰子恺遗作》（北京，华夏出版社，1988年）

献给李克曼

(Simon Leys, 1935—2014)

致
谢

正如读者将在引言中读到的，本书的酝酿花费了很长时间，内容也涵盖极为广阔的领域。在北京，我得到戴乃迭（Gladys Yang）和杨宪益夫妇的启发和帮助，他们是不嫌麻烦也不知疲倦的主人、好友和酒伴；他们还特地引荐我结识了书法家、散文家黄苗子。在这几位的支持下，我才有可能开始进行初步的工作。对我的导师李克曼 ① 怀有的共同钦佩，加深了我们的友谊。在其他一些朋友和学者对这项研究的价值抱着怀疑态度时，李克曼支持我对丰子恺的生活和工作开展详细研究的计划。在我于 1974 年到中国之前，李克曼作为多年的教师和作家，给予我启迪，为了表达对他的感谢，我把本书题献给他。也是通过杨宪益夫妇，我认识了詹纳尔（W. J. F. Jenner），在初次见面的多年之后，我们又在堪培拉重逢，他在本书材料的选择和打磨上起到了关键作用。

20 世纪 80 年代初的两年，我在京都大学人文科学研究所访学，竹内实（Takeuchi Minoru）和方纪生——周作人的一位友人，鼓励我

---

① 李克曼（1935—2014），原名 Pierre Ryckmans，笔名 Simon Leys，比利时汉学家，1970 年定居澳大利亚。（脚注均为译者注）

对丰子恺的兴趣，并建议研究他与 20 世纪二三十年代其他作家之间的关系。我要特别感激方先生为我介绍了《骆驼草》这份重要刊物及其历史中某些未曾书面披露的情况。通过方先生，我还与周作人的儿子周丰一建立了联系。

香港中文大学教授卢玮銮对我的研究给予了慷慨支持，让我挑选并复印她搜集的有关丰子恺的丰富资料。在丰子恺尚不太为人所知的时候，她给我提供了许多可供进一步研究的材料，并把我介绍给了上海的丰一吟。通过卢教授，我见到了丰一吟，还见到了当时与我一样年轻的杭州学者陈星。

十五年来，陈星不断为我提供研究信息、材料和鼓励，如果没有他的不懈支持，本书将会大为逊色。丰子恺最小的女儿丰一吟，送给我不少书籍资料，而最大的帮助则是给了我她父亲与新加坡广洽法师之间不平常通信的高质量复印件。她的哥哥丰华瞻，陈师曾的儿子陈封雄，以及人民日报原记者夏宗禹，后来也欣然为我提供帮助。

还要感谢骆惠敏和钱锺书对我最初的研究所作的评论。钱锺书对丰子恺的成就并不太推崇，这尤其激励我去竭力证明他是错的。尽管还算不上他对我预言的"杀鸡用牛刀"，但我觉得我确实在这项课题中倾尽了全力。

东京大学的刈间文俊帮助我搜集日文材料，并持续留意竹久梦二作品的出版，还送了一套再版的制作精美的《梦二画集》让我参考。澳大利亚国立大学日本中心的池田俊一时常帮我将复杂的日文名字转为罗马拼音，而姚汉娜（Hannah Yiu）则允许我无偿使用她搜集的竹久梦二诗文材料。在澳大利亚国立大学，孟子图书馆亚洲研究部的前职员 YS 陈（Y. S. Chan）、苏珊·普伦蒂斯（Susan Prentice）、李龙华（Li Lung-wah）、HC 李（H. C. Li）和黄宇航（Huang Yuhang）热情而耐心地帮我寻找各种资料。1988 年夏天，在国家图书馆国际交流处的李志良（Li Zhiliang）和汪安辉（Wang Anhui）的帮助下，我的资料搜集工作取得了重要进展。①

我还要感谢孙万国（Warren Sun）在我论述章太炎和佛教时给予的帮助；中国社会科学院文学研究所的胡小伟，在一个闷热的周末帮我在北京搜寻 1949 年之后发表的丰子恺作品；杨牧（王靖献）对我的研究表示了兴趣；四川省社会科学院文学研究所的欧阳江河，在一个匆忙的上午带我进入四川省图书馆，避开管理人员，抄录了许多丰子恺抗战时期的文献。

20 世纪 80 年代末，我们房间里到处都是关于丰子恺的资料，当时我的妻子贾佩琳（Linda Jaivin）也表现出极大的热情和持久的兴趣。自那以后，我的朋友和同事们不得不忍受我将丰子恺这个冷僻题目作为博士论文的主题，并勉强赞同我要为之撰写一部具有可读性专著的目标。

闵福德（John Minford）、大卫·波拉德（David Pollard）、李欧梵（Leo Ou-fan Lee）、史景迁（Jonathan Spence），以及柳存仁、桑晔、乔迅（Jonathan Hay）、方成和黄永玉都曾以不同的方式为我提供帮助，使我减轻负担，扫除研究中的障碍。澳大利亚国立大学的另一些同事，特别是姜苦乐（John Clark，现在悉尼大学任教）、加文·麦考马克（Gavan McCormack）和伊懋可（Mark Elvin），不断敦促我修改并发表本书。研究初期，胡敏娜（Mary Farquhar）、罗海伦（Helen Lo）和基蒂·艾哲金（Kitty Eggerking）耐心地阅读部分或全部手稿，并提出许多有价值的建议。在台北蒋经国基金会和澳大利亚国立大学出版委员会的赞助下，本书获得使用丰子恺作品的授权，因而增色不少。

---

① 此段汉语人名均为音译。

我并未采纳收到的全部明智建议，但我希望本书能够满足读者的期望，并回击以前那些幸灾乐祸的批评。

加利福尼亚大学出版社的希拉·莱文（Sheila Levine）显示了圣人般的耐心，给我充分的时间整理零碎观点和散乱思考。劳拉·德里尤西（Laura Druissi）在出版的最初阶段和我愉快合作，而朱莉安·布兰德（Juliane Brand）、玛丽·塞弗伦斯（Mary Severance）和伊丽莎白·伯格（Elizabeth Berg）则在后期制作中付出了诸多努力。不过，如果没有华志坚（Jeffrey Wasserstrom）的明智建议和灵活处理，或许就根本不会有这本书的出现。

目 录

引言

　　这本书的故事，至少从一开始，就与其他故事、历史的结束有关。

　　1975 年 9 月，丰子恺[1]去世。这一年，是自 1966 年开始并持续十年之久的"文化大革命"正式结束的前一年。这期间，像丰子恺这样的艺术家和作家全都销声匿迹。1976 年 9 月 9 日，毛泽东逝世。他的去世标志着一个时代的结束，也开启了新的历史时期。在"文化大革命"中，毛泽东的革命历程成为 20 世纪中国史讲述的主要内容。新时期开始后，无数的个人历史才有了新的起点。

　　虽然丰子恺没有活到看见伟大领袖去世及其主导时代的结束，但他个人隐秘的艺术创作生涯其实一直持续到他去世前不久。1979 年改革开放后，丰子恺取得了巨大的公众声望，这种声望倒是他在晚年不曾拥有的。本书想讲述的是一个独特生命的历程，并试图探讨这个生命故事所折射出的 20 世纪中国历史。

　　这本传记既围绕艺术家个人的经历，也取材于其他书籍、论文等出版物，这当中有的是找来复印的，有的是借来的，有的是从故纸堆里重新发掘出来的。这样一本关涉文化和文学的传记，其写作本身也是作者个人的文化、阅读和经历的一种记录。我第一次接触到本书所记载的世界，还是少年时期在澳大利亚悉尼，我读到母亲所藏的林语堂的《生活的艺术》（大概在同一时期，我的祖母给我介绍罗桑伦巴的著作，无意中有助于我后来完成大学的佛学课程）。而当我于"文化大革命"结束前夜来到中国时，才发现这位"典型的中国人"[2]居美期间撰写的充满东方色彩的大众读物在中国大陆居然难以觅见。

丰子恺去世前夕，我在上海复旦大学求学。此前我从澳大利亚的大学毕业，在大学里我学习了梵文和中文，并于1974年作为交换生去北京学习。和复旦的同窗一样，我学习的是充满革命样板文章和鲁迅作品的"文化大革命"版中国文学史，并因此得以窥见当代中国政治生活的隐秘之处。那时，我们的学习内容包括"批林批孔"，反对资产阶级法权，以及从阅读古典小说《水浒传》中引申出的对投降主义的狂热批判。

当我开始认真阅读中国大陆的出版物时，我带着消遣和迷恋的心态逐渐养成了某些嗜好，掌握了一些需要很长时间的修炼才能明白的奥秘。例如，每天早晨报纸送到后，我要做的第一件事就是学习毛主席的最高指示——以粗黑字体印在报纸头版右上角的框里，即"报眼"处。这个本应刊登天气预报的位置登载的宏大说辞，很可能为今后一段时期的国家道路指明方向。

一位中国同学教会了我解读《人民日报》和毛主席语录的微妙技巧。这位同学曾当过红卫兵，下乡后又当过干部，后来被推荐到大学学习。作为那一代人中的精英分子，学会从报纸的字里行间准确领悟毛主席庄严的最高指示，不是一门可有可无的学问，而是保全政治生命和求得心灵安宁的必备技巧。

很快，我也学会了从报纸文字的字号、粗体、斜体、字体（从仿宋到魏碑）、横排竖排、标题的微妙，以及对经典著作含糊其词的引用中看出端倪。更重要的是我初步掌握了解读新闻照片的技能，不仅要看出修饰过的照片中有谁没有谁，哪些人能够填补空出来的位置，连哪一页上留下的空白都会在心中暗自估量。

我必须学会"读懂"《人民日报》和地方报纸登载的每一张新闻照片背后的含义。读出谁站在哪个位置、前后左右又是哪些人，揣摩其中的等级意义，需要一双训练有素的眼睛和一个能够捕捉到政治风云变幻的头脑。在这个变化无常的世界中，就如后来的地产广告所言——位置就是一切。

简短而含义深奥的最高指示保证着国家的稳定，引导着人民的忠心。城市巨大的标语牌和在出版物中不断重复的口号令我兴趣盎然。其中令我印象最深的，是写在复旦大学正门一块大标语牌上的红底白字"阶级斗争，一抓就灵"。这是提醒人们随时提高警惕，注意"阶级斗争的最新动向"，要与反革命分子和走资派做殊死的斗争。

对于一个二十多岁的外国学生来说，这种经历充满了奇幻的色彩，令人陶醉。当和我年龄相仿的嬉皮士们乘坐飞机到印度、东南亚和非洲，在异国情调中醉生梦死之时，我们这些在中国的西方学生其实也在进行一场政治和文化的旅行。虽然我们相信自己看到、听到的一切会改变世界革命的进程，但是生活的现实却猛烈撞击着我们的心灵。每天早晨就着稀饭和腌菜听到的隐语和小道消息吸引着我这种外来的好奇者，但对于大多数人来说，这些传言却与他们的政治生命和个人前途关系重大。阅读每天的新闻报纸也逐渐变得令人丧气和沉闷。

将近二十年后，我才有机会读到丰子恺在 1974 年到 1975 年和他儿子的通信。这是他生命的最后时期，也正是我在上海读书的那段时间。这些通信收录于 1992 年出版的七卷本《丰子恺文集》的最后一卷，显示出了丰子恺小心翼翼地跟随着当时出版物所反映出的种种政治风潮变化。对政治风向的观察，于我而言是一项有趣的任务，但对于丰子恺那样的人，却与他和亲人们的命运休戚相关。

实际上，除了报眼位置的最高指示，所有的文章和新闻中都充斥着粗黑字体的毛泽东语录。无论是长篇理论说教，还是生铁产量分析，处处都要引用马、恩、列、斯、毛的语录。甚至在课堂上撰写关于中国古代文学史的文章时，老师也指点我们要援引马列经典著作。这种情况很像 20 世纪 90 年代中国大陆流行"后学"时的状况。无论在冗长的序言里，还是滔滔不绝的致谢里，人人都要称引本雅明、霍米·巴巴或者德里达，仿佛只有这样引经据典才能证明跟上了潮流。

而我在中国学习时真正感兴趣的内容却是在脚注中碰见的——五四时期关于文化的大辩论（1917—1927）、20 世纪 30 年代上海商业出版的盛况、左右翼之争、革命派与反对派的论战，更不用说颓废派、新感觉派、浪漫派的作品等等。所有这些，在 20 世纪 70 年代初期的中国出版物中，只能从官方审订的鲁迅文集的注释里略窥一斑。在"文化大革命"中，书籍被禁被烧，图书馆关闭大门，作家纷纷噤声，鲁迅是唯一被保留在大中学教材中的作家。正是在上海出版的鲁迅著作的注释中，我找到了丰子恺和很多与他有交集的作家，例如林语堂和周作人，他们的作品和观点将在本书下面的章节中重点讨论。

一方是阶级斗争和革命的鼓吹者，另一方是反动阵营的文人，而上述作家则处于两者之间。20 世纪 30 年代，鲁迅曾撰文严厉批评他们的散文，对标榜在左右阵营之间保留一个文化空间的"第三种人"提出指责。

> 生在有阶级的社会里而要做超阶级的作家，生在战斗的时代而要离开战斗而独立，生在现在而要做给与将来的作品，这样的人，实在也是一个心造的幻影，在现实世界上是没有的。要做这样的人，恰如用自己的手拔着头发，要离开地球一样，他离不开，焦躁着，然而并非因为有人摇了摇头，使他不敢拔了的缘故。[3]

　　政治斗争的风向猛烈而难以捉摸，鲁迅犀利的文笔又不能勾起我的兴趣，我从教室之外的生活获益最多也就不足为奇了。1975 年夏天，丰子恺去世前不久，我们被送往上海郊区的嘉定县农村"开门办学"，向贫下中农学习水稻种植和灌溉。笨手笨脚的我们空有热情，只会给农村添乱，唯有仰仗当地农民的好心帮助。除了可以给贫瘠单调的农村生活增加一点笑料，满足政治需求和城里人的好奇心外，我们在农村实在毫无用处。这就是乡亲们大无畏的革命信念获得的可怜回报。

　　无论在上海市区还是乡下，"文化大革命"笼罩下的一切使我无法想象被其忽略的个人与集体的历史即将迈向重生。经历过 1949 年以前的繁盛，70 年代的上海只剩下可怜的遗迹，生活在这里，我不能设想二十多年以后上海会逐渐重新焕发出它在 20 世纪上半叶曾具有的那种活力。

　　那年夏天和之后的一段时期，我根本不知道丰子恺正在医院接受治疗。我去了东北，在辽宁省沈阳市继续我的学业。1978 年，"文化大革命"的内幕和恐怖逐渐得到揭露，我终于结束了在内地的学习生活，来到中国香港开始了我的工作历程。

　　1974 年我第一次途经香港北上时，经人介绍认识了《大公报》下属的《新晚报》的编辑罗孚（罗承勋）。大约十二年前，60 年代初期，《新晚报》经常刊载丰子恺作品。罗孚是一位抗战时期成长于大后方桂林的文学青年。我 1977 年到香港后，又经他引荐结识了来自广西的杨丽君（音）和来自各地、居于港岛和九龙的文化名人。大约同一时期，我还认识了北京的翻译家杨宪益和戴乃迭夫妇。通过这些分散于南北各方的友人，五四以来的散文、小说、剧本等非正统作品开始出现在我面前。

　　在香港期间，我在位于湾仔庄士敦路的天地图书出版公司地下室办公。天地图书不但出版各种书籍，也编辑《七十年代》月刊，还经营着香港最大的书店。白天我和黄明珍等同事在地下的办公室里工作，翻译或编辑李怡（笔名齐辛）关于内地的政论文章，也常常到书店选择感兴趣的书籍带回去阅读——作为雇员，我可以从书店借书。我们忙于编印书刊，像出版业的所有人一样总是工作到很晚。同事们在书架间支起行军床，我经常躺在上面凑合一宿。宵夜之后，我们就到办公室里读书直至天明。我们读书的范围庞杂，既有武侠小说、有关内地政治斗争和经济改革的最新分析、八卦杂志、台湾通俗小说，也有柏杨和李敖（他们都曾被台湾国民党当局监禁，释放之后著书批评台湾当局，作品风行一时）的杂文，还有此前在内地被禁的书籍。这些禁书的作者，有的已经在"文化大革命"中被迫害致死，还有一些被诗人艾青称为"活化石"的健在者。[4]

70年代末和80年代初，香港成为内地改革的直接受益者，得益于北京在政治、经济、文化政策上的改革和变化，越来越显示出对内地的重要性和相关性。在各式各样的文化潮流和消费主义泛滥之前，很多"文化大革命"之前，甚至1949年以前的传统文化在香港延续着，并在内地的文化复兴中发挥了重要作用。语言、服饰、美食、观念、书籍、电影、戏剧、流行歌曲、漫画小册等元素，在华人世界中构建着"中华共同体"（或90年代所称的"大中华"）的想象。

香港也是那些离开内地的导演和影星的流寓之所。例如在费穆1948年拍摄的杰作《小城之春》中扮演女主角的韦伟，以及来自老北京的文学编剧萧铜（住在油麻地）。更不用提那些来自上海及全国其他地方的学者、编辑和商人。他们造就了香港商业和文化混杂的独特景观。虽然内地来客常常将香港视为嘈杂的文化沙漠，但70年代的香港抢先抓住了每一个重大转折时出现的发展机会。这里也是天才作家和学者的乐土，其中有一位学者叫卢玮銮（1939—，笔名小思、明川），她在重新发现丰子恺及其艺术的研究上具有首倡之功。

正是卢玮銮这样的香港作家，能面对 20 世纪中国文化遗产的复杂全貌，而大陆或台湾的学者往往因为政治的遮蔽只能见到某些侧面。和之前来此学习中国文学的学生一样，香港特殊的文化环境使我有机会接触到从 20 世纪 20 年代末起就因复杂的政治环境而被遮蔽的文学世界。通过沉浸在丰子恺这类艺术家的作品中，我才得以从政治文化的束缚中暂时解脱出来。

那些年，内地的出版业开始复苏并逐渐取得了极大发展。我所在的出版公司与北京的关系较为紧密，也是少数同时拥有来自海峡两岸和香港各种出版物的书店。我在天地图书公司当编辑、搞翻译，偶尔也用中文写点文章。就是那个时候，我在公司的书架上与丰子恺的作品首次相遇。那是一册由波文书局在 1976 年重印的丰子恺作品集，廉价的纸张已微微泛黄。这也是自 60 年代后，当时唯一比较容易买到的丰子恺著作。后来我去北京时经杨宪益介绍，书画家黄苗子从他的个人藏书中借给我几册 1949 年以前出版的丰子恺画集。在 80 年代初期，中国的书籍复印技术远远落后于日本，而我当时正好去日本学习，就把这些书带到日本影印。人民日报社的姜德明和《大公报》文学副刊编辑潘际坰加深了我对二三十年代中国文学的了解。黄苗子则向我介绍了陈师曾的艺术。陈师曾的弟弟陈寅恪是一位历史学家，曾因写作而受到批判。我就是从这个时期开始探寻漫画艺术的传承和 20 世纪的"后文人画"的。这项研究正好集中了我对佛教、日本、20 世纪中国文化政治和文学、艺术史及其当代论争的兴趣。

丰子恺被重新发掘的故事，与那些被长期压制的文化名人一样，与香港和台湾的作家、编辑、教育者、出版人有关，也与那些有时间和心情欣赏其作品的观众、读者有关。丰子恺艺术在严酷的政治、经济危机和革命激情压制多年后得以重新发现，而这本书的写作、原始材料的收集与梳理、对相关人物的追寻，也是一个与之同步的过程。

由于丰子恺的政治倾向，他在台湾也被禁多年。在 1949 年以前，丰子恺是一位著名的画家、翻译家、作家和教育家。在 1935 年出版的《中国新文学大系》中，郁达夫就曾评价丰的散文"清幽玄妙"[5]。不过，即使丰子恺在 1949 年之前一直从事散文创作和翻译，但由于其独特的漫画风格，直到最近，人们一般仍视他为艺术家和漫画家。他是民国时期众多既是画家也是作家的人之一，类似的还包括孙福熙、叶灵凤和倪贻德[6]。不过，和这些人不同的是，丰子恺不是当时任何主流艺术群体或沙龙的积极参与者，这使他被视为画坛独树一帜的边缘人物。1949 年以后，由于形势的需要，也因为自己的沉默寡言，这样的定位从此固定下来，他成了一位为儿童创作的艺术家。直到 80 年代初期，他的艺术在内地要么被忽略，要么就被曲解。研究现代中国散文的正统史学家林非认为，丰子恺是一位从佛教教义中获得心灵解脱的现实逃避者。[7]而在最近出版的关于 20 世纪中国艺术家的中英文著作中，丰子恺或被忽略，或仅仅被视为一个漫画家。[8]

尽管从丰子恺的作品绘画、写作和翻译中，能够看出逐渐政治化的知识分子的各种努力，但从其他大量作品中同样可以看到与这些努力并不相容的目标。几乎没有证据表明他认为或承认在他超越世俗的浪漫作品与他作为教育者和具有社会关怀的艺术家身份之间，存在冲突和分裂。虽然丰子恺对普通大众（贫困的农夫、忙碌的教员、被社会不公折磨的人们）抱着同情之心，但左翼阵营的成员很难把他视为同路人。而他在纷杂的社会环境中所抱有的佛家众生平等的观念，也使保守派不可能将他视为圈子里的一员。徘徊在左右之间，既不激进也不反动，再加上他传统与改良相结合的艺术风格，或许，丰子恺只能被当作"第三种人"。[9]

"文化大革命"后，文学史研究者和评论家们虽然为丰子恺风格平实的散文留出了一席之地，但往往还是只把他当成不关心政治的漫画家。不过，他风格独特的绘画，无论是通俗的还是带有精英色彩的，也逐渐开始在 20 世纪中国艺术主流中占据小小的位置。[10] 另外，在台湾，由于丰子恺 1949 年之后留居大陆，他也被刻意回避多年。在他去世十多年后的 80 年代，他在台湾才得到重新评价并获得很高的声誉。而在香港，正如我们所见，由于独特的文化环境，丰子恺作品的意义和价值早在 70 年代就已经重新得到认可。这也正是我的这本书会从这段"前缘"开始讲述的原因。

　　本书讲述的是一个历史的故事，也是一段个人的故事，述说了一位艺术家如何与传统相遇，创新它、改革它。他在江南精英文化的熏陶中长大，接受过老师的教诲，受到过爱国进步人士的影响，也处于革命党与反对派之间。所有这些都影响着丰子恺发展出一种独特的个人风格，以回应中国文化在 20 世纪遭遇的危机。而这种风格，可以说超越了那个世纪和那场危机。因此，这本书也不单纯是一部传记，不仅仅是根据文字资料如实记录一段生活，它更为重要的目的在于通过对一位文人、艺术家生命的描述，讲述更多的故事，反映一个时代的历史。

1　丰子恺乳名"慈玉",学名丰润。后来因省略笔画,将"润"字改为"仁"。在浙江当地口音中,"仁"与"润"读音相似,而"仁"在意思上与"慈玉"的"慈"也接近。丰子恺就是以"丰仁"这个名字,进入杭州的浙江第一师范学校就读。1915 年,丰子恺十八岁时,浙一师的国文老师单不厂觉得在"丰仁"这个单名之外还应该有一个双名(号),因此就给他取了"子颛",后改为"子恺",其意与"仁"接近。从此,他就取名"丰子恺",后来写文、作画均用此名。关于丰子恺名字的更多信息,参看《谈自己的画》,《丰子恺文集》卷 5,杭州:浙江文艺出版社、浙江教育出版社,1992 年,第 462 页;丰一吟、潘文彦、胡治均、丰陈宝、丰宛音、丰元草,《丰子恺传》,杭州:浙江人民出版社,1983 年,第 23 页;潘文彦,《丰子恺先生年表》,新加坡、中国香港:时代图书公司,1979 年,第 4 页。丰子恺的书画作品有各种署名。最初,他因受竹久梦二的影响,署名为"TK"(竹久梦二的署名是"TY");早期作品偶尔也以模仿篆刻印章的方式,在方框中书写"恺"字署名;中华人民共和国成立后,他常常署"子恺画"三字,并钤上自己设计的红色印章。

2　称林语堂为"典型的中国人"(professional China-man),是詹纳尔(W. J. F. Jenner)的说法。

3　鲁迅,《论"第三种人"》,《鲁迅全集》第 4 卷,人民文学出版社,1981年,英文节译本(由杨宪益和戴乃迭译),见邓腾克(Kirk A. Denton)编,《中国现代文学思想》(*Modern Chinese Literary Thought: Writings on Literature, 1893—1945*, Stanford, Calif.: Stanford University Press, 1996),第 385 页。

4　关于这段时期的历史,请参看白杰明,《红尘滚滚:论当代中国文化》(*In the Red: On Contemporary Chinese Culture*, New York: Columbia University Press, 1999),第 XI — XIII 页。

5　郁达夫,《中国新文学大系(散文二集)》,上海:良友图书公司,1935年,第 17 页;同时可参看刘禾,《跨语际实践:文学、民族文化与被译介的现代性(中国 1900—1937)》(Lydia H. Liu, *Translingual Practice:*

Literature, National Culture, and Translated Modernity-China, 1900—1937, Stanford, Calif.: Stanford University Press, 1995 ），第 214 页后。

6　孙福熙是 20 世纪 20 年代中国文学史中的重要编辑之一，他也创作油画和国画，但存世作品极少。参看丸山昇、伊藤虎丸、新村彻编，《中国现代文学事典》，东京：东京堂，1985 年，第 176 页；张少侠、李小山编，《中国现代绘画史》，南京：江苏美术出版社，1986 年，第 148—150 页；高美庆的博士论文《中国艺术对西方的回应》（Mayching Margaret Kao, *China's Response to the West in Art: 1898—1937*, Stanford University, 1972 ），第 159 页。20 年代，郭沫若在某种意义上是叶灵凤的赞助人。叶为创造社机关刊物《洪水》（半月刊）设计封面，绘制插图，直到 1931 年还留在左翼作家阵营。随后，他对苏联前卫艺术发生了短暂兴趣，之后转入了现实主义木刻艺术的创作。杭州人倪贻德是五四时期艺术革命的先锋人物，他和叶灵凤都是创造社成员。倪贻德曾在日本留学，回国后担任油画和水彩教师并进行美术创作。参看北京语言学院编，《中国艺术家辞典》（现代第五分册），长沙：湖南人民出版社，1985 年，第 476—478 页；高美庆，《中国艺术对西方的回应》，第 160 页。

7　林非，《中国现代散文史稿》，北京：中国社会科学出版社，1981 年，第 93—94 页。"文化大革命"后，与之类似的有关丰子恺的偏见，参看王西彦，《辛勤的播种者——记丰子恺》，《往事与哀思》，上海：上海文艺出版社，1979 年，第 350—366 页。

8　迈克尔·苏立文在《二十世纪中国艺术》（Michael Sullivan, *Chinese Art in the Twentieth Century*, London: Faber & Faber, 1959 ）中没有提及丰子恺，但在详尽的《20 世纪中国艺术与艺术家》（*Art and Artists of Twentieth-Century China*, Berkeley: University of California Press, 1996 年）中弥补了这一空白。柯珠恩的《新中国绘画》（Joan Lebold Cohen, *The New Chinese Painting, 1949—1986*, New York: Harry N. Abrams, 1987 ）也忽略了丰子恺。在《中国艺术对西方的回应》第 186—187 页中，高美庆仅在"卡通画"部分提及丰子恺，并认为他的作品只是"无产阶级艺术"。在安雅兰的《中华人民共和国的绘画与政治》（Julia F. Andrews, *Painters and Politics in the People's Republic of China, 1949—1979,* Berkeley: University of California Press, 1994）一书中，有涉及丰子恺的论述。同时可参看施高德的《20世纪中国文学与艺术》（A. C. Scott, *Literature and the Arts in Twentieth Century China,* London: Allen&Unwin, 1965），第103—104页；张少侠、李小山编，《中国现代绘画史》，第178—179页。洪长泰（Chang-tai Hung）在其著作中颇费篇幅地讨论了抗日战争时期的丰子恺艺术，何莫邪（Christoph Harbsmeier）的论著也是一个例外。

9 丰子恺没有参与1932年胡秋原、苏汶与左翼作家联盟之间关于"第三种人"的论战。不过，他的作品使人们相信，他的艺术观点与胡秋原及其同盟者天然地接近。这一类作家，无论男女，完全独立于阶级意识，不是具有革命意识形态的党派作家。这场围绕文学艺术独立性进行的论战，见苏汶编，《文艺自由论辩集》，上海：现代书局，1933年。同时参看泰无量（Amitendranath Tagore），《当代中国的文学争论》（*Lierary Debates in Modern China 1918—1937*），东京：东亚文化研究中心（The Centre for East Asian Cultural Studies），1967年，第128—141页；夏志清，《中国现代小说史》第二版（C. T. Hsia, *A History of Modern Chinese Fiction,* New Haven, Conn.: Yale University Press, 1971），第126—128页；邓腾克编，《中国现代文学思想》，第363—375页。

10 参看莫测编，《漫画家谈漫画》，北京：北京工艺美术出版社，1989年，反映出中国大陆著名漫画家关于这一问题的认识。

第一章 师自然

1937 年年末，日本侵略军向素被称为"鱼米之乡"的浙江省发动空袭，丰子恺和家人被迫逃亡。这位三十九岁的艺术家希望在浙西金华汤溪镇找到避难之所。二十年前，他在日本求学时第一次听说丰氏远祖曾在那里生活。

丰子恺在东京留学时偶然遇到一位叫丰惠恩的年轻人，他也来自浙江，并与丰子恺同姓，很快他们发现彼此竟是远亲。丰惠恩告诉丰子恺，汤溪有个村庄，村里所有人都姓丰。汤溪丰氏可以追溯到商朝（约公元前 1000 年）。丰子恺家族所属的这一分支则在 17 世纪 40 年代明末满族入主中原时，迁徙到浙江东北部大运河边上的石门湾镇，丰子恺就在这里长大。三百年后，又是一个政权飘摇之际，家园再一次面临侵略者的威胁，丰子恺把汤溪丰村想象成一处田园般的避风港，那里僻静深幽，远离已经席卷往日乐园的动荡和战争。他把这个"听来的故乡"当成了 4、5 世纪诗人陶渊明（又名陶潜，365？—427）笔下的桃花源。

其中定有良田美池，桑竹之属，和黄发垂髫怡然自乐的情景。[1]

陶渊明的田园诗描绘出一个远离沧桑的避难所，那里的居民快乐而自在地生活。几个世纪以来，这些诗歌深深打动了无数诗人和艺术家。[2]然而，几经思考，丰子恺决定放弃寻找桃花源的想法。他考虑到，一辈子绘画和写作意味着他已"四体不勤，五谷不分"。他担心毫无劳动技能，无法适应自给自足的农耕生活，将使逃难的家人在丰村根本不受欢迎。事实上，汤溪在19世纪的太平天国战争中已经被破坏得满目疮痍，虽然已近七十年过去，但仍未完全恢复。丰惠恩也早已离开汤溪，在充满机会的沿海城市上海勉强度日。而现在，上海也被日本人占领了。[3]

逃离石门湾，寻找一个安全的避难所，可能是丰子恺在20世纪战乱的中国寻求慰藉时最始料不及的情景。他曾不止一次把抗战期间全家在战乱和动荡中寻求家园的苦难历程称为"艺术的逃难"。然而，颠沛流离之中的因缘际会、死里逃生、意想不到的深情瞬间、孤独的思索、突如其来的贫困和意外之财，都令丰子恺感到，逃难的岁月对他这样修习佛教的人而言，也如同一场宗教的流亡。[4]在流亡之中，虽然失去了熟悉的家园，但无论去到哪里，他都能找到心灵的家园。

1898年，丰子恺出生在浙江省东北部崇德县石门湾。[5]石门湾的意思是"河弯处的石头门"，此名源于春秋时（公元前500年）吴国和越国在此地垒石为门，作为界线。[6]石门湾镇位于京杭大运河向北的转弯处，丰家的房子就在离运河仅一百米的支流旁。直到19世纪中叶，这条连接帝都北京和省府杭州的大运河，都是从富庶的南方向帝都运送漕粮和官盐的交通要道。物资源源不断地往来运送，官员、行商和手艺人川流不息。这些物资不仅运往北方，也运往其他繁荣的商业中心，比如邻省江苏的苏州。

石门湾镇是清朝皇帝南巡时的驻跸之处，战略地位令它总是在地区争端中首当其冲。这里的水路错综复杂，农田肥美，丰子恺将它称为"安乐之乡"。1937 年，丰子恺离开了出生地。后来，他曾充满怀念地详细描述坐航船沿着大运河去其他城镇和省府的愉悦之旅。

> （运河）经过我们石门湾的时候，转一个大弯。石门湾由此得名。无数朱漆栏杆玻璃窗的客船，麇集在这湾里，等候你去雇。你可挑选最中意的一只。一天到嘉兴，一天半到杭州，船价不过三五元。倘有三四个人同舟，旅费并不比乘轮船火车贵。胜于乘轮船火车者有三：开船时间由你定，不像轮船火车的要你去恭候。一也。行李不必用力捆扎，用心检点，但把被、褥、枕头、书册、烟袋、茶壶、热水瓶，甚至酒壶、菜榼……往船舱里送。船家自会给你布置在玻璃窗下的小榻及四仙桌上。你下船时仿佛走进自己的房间一样。二也。经过码头，你可关照船家暂时停泊，上岸去眺瞩或买物。这是轮船火车所办不到的。三也。倘到杭州，你可在塘栖一宿，上岸买些本地名产的糖枇杷、糖佛手；再到靠河边的小酒店里去找一个幽静的座位，点几个小盆：冬笋、茭白、荠菜、毛豆、鲜菱、良乡栗子、熟荸荠……烫两碗花雕。你尽管浅斟细酌，迟迟回船歇息。天下雨也可不管，因为塘栖街上全是凉棚，下雨不相干的。这样，半路上多游了一个码头，而且非常从容自由。这种富有诗趣的旅行，靠近火车站地方的人不易做到，只有我们石门湾的人可以自由享受。因为靠近火车站地方的人，乘车太便；即使另有水路可通，没有人肯走；因而没有客船的供应。只有石门湾，火车不即不离，而运河躺在身边，方始有这种特殊的旅行法。然客船并非专走长路。往返于相距二三十里的小城市间，是其常业。盖运河两旁，支流繁多，港汊错综。倘从飞机上俯瞰，这些

水道正像一个渔网。这个渔网的线旁密密地撒布无数城市乡镇，"三里一村，五里一市，十里一镇，廿里一县"。用这话来形容江南水乡人烟稠密之状，决不是夸张的。我们石门湾就是位在这网的中央的一个镇。所以水路四通八达，交通运输异常便利。我们不需要用脚走路。下乡，出市，送客，归宁，求神，拜佛，即使三五里的距离，也乐得坐船。[7]

石门湾位于浙江省的主要丝绸产区，自 16 世纪以来就是生丝集散要地。丝绸制品在这里只是普通物什，以至于丰子恺第一次听说其他地方的人竟将丝绸衣物当成奢侈品时惊讶不已。从 17 世纪开始，此地的工匠就开始为朝廷制作官袍，石门湾就位于以苏杭为基础的丝绸产业中心。"经过农妇和儿童之手，桑叶变成蚕丝，再由街上成百上千的收丝人送到织机上编织作业，高度专业化的生产系统创造了巨大的商业财富。"[8]

石门湾离海岸只有五十公里，沐浴着杭州湾和中国东部沿海的温和气候。1937 年，丰子恺在家乡被侵占、举家逃亡的情况下，在作品中颂扬了那里的宜人气候和丰腴土地。

由夏到冬，由冬到夏，渐渐地推移，使人不知不觉。中产以上的人，每人有六套衣服：夏衣、单衣、夹衣、絮袄（木棉的）、小绵袄（薄丝绵）、大绵袄（厚丝绵）。六套衣服逐渐递换，不知不觉之间寒来暑往，循环成岁……故自然之美，最为丰富；诗趣画意，俯拾即是……我们郊外的大平原中没有一块荒地，全是作物。稻麦之外，四时蔬果不绝，风味各殊……往年我在上海功德林，冬天吃新蚕豆，一时故乡清明赛会、扫墓、踏青、种树之景，以及绸衫、小帽、酒旗、戏鼓之状，憬然在目，恍如身入其境。[9]

实际上，石门湾镇在 1851 年至 1864 年的太平天国战争期间几乎被毁。这是由自称"耶稣之弟"的基督徒洪秀全领导的农民起义。这场战争不仅使清帝国最富裕的省份满目疮痍，而且导致中国东部地区人口急剧减少，经济严重衰落，几十年后才勉强恢复。整个嘉兴地区，人口减少了约百分之七十，直到丰子恺幼年，石门湾的人口仍不足一万。与此同时，上海反而得益于内地的纷争，很快发展为海上贸易和金融中心。京杭运河因战事受到封锁，沿岸曾经风光无限的城镇很快被蓬勃发展的沿海大都市所取代。[10] 战乱过后，为了从厄运中恢复过来，丰家创立了丰同裕（意为丰氏共享富裕）染坊。染坊的经营谈不上成功，丰子恺一家和一些亲戚共住一处房子。丰子恺的父亲丰镤（号斛泉，1865—1906）对家族生意并不感兴趣。在母亲的鼓励和肯定下，他花费大量时间和精力准备参加杭州的科举考试。他母亲一生对两件事情有兴趣：阅读和吸食鸦片。

祖母去世多年后，年轻的丰子恺偶然翻开了一些她最喜爱的书籍。其中一本是很出名的戏曲选集《缀白裘》，书中收录当地非常流行的昆曲舞台剧目。书页上有些地方被她的大烟管烧焦了，可能是她躺在鸦片床上读书时打瞌睡烧焦的。她是戏迷，甚至还教孩子们——丰子恺的父亲和姑母——唱曲儿。尽管人们都喜欢听戏，但祖母的举动还是招致了非议，因为在乡亲们眼里，唱戏是下等人的职业。丰子恺也提起过祖母对养蚕的热情，她有这样的癖好，就像她喜欢在夏天穿着竹布衣坐在染坊门外的岸边吃蟹酒一样。她甚至执意给年幼的丰子恺讲陈芸的故事。陈芸（1763—1803）是清乾隆年间苏州才子沈复（1763—1822 后）的妻子，也是沈复所著《浮生六记》的女主角，他在书中描述了两人美好而短暂的婚姻生活。[11] 丰子恺后来的朋友和同事林语堂曾这样评价这对夫妇：

> 他俩都是富于艺术性的人，知道怎样尽量地及时行乐……
> 我颇觉得芸是中国文学中所记的女子中最为可爱的一个。

沈复则这样描述他的妻子：

> 削肩长项，瘦不露骨，眉弯目秀，顾盼神飞。[12]

虽然祖母的样子与纤美轻灵的陈芸或有几分相像，但一涉及儿子的前途，她可是个固执己见的人。清代，这块江南腹地士绅文化发达，产生了众多进士。进士是在科举考试中通过最高一级考试的人，不过，地方精英并不局限于官宦世家子弟。[13] 石门湾便是著名画家方薰（1736—1799）的家乡，丰子恺也以与他同乡而自豪。[14] 丰子恺年少时，随着清王朝的没落和 1912 年中华民国的建立，长期被视为大逆重犯的人，如著名的反清哲学家吕留良（号晚村，1629—1683）也被当成本地名人来纪念。值得一提的是，和丰子恺同年代的小说家茅盾（字雁冰，1896—1981），作家、编辑孔另境（1904—1972）和他的姐姐也就是茅盾的妻子孔德沚，哲学家、革命家章太炎（1869—1936）的夫人——教育家、编辑汤国梨（1883—1980），还有纪录片导演、摄影师徐肖冰（1916—2009）都来自浙江乌镇。很多现代知名政治人物，还有足球明星戴麟经（1906—1968），都来自这片土地。[15]

1902 年，历尽十年苦读、三次铩羽而归的三十六岁丰镮终于中举，这也是多年来石门湾镇的第一个举人。丰家曾经出过很多文人，丰子恺的远祖丰尔成是当地一个小官员，曾在康熙（1661—1722 年在位）南巡时参与迎接。[16] 丰镮的母亲曾发誓，要活到亲眼看见儿子中举那天，这样将来她的墓碑上才能刻下表明儿子取得官位、光耀门楣的标志。她的愿望实现了，丰镤中举后不久，她就离开了人世。这是丰镤科举之路上的重要一步，他期待在这条路上继续向前。然而，就在他为母亲丁忧三年期间，延续了千百年的封建王朝的核心制度——科举在 1905 年废除了。去北京参加会试的梦想落空，丰镤再也不可能沿着传统的路径得到仕途升迁的机会。除了在石门湾办私塾外，他别无选择，唯一的儿子丰子恺成了丰镤的首个学生。不为孩子讲授儒家经典时，他就把自己的时间消磨在读书、饮酒和抽鸦片上。

在丰镤的八个孩子中，丰子恺是唯一活下来的男丁，他的两个弟弟都在年幼时夭折。[17] 毫无疑问，父母对他宠爱有加，六岁时他便在父亲的引导下开始了正规学习。他的家谱上说，丰子恺作为家族唯一男性继承人所享的特权，以及众多姐妹对他的纵容溺爱，导致他性格中有任性固执的一面，并影响了他的一生。事实上，作为当地名人的后代，丰子恺无论走到哪里都被尊称为"少爷"，外出购物时，总能得到相当的尊重。当他走近某家店铺时，人们甚至会毕恭毕敬地让路。他总是能得到商家赠送的蛋糕和各种零食。然而，在他父亲去世后，这种礼遇就逐渐消失了。数十年后，丰子恺回忆起这一切，感叹命运无常和家道中落对他们母子的深远影响。[18]

丰子恺在私塾首先学习的是背诵儒家传统儿童启蒙读物《三字经》，然后是《千家诗》。[19] 父亲为他选择的版本上，每一页都配有一幅木版画。最初，年幼的丰子恺并不明白书页上一个男人和一头大象是什么意思，后来才知道那是二十四孝中的《大舜耕田图》。丰子恺对这幅图深深着迷，几乎无法将注意力集中到图画下面的诗句上。一天，在结束了当天的课程后，他从家里的染坊借来颜料，认真地给那张画上色。墨水浸透了薄薄的纸张，第二天他父亲上课时才发现书已经污损了，一心想当画家的男孩受到了严厉的责备。丰子恺没有被吓倒，在母亲钟云芳（1930 年去世）的首肯和支持下，就在那天晚上，他用剩余的染料继续为插画上色。丫头红英是丰子恺童年的知己，也是他最初的绘画作品的唯一鉴赏者。[20]

然而，丰镤对儿子在绘画上的努力毫无所动，因此丰子恺从他的藏书中偷出一本人物画谱也并未引起他的注意。江南气候湿润，需要不定期将书拿到太阳下晒，以免书籍发霉，这是一种保存书籍的传统方法。丰子恺就是在父亲晒书时看到这本画谱的，他立刻被吸引住了。这本《芥子园画谱》卷二《人物谱》，成了丰子恺最初临摹的范本。此时的丰子恺大约九岁，不久之后，他父亲就去世了。《芥子园画谱》作为 18 世纪以来最重要、最普及的国画临摹入门书，被广泛使用。此书由王概（1645—1710）等人编绘，王概是浙江嘉兴人，嘉兴离石门湾不远。[21] 丰子恺被书中的绘画所吸引，他最初印描的就是书中的唐朝诗人、散文家柳宗元（773—819）。画中的柳宗元身着长袍，两臂高高伸起，仰头大笑。[22] 画像想必是要反映柳宗元无拘无束的个性，但多年后丰子恺回想起当时首先印描这幅画的原因时说，大概是因为画中人高举两臂做大笑状的样子很像父亲打呵欠的模样，所以特别感兴趣。最终，这一形象在他抗日战争时期的作品中以更夸张的形式得到再现。

和当时许多小康之家的子弟一样，丰子恺通过精心绘制的图谱开始了与绘画艺术的首次接触。丰子恺的高中知交潘天寿（1897—1971），后来成为 20 世纪最有名的国画大家之一。他有着与丰子恺相似的经历，在孩提时代通过《三国演义》和《水浒传》等古典小说绘本开始接触绘画艺术。母亲鼓励丰子恺，染坊店的账房更恭敬地称赞他是肖像画家，他则继续照着《芥子园画谱》"印画"。青少年时期，丰子恺将书中所有的画像印了个遍，而且为所印的画都着了色。他的这一爱好引起了家里其他人的关注，不久他的作品就被拿去贴在厨房

◀ 木刻本《千家诗》书影。图片来自何莫邪的《丰子恺：一个有菩萨心肠的现实主义者》（奥斯陆：大学出版社，1984年）。

增補重訂千家詩註解卷上

信州　謝枋得　選

琊瑯　王相　晉升　註

莆陽　鄭漢　濯之　梓

春日偶成　程顥

雲淡風輕近午天　傍花隨柳過前川

時人不識余心樂　將謂偷閒學少年

此明道先生自咏其閒居自得之趣言春日氣融和傍花正喜眼前偷閒學少

雲煙淡蕩風柳之間日輕清眺時當近午天之際正喜眼前傍

風景之會心自樂恐時人不識謂余偷閒學少

年之遊蕩也○宋程顥字伯淳河南人謚明道先生從祀孔子廟庭

七言千家詩上

春日　朱熹

勝日尋芳泗水濱　無邊光景一時新

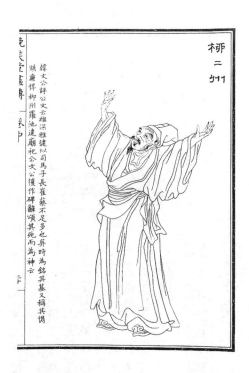

▶木刻版画《柳柳州像》。印自（清）上官周《晚笑堂画传》（北京：中国书店影印本，1984年）。

当灶君菩萨，或者作为装饰挂在卧室了。

　　高中时期，丰子恺察觉到这种业余画法的局限。成为年轻的专业绘者后，他认为这种抄袭式的绘画和《芥子园画谱》这样的书无甚价值可言，并对它们在没落帝国的艺术传统中占据重要位置感到不屑。1935年，丰子恺撰写评论称，《芥子园画谱》之类的手册，若被学习美术专业的学生在艺术形成的最初几年拿来使用，将会造成极大的伤害，尤其是当下流行的大多数版本品质都非常低劣。"我认为这些手摹石印本的《芥子园画谱》比低级趣味的书更为低级，是画匠所用的东西。"学者型的艺术家经常如此抱怨，甚至在他们的艺术已经达到相当高度的时候，仍会嘲笑那些收入书中的木版画。[23]后来，丰子恺花了多年时间钻研西方潮流的绘画方式，晚年却基本放弃了写实主义

◀
丰子恺《抬望眼，仰天长啸》，署名 TK，
主题来自宋代岳飞词《满江红》。图片来
自丰子恺《劫余漫画》（上海：万叶书店，
1947 年）。

的绘画风格，时常以翻阅旧画册为乐。他逐渐开始欣赏以精致、简单
的线条传达出事物本质的画作，这种方式与他自己希望达到的艺术目
标也更接近。[24]

　　不管怎么说，这本画谱是九岁的丰子恺的主要灵感来源。1906 年，
四十二岁的父亲因肺结核突然去世后不久，他被送到另一个私塾正式
学习儒家经典，特别是四书，即《论语》《大学》《中庸》和《孟子》。
他用古老的方式记忆这些经典，按部就班地站在课堂上对着老师于云
芝背诵课文，对其中的内容却不甚了解。[25]1905 年，清政府废除科举
制度，开始推行新式教育。1910 年，教育改革延伸到农村地区。石
门湾私塾紧跟时代精神，因正好位于溪畔，便更名为西溪小学堂，课
程的设置也更加现代化，从嘉兴聘来的老师金可铸加入后为学校引入

了体育课和音乐课。学生们学唱振奋人心的歌曲，其中有相当一部分是由爱国诗人李叔同谱曲，他对丰子恺后来的人生产生了巨大影响。[26]

学校虽因教育改革的潮流而更名，但仍在原址——一座近乎废弃的寺庙办学。僧人们还在寺庙兜售香火，为付得起钱的人士做法事。丰子恺无疑是第一届毕业的七个学生中最棒的。虽然学习四书等传统经典为他将来的写作奠定了良好的基础——他后来在诸多随笔中都引用过《孟子》——但在校学习时，他抓住一切机会逃避那些死记硬背的东西，把心思放在用自己买来的工具模型印塑泥人上。[27]他在镇上的集市第一次看到泥塑时，立刻就着迷了，存下足够的钱后他把整个摊位的存货都买了回来。这还不够，他买来模型工具，开始自己印塑、上色。[28]

印塑模型在当地孩子中非常流行。丰子恺最初做的小塑像来源于民间宗教里的各式人物，包括家里用来装饰神龛的艳丽年画、观音像在内的各种佛像，还有关羽、文殊菩萨、孙猴子，以及动物、宝塔，甚至还有遍布各地、随处可见的科举牌坊和贞节牌坊。丰子恺后来回忆，虽然屡次因玩泥塑疏忽学业而被老师和母亲责骂，但这是他童年时代最喜爱的消遣。对子恺而言，不用受限于样式一成不变的玩具，全凭自己的奇思妙想自由创作是泥塑最大的吸引力所在。他早期发表的漫画《最初的朋友》就描绘了一个小男孩和一群塑像一块玩耍的情景。塑像有的像狗，有的像灶神，还有一个穿着衣服、像熊一样的动物。二十多年后，当丰子恺站在大上海玩具商店的橱窗外，不由得感叹现代工业生产的玩具极少能像他童年时简单的红沙泥模型那样带给人愉悦。[29]尽管泥塑让丰子恺的童年多姿多彩，但真正点燃他艺术兴趣的是石门湾的元宵节。

每年农历正月十五，各地都会张灯结彩庆祝元宵。但石门湾与其他地方不同，要隔数年乃至十几年才办一次灯会。丰子恺三十七岁时

▶ 丰子恺《最初的朋友》，署名『恺』。
图片来自丰子恺《儿童生活漫画》（上
海：儿童书局，1932年）。

回忆说，印象中石门湾只举行过三次迎花灯庆元宵。[30] 其中一次正是在他幼年时期。家人为准备迎花灯，从箱笼中找出一顶旧彩伞，这还是丰子恺的父亲和姑母丰嵛红孩提时合作完成的。彩伞是六面形的，每面由三张扁方形的黑纸用绿色绫条粘接而成，用书画装饰，被公推为石门湾最精致的花灯。

丰子恺几乎顾不上欣赏装点街道的花灯，在父亲和姑母制作的彩伞的鼓舞下，他第一次决定在元宵节创作自己的彩伞。虽然和姐妹们制作的小彩伞在灯会结束时还没有完工——

> 但这一番的尝试，给了我美术制作的最初的欢喜。我们于灯会散后在屋里张起这顶自制的小彩伞来，共相欣赏，比较，批评。自然远不及大彩伞的高明。但是，能知道自己的不高明，我们的鉴赏眼已有几分进步了。我的学书学画的动机，即肇始于此。我的美术研究的兴味，因了这次灯会期间

的彩伞的试制而更加浓重了。[31]

丰子恺迷上了绘画。当时，同龄人都不得不隐藏对《红楼梦》和《封神榜》这类通俗流行小说的爱好，因为父母希望孩子只接触正面、积极、向上的作品。正如丰子恺所言，在他开始追求新的爱好时，他不得不像偷偷摸摸的瘾君子般行事。下午下课后，老师和朋友喝茶聊天去了，子恺就为同学描画，并收取一些小摆件作为报酬。在描摹完《芥子园画谱》的所有插图后，他开始描摹当时领先的教育出版机构上海商务印书馆出版的现代艺术教材。这种秘密的活动因两位同学为争抢他的一幅作品大打出手而暴露。让人意外的是，老师不但没有没收他的纸笔，第二天还叫他照孔子的画像画了一张大的，挂在教室堂前供学生们朝拜。从那以后，同学们就给他起了"小画家"的绰号。有了这个来之不易的新名号，他就可以索要在石门湾买不到的描摹装备来画人们请他放大的各种图像，他最后费了不少力气才从外面买到工具。这让家里染坊店的管账先生印象深刻，他积极鼓励这个男孩发挥自己的天赋。在介绍了少用墨的传统观念之后（尽管子恺当时主要用炭笔作画），他向丰子恺传授了中国肖像绘画的基本技能。当时小画家已经常接受亲戚朋友的约请，为逝者画遗像。他乐于接受他人提出的各种建议。甚至丰子恺离家求学以后，每当寒暑假等节假日回到石门湾，还常常收到这类请求。直到十八年后，还有老邻居和乡里乡亲请他为逝去的亲人画像。丰子恺在学校里第二次被正式约画，是老师要他在黄布上画出一条龙，用在校旗上——龙是清王朝的象征。[32]

在家乡赢得"小画家"的美誉后，丰子恺又开始了最初的写作尝试，开启了他一生对绘画和散文不倦的痴迷追求。丰子恺的文学事业起步平平，处女作是发表于当地《少年》杂志上的四则寓言，署名丰仁，这是他小时候的名字。其中《猎人》描写了一个懊恼的猎人，他本要猎兔子，注意力却被一旁跑过的鹿所吸引，因逐鹿而放跑兔子，鹿兔两失。乳臭未干的十六岁少年装出睿智老男人口吻，以寥寥数语的忠告结束了这段一百二十五个字的文章："贪心一起，每易失败，寄语少年，勿如猎人之两无所得也；斯可矣。"[33]

《藤与桂》写的是类似的道理，但更能反映丰子恺年少时的某种心态。

> 青藤盘于古屋之上，自以为得计也，俯视屋左老桂，笑而谓之曰："君具其昂昂之干，何自甘于卑污，日与儿卉伍乎？我虽柔如棉絮，而力能攀附，竟得凭空而上，悠然四顾，无有能与我并之者，君亦可谓不善自谋矣。"桂不以答。已而屋倾，压藤且断。桂乃笑谓之曰："君固善于自谋，今日何之若此？"藤惭无藏身地，遂愤而死。丰仁曰：人无自立之精神，惟以依赖为事，鲜有不失败者。吾辈少年，其慎思之。[34]

丰子恺的母亲像许多父母一样，热切地期盼有朝一日恢复科举考试，这样显现出一定文采的儿子才能像祖父辈一样博得功名。她仍然保留着子恺父亲当年参加考试的装备，以备这一天的到来。每年新年走亲访友的时候，她甚至要求儿子穿上他已逝父亲的长袍礼服，这令少年丰子恺感到非常尴尬。他回忆道："她不管科举已废，还希望我将来也中个举人，重振家声，所以把我如此打扮，聊以慰情。"[35] 同时，由于丰子恺是大家族中唯一的男丁，她要儿子慎重考虑下一步的学业。当丰子恺被浙江省立第一师范学校录取，并以第一名的成绩考上甲种商校（在联考中排名第一）时，母亲认为家族生意前景堪忧，更重要的是当时社会舆论普遍反对经商，因此劝他放弃商科学习，选择浙江省立第一师范学校，因为教书胜过其他职业。[36] 她鼓励丰子恺到杭州的师范学校就读，并说从事文字的职业要优于其他行业。当时新式学校、学堂如雨后春笋般在各地涌现，她坚信儿子毕业后能找到一份收入不错的教师工作，即便不能留在石门湾，也不会离家太远。对丰子恺的母亲来说，另一个重要的考虑是，浙江省立第一师范学校免收学杂费。当时丰家的经济状况已捉襟见肘，无力支付大笔学费。

1914 年，十七岁的丰子恺带着母亲的殷切期望踏上了去往杭州的船只，成为第一师范学校的一名寄宿生。学校建在浙江贡院旧址，十多年前丰子恺的父亲曾在这里参加乡试。[37] 杭州因西湖美景闻名，自宋朝，特别是南宋以来，历代文人墨客的诗文为自然景观平添姿色，创造出中国最负盛名的天堂美景。西湖的魅力虽然被数十年的沧桑巨变削弱，但仍具有相当大的吸引力。无数学生和游客因向往文学艺术编织出的美景来到这个城市，西湖在他们心中依然如诗如画。北宋诗人苏轼（号东坡居士，1037—1101）曾这样描写这座人间天堂：

> 未成小隐聊中隐，可得长闲胜暂闲。
> 我本无家更安往，故乡无此好湖山。[38]

浙江省立第一师范学校始建于 1908 年，其时晚清政府发动了一系列教育改革，丰子恺的小学也受此影响而发生变化。第一师范学校的目标是"培养县立国民小学的数学、艺术、手工艺、音乐和物理等传统儒学从未开设的西方学科的教师，促进当地社区的新公民精神的建设"。[39] 遵从母亲愿望入学的丰子恺，可想不到如此宏伟的蓝图。

> 我那时候真不过是一个年幼无知的小学生，胸中了无一点志向，眼前没有自己的路，只是因袭与传统的一个忠仆，

在学校中犹之一架随人运转的用功的机器……我的母亲去同
我的先生商量，先生说师范好，所以我就进了这里。[40]

作为家里的独子，丰子恺在故乡石门湾度过了备受宠爱的童年和
少年时期。来到师范学校后，他发现很难适应那里的集体生活。不过，
像其他同学一样，丰子恺默默地忍受和服从学校强加于学生的种种限
制和规矩。[41] 学校依照改革派教育家经亨颐（字子渊，1877—1938）
的先进方针组建，并由他任校长。经亨颐出身于浙江的名门望族，其
家族在晚清时就拥护地方和全国的教育和政治改革。他毕业于东京高
等师范学校数学物理科，1908 年回国后受聘于浙江省立第一师范学
校。1912 年，时值清王朝灭亡、中华民国诞生，经亨颐升任该校校长。
学校成为民国初期投资最大的省级学校，很快又成为浙江省教职员和
学生最多的师范学校。因为凭借经亨颐的号召力和积极招贤纳士的政
策，学校一度吸引了众多名士投身教育，包括后来中国文学史上的重
要人物周树人（笔名鲁迅，1881—1936）。1909 年，二十八岁的周树
人加入浙江省立第一师范学校，任生物教员和学校日本教员的翻译。
经亨颐任校长期间，学校还吸引了著名作家编辑夏丏尊、教育家陈望
道等一批文化界名人，以及朱自清、叶圣陶和俞平伯等年轻作家，诗
人刘大白也曾在此任教。[42]

经亨颐亲自面试和选拔学生，不动用私人关系，不染指公帑，因
清廉和不惧强权而闻名。在这样一个本地人情关系网发达的环境中，
经亨颐的办学理念——"学校的质量依赖于学生的质量"[43]——令他
显得格格不入。以"建立友谊，鼓励学生平等互助地讨论学习"为目
标，学校全部四个年级的学生被编入各个班级。学校的制度创新包括
对德育、美育的重视，课程设置远离浮夸的传统儒家的影响——尽管
新儒家伦理和社会责任受到拥护，并将严肃的氛围注入校园。校规禁

止学生在学习时间、用餐时间和熄灯以后交谈吵闹，要求学生保持校园的清洁，参加果园和菜园劳动，一来保证果蔬产出，二来教育学生以积极的态度对待体力劳动。这符合民初的尚武精神，强调在增长智慧的同时增强体魄。学生还要参加半军事化的训练，在这方面丰子恺一点也不擅长。[44] 由夏丏尊作词、李叔同谱曲的校歌豪情满怀："可能可能，陶冶精神，道德润心身。"学校重视教员培养和培育全面发展的"新民"——一个能在中国转型和现代化中发挥至关重要作用的理想化的人才群体。这是晚清政治家、社会改革家梁启超（1873—1929）毕生推行的理想。道德教育和职业培训是学校的核心理念，旨在鼓励学生树立公民价值观、责任感，忠于新民国和成为社会改革的先锋。

怀抱如此明确的目标，经亨颐为教育倾尽心血也就不足为奇了。在学校管理上，他提出"勤、慎、诚、恕、定"五字方针。"对他的学生而言，经校长不仅是他们的道德立法者、时事评论员、健康顾问、情感导师、性格评估师，还是他们学习、玩耍和生活的学校的最高控制者。"[45]

在学校令人生畏的严格管教下，对石门湾过惯闲适日子的小伙子来说，唯一的安慰是与他同为新生的杨伯豪（名家俊，字伯豪）的友谊。伯豪略长于子恺，余姚人，对学校过于严厉而不近人情的管教同样心存不满。

杨伯豪是一个具有独立思想意识、不轻易屈服的年轻人。他鄙视学校繁复的规章制度，对此常抱不平之念，认为学校定时关灯不许夜出的宿舍规定是拿学生当犯人一样对待。他曾对同学说："我们不是人，我们是一群鸡或鸭。朝晨放出场，夜里关进笼。"伯豪对他眼中乏味无聊的老师不屑一顾，拒绝上他们的课，甚至不屑于假装生病，因特立独行而扬名全校。伯豪会找一处安静的地方凝神读《昭明文选》

或《史记》，对舍监或学监的批评训斥无动于衷。

丰子恺很快被这个大家视为麻烦和傲慢的年轻人所吸引。伯豪斥责子恺只知服从母命师命到师范学校读书，而不是遵从自己内心的愿望和理想，子恺顿时失掉早先以第三名考进学校时的洋洋自得。伯豪痛责顺从的伙伴："你自己应该抱定宗旨！那么你的来此不是诚意的，不是自己有志向于师范而来的。"丰子恺后来回忆："他的话刺激了我，使我突然悟到了自己，最初是惊悟自己的态度的确不诚意，其次是可怜自己的卑怯，最后觉得刚才对他夸耀我的应试等第，何等可耻。"[46]

两人在初入校的第一年形影不离，一起游览西湖的山山水水。经校长曾告诫学生"留恋湖光山色会让人丧失社会使命和责任感"[47]，伯豪却告诉子恺，游西湖一定要到无名之处、众人所不到的地方，这些地方能让他们暂时逃离学校生活的束缚。他们寻找隐秘之处的方法很简单：拿两枚铜板放在一块大石头上，当下周他们重回旧地时，如发现铜板无人碰过，那里就是他们的钱库，是"以天地为室庐"的地方。天地为庐的说法源于传奇酒鬼刘伶的故事，记载于5世纪魏晋南北朝时期流行的笔记体小说《世说新语》，《世说新语》由刘义庆（403—444）编撰，收录了名人遗闻轶事和佳言妙句。

> 刘伶恒纵酒放达。或脱衣裸形在屋中，人见讥之。伶曰："我以天地为栋宇，屋室为裈衣。诸君何为入我裈中？"[48]

于丰子恺来说，伯豪之精神如刘伶一样鼓舞人心。

> 我当时虽然仍是一个庸愚无知的小学生，自己没有一点的创见，但对于他这种奇特、新颖而卓拔不群的举止言语，亦颇有鉴赏的眼识，觉得他的一举一动对我都有很大的吸引

力，使我不知不觉地倾向他，追随他。

杨伯豪给丰子恺留下了不可磨灭的印象。1929 年，伯豪突然因病去世，丰子恺为他写下一篇触动人心的文章，印证了两人年少时深厚的友谊。杨伯豪是第一个在个人主义和浪漫情怀上对丰子恺产生深远影响的人，这是一种与传统儒家精英文化残余及民国初期社会改革都格格不入的性格。杨伯豪拒绝接受校长和教员要求学生牢记的各种规章和社会使命感，频繁违反校规，不喜欢的课都不上，对老师吹毛求疵的劝导不以为然。很快，全校就盛传"杨家俊神经病了"。有时连丰子恺都对他奇怪的举动感到疑惑，担心自己的朋友不要果真神经病了。[49] 最后，这种高压的环境令伯豪难以承受，他在第一学年结束后离开了学校。"校中不复有伯豪的影踪了"，子恺感到无比难过："先生们少了一个赘累，同学们少了一个笑柄，学校似乎比前安静了些。我少了一个私淑的同学，虽然仍旧战战兢兢地度送我的恐惧而服从的日月。然而一种对于学校的反感，对于同学的嫌恶，和对于学生生活的厌倦，在我胸中日益堆积起来了。"在怀念文章的结尾，丰子恺重复了这一段，不过，这一次是从伯豪逝去和自己后来生活的角度出发讲述朋友的离世于他是何等痛苦的感受。

世间不复有伯豪的影踪了。自然界少了一个赘累，人类界少了一个笑柄，世间似乎比前安静了些。我少了这个私淑的朋友，虽然仍旧战战兢兢地在度送我的恐惧与服从的日月。然而一种对于世间的反感，对于人类的嫌恶，和对于生活的厌倦，在我胸中日益堆积起来了。[50]

尽管如此，丰子恺对学校的课程大体感到满意，而且成绩一直名列班级前茅，尤其喜爱国文课。他的第一位国文老师、著名散文作家单不厂（1879—1930）给他取了一个笔名"子恺"，后来他写文、作画均用此名。"子恺"两个字的意思是安乐的人。丰子恺最初的名字"仁"，是儒家经典常用的一个字，意为仁慈、仁爱、仁义、仁心。"仁"与丰子恺幼时乳名"润"的发音相近，"润"有滋润、滋养的意思。子恺的父亲感念先祖保佑他得此一子，特为儿子取名润以志纪念。

丰子恺在浙一师的第三年，一位名叫李叔同（字息霜，法号弘一，1880—1942）的新老师接管了他们的音乐课和美术课。1912 年，身为书画家的经亨颐在浙一师开设绘画和工艺课程，李叔同应经亨颐之邀赴杭州，任音乐、图画课老师，还教授一些与艺术和书法相关的知识。这位新老师的到来不仅让丰子恺的专业成绩立竿见影地提升，而且改变了他接受教育的整个过程，甚至他的一生。[51]

师范学校是培养教师之处，三年级以后，丰子恺不得不接受教育学与教授法的课程，这使他花在感兴趣的科目上的时间大大减少。新课程引不起他的丝毫兴趣，反而有将他的注意力从真正吸引他的东西上拉开之势。学习只为了将来谋生之需，这种明显的功利主义令丰子恺痛苦不已。他越来越感到失望和恐惧，担心永远也不能实现似乎已经展现在自己面前的学业深造之旅：成为像他尊敬的夏丏尊（1886—1946）老师那样既精通古文又精通白话文的国文老师；去大学深造，学习自然科学；或者去教会学校学外语。十年后，丰子恺回忆起这段时期时说："但我终于受着这学校的支配，我自恨不能生翅而奋飞。"正在这烦恼时候，幸得李叔同先生接管了图画课。[52]

虽然在江苏省会南京，美术入门读物和基础美术教育出现已有一段时间，但李叔同仍被视为将西方现代美术和音乐介绍到中国的先驱。[53]1906 年至 1910 年，李叔同在日本东京美术学校留学，师从日本著名画家、政治家黑田清辉（1866—1924）学习油画，从而熟知西方美术教学方法。黑田清辉留学法国期间师从画家拉菲尔·柯林斯学习现代绘画，旅欧十年后，黑田于 19 世纪 90 年代初回到日本，向本土引入融合了自然主义学院风格的早期印象派西洋画。因为推行当时最受欢迎的西方艺术实践和教学方法，黑田与日本画坛上追随意大利人安东尼奥·丰塔内西陈旧画风的学院派产生了巨大的分歧。黑田的外光派写实主义画法不同于欧洲正规的学院派画法，偏爱使用明快的色调和自然的户外光线。1897 年，黑田清辉通过叔叔黑田清纲成为东京美术学校西洋画教授。1907 年，他继承了叔叔的子爵爵位，很快又以"日本西洋画之父"闻名。虽然关于李叔同与黑田清辉的友谊，及这种关系对李叔同艺术思想的影响鲜有记载，但毋庸置疑的是，日本外光派一些重要的绘画元素通过李叔同传到中国，进而影响了他的学生——尤其是丰子恺的思想和艺术的发展。[54]

在杭州期间，李叔同有两间配备石膏模型的教室，用来教学生石膏模型写生基础。他还编写了一本名为《石膏模型用法》的小册子，这是他在当老师时所写的为数不多但颇具影响的文学、音乐和艺术文章之一，也是最早用中文写成的现代艺术教学专著之一。他在文中写道："普通教育设图画科，不仅练习手法，当以练习目力为主。此说为今日一般教育家所公认。因眼所见之物体，须知觉其正确之形状……但依旧式临画之方法以养成此种之能力，至为困难……然能减杀初学者之独创力，生依赖定式之恶习惯……故学图画者，当确信实物写生为第一良善之方法。"[55] 在李叔同的指导下，丰子恺很快就摒弃了在石门湾所学的印画方法，全力投入静物写生的练习中。给学生们留下深刻印象的不仅仅是李叔同在教育方法上的创新，还有他作为艺术家所显示出的难得天分。研究 20 世纪中国艺术的学者高美庆（Mayching Margaret Kao）发现，"李叔同是为数不多的掌握了外国技法的中国艺术家，但让他成为卓越艺术家的并不仅仅是精湛的技术，而是我们在他的画作中看到的精神力量和神秘之感"。1913 年,李叔同率先使用裸体模特进行教学,这在当时是名副其实的艺术革命。[56]艺术史学者迈克尔·苏立文(Michael Sullivan)这样评论李叔同的艺术才能:

> 李叔同和其他先驱们的艺术,不应以西方艺术的标准来评判。它们甚至不亚于四十年前日本现代主义已经达到了的成就。我们必须意识到,他们是在反击一种严重的无知、冷漠和敌视,正如在日本明治时期,非西方风格的画家曾经不得不面对的那样。应该随时警觉的是,当众人指责他们是在破坏中华文化时,其实他们是在努力地复兴它。[57]

成为李叔同的学生后不久,对丰子恺来说最重要的事情是导师充分肯定了他最初受兴趣引领而展现出的绘画天分。孩提时代,周遭物体的形状、线条与明暗都会令他产生不可言喻的兴奋。尽管这种情趣令他备感愉悦,但他不敢相信自己有这方面的天分。丰子恺认为,自己对这些感受和看法的研究并没有实际意义,他几乎以为,这世间并没有专究这件事情的学问。而现在,他突然在一间摆满画架和模型而非旧式桌椅的美术教室里找到了本来的自己。多年来的爱好兴趣——在头脑中描摹物体——一夜之间成为课程的一部分。"原来世间也有研究这些事的学问!我私下的玩意,不期也有公开而经先生教导的一日!"[58]后来,丰子恺在回忆这段艰苦却非常愉快的求学历程时说,他坚信模型写生对任何画家来说都是至关重要的。他批评放弃石膏模型写生,认为这种基本绘画技能不过是陈腐旧法的西洋新派画家,也批评那些认为石膏模型写生过于机械和平庸的中国写意派画家。"我始终确信,绘画以'肖似'为起码条件,同人生以衣食为起码条件一样。谋衣食固然不及讲学问道德一般清高。然而衣食不足，学问道德无从讲起，除非伯夷、叔齐之流。[59] 学画也如此，单求肖似固然不及讲笔法气韵的清高。然而不肖似物象，笔法气韵亦无从寄托。有之，只有立体派构成派之流。"[60] 自从坚定了这个信念，丰子恺便开始艰苦的石膏模型写生，所有空余时间都花在画架旁侧。

美术课上的苦练并未立刻获得成果，非但如此，还屡遭挫败。他曾懊恼地回忆，自己花费了十余个小时描绘一个维纳斯像，但是失败了。即便如此，丰子恺坦陈，后来在上海讲授的第一堂美术课上他将这幅失败的画作示与学生，以说明人像写生于学画者是何等重要。类似的例子还有，他曾经费力描画一个拉奥孔像，因为疏忽了用笔的刚柔也失败了。拉奥孔雕像曾启发德国作家、文艺理论家戈特霍尔德·莱辛写出讨论西方绘画与诗歌区别的长篇论文。描画荷马像的努力同样令他失望，在多次描画经典西方艺术形象失败后，他开始怀疑，西西弗式徒劳无功的努力换不来他企望从艺术中得到的视觉享受。小时候，他曾经从红沙泥模子的塑印及彩伞的制作中获得的愉悦感受，和当下专业的艺术实践及困惑的精神状态渐行渐远。长时间在教室里沉闷乏味地描画也促使他重新审视这世界。

> 说来自己也不相信：经过了长期的石膏模型奋斗之后，我的环境渐渐变态起来了。我觉得眼前的"形状世界"不复如昔日之混沌，各种形状都能对我表示一种意味，犹如各个人的脸孔一般。地上的泥形，天上的云影，墙上的裂纹，桌上的水痕，都对我表示一种态度，各种植物的枝，叶，花，果，也争把各人所独具的特色装出来给我看。更有希奇的事，以前看惯的文字，忽然每个字变成了一副脸孔，向我装着各种的表情。[61]

通过对各种形、线、调、色的研究，丰子恺开始重新学习周遭环境中的视觉语言。去菜摊或陶瓷店买东西，也让这个年轻人感觉愉快，他总是挑选看起来赏心悦目却不实用的东西购买，这让小贩们暗自窃喜。童年时，他就从石门湾的小贩手中集齐红沙泥的塑像囤放在卧室里；现在，各式各样琳琅满目的静物模特儿把宿舍的书柜都压弯了，瓶、甏、碗、盆、盘、钵、玩具、花草，都成了他练习写生的素材。"在别人看来大都不值一文，在我看来个个有灵魂似的。"[62]

追求没有生命但能引起视觉刺激的物件占据了许多时间，甚至朋友、老师和亲戚也变成了他静物或风景写生研究的对象。假期归家看到母亲时，他竟将严厉但对他的生活影响至深的母亲看作学校写生研究的头像。在他眼中，母亲的脸孔竟然像德国歌剧家瓦格纳的头像。[63]子恺对颜面和表情的痴迷在这段初期的艺术尝试之后又持续了多年。1929 年，他写了一篇文章，专门论述对自然界一切生物、无生物的表情辨识。他在文中告诉读者，普通人倘若加以艺术家的眼光训练，或者是不经任何训练的孩子，都能够轻易读到颜面的表情变化，甚至从任何物象上读出表情。这些人眼中世界是充满活力和生命的。

> 艺术家要在自然中看出生命，要在一草一木中发见自己，
> 故必推广其同情心，普及于一切自然，有情化一切自然。[64]

丰子恺经常因痴迷观察、描画颜面和姿势而忘记了周遭的一切，当他目不转睛地盯着令他产生艺术兴趣的对象时，有时会无意中冒犯家人，有时会造成小贩、售票员的误解。然而这样的行为并不是丰子恺特有的，在李叔同巨大的人格魅力及艺术教育的感染下，很多同学都有类似的行为，他们的专注常常给朋友和家人带来困惑。有位同学甚至因为在西湖边徘徊找寻一处最佳写生位置而遭警察拘捕。[65] 尽管

▶李叔同和他的学生丰子恺（右）、刘质平。图片来自中国佛教协会编，《弘一法师》（北京：文物出版社，1984年）。

这一时期丰子恺的热情主要表现在对绘画技巧的追求上，但是美学生活的情感维度同样重要。他也明白，他最珍视的东西，他煞费苦心收集起来的物件，却是被这世上大多数人忽略或忽视的美好。丰子恺确信他与众不同的所思所想是自己独特的感受，他写下"时人不识予心乐"的句子抒发自己的青春活力和热情。[66]

李叔同在美术课上强调提高视觉意识和写生的必要，这无疑对丰子恺的艺术发展产生了积极的影响，也让他意识到当时的瓷器和服装设计恶俗不足观，盆栽和金鱼这类小玩意点缀的微型景观造型怪异。这些都是清末民初日益广泛的民粹主义审美情趣的表现。年轻的画家丰子恺拒绝接受当时社会公认的审美标准，只遵从自己的感性和偏好，以及传统精英对原始、简单、朴素的欣赏，这正是李叔同鼓励学生追求的。丰子恺从商店和小摊上搜来的"模特"都是些旧的如碗、碟、玩具等陶瓷器皿和具有地方文化特色的物件，这些东西已逐渐被大规模生产和进口的产品取代。他对美有了新的感受和鉴赏，这让他把孩提时当宝贝一样收藏的两大匣香烟画片如数送给了邻家孩童。然而，对着欧洲石膏人像模型创作木炭写生，也不过是脱离了现实的描写，由此带来的挫败感最终促使他走到户外，写生自然，他把这叫作"师自然"。[67] 这是丰子恺对唐代画家张璪（8世纪）首倡的著名美学观点"外师造化，中得心源"的重新阐释。千百年来，师造化理论是中国水墨画法的核心理论。[68] 那段时间，尽管丰子恺还不能探究到自己内心深处的源泉，但在李叔同的指导下，他在杭州的自然天地间尽情地寻找着艺术的灵感。

那时，他只知自然写生在西洋画中具有重要地位，却不知它也是中国美术的核心。"写生"指的是描绘自然的作品，字面意思就是"描绘生命"。他太过迷恋西方现实主义，以至于排斥线条看似简单的中国山水画写生，认为后者太过轻描淡写。他认为，一幅画中每一根线条都要严格符合画家临摹的实物，而中国艺术在这方面的失败证明了它在现代世界中必然是过时的，处于劣等地位。多年后，他这种偏激的观点才发生较大的转变。当时日本水墨画领军人物、美术史家大村西崖的看法对中国画家具有相当大的影响。大村西崖认可西洋画的素描写生，但也屡次批评西洋画过于强调对自然的模仿。不过，他在一篇相当有影响力的文人水墨画研究论文中表示，中国艺术的局限性之一就是"对于传统过度膜拜，导致对于前代大师和杰作的僵化模仿"。[69]

不过，和许多画家一样，丰子恺言说的并不一定是他所实践的。在第一次较长时间接触当下西方美术的影响前，他已经开始画速写，在老师李叔同的鼓励下，从画室写实主义向他向往的方向转变。可惜他学生时期的作品存世不多，有一幅简单的铅笔速写，画了一位母亲

丰子恺《有情世界》，署名「子恺」和 TK。图片来自丰子恺《幼幼画集》（上海：儿童书局，1947 年）。

一手挂菜篮，一手牵孩子，孩子正对母亲说着什么，两人手拉手走在去市集的路上。这幅画与他后来的画作一样，都是白底黑线，白纸上只有两个铅笔描画的人物，题为《清泰门外》，日期为"七年五月"（1918 年 5 月），是一幅杭州市井生活图。题写在右上方，日期落在左下方，署名是一个模仿图章式样的"仁"字，这是丰子恺幼时的名字。同样的场景在 1934 年的速写《巷口》中再现，画的是一个老奶奶手牵孙儿。[70] 另一幅现存的学生时代速写没有题目，画了一位人力车夫在树下打瞌睡，画的右下方同样以图章式的"仁"字署名。[71]

1918 年，丰子恺将这两幅铅笔速写送给同学沈本千。沈本千当年入浙江省立第一师范学校，作为业余画家，意欲加入丰子恺正在筹建的画会。画会筹建工作由李叔同、夏丏尊、经亨颐三位老师指导，

丰子恺《清泰门外》，以印章形式「仁」字为署名，日期为「七年五月」（1918 年 5 月）。图片来自《西湖》杂志，1980 年第 4 期。

他们都是西泠印社的成员。西泠印社是 1904 年成立于西湖孤山的文人社团，成员都是精擅篆刻的艺术家和文人。学生团体"桐阴画会"的字面意思为在梧桐树荫下，取意于晚清画家秦祖永（别号桐阴）品评明末清初画家的著作《桐阴论画》，也有校园中遍生的梧桐树在炎炎夏日为教室和讲堂遮阴蔽日之意。[72]

  当春尽夏初，我眼看见新桐初乳的光景……又好像小学生的剪贴图案，布置均匀而带幼稚气……它们的枝头疏而粗，它们的叶子平而大。叶子一生，全树显然变容。

  在夏天，我又眼看见绿叶成阴的光景。那些团扇大的叶片，长得密密层层，望去不留一线空隙，好像一个大绿障，又好像图案画中的一座青山。[73]

一位双方的熟人把沈本千介绍给丰子恺。沈本千称，那时的丰子恺已经是学校里的名人。尽管画会以研究西洋画为主，而沈擅长的是中国画，丰子恺仍吸纳他入会。沈本千回忆，当时丰子恺对他说："中西画法虽不一样，画理是不相违背的。曾学国画，再画西画，也有帮助。如能融会贯通，更是画艺的一种进步。"这句话丰子恺后来还多次说过。沈本千在书堆中挑出丰子恺的速写本，之前他从没有见过这种画法，立刻被速写本里的两张铅笔素描吸引。他想向丰子恺借来仿画，这是沉迷于国画的少年看到陌生美术模式时的典型反应。丰子恺毫不犹豫地从速写本上撕下这两张画送给了新朋友。画会二十多位学生会员开始正式活动后，更名为"洋画研究会"。中文"洋画"二字袭用于日文 Yōga，本是日本对西洋画的称呼。画会改名凸现出他们的兴趣所在，并与社团具有古味的原名拉开距离。[74]

沈本千讲述了一则关于桐阴画会的轶事，透露出丰子恺在这一时期对于写生的态度。由于之前所学为国画，是否有能力学好完全不同的西洋画，一直困扰着沈本千，他也因同学中最有名气的传统画法学习者俞松寿和潘天寿（后来他们都成为中国著名国画家）拒绝入会而犹豫过。他去征求丰子恺的意见，后者仿佛是要检验自己的教学能力，在桌上放了一个茶杯，并说一个画家既能用西洋的，也能用中国传统的技巧将茶杯表现出来，但是两种画法都强调初学者应该学习描画物体的外形。在丰子恺看来，获取此技能最有效的方法就是写生，跟西洋画的练习一样。[75] 看到学弟如此困惑，丰子恺建议沈本千去求教李叔同。彼时，李叔同已在杭州市郊的虎跑寺落发为僧，沈本千便到虎跑寺拜访他。虽然并无更多的资料来佐证李叔同当时阐述的艺术观点，然而他的一席话确立了沈本千学画的信心。这些观点也曾对丰子恺早期的艺术发展产生过巨大影响，成为他后来审美观中不可分割的一部分。[76]

李叔同（已是弘一法师）重申了丰子恺的观点，即初习绘画，无论中西都要经过写形的基本练习。但是他强调，西画写生方法更为精密科学，尤其色调、光线、阴影的运用特别适宜再现真实世界。他告诉沈本千，"西画弥补了国画的不足"[77]。尽管如此，李叔同也承认"中画常在表现形象中，重主观的心理描写，即所谓'写意'"，这是中画特有的价值和审美取向。但他提醒沈本千，"这个问题属于更高层次的讨论，艺术家只有在经历了最初追求形似，方能达到神似的阶段"[78]。

李叔同的老朋友、文人画家陈师曾主张初学画者应模仿临摹大师的作品，但他又强调："学书学画，都须先临模古人，以后当离开范围，参加自己的意思而加以变化。学而不变，就是奴书奴画，不能成家。"[79] 就中国艺术思想来说，这种观点并无特别新颖之处。然而，李叔同要求浙一师的学生遵循西式素描绘画的严格规则，从这个角度来看，他对沈本千的这番言论具有相当重大的意义。他的目标未必是要像他的导师黑田清辉那样培养出一班东方油画家，显然，他仍旧认为中国画的"写意"传统——按字面意思理解就是描画出印象、观感——胜于西洋画。所以，当丰子恺学习西洋画的专门技法时，同时也接触到传统的东西，包括中日和西方的，这样才可达到手眼协调的艺术修养目标，这才属于李叔同所说的"更高层面的讨论"，即技法手段与个人价值相融合的层面。

丰子恺从未过多解释为何毕业后那么快就放弃成为西洋画技巧专家的尝试，很显然，主导他整个艺术生涯的思想和审美倾向都源自师范学校时李叔同对他的培养。那一时期，他非常努力地提高写生水平。[80] 尽管后文将谈到李叔同在道德和宗教上的自省对丰子恺的强烈影响，但这里我们还是应该记住，正是在杭州的浙江省立第一师范学校，特别是在李叔同的教导下，丰子恺有了这样的观念——艺术家的道德和审美世界存在着紧密的联系。这一时期的李叔同深深迷恋传统中国哲学和宗教学说，常常翻阅明末新儒家思想者刘宗周（1578—1645）的《人谱》。这是一本关于道德、自省的人生指南，书中列举了数百条古今贤人的嘉言懿行。[81] 在这部书的封面上，李叔同亲手写下"身体力行"四个字。1918 年，他于虎跑寺落发出家时将这本书赠予丰子恺。[82] 这是丰子恺第一次从李叔同那里接受"人品"和"画品"的思想，直到晚年，这一直深深影响着他的艺术创作和言说方式。[83]

那天在虎跑寺，弘一大师最后对沈本千说，宇宙事物既广博，时代又不断前进，将来新事物更会层出不穷。他要求沈本千观察这个时代不断变化的事物与社会现象，进修绘画的技法，趁年轻尽可能多地吸收新学科，学习新技法。这次会面给沈本千留下了深刻印象，一是学习上受益匪浅，二是感受到大师与丰子恺之间深厚的师徒情谊。[84]

民国初年，西洋画和西洋画具对中国来说还是新事物，桐阴画会的会员不得不从海外购买绘画材料。丰子恺和同伴步行到杭州日本租界的邮局邮购东京文房堂的最新绘画装备：写生本、油画颜料、水彩颜料、画架和画凳。写生是学习绘画最基本的实践，无论去哪里他们都带着纸和笔，随时随地记录身边的生活和景观。六十多年后，沈本千回忆起这段时光时说，虽然他们也偶尔给画作添上简单的色彩，但没有人把这些幼稚的习作当回事。他们抱着立志成为画家的热情，但还处于长期艺术创作的初期阶段。[85]

随着绘画兴趣的日益浓厚，丰子恺把大量时间都用在了写生上。[86] 由于经常借故请假去西湖写生，入学前几年一直名列前茅的他在毕业时已下滑至中等水平之下。黑田清辉到杭州探访他的学生和友人李叔同时，丰子恺负责接待并带他四处游览。那时，李叔同正在虎跑寺禁食打坐，为出家做准备。他频繁委托丰子恺帮忙处理俗务。[87] 除了黑田，丰子恺还接待过李叔同的其他日本画家朋友，如大野隆德、河合新藏、三宅克己等，带他们到西湖周边众多的寺庙和宝塔写生。李叔同私下教过丰子恺日语，这让他有了一定的日语基础。他希望利用与这些日本文化游客接触的机会，进一步加深对西方艺术的了解。这些来自现代亚洲国家的艺术家，在很多方面都是中国学生崇拜的对象。[88]

　　然而，即便参与了这些活动——或许正是因为这一点，学校生活令人生厌的规矩和对未来的迷惘越来越让十九岁的丰子恺受不了。服务于教育是他的学业所决定的，也是母亲为他选择的，但并非他内心真正期待的未来。当他对获得文凭的教育失去兴趣，埋头研究他所钟爱的绘画时，成绩便一落千丈。他对艺术的热情也引起了他人的注意。一天晚上，丰子恺因为别的事情去见李叔同，这位很少表扬人或给出个人意见的老师却对他说："你的画进步很快！我在所教的学生中，从来没有见过这样快速的进步！"这来之不易的认可几乎是前所未有的，令这个年轻人感到"犹如暮春的柳絮受了一阵急烈的东风，要大变方向而突进了"。[89] 老师的肯定让他埋头于西洋画，但昂贵的费用却让他面临人生第一次财务危机，也导致他做出影响未来事业的一系列重要决定。

　　他几乎放弃了其他所有学科。在给家姐（可能是丰瀛，几年前她在家乡建立了一所女校）的一封信中，他谈到这种几乎病态的激情，托她向母亲要买油画用具的钱。[90] 母亲觉得染坊自有足够颜料供儿子使用，对他日益高涨的艺术热情颇感疑虑。当他告诉母亲，作画需要的画布比缎子还贵时，母亲更是疑惑不解。尽管她认为儿子对艺术的痴迷毫无意义，也比以前任何时候更为担忧他的前途，但她仍旧放任儿子尝试。丰子恺频繁缺课，最后两年的学业一落千丈，几乎没能掌握小学教育者应有的知识，而这是作为一个师范毕业生所必须具备的。他甚至没有和同学一起到附属小学实习，这一切都让母亲有理由担心。虽然他对绘画的痴迷令母亲感到忧虑，但对他自己而言，绘画水平远不够登堂入室的现实比学业上的不足更令他发愁。西洋画是高度专业化的艺术，他这两年的非正式练习至多使自己跨进了西洋画的门槛而已。

1919 年，丰子恺二十二岁，毕业后继续绘画研究的梦想很快就破灭了。尽管当时与画会同窗在杭州举办了一次画展，但他看不到成为画家或者继续学习的可能。[91] 母亲年迈，家中经济日益困难，加之还有妻子需要供养。毕业前夕，丰子恺与崇德县望族徐芮荪的长女徐力民（1896—1983）完婚。徐芮荪曾任崇德县督学，多年前读到丰子恺参加崇德县小学会考的作文，十分赏识他的文学才华。进一步了解后，得知他正是当地名人、晚清举人丰镳的儿子。徐芮荪专程到石门湾"面试"丰子恺，发现这个内向、腼腆的少年语言典雅，颇具魅力。不久之后，他便托人去说媒，希望两家联姻，将自己的女儿力民嫁给钟云芳的儿子。彼时，徐力民已在崇德县一所学校任教。丰子恺的母亲却觉得自家力薄，担心门第不当，深恐日后多生枝节，便婉言谢绝。然而不久，徐芮荪极具诚意地再次央媒说亲，最终钟云芳被徐家的诚意所打动，答应了这门亲事。就这样，在丰子恺赴杭州求学前，十八岁的徐力民与十六岁的丰子恺定了亲。两人于 1919 年成婚。丰子恺从浙一师毕业那年，已是肩负责任的已婚男人。[92]

在杭州求学的几年，为丰子恺打开了新的视野。因此，尽管回石门湾当老师是一份安稳的生活，但他还是拒绝了当地小学的聘用。对于这样的决定，他辩称是觉得自己不能胜任，因为在校期间他没有参加过专业培训，没有为教师生涯做好充分的准备，更谈不上作为经亨颐培育出的文化先锋去实现更大的目标。更重要的是，在人生最关键的时刻，他无论如何都不愿意放弃绘画而回到安定的家乡。这时候他想的更多的是不愿自己的艺术追求走入死胡同，而非天堂般的田园生活。像许多从浙一师毕业后不愿回家乡的同学一样，他来到繁华都市上海讨生活，希望找到一条脱离困境的出路。[93]

1   丰子恺，《桐庐负暄》，《丰子恺文集》卷6，第1页。

2   参见班宗华，《桃花源：中国画中的花园与花》（Richard M. Barnhart,
     Peach Blossom Spring: Gardens and Flowers in Chinese Paintings，New
     York: The Metropolitan Museum of Art, 1983）。

3   关于浙江的详细信息，请参阅冉玫烁，《浙江的精英活动和政治变迁》
     （Mary Backus Rankin, *Elite Activism and Political Transformation: Zhejiang
     Province, 1865—1911*, Stanford, Calif.: Stanford University Press,
     1986），第57页；萧邦齐，《中国精英与政治变迁：20世纪的浙江》（R.
     Keith Schoppa, *Chinese Elites and Political Change: Zhejiang Province in
     the Early Twentieth Century*, Cambridge, Mass.: Harvard University Press,
     1982），第112、121—122、124—125、153页。

4   丰子恺，《艺术的逃难》，《丰子恺文集》卷6，第167—174页。

5   1950年，石门湾更名为石门镇，划归崇德县，1958年11月与邻县桐乡
     县合并。丰子恺提到家乡时一般称崇德县石门湾。参见《浙江分县简
     志》，杭州：浙江人民出版社，1984年，第829—831页。

6   据清光绪年间（1875—1908）《桐乡县公报》，引自《石门镇概况》，第
     829页。丰子恺在1972年所著回忆散文《四轩柱》中重述了石门镇名
     称的由来，见《丰子恺文集》卷6，第736页。又见丰子恺，《放焰口》，《丰
     子恺文集》卷6，第729页；《丰子恺传》第2页。20世纪80年代一篇
     描述石门湾的文章写到"石块砌成的小巷"，表明这里正是古代吴越边
     境古老的石门。见丁帆，《诗曲画忆石门湾》，《东海》杂志，1983年第
     5期，第72页。

7   丰子恺，《辞缘缘堂——避难五记之一》，《丰子恺文集》卷6，第119—
     120页。

8   参看叶文心，《省道：文化、空间和中国共产主义的起源》（Wen-hsin Yeh,
     Provincial Passages: Culture, Space, and the Origins of Chinese Communism,
     Berkeley: University of California Press, 1996），第14页；卜正民，《纵
     乐的困惑：明代的商业与文化》（Timothy Brook, *The Confusions*

of Pleasure: Commerce and Culture in Ming China, Berkeley: University of California Press, 1998），第 250—254 页。

9　关于这一点及更早前的情形，参见注 17。

10　萧邦齐，《中国精英与政治变迁》，第 51、161 页；冉玫烁，《浙江的精英活动和政治变迁》，第 55—56 页；何炳棣，《明清社会史论》（Ping-ti Ho, *The Ladder of Success in Imperial China: Aspects of Social Mobility; 1368—1911*, New York: Science Editions, 1964），第 304 页；叶文心，《省道：文化、空间和中国共产主义的起源》，第 52—55 页。

11　参见丰子恺，《辞缘缘堂》，《丰子恺文集》卷 6，第 123 页；《中举人》，《丰子恺文集》卷 6，第 676 页。18 世纪中叶，玩花主人和钱沛思编选了戏曲选集《缀白裘》；19 世纪 20 年代，由俞平伯校点重印的沈复所著《浮生六记》引起文坛上的轰动。参见沈复著，俞平伯校《浮生六记》，北京：朴社，1923 年。

12　林语堂英译，《浮生六记》（*Shen Fu's Six Chapters of a Floating Life*, Taipei: Taiwan Kaiming Shudian, 1964），第 7 页；林语堂，《生活的艺术》（*Lin Yutang, The Importance of Living*, London: Heinemann, 1938），第 276 页。

13　冉玫烁，《浙江的精英活动和政治变迁》，第 313 页；何炳棣，《明清社会史论》，第 246—247 页。

14　参见丰子恺，《绘画改良论》，《思想与时代月刊》，1941 年第 8 期，第 42 页；画家、书法家、诗人方薰著有《山静居画论》，尽管生活在一个追求大同的时代，但他在画论中透露出他的个人主义倾向，参见郑拙卢标点注释，《山静居画论》，北京：人民美术出版社，1962 年。

15　参见吴珊编，《桐乡文史资料》第 2 辑（桐乡县现代名人史料），桐乡县政协，1985 年 12 月。

16　参见丰一吟，《潇洒风神——我的父亲丰子恺》，上海：华东师范大学出版社，1998 年，第 4 页。

17　本书所提丰子恺的年纪以他出生那年为一岁开始计算。丰子恺的姐妹：丰瀛（字寰仙，1886—1918）、丰幼（字梦仙，1888—1934）、丰满（字庭芳，法名梦忍，1891—1975）、丰绮（1893—1915）、丰潜贞（1895—1907）、丰庚（1897，卒于当年）、丰雪珍（雪雪，1902—1983），丰子恺的两个弟弟是丰浚（字景伊，1903—1920）和丰蔚兰（小名兰珠，1906—1910）。

18　丰子恺，《中举人》，《丰子恺文集》卷6，第676—680页；《丰子恺传》，第7—8页。

19　参见1948年6月《星岛日报》刊登的丰子恺散文《讲我自己儿时的故事》。《千家诗》全称为《分门纂类唐宋时贤千家诗选》，托名南宋著名词人刘克庄编选，主要为唐代诗人作品，描写了时令、节候、气候、百花、竹林、天文、地理等十四门类。

20　参见丰子恺，《学画回忆》，《丰子恺文集》卷5，第413页；何莫邪，《丰子恺：一个有菩萨心肠的现实主义者》（Christoph Harbsmeier, *The Cartoonist Feng Zikai: Social Realism with a Buddhist Face*, Oslo: Universitetsforlaget, 1984），第15页。

21　参看施美美，《绘画之道》2卷本（Mai-Mai Sze, *The Tao of Painting: A Study of the Ritual Disposition of Chinese Painting*, New York: Pantheon Books, 1956），第219—255页；《芥子园画谱》，又名《芥子园画传》，第137—155页。

22　参见丰子恺，《学画回忆》，《丰子恺文集》卷5，第414页。这是丰子恺自己的回忆，《芥子园画谱》中其实并无丰所说的柳画像，有可能是他将《芥子园画谱》与清代著名画家上官周的传世作品《晚笑堂画传》混淆，《晚笑堂画传》中正有一幅如丰所述的柳宗元画像。参见上官周《晚笑堂画传》下卷，北京：中国书店重印，1984年，卷中第20幅。

23　参见李克曼著，安加拉德·班巴诺译，《苏仁山的生平与作品》（Pierre Ryckmans, *The Life and Work of Su Renshan*），第35—36页。

24　丰子恺，《我的书：芥子园画谱》，《丰子恺文集》卷5，第472—473页。

25　《丰子恺传》，第9—10页；《丰子恺先生年表》，第23页；丰子恺，《私塾生活》，《丰子恺文集》卷6，第636页；丰一吟，《潇洒风神》，第31—33页。

26　丰一吟,《潇洒风神》, 第 34 页。

27　《丰子恺传》, 第 9—10 页;《丰子恺先生年表》, 第 3 页; 丰子恺,《小学
　　同级生》,《丰子恺文集》卷 6, 第 744—748 页。

28　丰子恺,《视觉的粮食》,《丰子恺文集》卷 3, 第 341—342 页; 何莫邪,
　　《丰子恺》, 第 16 页。

29　丰子恺,《视觉的粮食》,《丰子恺文集》卷 3, 第 342 页; 丰子恺,《过年》,
　　《丰子恺文集》卷 6, 第 699 页;《丰子恺传》, 第 14 页; 寅彗,《丰子恺
　　旧作的新发现》,《中国学生周报》第 1109 期, 1973 年 10 月 19 日。

30　丰子恺,《视觉的粮食》,《丰子恺文集》卷 3, 第 345 页;《丰子恺传》,
　　第 17 页; 何莫邪,《丰子恺》, 第 16 页。

31　丰子恺,《视觉的粮食》,《丰子恺文集》卷 3, 第 345 页。

32　参见《丰子恺文集》卷 5, 第 414、417、419 页; 卷 2, 第 595—596 页。

33　丰仁,《猎人——戒贪心务寡欲》, 最初发表于《少年》杂志 1914 年第 4
　　卷第 2 期, 收入《丰子恺文集》卷 5, 第 1 页。

34　丰仁,《藤与桂——戒依赖务自立》,《丰子恺文集》卷 5, 第 3 页。

35　丰子恺,《过年》,《丰子恺文集》卷 6, 第 702 页;《旧话》,《丰子恺文集》
　　卷 5, 第 180 页。

36　钱青,《丰子恺的母亲》, 载于《桐乡文艺》1985 年 9 月 25 日 (限量发
　　行本), 第 10—13 页。《桐乡文艺》的特殊刊本是纪念丰子恺逝世十周
　　年的专刊。钱青毕业于振华女校, 该校由丰子恺的大姐丰瀛利用家族旧
　　宅所创立。

37　浙江省立第一师范学校, 参见《丰子恺传》, 第 7、19 页, 英译名
　　Zhejiang First Normal College 或 Zhejiang Provincial Number One Teachers
　　College。现为杭州高级中学。尽管学校大多数原始建筑在战争和后来的
　　建设中幸存, 但大礼堂和学生宿舍在 1985 年底的一场大火中夷为平地。
　　更多有关学校的历史, 参见《杭州第一中学校庆七十五周年纪念册》(以
　　下简称《校庆纪念册》), 杭州: 杭州第一中学, 1983 年, 第 231—238 页。

38　林语堂,《苏东坡传》(*The Gay Genius: The Life and Times of Su Tungpo*,
　　New York: John Day, 1947), 第 141 页。

39　叶文心，《省道：文化、空间和中国共产主义的起源》，第 74 页。

40　丰子恺，《伯豪之死》，《丰子恺文集》卷 5，第 66 页。

41　丰子恺，《寄宿舍生活的回忆》，《丰子恺文集》卷 5，第 166—175 页。

42　《校庆纪念册》，第 232 页。关于经亨颐家庭背景及早年职业生涯，参看叶文心，《省道：文化、空间和中国共产主义的起源》，第 75 页后。

43　《校庆纪念册》，第 5—6 页。

44　丰一吟，《潇洒风神》，第 43 页。

45　叶文心，《省道：文化、空间和中国共产主义的起源》，第 87—88 页。

46　丰子恺，《伯豪之死》，《丰子恺文集》卷 5，第 67 页。《文选》（又称《昭明文选》），是一部极有影响力的诗文总集，由南朝梁武帝的长子萧统（501—531）组织文人编选。萧统死后谥“昭明”，因此他主编的这部文选被称作《昭明文选》。

47　叶文心，《省道：文化、空间和中国共产主义的起源》，第 84 页。

48　刘义庆，《世说新语》上册，上海：上海古籍出版社，1982 年，第 381 页。英译引自白杰明、贾佩琳，《新鬼旧梦》(Geremie Barme, Linda Jaivin, *New Ghosts, Old Dreams: Chinese Rebel Voices*, New York: Times Books, 1992)，第 196 页；参见《伯豪之死》，《丰子恺文集》卷 5，第 70 页。

49　丰子恺，《伯豪之死》，《丰子恺文集》卷 5，第 71 页。

50　同上，第 73 页。

51　吴梦非，《五四运动前后的美术教育回忆片段》，《美术研究》1959 年第 3 期，第 44 页；高美庆，《中国艺术对西方的回应》，第 76 页。

52　丰子恺，《旧话》，《丰子恺文集》卷 5，第 182—183 页；林子青《弘一大师年谱》，上海：弘化院，1944 年，第 51 页。

53　详细内容参见高美庆，《中国的教育改革和西画运动的开端》("Reforms in Education and the Beginning of the Western-Style Painting Movement in China")，载安雅兰 (Julia F. Andrews)、沈揆一 (Kuiyi Shen) 编，《危机中的世纪：20 世纪中国艺术中的传统与现代性》(*A Century in Crisis: Modernity and Tradition in the Art of Twentieth-Century China*, New York: Guggenheim Museum, 1998)，第 149—150 页。

54 参见姜苦乐,《亚洲现代艺术》(*John Clark, Modern Asian Art*, Sydney: Craftsman House & G+B Arts International, 1998), 第 159—160 页; 原田实,《明治西洋画》[Minoru Harada, *Meiji Western Painting*, 村形明子 (Akiko Murakata) 译 , New York/ 东京: Weatherhill 新闻堂, 1974], 第 62—78 页; 迈克尔·苏立文,《东西方艺术的交会》(Michael Sullivan, *The Meeting of Eastern and Western Art from the Sixteenth Century to the Present Day*, London: Thames and Hudson, 1973), 第 138—139 页; 河北伦明、高阶秀尔,《近代日本绘画史》, 东京: 中央公论社, 1978 年, 第 69—81、144—148 页; 劳伦斯·罗伯茨,《日本艺术字典》(Laurence Roberts, *A Dictionary of Japanese Artists*, New York: Wetherhill, 1976), 第 99 页; 迈克尔·苏立文,《二十世纪中国艺术》, 第 47 页; 高美庆,《中国艺术对西方的回应》, 第 76—77 页。 李叔同的事业与岭南画派创始人高剑父相当, 然而又有别于高剑父。高剑父也曾留学日本并深受现代日本画影响, 现代日本画是融合了西方写实主义和东方古典浪漫主义的一种独特绘画方式。参见朱锦鸾,《岭南画派及其追随者》(Christina Chu, "The Lingnan School and Its Followers: Radical Innovation in Southern China"), 载安雅兰、沈揆一编,《危机中的世纪》, 第 67、77 页。

55 李叔同,《石膏模型用法》, 载中国佛教协会编,《弘一法师》, 北京: 文物出版社, 1984 年, 第 81 页。

56 高美庆,《中国艺术对西方的回应》, 第 76—77 页, 插图 9; 高美庆,《中国的教育改革和西画运动的开端》, 第 156 页, 插图 6—7。

57 迈克尔·苏立文,《20 世纪中国艺术与艺术家》, 第 30 页。

58 丰子恺,《旧话》,《丰子恺文集》第 5 卷, 第 183—184 页。

59 伯夷、叔齐是商末孤竹君的两个儿子。相传其父遗命要立次子叔齐为继承人。孤竹君死后, 叔齐让位给伯夷, 伯夷不受, 叔齐也不愿登位, 先后都逃到周国。周武王伐纣, 二人叩马谏阻。武王灭商后, 他们耻食周粟, 采薇而食, 饿死于首阳山。参看杨伯峻,《论语译注》, 北京: 中华书局, 1960 年, 第 51 页。

60 丰子恺,《视觉的粮食》,《丰子恺文集》卷 3, 第 346—347 页。

61 同上，第 347—348 页。

62 丰子恺，《写生世界（上）》，《丰子恺文集》卷 2，第 600 页。

63 丰子恺，《写生世界（下）》，《丰子恺文集》卷 2，第 602 页。

64 丰子恺，《颜面》，《丰子恺文集》卷 5，第 111 页。

65 吴梦非，《五四运动前后的美术教育回忆片段》，《美术研究》，1959 年第 3 期，第 43 页。

66 丰子恺，《写生世界（上）》，《丰子恺文集》卷 2，第 600 页。

67 丰子恺，《我的学画》，《丰子恺文集》卷 2，第 597 页。

68 参见俞剑华，《中国画论类编》，香港：商务印书馆，1973 年，第 19 页；李克曼，《石涛》（Pierre Ryckmans, *Shitao: Les Propos sur la peinture du moine Citrouille-amère*, Paris: Collection Savoir, Hermann, 1984），第 20 页。

69 大村西崖著，陈师曾（名衡恪）译，《文人画之复兴》，《中国文人画之研究》，上海：中华书局，1941 年，第 19—20 页。

70 参见《子恺漫画全集》第 4 卷，上海：开明书店，1945 年，第 48 页。

71 沈本千，《湖畔同窗学画时——忆丰子恺》，《西湖》，1980 年第 4 期，第 41 页。

72 参看李康贤，《丰子恺在浙一师》，《西湖》，1985 年第 5 期，第 33 页，这篇文章在与沈本千的访谈基础上完成。《校庆纪念册》，第 232 页；秦祖永（1825—1884）所著《桐阴论画》，见《艺林名著丛刊》，北京：中国书店，1983 年。

73 丰子恺，《梧桐树》，《丰子恺文集》卷 5，第 556—557 页。

74 沈本千，《湖畔同窗学画时——忆丰子恺》，第 41—42 页。

75 李康贤，《丰子恺在浙一师》。

76 沈本千在《一代高僧弘一法师》（浙江省政协编，《浙江文史资料选辑》第 26 辑，浙江人民出版社，1983 年）中记述了这段经历及他与李叔同的关系，第 121—123 页。

77 李康贤，《丰子恺在浙一师》；丰子恺，《绘画改良论》，第 38 页，又参见本书第八章。

78 李康贤,《丰子恺在浙一师》。这一训练画家的重要观点由丰子恺的朋友黄宾虹（1865—1955）提出，黄是 19 世纪末和 20 世纪中国最富创新精神的传统艺术家。参见王伯敏编,《黄宾虹画语录》,上海：上海人民美术出版社,1961 年, 第 1—2、10 页。

79 俞剑华,《陈师曾》,上海：上海人民美术出版社,1981 年, 第 36 页。

80 高美庆,《中国艺术对西方的回应》, 第 78 页。

81 （明）刘宗周,《人谱,附〈类记〉》,台北：商务印书馆,1971 年；吴百益,《儒家的进化：传统中国的传记写作》（Pei-yi Wu, *The Confician's Progress: Autobiographical Writings in Traditional China*, Princeton, N. J.: Princeton University Press, 1990）, 第 222—224、231 页。

82 丰子恺,《先器识而后文艺——李叔同先生的文艺观》,《丰子恺文集》卷 6, 第 534—535 页。

83 参见朱光潜 1943 年的文章《丰子恺先生的人品与画品》, 引自毕克官,《朱光潜谈画——关于〈子恺漫画〉的两次谈话》,《美术史论丛刊》,1982 年第 2 期, 第 8 页。

84 李叔同的教师生涯, 参见陈慧剑,《弘一大师传》,台北：东大图书公司,1983 年, 第 123—150 页；桑柔,《李叔同的灵性》,台北：精美出版社,1985 年, 第 174—199 页；陈星,《佛天艺海——李叔同与丰子恺交往传奇》,《人民日报》,1989 年 1 月 4 日。

85 俞剑华,《陈师曾》, 第 36 页。

86 李叔同不仅在教学中使用石膏模型，而且还于 1913 年开始使用人体模特教学并组织学生外出写生。参见吴梦非,《五四运动前后的美术教育回忆片段》,《美术研究》,1959 年第 3 期, 第 43 页；高美庆,《中国艺术对西方的回应》, 第 77—78 页, 插图 12。李叔同艺术课裸体写生的图片见林子青编著的《弘一大师年谱》, 第 16 页。

87 参见丰子恺,《我的苦学经验》,《丰子恺文集》卷 5, 第 77 页；《丰子恺传》, 第 25 页；李康贤,《丰子恺在浙一师》。关于黑田访华, 参见《弘一大师年谱》, 第 27—28 页、第 30、32 页；姚梦谷,《李叔同其人其事其名》,《李叔同传记资料》,台北：天一出版社,1979 年, 第 49 页；《弘一大师年谱》第 55—57 页；李叔同最好的朋友夏丏尊作《弘一法师之出家》，载于中国佛教协会编，《弘一法师》，第 247—250 页。

88　劳伦斯·罗伯茨，《日本艺术字典》，散见于第 110—126 页；丰子恺，《为青年说弘一法师》（又名《怀李叔同先生》），《丰子恺文集》卷 6，第 149 页；李康贤，《丰子恺在浙一师》。

89　丰子恺，《旧话》，《丰子恺文集》卷 5，第 184 页；丰子恺，《为青年说弘一法师》，《丰子恺文集》卷 6，第 149 页。

90　丰子恺大姐丰瀛（字襄仙）于 1912 年创办振华女校。三姐丰满 1920 年大学毕业后接任校长。参见丰桂，《石门振华女校》，《桐乡文史资料》第 6 辑（桐乡县名胜古迹专辑），1987 年 12 月，第 118—119 页。

91　《丰子恺传》，第 30 页；《丰子恺先生年表》，第 7 页。

92　丰一吟，《潇洒风神》，第 36—37 页；《丰子恺传》，第 11 页。《丰子恺先生年表》，第 7 页收录杨伯豪为夫妇二人写的贺诗。

93　丰子恺，《旧话》，《丰子恺文集》卷 5，第 185 页。

第二章
东渡日本

　　1919 年夏，丰子恺从浙江第一师范学校毕业，急切渴望继续深造。虽然毕业于师范，但他认为将教师作为终身职业不会为他带来远大的前途。他希望学习绘画艺术，可经济上的困难又让他力不从心。尽管在老家石门湾找到一份小学老师的工作很容易，但他还是决定接受浙一师校友、同为李叔同学生的吴梦非和刘质平之邀，和他们一起去上海办学。[1]

　　彼时吴梦非刚完成美术设计方面的学业，刘质平则刚从日本进修音乐回国。两人被当时国内国民教育改革进程所鼓舞，迫切想抓住机遇，在日益发展的大上海把他们的理念付诸实践。三人都是当时地方上精英学校的毕业生，灵气逼人，能力出众，胸怀浙一师经亨颐校长和老师们灌输的使命感。丰子恺在 1920 年加入这个团队，共同创办上海专科师范学校并任美术教师，教授木炭写生。吴梦非任校长，丰子恺兼任教务长。这所学校是继刘海粟创办的上海美术学校——因卷入使用裸体模特的争论而出名——之后上海第二个专门教授西洋画的艺术学校，培训绘画和音乐教员。丰子恺一边在新学校教书，一边接受了李叔同的朋友杨白民的邀请，在杨担任校长的城东女学艺科任教。[2] 城东女学建于 1918 年，主要为小学培养体育老师，是国内第一所此类型的学校。① 丰子恺的妻子徐力民在城东女学进修，吴梦非和刘质平也在这里兼职教音乐。这两项工作之外，丰子恺能够自由支配的时间所剩无几。这对新婚夫妇各自住在学校宿舍，只能趁周末时在旅馆过几天私密生活。当岳父母从崇德来上海时，他们就都住到旅馆，陪同两老一起游玩。3

上海是一个生机盎然又充满挑战的城市。几个月前，北京学生于1919 年 5 月 4 日发动了波及全国的示威活动，掀起了抵制帝国主义列强和北洋政府的运动，声讨北洋政府在凡尔赛会议上的不作为使中国进一步陷入殖民主义侵略的旋涡。学生运动扩散到全社会，知识分子阶层发起了关于帝国主义、儒家思想、现代化、民主和文学革命的广泛争论，成为新文化运动的导火索。特别是在上海，激进的学生抗议者团结了当地工商界人士，推动社会和政治改革进程。离开杭州宁静的学术氛围，投身一所卷入上海文化旋涡中心的学校，是丰子恺始料未及的。他几乎立刻就后悔为了一份固定的职业而放弃学画。

即便如此，他对写生和素描的热情丝毫没有减弱。他从日本明治年间出版的《正则洋画讲义》上获取了一些绘画知识，又决定将这些东西运用于自己最初教授的美术课堂上，后来他才意识到这些美术理论早已过时。他跟学生说，中国画最大的缺点就是不忠于写实。这与当时打破旧传统的精神相符。他教学生唯有忠实于自然摹写的作品才能叫作美，才能称为现代艺术。4他一直受到李叔同这样的爱国教师的教导，认为一种由受过现代教育的文化工作者推崇的艺术新形式，

---

① 原书这里将城东女学与东亚体育学校混淆了，城东女学创办时间为 1903年，初名上海女子苦学社，东亚体育学校创办于 1918 年，丰子恺也曾在该校兼任图画音乐课。

一种能够更好地表达当代社会纷繁变化的艺术，才是革新破败的旧文化的关键。这是五四时期（1917—1927）的常见思路。传统艺术，确切地说是晚清遗留下来的传统，因与现代中国（及其精英阶层）的需求相悖，因其僵化的表达模式，也因缺乏文化活力而广受批评。[5]丰子恺毫不避讳地将他在师范学校求学时所画的维纳斯头像的木炭写生示与学生，鼓励他们学习西洋画，忠实写生。后来回想此事，他觉得颇为尴尬。彼时他如此教学是师范学校教学的基本性质所决定的，也因为当时的中国正处于艺术教育的真空时期。更重要的是，当时的中国对西洋画了解极少，关于西方美术传统的零星知识都是通过日本转手传播进来的。不少人以为，美女月份牌或香烟盒画片就是西洋画的代表。丰子恺承认，正是由于当时的这种状况，他才能站在讲台前面"卖野人头"。[6]

随着五四时期对文化的彻底改革和现代化的需求，上海开始出现各种形式的艺术学院，加之迅速增多的学生和蓬勃发展的出版业鼓舞了教育家的创业欲望，即便他们并未见得有多少值得教授的东西。上海专科师范学校是1920年上海出现的众多艺术类师范学校中的第一所。[7]海外留学归来的学生，尤其是从日本回来的学生，带回了他们自认为最先进的、国际化的现代艺术知识；而像丰子恺这样毕业于国内院校的学生，只能从上海的日本书店买些美术杂志，从中了解西洋画界的最近发展。显然，《正则洋画讲义》上陈腐有限的内容不足以支撑他教授一门需要紧跟国外美术界潮流的课程。丰子恺只有高中学历，亦无力继续学画，如此困境令他备感烦恼。

> 虽然别的绘画学校并不见有比我更新的教法，归国的美术家也并没有什么发表，但我对于自己的信用已渐渐丧失……我懊悔自己冒昧地当了这教师。[8]

这场自信危机在一次布置课中写生练习时不期而至，真切地打击了丰子恺。"我在布置静物写生标本的时候，曾为了一只青皮的橘子而起自伤之念，以为我自己犹似一只半生半熟的橘子，现在带着青皮卖掉，给人家当作习画标本了。"[9]他终于意识到，无论花费多少，都必须去海外留学。就像当时的其他人一样，他相信，只有留学的经验才可令他在文化上"现代"起来，令他有资格向学生阐释什么是国际性的艺术。他下定决心，一定要做了"留洋美术家"才归国。那时他和妻子刚有了第一个孩子——长女丰陈宝（乳名阿宝），但这并不能阻止他出外求学的欲望。经过痛苦的思考和挣扎后，丰子恺决定借钱赴日留学。他向亲朋好友筹钱，母亲勉强变卖一部分家产，同事吴梦非和刘质平也提供了资助。在专科师范学校当了一年半的老师后，丰子恺终于在1921年早春离开上海，前往日本东京。[10]

到了东京后，丰子恺又从岳父处得到一笔贷款，但所有款项也仅够他在日本维持十个月的用度，一旦钱用完他就不得不回国。他明白这样短暂的时间作为旅行太长，作为留学又太短，因此颇费心力地安排，要充分利用这段有限的时间。丰子恺在东京的生活方式既不似游客也不似学生，他自己将其称作"游学"。

丰子恺在杭州时的同学叶天底，在他东渡日本前和他见面，并写了一篇送别的文章纪念这次离别。叶天底是桐阴画会最活跃的会员之一，对政治也有强烈的兴趣，不久就加入了新成立的中国共产党。他在文章中说丰子恺是他最要好的同学，并提醒同窗要留意日本文化的诱惑：

> 别被野樱花诱惑了，什么东亚西欧，陶成了"象牙塔"中的骷髅、尸块！只是一个地球！敬爱的子恺，去罢！子恺，也该去了！少吃些渠们的生鱼冷饭，已经饱看了那烦恼的愁

容了，省得成胃病！已经饱听了那无聊的叹声了，少装点渠
们的军国思想，已经饱尝了干枯的滋味了，免得成痼疾！凄
凄的景象，子恺，去罢！却是绝好的画材。[11]

丰子恺离开日益成为国际化大都市却又不断经受政治骚乱和工商
业抗议的上海，只身搭乘轮船前往大正时代的日本首都东京。自五十
年前明治维新开始，这座城市的景观已经大大改观。日本帝国政府的
文明开化政策推动了范围广泛的社会和文化现代化，引发了一场城市
革命，创建了一个充满活力、光明和喧嚣的大都市。丰子恺到达日本
时，正是1923年东京大震灾前夕。那场灾难永久地改变了这个城市
的面貌。不过，在此之前，像丰子恺这样来自长江下游的旅行者会发
现，这里舒适的环境既传统又熟悉，不管是本地人还是外国人都会感
到振奋和刺激。就在几年前，1914年，大正博览会在东京举办。博
览会是一场工业新时代、西式建筑和现代化的盛典，标志着不同于明
治时期、为期甚短的"东京风格"的到来，而这一切在大地震后付诸
东流。所谓的"大正民主"是一个政治相对开明的时代，几乎摧毁了
整个欧洲的残暴行径并未影响这里，日本作为一战的战胜国，正尽享
帝国主义列强俱乐部成员的种种好处。不过，这一时期也是日本国内
劳资纠纷严重之时，大学生中充斥着意识形态的争论。像中国的同龄
人一样，许多大学生受到1917年俄国革命的影响，来访的外国名人
也引发了大规模的知识分子狂热。这种不安分的环境造就了东京的现
代知识分子。其中有一类，即是大正时代早期产生的时尚先锋"马克
思青年男女"。这是被所谓的"教养教育"培养出来的一代——表面
上看都极有教养，但骨子里推崇个人的富裕、讲究的生活和自我实现。
各类学校蓬勃发展，迎合了学生的从西式大学教育到打字、英文、驾
驶等职业培训的种种需求，当然也包括艺术在内。[12]

在东京的前五个月，丰子恺上午到洋画研究会学画，下午到东亚预备学校进修日语。后五个月，他放弃了下午正规的日语学习，把时间用来练习小提琴，再利用晚上的时间提高英语。丰子恺在浙一师时，曾通读完英文版的《天方夜谭》。现在，他跟从一位老师专注研究华盛顿·欧文的《见闻杂记》。他常常请假，和来自浙江的室友一起去参观美术展，听音乐会，看歌舞伎演出，还抽出大量时间去图书馆，参观当地名胜，并不时逛逛神田的旧书店。[13] 他这一段听起来颇为勤奋的学习经历记录于《我的苦学经验》一文中。1931 年，这篇文章和当时其他知名作家的文章一起发表在上海青年杂志《中学生》的《出了中学校以后》专栏里。实际上，在日本最初几个月的洋画学习引发了高度的自我怀疑和巨大的危机感，从根本上改变了这个年轻游学者的艺术方向。他到日本游学的最初愿望和同龄人没什么两样，但很快便发现这个城市的娱乐消遣远比他的学习计划更诱人。返回上海后没几年，1925 年，丰子恺出版了自己的第一部漫画选集，他在题卷首的文章中记述了当时的感受。

一九二〇年春，我搭了"山城丸"赴日本的时候，自己满望着做了画家而归国的。到了东京窥见了些西洋美术的面影，回顾自己的贫乏的才力与境遇，渐渐感到画家的难做，不觉心灰意懒起来。每天上午在某洋画学校里当 model（模特儿）休息的时候，总是无聊地燃起一支"敷岛"，反复思量生活的前程，有时窃疑 model 与 canvas（画布）究竟是否达到画家的唯一的途径。

愈疑虑不安，愈懒散无聊。后来上午的课常常闲却，而把大部分的时光消磨在浅草的 opera（歌剧）馆，神田的旧书店，或银座的夜摊里了。"尽管描也无益，还是听听看看想想好。"每晚只是这样地自慰。[14]

银座和浅草是大正时代的中心。尤其是银座，因其宽大的主干道和迷人的夜生活，成为了东京青年文化的聚集地，迎合了摩登青年男女的需求。浅草是一个很受欢迎的娱乐区，西方歌剧、滑稽戏、电影院与传统的歌舞伎在这里共存，吸引着大批观众。然而对很多中国留学生来说，最有吸引力的还是神田的书店。丰子恺多次步行到这里的二手书店淘书。正是一次偶然的机会，他在这里发现了明治末期和大正时期著名插画家竹久梦二（1884—1934）的一册画集。

《梦二画集：春之卷》1909 年由乐阳堂出版，发行后广受欢迎。[15]多年前，丰子恺已在杭州初次接触国画水墨写生，然而直到他在神田书店看到梦二的作品，才被这种艺术迷倒。彼时他正感到画家难做，处于心灰意冷的关头。他快速翻看书中内容，立刻被那些寥寥数笔却意味深长的毛笔速写震动，从而感到有所启发。书中一幅题为《同级生》的画里，一个贵妇人模样的年轻女子手执阳伞坐在一辆人力车里。丰子恺在回忆邂逅竹久梦二作品的经历时向国内读者解释说，日本的人力车不像上海的黄包车那么量多价廉。从画中描绘的场景推测，她可能刚从高档的三越吴服店购物归来，也可能受某位伯爵夫人的招待，接受了贵重的馈赠归来。她正向一个站在路边背着婴儿、蓬头垢面的妇人点头打招呼。这是多年前的同学在各自经历巨大变化后的一次短暂相聚。丰子恺站在书架前盯着这幅画出神，不由感叹社会的怪相与人世的悲哀。更重要的是，这幅画真正打动他的不仅仅是简单的线条，还有它的诗趣和画题。[16]

丰子恺没有把书翻完，直接买了这一本带回寓所仔细阅读。后来，他曾仿画过这幅第一眼就吸引了他的作品。[17]20 世纪 20 年代和 30 年代早期，在当老师的年月里，丰子恺画了一系列有关学校生活的漫画，

▶ 竹久梦二《同级生》，署名『梦二』。图片来自《梦二画集：春之卷》（东京：乐阳堂，1909 年）。

收集在他的《学生漫画》中，里面有相当一部分作品让人联想起他第一次看到的梦二那幅画。例如，《小学时代的同学》就描画了两个长大后偶遇的小学同学，一个是穿着时髦的艺术家，可能正在去写生的路上，另一个是刚从地里回来的农民。认识了梦二的作品后，丰子恺便留意搜寻更多有关作者的东西。他找到的资料十分有限，以至于他以为梦二在明治末期蜚声于日本画坛，但在他看到的时候已渐岑寂了。[18] 丰子恺错误地估计了 20 年代早期梦二在日本画坛的影响，反映出他对日本当代文化所知有限，且缺乏与日本社会的接触。之所以会形成这样的印象，或许是因为他从未发现东京那间著名的竹久梦二专门店港屋（Minatoya），也可能是他从二手书摊仅找到竹久梦二的这一册作品，很难从其他人那里获知这位"没落"艺术家的情况。实际上，丰子恺在日本期间，竹久梦二出版了大量诗画作品，具有非常高的影响力。70 年代末以来，竹久梦二再度引起关注。如果不是大

正时代整体文化氛围如此，他的作品甚至可被视为那个时代"颓废"的象征。事实上——

> 如果对妇女、儿童和大众的发现可以在文化中表征出来，那么竹久梦二正是这种文化的代表。首先，他的梦幻般身穿和服的慵懒女郎表现了一种"理想"的女人；其次，梦二所绘关于乡村童年生活的插图唤起人们对"已逝童真"的怀念，促进了一种新的理念的产生，即儿童并非小大人，他们也有自身的文化；最后，梦二的艺术是属于大众的，这种通俗艺术完全挣脱了艺术原有的藩篱。[19]

对囊中羞涩的短期游学生来说，东京的出版市场和艺术情况都不熟悉，很难收集到竹久梦二的所有作品。他试图收全竹久梦二"四季"

▶丰子恺《畅适》（为黄涵秋所作肖像），署名
TK。图片来自丰子恺《子恺漫画全集：民间
相》（上海：开明书店，1945年）。

的其他三卷，但在回国前也没能完成，只好将这件事托付给朋友黄涵
秋。黄涵秋爱好绘画和吹口琴，也常常去旧书摊淘书。黄涵秋是丰子
恺在东京时的酒友，两人都是爱书之人，常一起出游、观光喝酒。丰
子恺回国后，黄涵秋终于收齐了《夏之卷》《秋之卷》《冬之卷》三册，
并将这些连同梦二的《京人形》《梦二画手本》从东京寄给上海的丰
子恺。[20]

　　30年代初，丰子恺第一次看到这些画集（都在后来的颠沛流离
中遗失了）。十多年之后，他仍然清晰记得初见梦二画作时的震撼。
正如他于1933年在《绘画与文学》所写，"画的简洁的表现法，坚劲
流利的笔致，变化而又稳妥的构图，以及立意新奇，笔画雅秀的题
字"[21] 都如此令人难忘。

　　明治时代中期，竹久梦二出生在"日本的地中海"濑户内海沿岸

的冈山县。在那个艺术学校和艺术沙龙盛行的时代，梦二是个异类，甚至有些古怪。在早稻田实业学校学习三年后，二十二岁的梦二退学，完全放弃正规教育，转而从事插画师和作家的自由职业。尽管梦二最初的梦想是成为一名诗人，而且事实上他也出版过多本诗集，但他很快认识到，写诗并不是能养活自己的生计。于是他把注意力转移到绘画和插画上。虽然他是一个多产的画家，但因为很少参加大型画展而被当作游走在艺术世界边缘的业余画家。和中国一样，当时日本的文化环境重视师承渊源，能受到赏识的至少也是在艺术圈受过正统培训又有赞助人的画家。所以，梦二这种既无学历又无赞助的艺术家能达到这样的成就尤其引人注目。[22] 然而就他的作品来看，仍属于典型的明治晚期（20 世纪初）和大正时期艺术风格中充满哀伤情调的传统日本式唯美风格。小说家谷崎润一郎被看作同一时期日本文学界的唯美派大师，竹久梦二则是唯美派最具代表性的画家。[23]

这是一个东西方文化价值观激烈冲撞的年代，尤其是涉及绘画艺术实践的时候，这从大村西崖对文人水墨画的评论中可见一斑。在日本，经过对西方艺术的长时间狂热追求，冈仓天心等美术教育家和作家开始从哲学和艺术的角度对西方艺术进行反击。冈仓天心是亚洲——或者说东方——宗教与艺术文化一体化的积极推崇者，也是日本新传统绘画发展的关键人物。1904 年，他写出《东洋的理想》来宣扬自己的理念。[24] 在全盘欧化的潮流中，冈仓天心主张保护和发展日本的传统美术，在艺术界倡导"新浮世绘运动"，创造新日本画。他呼吁艺术家立足于狩野派绘画，兼取各派，将本土传统艺术与 19 世纪晚期的欧洲艺术，特别是印象派结合起来，发展出一种名为"朦胧体"（morotai）的迷离风格。朦胧体运用"晕涂法"来"消弭轮廓"，创作出既现实又轻渺漂浮的作品。[25]

终其一生，梦二都在尝试运用不同的艺术媒介，在表现形式上从

▶ 竹久梦二《肖像画》。图片来自《梦二画集：春之卷》。

一种风格切换到另一种风格。表面上看，他的作品风格似乎相当随意，但仔细观察就会发现其中存在一种有机的发展模式。他的兴趣从早年的油画发展到西洋画风的水彩画，再转移到日式水墨画和插画。到了晚年，梦二专注于具有个人风格的美人画，至今仍因此享有盛名，更重要的或许是他在文人画或日本传统文人画上的艺术创新和发展。因此，他在画集《春之卷》的引言中表达"以画的形式写诗"的理念也就不令人意外了。[26]

令丰子恺一见倾心的梦二作品具有插画的风格。梦二在年近三十岁时，即 1909—1910 年间一度追求这种风格。他说："从我记事起，我渴望的世界可以不'真'也可以不'好'，但一定要'美'。"在东京时，他被前明治时期的声音和影像所诱惑——十三弦古筝的悠扬，忠诚勇敢的男人战死于夜晚朦胧的街道，失去荣誉和贞节的女人挥之不去的抽泣。无论是老房子里古旧的木壁龛，乌鸦栖在枯树枝的荒凉场景，还是光秃秃的富士山，灰色的山谷深处，所有深情的目光、情感和画面都激发了他的想象力。"所有这些，难道不是都能用水墨画的形式最有力地捕获和表达出来吗？"²⁷《春之卷》是梦二在诗画结合上的首次尝试，这薄薄的画卷展示了梦二作品的现代文人画特色。

1910 年，梦二在《夏之卷》中关于插绘的附录中更清晰地讨论了他的新兴趣。

> 我想插绘可以分为两类：一类从事物的内部进行描述，另一类则是从外部来描述。前者像是某种内心生活的报告，一种情绪的回忆。而从外部来描绘世界的插绘，可以作为小说和诗歌的一种辅助手段，或者是为专门艺术杂志的速写研究提供的补充。尽管必须作出这两种区分，但是我个人更喜欢描绘内心世界的插绘。

> 现在，我尝试着为杂志制作插图。但是，不用说，我并未以特别认真的方式进行我的工作，而是一直保持着相对模糊的状态。今后，我们应该坚持这种创造性的尝试。期待将来某天，我们的"无声诗"将出现在适合其本身立场的杂志页面之上。²⁸

梦二继而阐述说，他放弃油彩和画布，倾向于用墨和纸作画，是因为他更喜欢描绘自然而然的情绪，而只有水墨写生这种随意自由且具有爆发力的表现形式才能将他的感受尽可能地呈现出来。"我想用简单的线条表达最基本的情感反应。"在东京的最初几个月，梦二放弃了耗时甚多的油画创作，转而尝试用水墨来记录他对这个新城市的印象和感受——街景、戏剧表演等。然而，这种即兴的绘画记录方式最适合捕捉有亲身经历的生活场景和有吸引力的异性，并不适合于表现人们的平凡生活。[29]

梦二的浪漫情怀在他关于"物哀"的一篇随笔中展露无遗。文中记录了与"无声之诗"的偶然缘分。

> 我在庆应等电车……有三个女孩也上了同一辆车，她们活泼雀跃，无忧无虑。我猜想，她们应该是前往郊外野餐吧。这时，我望见一只蜻蜓落在了中间那位女孩的肩上。我微笑着看着这一幕，多么神奇的素描（也就是中国画中所谓的"小品画"）场景啊。现在，女孩小心翼翼地捉住蜻蜓，从电车的窗口把它放出去。我被这一刻的安静，还有女孩对蜻蜓的稳妥处置感动了。我的微笑消失了，似乎有太多的话想说，我感受到比刚才的愉悦更为强大的情绪，泪水似乎已涌到眼眶。我被深深感动了。使我印象特别深刻的是，在女孩的动作中没带有一丝的感伤和同情，也没有大声的叫喊，"亲爱的，看看这个"或者"哦，它真的吓了我一跳"。她只是轻轻捉住那只小小蜻蜓，无言地让它自由飞去。这太让我感动了。我到了新宿，和女孩一行道别。感谢对她灵巧手指的动作的观察，让我画出了鲜活的草图，然后又演变成一首抒情诗。[30]

虽然梦二喜欢插绘这种独特的艺术形式，但他喜欢称自己为"草画家"，字面意思是"草的画家"。"草"字常出现在他的作品中。他将自己的一本书取名《宵待草》，甚至给他的第三个儿子（长子虹之助，次子不二彦）取名草一。对他来说，这个字可能有双重含义，一是野草或杂草，二是书法中的草书。草书是一种最贴近日常生活和经验的、无拘无束的、高度个性化的书写形式。梦二是街头艺术的倡导

1910 年代初，李叔同用书法和图画为报纸
专栏『文艺批评』『文艺消息』设计的图徽。
图片来自《美术研究》，1984 年第 4 期。

者，并在很大程度上认为自己的作品就是一种街头艺术。他的"草图"闲适而直接，就像是来自街头的信息，也像是用绘画表达出的日常话语。[31]这种特殊的异国情调深深影响了丰子恺，因为梦二的作品——

> 常常是西方的物体或人物（通常是身穿黑衣的牧师），与让人联想到江户时期艺妓的日本女性的组合。对现代日本的城市居民而言，无论是遥远的西方，还是江户时代文化——其自身的过去，都是甜蜜的"禁果"，但它们永远不会重现了。人们也许认为，竹久梦二总是呈现似乎是从"此岸"观看的西方图像，因此他采用的是没有真正进入西方的视角。相反，有成就的学院派画家往往能获得亲自前往西方的机会。因此，他们是由"彼岸"观看西方。[32]

钱用完后，丰子恺不得不返回国内。虽然竹久梦二的艺术直接激发了他的早期作品，但现在，他已看到水墨画的潜力，发现了中国水墨写生传统并从中汲取灵感，又将在接下来的数年中不断努力探索。在与丰子恺绘画风格相似的两位中国现代绘画前辈中，陈师曾更为人熟知。

陈师曾是晚清著名改革家、诗人陈三立（1853—1937）的儿子，历史学家陈寅恪（1890—1969）的兄长。陈师曾接受的是中国传统教育，特别注重书法。他于1903年赴日留学，攻读自然科学，同时兼修西洋画课程。1910年回国后，他先是在江苏南通师范学校任教；[33]1913年，他在湖南短时间逗留后赴北京；1916年，到国立北京高等师范学校任教。来到北京后，他既是活跃的教育工作者，也是一名画家。他在北方时读了鲁迅的大量作品，后者是他留学日本期间的朋友。[34]

丰子恺在谈到"漫画"一词（下一章的主题）进入中国时指出，虽然他的画在中国最先被冠以"漫画"之名，但他并不是这种艺术形式在中国的创始人，创始人是陈师曾。十多年前，上海新闻报纸《太平洋报》发表了陈师曾的文人水墨画风格的即兴创作，那应该是中国现代的第一批漫画。彼时，丰子恺还未开始自己的艺术生涯。《太平洋报》由叶楚伧创办，南社成员编辑，社址位于上海公共租界。南社于1909年由抵制清廷独裁统治的爱国作家们发起成立。报纸的文艺副刊由柳亚子、胡寄尘（号朴安）和李叔同编辑。正是在李叔同的推荐下，陈师曾的画作首次发表于该报，成为将广受欢迎的新传统艺术大量发表在新商业媒体上的典范。[35]正如丰子恺后来所说，这些插画是"即兴之作，小形，着墨不多，而诗趣横溢"。陈师曾的画作令丰子恺印象深刻，以至于三十五年之后他仍记得其中一部分的题目。[36]

然而，并不能确定丰子恺在少年时期就曾在石门湾看过《太平洋报》。《太平洋报》最早出版时，他才十五岁。即便他很早就对美术感兴趣，但石门湾不过是距上海一百五十公里的偏远小镇，所以他是否在当地看到过上海出版的报纸并不能确定。而他在杭州师从李叔同

▶ 陈师曾《落日放船好》，钤印「师曾」，1910 年代初。图片来自《美术史论》，1985 年第 3 期。

时，读到这份报纸的可能性则大一些。尽管丰子恺了解陈师曾的画作是在偶得竹久梦二作品之后，但陈师曾也对他的画风形成和演化有一定影响。[37]

《太平洋报》上署名朽道人的画作《落日放船好》尤其令年轻的丰子恺印象深刻，朽道人正是陈师曾的号。此画黑色的边框左下方是一枚画印，印中写着"师曾"二字。画中有一株无叶的柳树，远处是一个身着长袍、头戴斗笠、独坐船头的书生，仿佛飘浮在无尽的时空之中。[38] 丰子恺多年后仍记得的另一幅画是《乞食图（三）》，画中一个穿补丁袍子的小胡子乞丐一手拿棍子，一手拉着拴狗的皮带，狗嘴中的乞讨碗也打破了画面的黑色边框，令画幅扩展到整个页面。尽管街头人物写生可以追溯到明朝，但像这样表现社会底层面貌并被社会和文化精英收集和保存下来的画作却不多见。[39] 图中乞丐憔悴的形象表达出作者的同情之心，这在民国早期艺术并不常见。尽管晚清画家王治梅和民国买办画家王震都曾画过类似作品，但事实上，像陈师曾这样的文人画家选择此类主题进行创作，确实是不同寻常的。[40]

李叔同于 1918 年出家后，之前在学校的同事姜丹书和一些学生——包括吴梦非和丰子恺，于 1920 年联合创办了美学教育刊物《美育》。他们和陈师曾取得联系，出于对年长艺术家的崇敬，邀请他为刊物题写刊名。[41] 于丰子恺而言，陈师曾的简笔随意画和竹久梦二的作品一样，一直都是他自己诗意风格漫画的灵感之源。

居京期间，陈师曾创作了大量作品，其中一些颇具文人画风格，但也有相当一部分描绘的是民国头十年老北京的日常生活和场景。[42] 这类作品中有三十四幅收录于他的《北京风俗图》，其中虽然也有满族旗人和上层社会公子小姐的画像，但描绘的主要对象是底层的普通大众：收破烂的、拉骆驼的、说书的、送葬的，还有沿街叫卖的小贩。[43] 正如我们所知，尽管当时上海著名画家、买办、佛教徒王震（1867—1938）的《王一亭居士画集》中也有一些以平民为主题的水墨画，[44] 但陈师曾仍然被视为在现代著名画家中描绘毫无诗意的平凡底层人物的第一人。

陈师曾对北京这个第二故乡众生相的描绘，较他的即兴水彩写生数量还多一些。这些作品中奇思妙想的元素让人回想起传统文人画法，但它们的题材、画题和诗作又让作品更有时代感，更具社会性，表现出对这座城市的欣赏。陈师曾的画，在传统精英阶层和民初典型的民粹主义潮流之间找到了一个契合点。朋友和崇拜者们按照文人画的惯例给陈师曾的画题上诗文——许多都是讽刺打油诗，令人不禁想起清朝中期"扬州八怪"之一罗聘（号两峰，1733—1799）的那些颇具讽刺意味的作品。"扬州八怪"广受李叔同、陈师曾等教育家的好评和推崇。陈师曾的画风也与清代著名画家"三任"（任熊、任薰、任颐）和吴昌硕（1844—1927）如出一辙，这几人都是晚清"上海画

陈师曾《扛街》。图片来自陈师曾《北京风俗图》（北京：北京古籍出版社，1986 年）。

派"的代表人物。陈师曾和李叔同一样被视为清末民初金石书画界的杰出人物，他的人物、山水和写意花鸟都具有广泛的影响，而他的风俗写生对 20 世纪中国插画艺术的发展则有着特殊的贡献。[45] 一些学者认为，《北京风俗图》是丰子恺重要的灵感之源，它对丰子恺漫画的影响，在 20 年代至 30 年代初丰氏任教上海时期创作的《都市相》系列作品中表现得尤为明显。[46]

在同辈人中，陈师曾的正直和修养与他对绘画艺术的独立追求一样受到世人的尊敬。在他身上，我们再次看到"人品"与"画品"同等的重要性，这也是李叔同给丰子恺最深刻的影响。1923 年，陈师曾去世，年仅四十八岁。著名政治活动家、公共知识分子梁启超形容陈师曾之死是"中国文化界的大地震"。出于对陈师曾的尊敬和钦佩，梁启超花大价钱购买了整套《北京风俗图》。[47] 梁启超认为，他本人亦缺乏陈师曾身上的那种品质。在给陈师曾撰写的悼词中，梁启超说：

丰子恺《馄饨担》，署名 TK。图片来自丰子恺《云霓》（上海：天马书店，1935 年）。

　　无论何种艺术，不是尽从模仿得来。真有不朽之价值，全在个人发挥创造之天才。此种天才，不尽属于艺术方面，乃个人人格所表现，有高尚优美的人格，斯有永久的价值。试看过去美术家，凡可以成为名家，传之永远，没有不是个人富于优美的情感，再以艺术发表其个性与感想。过去之人且不论，陈师曾在现代美术界，可称第一人。无论山水、花草、人物，皆能写出他的人格；以及诗词雕刻，种种方面，许多难以荟萃的美才，师曾一人皆能融会贯通之。而其作品的表现，都有他的精神，有真挚之情感，有强固之意志，有雄浑之魄力；而他的人生观，亦很看得通达。处于如今的浑浊社会中，表面虽无反抗之表示，而不肯随波逐流，取悦于人，在其作品上，处处皆可观察得出。又非有矫然独异剑拔弩张之神气，此正是他的高尚优美人格可以为吾人的模范。[48]

▶ 陈师曾《玩鸟》。图片来自陈师曾《北京风俗图》。

　　陈师曾的人格魅力不仅为同时代人所褒扬，德国汉学家卫礼贤在陈逝世前曾与其见面。陈师曾给他留下了深刻印象，卫礼贤后来在《中国心灵》一书中记录了这次偶遇。

　　当时我正巧碰上一帮来进餐的学者和艺术家。一位老绅士谈起难以理解欧洲艺术。现代中国画家的带头人陈师曾（此后不久他便去世了，他的作品成为许多收藏者的珍品）作了一个简短的发言。他认为现代艺术发展的趋势和中国艺术新的精神是不再单纯模仿过去的表现方式，也不徒劳地学习半懂不懂的油画技巧，而应该在中国水墨画的技术基础上

▲ 丰子恺《苏州人》。图片来自丰子恺《子恺漫画》（上海：开明书店，1926年）。

自由地吸收各种完善的方式。因为法国艺术家的冲击具有广泛的意义，从中可以生出新的具有国际影响的中国艺术。这段在上海郊外发表的谈话表明，即使是在喧嚣的现代世界中，依然有一方乐土——在那里人们得以重温古老的宋代情调。[49]

　　虽然我们在丰子恺的散文和写生中可以看出些端倪，但无法确定究竟是什么原因促使陈师曾将平凡的市井生活景象放进画作之中。我们将在下文讨论这个问题，以揭示年轻画家丰子恺与陈师曾的相似兴趣——将文人的诉求以富有时代感和同情心的笔触融入现代生活之中。

　　竹久梦二和陈师曾的作品对丰子恺绘画风格的形成具有重要影

响，这一点已得到广泛的认可。但丰子恺自己认为，在他艺术风格形成的早期，清代文人画家曾衍东的作品也对他产生了不小的影响。[50]

曾衍东（号七道士，1750—1830？）自称是孔子弟子曾子的第六十七代孙，生于山东，长于华南。他的父亲是一名官员。屡次困于场屋之后，曾衍东终于通过了乡试。尽管一生追求功名，但他也只是在晚年才谋得湖北的一个小官职。六十三岁时，因断案触怒巡抚，被降罪罢官流放浙江温州。流放期间，他穷困潦倒，不得不靠卖画为生。曾衍东一生仰慕扬州八怪之一的郑燮（号板桥，1693—1765），后者以怪异的书法和画竹闻名于世。在郑板桥的众多作品中，最著名的是写于1751年的"难得糊涂"——"聪明难，糊涂尤难，由聪明而转入糊涂更难。放一着，退一步，当下心安，非图后来福报也。"曾衍东回顾为官一生的兴衰荣辱和老年迟来的安宁，宣称自己也达到了类似"难得糊涂"的境界。[51]尽管也有人推崇曾衍东的诗作，但他最重要的著作应该是文言短篇小说集《小豆棚》。此书所载多是狐仙鬼魅的故事，类似于蒲松龄的《聊斋志异》。[52]

曾衍东的画风也有郑板桥作品的豪放不羁，但他的兴趣主要在人物画上，而郑板桥则多画植物（尤以画竹闻名）。我们或许可以从这一点看到曾衍东对丰子恺的影响。关于这位并不十分出名的清代画家对丰子恺的影响，除了曾衍东现存作品和丰子恺漫画相比较得出的证据，只剩下一条资料可供参考。[53]20世纪40年代初，丰子恺在重庆对一位战时访客说，尽管陈师曾的画对他的城市生活类画作有很大的影响，但他另外从清代一位不太知名的画家那里学到很多人物画的技巧。这位画家在中国寂然无名，但在日本却享有一定声誉。

衡老（陈师曾）给我的启发很大，但他的人物画线条、点染和山水画的皴法、堆叠，都和我的不同。你能看出我人

▲ 七道士（曾衍东）画作。图片来自铃木敬编，《中国绘画综合图录》（东京：东京大学出版会，1982 年）。

物画的笔法吗？我决不是沿袭明代曾鲸[54]一派的。我是从一个很受日本人器重和爱好的中国清代较冷僻的画家那里学来的……七道士曾衍东确实是清代画坛上的怪杰，他不可能接触西洋人物写生画，但他的笔法简单而予人以质感和灵活性，真是超越了传统的曾鲸写照派，为中国人物画开了新生面。就是他的山水画亦然，简于石涛，而把近山远水勾勒点染得清雅绝伦，难怪日本画家喜爱他。[55]

　　虽然丰子恺的画风与曾衍东相似，但他对曾却所知寥寥，甚至极有可能并未读过《小豆棚》一书。由于生活在南方，曾衍东有很多机会接触到当时传入中国的西方文化。从他的两篇文章可以看出，他是最早接触西方文化的中国画家之一。其中一篇题为《画版》，说他在广东师从新会画家袁春舫学画时第一次见到西洋画。在袁的"库中"有"西洋美人画一对"，曾衍东在观看了这些西洋画后说"寻丈之外，望之若生，……可惊可怖"。[56]

　　当然，仅凭抗战时期丰子恺的这次谈话，并不能确定曾衍东对他艺术风格形成具有重要的影响。不过，通过对现存曾氏作品和丰子恺漫画的简单比较，就可以看出两位画家的作品具有相近的气质。尽管无法解释为何曾衍东在中国画史上沉寂无名，但他的画作（如《十二生肖册页》）揭示了他在日本广受欢迎的原因：他笔下的人物和充满幽默感的配诗，强烈地让人联想起日本的禅宗和俳句画。[57]

　　在一篇有关陈师曾《北京风俗图》的论文中，书画评论家黄苗子引用了《北京风俗图》中《卖胡琴》一画的题诗。

　　　　知音识曲，自谓不俗。此丝此竹，聊果吾腹。[58]

丰子恺在游学日本期间，从竹久梦二的作品中找到了自己的艺术灵感，他对文人水墨画产生的全新认识，也使他开始打破同代画家中普遍盛行的西方艺术崇拜。回国后，在李叔同等老师的教导和影响下，他深入研究了陈师曾和曾衍东这样的传统绘画代表人物，也由此逐渐形成了自己独一无二的漫画风格。丰子恺的日本之旅让他寻到了心心相印的知音。现在，他们的旋律，无论是现代的还是传统的，他都了然于心。

1　丰子恺,《我的苦学经验》,《丰子恺文集》卷 5, 第 78 页。

2　参看早期图画家丁悚(漫画家丁聪的父亲),《上海早期的西洋画美术教育》, 载上海文史馆编,《上海地方史资料第五辑》, 上海: 上海社会科学院出版社, 1986 年, 第 208—210 页。吴梦非,《五四运动前后的美术教育回忆片段》,《美术研究》1959 年第 3 期, 第 45 页, 记载艺术专科师范学校于 1926 年改名为 "上海艺术大学", 于 1930 年被迫关闭。该校在十年间一共培养了七百多名艺术教师。参看高美庆,《中国艺术对西方的回应》, 第 111—112 页。

3　丰子恺,《老汁锅》,《丰子恺文集》卷 6, 第 695 页; 丰一吟,《潇洒风神》, 第 68 页; 张伟,《丰子恺与东亚体育学校》,《杨柳》,1987 年第 3 期, 第 7—8 页。张记载, 丰子恺在 1919 年 12 月出版的该校校刊创刊号上发表了关于艺术的第一篇文章《图画教授法》; 在 1920 年第二期上发表了其第一篇译自日文的文章, 即根据日本久米桂一郎节译而加上自己注释和议论的《素描》一文。

4　他使用的课本是《正则洋画讲义》。参看丰子恺,《我的苦学经验》,《丰子恺文集》卷 5, 第 79 页; 陈星,《丰子恺与日本文化》,《杭州师院学报》(社会科学版), 1985 年第 2 期, 第 47 页。

5　这些批判性意见中, 最突出的是美术教师和译者吕澂(他后来成为一名佛学研究者)发表于《新青年》杂志第 6 卷第 1 号上的文章《美术革命》, 强调西方美术技巧和教育的重要性。关于这一主题, 参看沈鹏、陈履生编,《美术论集(第四辑): 中国画讨论专辑》, 北京: 人民美术出版社, 1986 年, 第 8—9 页。

6　丰子恺,《我的苦学经验》,《丰子恺文集》卷 5, 第 78 页; 以及《野外写生》,《丰子恺文集》卷 2, 第 605—612 页。

7　参看张少侠、李小山,《中国现代绘画史》, 第 38—39 页; 迈克尔·苏立文,《二十世纪中国艺术》, 第 47—48 页; 高美庆,《中国艺术对西方的回应》, 第 109—113 页。

8　丰子恺,《我的苦学经验》,《丰子恺文集》卷 5, 第 79 页。

9　同上。

10　《丰子恺先生年表》，第 8—9 页；丰子恺，《我的苦学经验》，《丰子恺文集》卷 5，第 79 页。

11　叶天底，《告别丰子恺》，《校庆纪念册》，第 204 页。1926 年，叶天底在浙江上虞建立了共产党支部，在 1927 年 11 月国民党发动的清洗共产党及其同情者的运动中被捕，次年被杀害，后被追认为革命烈士。

12　爱德华·塞登斯蒂克，《小城大城：从江户到大地震的东京》（Edward Seidensticker, *Low City, High City: Tokyo from Edo to the Earthquake*, New York: Alfred A. Knopf, 1983），第 279—280 页。

13　丰子恺，《我的苦学经验》，《丰子恺文集》卷 5，第 80 页；丰一吟，《潇洒风神》，第 73 页。

14　丰子恺，《〈子恺漫画〉题卷首》，《丰子恺文集》卷 1，第 29 页。

15　竹久梦二，《梦二画集：春之卷》，东京：乐阳堂，1909 年。

16　丰子恺，《绘画与文学》，《丰子恺文集》卷 2，第 486 页。

17　丰子恺，《子恺漫画全集》卷 3，第 4、6、7 页；毕克官，《丰子恺漫画选》，成都：四川人民出版社，1983 年，第 85 页。

18　丰子恺，《绘画与文学》，《丰子恺文集》卷 2，第 487 页。

19　味冈千晶，《都市魅力》（Ajioka Chiaki, "The Lure of the City"），载杰姬·孟席斯（Jackie Menzies）编，《摩登男女：日本艺术的现代性，1910—1935》（*Modern Boy, Modern Girl: Modernity in Japanese Art 1910—1935*, Sydney: Art Gallery of New South Wales, 1998），第 48 页。

20　丰子恺，《吃酒》，《丰子恺文集》，卷 6，第 709—710 页。黄涵秋于 20 年代中期与丰子恺一起在立达学园任教，丰子恺将黄涵秋介绍给杭州艺术专科学校校长、著名艺术家林风眠，参看《丰子恺传》，第 42 页。1929 年，丰子恺为黄涵秋在开明书店出版的《口琴吹奏法》一书写序，参看丰子恺，《一般人的音乐——序黄涵秋〈口琴吹奏法〉》，《丰子恺文集》卷 1，第 111—121 页。

21　丰子恺，《绘画与文学》，《丰子恺文集》卷 2，第 488 页。

22　栗田勇，《竹久梦二：爱与诗的旅人》，冈山：山阳新闻社，1983 年，第

45、167 页。

23　河北伦明、高阶秀尔,《近代日本绘画史》, 第 138 页; 爱德华·塞登斯蒂克,《小城大城》, 第 258 页。巧合的是, 在抗日战争时期, 谷崎润一郎曾为吉川小一郎翻译的丰子恺《缘缘堂随笔》日文版写了一篇书评。不久, 夏丏尊将这篇书评译为中文, 丰子恺也予以回应, 见《丰子恺文集》卷 6, 第 107—116 页, 及本书第五章。

24　傅佛国,《日本游记中的中国再发现》(Joshua A. Fogel, *The Literature of Travel in the Japanese Rediscovery of China, 1862—1945*, Stanford, Calif.: Stanford University Press, 1996), 第 85—86 页。

25　河北伦明、高阶秀尔,《近代日本绘画史》, 第 110—112 页; 味冈千晶、姜苦乐,《新思潮》(Ajioka Chiaki, John Clark, "The New Mainstream"), 载杰姬·孟席斯编,《摩登男女》, 第 58 页; 姜苦乐,《亚洲现代艺术》, 第 78 页。朦胧体在日本受到攻击的情形, 与 80 年代中国大陆老旧诗人对于"朦胧诗"的诋毁非常相似。

26　栗田勇,《竹久梦二》, 第 25、171 页, 他认为梦二强烈的艺术个性让人很容易联想到清代的异端文人画家朱耷和石涛 (第 36 页), 丰子恺在《日本漫画》一文中提到了这一说法, 参看《丰子恺文集》卷 3, 第 418 页。同时参看高桥广湖 (Koko Takahashi) 为梦二的诗歌散文集《宵待草》所写序言, 载《宵待草》(东京: 诺贝尔书房, 1975 年), 第 6—7 页。

27　栗田勇,《竹久梦二》, 第 90—91 页。

28　同上, 第 78 页。

29　同上, 第 80—81 页。

30　竹久梦二,《宵待草》, 第 126 页。

31　栗田勇,《竹久梦二》, 第 55 页。

32　味冈千晶,《都市魅力》, 载杰姬·孟席斯编,《摩登男女》, 第 48 页。关于丰子恺与竹久梦二作品的比较, 参看西槇伟,《漫画文化: 丰子恺与竹久梦二》,《比较文学》, 第 36 期 (1994 年 3 月), 第 92—103 页。

33　俞剑华,《陈师曾》, 第 1—2 页。另参看蜕园,《记陈师曾》,《艺林丛录

（第一编）》，香港：商务印书馆，1961 年，第 48—51 页。

34 强英良，《鲁迅与陈师曾》，载北京鲁迅博物馆编，《鲁迅研究资料（第
四辑）》，天津：天津人民出版社，1980 年，第 412—416 页。

35 郑逸梅，《〈太平洋报〉与柳亚子》，《书报话旧》，上海：学林出版社，
1983 年，第 130 页；《弘一大师年谱》，第 39—43 页。

36 丰子恺，《漫画的描法》，《丰子恺文集》卷 4，第 264 页；《漫画创作
二十年》，《丰子恺文集》卷 4，第 387 页；《读画漫感》，《丰子恺文集》
卷 3，第 190 页；《教师日记》，《丰子恺文集》卷 7，第 147 页。

37 参看李树声，《近代著名画家陈师曾》，《美术研究》，1982 年第 1 期，第
61 页；毕克官，《近代美术的先驱者李叔同》，《美术研究》，1984 年第 4
期，第 70—71 页；蒋健飞编，《中国民初画家》，台北：艺术家出版社，
无出版时间，第 8 页；毕克官，《李叔同、陈师曾、丰子恺》，《美术史论》，
1985 年第 3 期，第 54 页。

38 毕克官，《李叔同、陈师曾、丰子恺》，《美术史论》，1985 年第 3 期，第
53—54 页。

39 柯律格，《明代的图像与视觉性》（Craig Clunas, *Pictures and Visuality in
Early Modern China*, Princeton, N. J.: Princeton University Press, 1997），
第 86—87 页。

40 陈师曾，《乞食图（三）》，载毕克官，《李叔同、陈师曾、丰子恺》，《美
术史论》，1985 年第 3 期。这件作品初次发表于 1912 年 5 月 17 日《太
平洋报》。台湾艺术批评家蒋健飞指出，晚清金陵画家王治梅也创作过
相同的图画，见蒋健飞，《读王治梅〈伤心随笔〉再谈丰子恺》，《艺术
家》，1984 年第 3 期，第 200、204 页。关于王震的类似作品，见曹星源，
《被遗忘的名流》（Hsing-yuan Tsao, "A Forgotten Celebrity：Wang Zhen
（1867—1938），Businessman, Philanthropist, and Artist"），载周汝式（Ju-hsi
Chou）编，《封闭的中华帝国的艺术》（*Art at the Close of China's Empire:
Phoebus Occasional Papers in Art History*, 8: 94—109），插图 3。

41 关于《美育》，参看毕克官，《李叔同、陈师曾、丰子恺》，《美术史论》，
1985 年第 3 期，第 55 页。《美育》是中华美育会出版的季刊，于 1919

年由上海专科师范和爱国女校的教师创办。创办者包括姜丹书、吴梦非、剧作家欧阳予倩、刘质平和丰子恺。该刊一共出版了七期。参看《丰子恺传》，第 31 页；许志浩，《中国美术期刊过眼录》，上海：上海书画出版社，1992 年，第 12—13 页。

42 这部分作品曾出现在郑振铎和鲁迅所编的《北平笺谱》中。此书第四册中收有陈师曾的三十二件作品，大多是竹石和花鸟，但仍有八件是题有诗句的水墨速写乡景图。丰子恺曾在《读画漫感》（见《丰子恺文集》卷 3，第 189—190 页）一文中提及。

43 俞剑华，《陈师曾》，第 1 页。1949 年之后，这些作品被中国美术馆收藏，并以《北京风俗图》为题出版，画册编者认为这些作品创作于 1914—1915 年间，是陈师曾刚到北平后不久，陆续发表于《北洋画报》的。参看林红（音），《陈师曾的〈北京风俗图〉》，《古籍出版整理情况简报》，第 145 期（1985 年 9 月 1 日），第 4—7 页。

44 沈揆一，《转型时期的传统绘画》（Kuiyi Shen, "Traditional Painting in a Transitional Era, 1900—1950"），载安雅兰、沈揆一编，《危机中的世纪》，第 82—83 页。作为吴昌硕的学生，王震在追求画艺的同时，也从事商业活动，后来曾任上海商会主席。王震是佛教信徒，很多作品都有宗教意味。沈揆一曾指出王震、陈师曾和丰子恺三者艺术在主题和风格上有类似之处。同时参见曹星源，《被遗忘的名流》。

45 俞剑华，《陈师曾》，第 2、6—29 页；邱定夫，《中国画近代各家宗派风格与技法之探究》，台北：中国文化大学，1984 年，第 4、18 页；黄苗子，《墨盒上的铜刻画》，《货郎集》，天津：百花文艺出版，1981 年，第 106—107 页。关于"三任"，参看单国霖，《国画的新都会：上海画派，1850—1900》（Shan Guolin, "Painting of China's New Metropolis: The Shanghai School"），载安雅兰、沈揆一编，《危机中的世纪》，第 23—29 页。

46 《都市相》最早出版时题为《人间相》。参看李树声，《近代著名画家陈师曾》，第 61 页；蒋健飞，《中国民初画家》，第 8 页。《都市相》是《子恺漫画全集》（1945）的第 5 卷。

47 俞剑华，《陈师曾》，第 4 页。

48 李树声，《近代著名画家陈师曾》，《美术研究》，1982 年第 1 期，第 61 页。

49 卫礼贤著，里斯译，《中国心灵》(Richard Wilhelm, *The Soul of China*, Translated by John Holyroyd Reece, London: Jonathan Cape, 1928)，第 256—257 页。

50 这是中国大陆学者的普遍看法，丰子恺的友人和家属撰写了有关其生涯与艺术的文章；香港学者明川（卢玮銮）也讨论过竹久梦二和陈师曾对丰子恺的影响，如明川，《丰子恺早期绘画所受到的影响》，《波文》杂志，1 卷 1 期（1974 年 8 月），第 11—15 页。

51 参看陈汝衡，《说苑珍闻》，上海：上海古籍出版社，1981 年，第 84 页。此书收录了不少曾衍东同时代的轶闻。郑板桥的文字由 W. J. F. 詹纳尔（W. J. F. Jenner）翻译，收录于白杰明、贾佩琳，《新鬼旧梦》，第 439 页。

52 关于曾衍东生平的细节，见徐正伦、陈铭选注，《〈小豆棚〉选》，杭州：浙江古籍出版社，1986 年，第 1—2 页。《小豆棚》是模仿艾纳居士《豆棚闲话》撰写的一部笔记体小说。参看陈汝衡，《说苑珍闻》，第 82 页。关于曾衍东的诗，参看钟叔河编，周作人《知堂书话》第 2 册，长沙：岳麓书社，1986 年，第 628—629 页。关于曾衍东和郑燮的更多信息，参看曾衍东，《〈小豆棚〉选》，第 99—102 页；卞孝萱编，《郑板桥全集》，济南：齐鲁书社，1985 年，第 802—803 页。

53 陈廉贞，《丰子恺先生的赠诗》，《大公报》，1980 年 8 月 17 日。

54 曾鲸（1568—1650）是 16 世纪末受到西方传教士作品影响的著名人物画家，陈师曾则是曾鲸的崇拜者，这大概是丰子恺以此种方式提及曾鲸的原因。

55 陈廉贞，《丰子恺先生的赠诗》。

56 曾衍东，《〈小豆棚〉选》，第 157 页。此书的《南中行旅记》，描绘了在广东的荷兰商人，卷 10，第 137—139 页。

57 铃木敬编，《中国绘画综合图录》第五卷，东京：东京大学出版会，1982 年，第 345—346 页。《十二生肖册页》是高居翰（James Cahill）寄展于伯克利加州大学美术馆的"景元斋藏画"之一。

58　参看黄苗子，《古老北京的风貌——介绍〈北京风俗图〉》，载《货郎集》，第 100 页。

第三章

抒情漫画家

　　丰子恺在东京学习绘画和音乐，只有短短几个月的时间，但这段经历对他绘画思想的发展产生了关键性的影响。在此期间最重要的事件之一，便是他在神田一家书店与竹久梦二画作的邂逅。同样重要的是 20 年代初，正是他对自己的绘画追求感到不满和迷茫的时期，而这恰恰成为他在绘画艺术之路上迈向成熟的重要一步。当时丰子恺在西洋画上毫无进展而深感沮丧，最后甚至不愿意再尝试西洋画法。他在第一部画集的序言中说，最初接触西洋画或者说西洋画法的画作是在东京留学期间。当然，他在国内读书的时候也从教科书和艺术概览一类的书籍中看到过不少著名油画的复制品。但直到去了日本，他才在东京的各大美术馆中看到油画原作和明治、大正时期融合了东西方精髓的艺术革新作品。这对他而言，真是非常令人沮丧的经历。[1]

　　回国后，丰子恺在上海专科师范学校任教，新同事中包括陈望道。当时，陈望道因激进的文化活动刚被杭州的学校开除教职，他后来成为著名的教育家和美学家。丰子恺的学生中有一个叫陶元庆（1893—1929）的年轻人，后来成为鲁迅颇为赞赏的木版画家和书籍装帧艺术家；另一名学生钱君匋（1907—1998），后来为开明书店设计了很多图书封面。开明书店在当时是一家领先的新式教育出版社，编辑部成

▶ 丰子恺《经子渊先生的演讲》。图片来自《春晖》双月刊，1922 年第 4 期（1922 年 12 月 16 日出版）。

员包括丰子恺和他的许多同事。[2] 丰子恺在日本游学期间，妻子徐力民生下次女麟先，回国后的贫困生活和养家的压力让他不得不同时在吴淞中国公学兼课。吴淞的同事包括朱光潜和教育家匡互生。[3] 在上海不同区域的学校之间奔波教学令丰子恺备感疲惫，于是他迫不及待地接受了在浙江第一师范学校时的国文老师夏丏尊之邀，离开上海，到新建的上虞春晖中学担任美术和英文教师。上虞在上海南边，靠近绍兴地界，私塾教育质量优异，学风炽盛。

春晖中学由当地富商陈春澜于 1921 年捐资创建，陈希望通过捐出生意上赚的钱来支持教育事业。[4] 而新学校创立背后的原动力则是丰子恺在浙江一师的校长经亨颐。杭州当地的保守政治势力和富豪对经亨颐的教育政策一直不满，尤其是他支持学生参加打破旧儒家传统的新文化运动，最后导致他被赶出浙江一师。1920 年，经亨颐在五四运动的巅峰时期离开杭州。和同事、朋友夏丏尊一样，经亨颐也是上虞本地人。[5] 依靠在当地的人脉关系，他们吸引了大批有思想抱负和主见的年轻人来任教。这些人中许多已经成为或即将成为文学和文化界的领军人物，如教育家、作家叶圣陶，朱自清与朱光潜，还有王任叔（巴人）。[6] 在经亨颐担任校长的短暂时间内，春晖中学成为著名的教育和文化实验中心，一度获得"北有南开，南有春晖"的美誉。[7]

坐落在白马湖畔的校园充满了田园风情。20 年代及后来的数十年间，无数关于这里的回忆文字和诗歌为世人描绘出一个陶渊明乌托邦似的"桃花源"，一个与外界完全隔绝的宁静天地。校园三面环水，绿树成荫，拥有当时全国最好的校舍。这些建筑大多取有颇具诗意的名字，主教学楼叫作"仰山楼"，学生宿舍称作"曲院"和"西雨楼"。[8] 尽管 20 年代初期政局动荡，军阀混战，上虞却为这些年轻的理想主义者提供了一个相对宁静而超脱的田园所在，一个与繁华上海近在咫尺的隐居之地。

丰子恺的住处是白马湖边夏丏尊的居所"平屋"旁的一幢日式房子，学校的大多数老师也都住在附近。[9] 在夏丏尊最受推崇的散文《白马湖之冬》中，他描述了 1921 年年初到白马湖的情景。这里是贫穷落后的农村地区，除了湖的一面有新建的学校外，再无其他什么好的建筑。他的房子四面透风，外观破旧不堪，一点都看不出是新造的。当夏丏尊一家在那个冬天从杭州搬到这"荒凉的山野"后，"宛如投身于极带中"。[10] 丰子恺和妻子，以及刚离婚的姐姐丰满（法名梦忍，1891—1975）住进了和夏家房子一样简陋的居所。他们在院墙边种了一株杨柳，因了这株树的缘故，丰子恺把这处新居称作"小杨柳屋"。[11] 夏丏尊曾描述白马湖的冬夜是松涛如吼，丰子恺的这株杨柳大概是白马湖畔的第一株杨柳吧。

这株杨柳一度成为丰子恺绘画的主题，以至于散文家、诗人俞平伯赠他一个"丰柳燕"的称号。但丰子恺后来表示，他为此树作画并不是刻意的，而是搬到白马湖后有人送了他一株小柳苗，随着这株树苗的长大，他常常为杨柳写生，不自觉地在画中多画杨柳。[12] 子恺后来戏称，如果当时种下的不是杨柳而是荆棘，他很可能会把这处房子称作"小荆棘屋"，或许会因为专画荆棘而出名也未可知。丰子恺对非要将他最初与杨柳的结缘归因于古典诗词对杨柳无限赞扬的解读表示十分不屑。他当然知晓古文中常将杨柳比作美人，也知道清初文人张潮就认为柳是天地间感人最深的四物之一——"物之能感人者，在天莫如月，在乐莫如琴，在动物莫如鹃，在植物莫如柳"。苗条的女性常被称作"柳腰"，黄莺和夏蝉都最喜栖息于柳荫之中，微风轻拂柳枝掀起"柳浪"，西湖十景中便有一处名胜是"柳浪闻莺"。[13] 另外，人们还可以说，丰子恺钟爱柳树的原因是他喜欢的诗人陶渊明也在住所旁种了五株柳树，并在自传中自号"五柳先生"，此文也是古文中的名篇。

> 先生不知何许人也，亦不详其姓字，宅边有五柳树，因以为号焉。闲静少言，不慕荣利。好读书，不求甚解；每有会意，便欣然忘食。性嗜酒，家贫不能常得。亲旧知其如此，或置酒而招之；造饮辄尽，期在必醉。既醉而退，曾不吝情去留。环堵萧然，不蔽风日；短褐穿结，箪瓢屡空，晏如也。常著文章自娱，颇示己志。忘怀得失，以此自终。[14]

陶渊明就是这样无拘无束之人，宁肯放弃荣华，隐居山林，过自给自足的贫困日子。这也许是年轻的丰子恺居于白马湖畔时所逃避的画面，尽管到了中年这些东西也不曾从他的思想中淡漠。虽然中国传统文学对杨柳的热衷让丰子恺不太感兴趣，但他也坦承，随着时间的推移他开始描写柳树，认为杨柳较权贵文人所推崇的高贵植物，比如牡丹，更加优越。柳树不需要昂贵的肥料或精心栽培，就能强健而美丽地生存，这也是它更多地出现在诗画作品中的原因。他说，杨柳的美主要在于它的简单与自然。还说从哲学角度来看，杨柳是一种向下生长的树木，长长的枝条呈 S 形，垂向给予它生命的土地。杨柳是最能代表春天的树木，春天是他最喜欢的季节。他赞杨柳的主要美点是下垂，而花木大都向上发展，红杏能长到"出墙"，古木能长到"参天"。向上原是好的，但枝叶花果蒸蒸日上，似乎忘记了下面的根。杨柳常常温柔地贴近地面，时时借了春风之力向处在泥土中的根本拜舞，或者和它亲吻。[15]

假如没有这些诗意的想象，丰子恺的小杨柳屋和五柳先生的居所一样不过是一处摇摇欲坠的破屋子。他的同事朱自清（字佩弦，1898—1948）曾描述这屋子有一个小得像"一颗骰子似的"客厅，而且"天花板要压到头上来"。[16] 丰子恺的邻居是历史老师刘叔琴，夏丏尊的邻居是数学老师刘薰宇。[17] 四个家庭无论从哪方面来说都十分接近，经常轮流坐庄，聚在一起畅饮叙谈直到黄昏。朱光潜和朱自清没有家眷，住在学校宿舍，但也经常受到邀请。他们喝的绍兴酒是当地非常受欢迎的一种米酒。[18] 即便有了这个新工作，丰子恺仍未摆脱经济上的困境 [1922 年 4 月，徐力民生下他们的第三个孩子三宝（1922—1924）]，同时在宁波第四中学兼课，辛劳奔走在两个城市之间。

夏丏尊是白马湖畔新老师丰子恺的榜样，在之前众多学生的眼中，他确实是一位鼓舞人心的人物。在浙江省立第一师范学校任教的时候，夏丏尊兼任了被人瞧不起的舍监一职，但是作为舍监的他对学生给予了充分的理解和关怀。他的学生，后来成为作家和翻译家的楼适夷回忆，有一次宿舍出了小偷，夏丏尊在这件事情的处理上左右为难。每个人都知道谁是小偷，但都没有证据。急于解决问题的夏丏尊向朋友李叔同求教。李叔同是一个对教学和规矩都要求相当严苛的人，他对夏丏尊说，最简单的解决办法就是自杀。他叫夏出一张布告说，做贼者速来自首，如三日内无自首者，足见舍监诚信未孚，誓一死以殉教育。果能这样，一定可以感动人，一定会有人来自首。这话须说得诚实，三日后如没有人自首，真非自杀不可，否则便无效力。所幸，满面泪痕的小偷在"大限"即将到来之前向老师自首了。[19]

夏丏尊对自己要求极高，也对新学校寄予厚望。正如上述轶事所展现的，他坚信师生之间的关系有巨大的潜力。他希望打破中国传统教育的等级观念，将春晖中学办成一所现代"爱的教育"学校。这种思想，在一定程度上受到意大利作家亚米契斯多愁善感的小说《爱的教育》的影响。后来，夏丏尊依据日文版将该书译成了中文。[20] "对夏丏尊和他的中学读者而言，《爱的教育》一书的特殊吸引力体现在重视以道德榜样进行规劝来产生影响，以及用家庭关系的方式处理师生感情……对中国读者来说，这本书肯定了感情表达的价值，反对繁文缛节的种种规矩。"[21]

在杭州浙一师，夏丏尊虽然是国文老师，却鼓励学生用白话文写作。到了白马湖，他的主张更进一步，提出了一系列激进的教育改革举措。在《作文教授上的一个尝试》一文中，夏丏尊提出了对五四新文化运动的批评。彼时，这场运动最广为人知的观点之一是不管在出版物还是教育中，都要放弃文言文而全面使用白话文。但夏丏尊认为——

> 一般的现状……真是很可悲观的事……表面上已叫做"新文章"了，其实除了把文言翻成白话以外，内容上何尝有一点的新气……改变了文体底形式，而不改变作文的态度，结果总无什么用处的。[22]

他鼓励学生从自身出发进行文学革命，写自己及对周遭世界的真实感受，而不是用通俗的语言照本宣科，重复空洞的传统经典。夏丏尊在文体改革和教育方面的努力不仅影响了像丰子恺这样的学生，也影响了几代中国作家。台湾著名作家杨牧甚至认为，他建立了自己的散文学派，即清澈透明、朴实无华的"白马湖派"散文。[23]

春晖中学的管理者既要同当地反动军阀势力保持一定的距离，又要小心谨慎地处理在社会动荡和学生骚乱的情况下这些势力在政治和教学上带来的消极影响。相较其他管理者，夏丏尊处理这些问题的做法更加切实可行。春晖是依靠私人资助建立的学校，不像公立学校那样受到经济上的制约和意识形态上的束缚。当时的许多公立学校都受到地方保守分子的干扰，一切形式的改革在他们看来都是洪水猛兽，势必诛灭而后快。为了避免外部势力插手学校事务，校长经亨颐甚至不向当时的军阀政府申请备案。他的教学主张可以总结为这样一句口号："反对旧势力，建立新学风。"[24] 春晖中学也是浙江省第一所男女同校的学校，管理层也不像其他学校那样专制。夏丏尊将学校在管理和教学实践上的做法称为"无门之门"。[25]

由于学校位于乡村，夏丏尊便呼吁学生参与到新兴的社区建设、农业生产和植树造林中去。他还建议学校参加乡村的平民教育运动，当时中国部分地区已开办农民夜校，帮助不识字的乡民认字。[26] 考虑到上虞优美的自然环境很容易滋生影响学业的闲适情调，老师们为在校的学生组织了许多别具一格的研讨会。研讨会每月三次，由知名学者、教育家或社会活动家精选有教育意义和鼓舞人心的主题来演讲，蔡元培、吴稚晖、何香凝、黄炎培和俞平伯等人都曾到春晖讲学。[27] 夏丏尊对教育事业投入了巨大的激情和努力，却没想到在春晖的任职时间如此短暂。由于经亨颐和教员，特别是与夏丏尊、匡互生、刘薰宇、丰子恺和朱光潜之间产生了巨大分歧，他们纷纷愤怒辞职，离开了春晖中学。1924 年，这些离职的老师到上海创办了另一所学校——立达学园。[28]

朱光潜后来表示，经亨颐和老师之间的主要分歧是关于自由教育的设想。写于"文化大革命"后不久的学校官方校史对这次矛盾的记载少之又少。为了塑造毫无瑕疵的春晖中学历史，相关的文献记录中并未透露双方分歧的细节，甚至避免提及经亨颐校长的名字。仅简略地记载："其间在教育思想上也不是没有斗争的。如 1924 年间，就有人企图以一套陈腐的封建伦理道德观念来约束师生的言行，结果立即遭到以匡互生、夏丏尊、丰子恺、刘薰宇为首的进步教师的激烈反对，并与之展开了多次针锋相对的说理斗争。"[29]

根据更为详赡的记载，此次事件的起因是，教员们不满国民党当局强硬要求学校增设国民党党义课程、办"纪念周"、唱国民党党歌，向学生灌输国民党意识形态时，经亨颐校长所采取的政策。当然，不应该把责任都推在他一个人身上。由于参与国民党的政治活动，经亨颐长时间不在上虞，校务基本都是由代理校长（先是朱少卿，后是章育文）决定，而这些决定加剧了学校和教职员之间本已紧张的关系。丰子恺尤其反对教唱党歌，他支持继续唱由他的导师李叔同所写的原校歌。虽然避免了旧式的陈词滥调，但经亨颐越来越发现学校开始受制于更新、更现代的专制。为国家复兴培养具有公民意识的人才，使学生愿意为国家的复兴而献身，是经亨颐在杭州浙一师就已形成的教学理念。相同的使命感在白马湖畔得到了进一步强化。但孙中山领导下的国民党和后来的国民党，其目的都是一样的，就是要通过训政的方式改变和"党化"整个国家。

感化中国与"党化"中国的关系很难说得清。作为一种政治风格，这种新的群众教育学的成功之时，不是它已经重

塑了中国人的时候，而是它已经确立起来、人们不再怀疑自
己需要被重塑的时候……当人们承认自己需要被唤醒时，其
余的东西就会随之而来。也就是说，训导性政治的结果并不
仅仅是民众的觉醒，而是一个训导型国家结构的建立，这与
国民的关系，将像老师和学生的关系那样……[30]

果不其然，春晖中学支持学校原有进步思想和改革的教师和训导
主义拥护者之间的第一次冲突，因了一个小小的校园事件而爆发。一
天，名叫黄源的学生因戴了一顶绍兴毡帽上体育课受到训斥。体育老
师是一个不受欢迎的国民党党员，他严厉斥责了黄源，并要求黄立刻
摘掉帽子。事件导致训育主任匡互生义愤辞职，以抗议对学生的惩
罚。第二件事是关于合并男校女校的提议，经亨颐坚决反对这一改革
建议。夏丏尊辞职以示抗议，包括丰子恺在内的一众老师也以团结的
姿态同他一起离开了春晖中学。几个月后，丰子恺的朋友朱自清由俞
平伯推荐，到北京清华大学任国文教授。[31]

其实，早在这一系列事件之前丰子恺已颇觉不安。他在第一部画
集《子恺漫画》的卷首题词中提到，在日本享受了一段无拘无束的学
习时光后，再度回到三尺讲台是一件很难受的事。

要板起脸来做先生，实在着力得很。我常常萦心在人生
自然的琐事细故，校务课务，反不十分关心。每当开校务会
议的时候，我往往对于他们所郑重提出的议案茫无头绪，弄
得举手表决时张皇失措。有一次会议，我也不懂得所议的是
甚么。头脑中所有的只是那垂头拱手而伏在议席上的各同事
的倦怠的姿态，这印象至散会后犹未忘却，就用了毛笔在一
条长纸上接连画成一个校务会议的模样。又恐被学生见了不

▶
丰子恺《女来宾——宁波女子师范》，署名「子恺」。图片来自《春晖》双月刊，1922年第4期（1922年12月16日出版）。

好，把它贴在门的背后。[32]

他曾将这种简单描画时的感受载诸笔端。这种感觉，如他所言，"和产母产子后所感到同样的欢喜"。从那时开始，书皮纸、旧讲义簿、香烟壳的反面都成了他的画布，"有毛笔的地方"就都是他的画室了。[33]

到白马湖后不久，丰子恺在1922年12月出版的校刊《春晖》上发表了他的第一张画作《女来宾——宁波女子师范》。这幅画的灵感来源于宁波女子师范集会上的一幕，丰子恺在那里兼职教授音乐和美术课。画面中六个女生随意地站在一起，翘首企盼，白色上衣和黑色裙子形成了鲜明的对比。画幅随意描出的边框正是陈师曾插画风格的再现。最左边的女学生打破了边框，从而令整个画面的空间向外延伸。[34]他最早发表的其他作品不是画作，而是为《美育》杂志所做的装帧设计，那是去日本游学前在上海和同事朋友共同编辑的美育学术刊物。和同时代大多数的作品一样，他的平面设计融合了民族风格和现代艺

▲ 丰子恺《人散后，一钩新月天如水》，署名 TK。作品主题来自宋代谢逸词《千秋岁》，初次发表于《我们的七月》（1924 年），后收入《子恺漫画》。

术两种元素。[35] 尽管这幅画的细节之处略有欠缺，但他很快由此开始了可称为"漫画风格"的创作。在春晖的两年中，他一直坚持这样的绘画。和当时的大多数画家不同，他逐渐放弃了曾经追求过的更为学院派的西洋画，开始了另一个方向的探求。作为日语和英语翻译家，丰子恺与五四时期的许多知识分子都保持着亲密的关系。随着绘画技艺的提高，他投入了极大热情，将西方艺术介绍给学生和广大读者，陆续出版了一系列介绍欧洲艺术史、现代艺术和建筑的书籍。[36]

不过，直到 1924 年年中，丰子恺早期比较成熟的一幅作品才发表于朱自清主编的《我们的七月》，这本刊物中登载的主要是文学研究会成员的诗作和散文。[37]

这幅画展现出宋代诗人谢逸咏叹夏天的词作中描绘的意境："人散后，一钩新月天如水。"[38] 同时，丰子恺还为这本书设计了封面插画——湖岸边一株杨柳随风摆动，天上彩虹浮现，表达出暴风雨过后

清凉喜悦的感觉。这一幅典型的夏季景象，灵感似乎也来自白马湖的风景，正应和了书在 7 月出版。封面设计反映出丰子恺后来作品呈现出的风格特点，也显示出他常常在画作和文章中传递的田园诗意。

虽然丰子恺的友人们后来都鼓励他追求自己的艺术，但真正"发现"他这方面才能的是他在浙一师的国文老师，也是他去春晖中学任教的举荐人夏丏尊。养成了在手边各种纸头信手作画的习惯后，丰子恺开始把他喜欢的古典诗词用图画的形式表达出来——他把这叫作"翻译"，然后挂在居所的墙上。一天晚上，住在隔壁的夏丏尊喝过酒，有些微醺，一边叫着子恺的名字一边走进他家。他看到墙上挂的画，立刻就被吸引了，高兴地笑说："好！再画！再画！"有了良师益友夏丏尊的这番鼓励，丰子恺便更加大胆地投身于这一新的艺术风格。

彼时，母亲钟云芳来上虞帮助照看小孩子，狭窄拥挤的小杨柳屋中，他也根本没有条件支开画架来画油画。[39]

可能正是夏丏尊的热情赞叹，令朱自清也注意到了丰子恺的画作。朱自清后来回忆，有一个黄昏，在白马湖畔的小杨柳屋，他与丰子恺共读竹久梦二的画集。小客厅里排满"小眼睛似的漫画的稿"，微风穿过它们时，似乎可以听到飒飒的风声。朱自清告诉丰子恺："你可和梦二一样，将来也印一本。"[40]朱自清将丰子恺介绍给出身于著名文化世家的诗人、散文家俞平伯。尽管两人多年后才见面，但丰子恺很快就收到了俞平伯要他为手写诗集《忆》画插画的润笔。[41]这本时髦的集子小巧、传统、印刷精致，引起了周作人（号知堂，1885—1967，鲁迅之弟）的注意。周作人是五四新文化运动的杰出代表，也是藏书家，以痴迷和精通日本文化闻名。丰子恺为《忆》所作的插画立刻让周作人感觉似曾相识。

> 这种插画在中国也是不常见的。我当初看见平伯所持画稿，觉得很有点竹久梦二的气味……后来见佩弦的文章，大约是丰君《漫画集》的题词吧，显明地说出梦二的影响……梦二所作除去了讽刺的意味，保留着飘逸的笔致，又特别加上艳冶的情调，所以自成一路，那种大眼睛软腰支的少女恐怕至今还蛊惑住许多人心。德法的罗忒勒克（Lautrec）与海纳（Heine）自然也有他们的精彩，但我总是觉得这些人的挥洒更中我的意。中国有没有这种漫画，我们外行人不能乱说，在我却未曾见到过，因此对于丰君的画不能不感到多大的兴趣了。[42]

这些作品的出版和朱自清的推荐，让丰子恺的画引起了郑振铎的注意。郑振铎是活跃于上海出版界的知名青年编辑，也是进步文学的领军人物。他看了《我们的七月》上丰子恺那幅"翻译"谢逸的漫画后写道："子恺不惟复写那首古词的情调而已，简直已把它化成一幅更足迷人的仙境图了。"丰子恺从春晖中学辞职携全家回到上海后，通过朱自清的介绍，与郑振铎也渐渐熟稔起来。1925 年，郑振铎请丰子恺为文学研究会在上海出版的刊物《文学周报》定期供稿。[43]

自此，丰子恺的漫画开始每周出现在《文学周报》这份重要的刊物上。《文学周报》那时还作为《时事新报》副刊随同发售。随着传统通俗文学和浪漫主义文学通过商业包装取得巨大成功，以及后传统风格的新兴小说开始大量流行，充斥出版市场，郑振铎和同事们不得不考虑休刊，转投其他更有可能赢利的项目。然而，他们不愿意放弃作为大众革命力量的文化市场，特别是他们感到当时已处在于五四基础上创建新文学和新文化的前夜，必须坚守阵地。郑振铎和友人们不愿轻易放弃，决定努力将副刊作为一个新刊物从报纸中独立出来重新出版，既不被一时的潮流左右，也不屈从于商业需求。此前的《文学周报》仅发表文学作品，现在将视野扩大，刊登题材更多样的文章以吸引读者的眼球。《文学周报》想吸引的读者，是不仅仅对低级趣味的作品感到厌烦，也对其他报刊登载的乏味严肃文艺感到不满的人。"现在却更要与睡梦的、迷路的民众争斗"，编辑们宣称，要打破迷古的倒流的思想，"所要走的是清新的、活泼的生路"。[44]

《文学周报》独立发行后，郑振铎在一篇社论中敬告读者，打击反动文学趋势是当下最紧迫的问题。通俗小报雄霸上海文学界，充斥着"黑幕小说"作家天花乱坠但毫无价值的作品。这些作家大量粗制滥造反映官场、商场、教育、新闻、娱乐、外交、宗教，以及都市生活方方面面腐化与堕落的东西。[45] 几年前，年轻人一度热衷于抗议活动和政治参与，后来却有倒流之势，他们的品味和文学兴趣逐渐趋向于粗陋堕落的通俗文学。郑振铎说，彼时埋头译介和原创的文学工作者少，而"手执古装的《西厢记》以及李后主、纳兰容若之流的诗集而咿唔者日多"[46]。他深感这种危险的情形将从整体上严重影响中国的未来——这种近乎夸张的绝望语调，既是出自内心的苦痛，也是一种精明的市场营销策略。一般民众普遍喜欢《包公案》《施公案》《济公传》这类公案小说，郑振铎遗憾地表示，"现代的中国民众，离开现代的世界的生活不知有多少里远呢"[47]。尽管他对食古不化的读者感到失望，但还是认识到，城市生活的压力和大上海的吸引力——更不用说这里持续的政治和经济动荡，所有这一切都倾向于催生一种逃避现实的文化。

新的城市生活环境成了一种沉重负担。现在，读者们对于紧跟世界的需要，被忘掉现实世界的渴望所替代。关于理想和发现的小说衰落了，被丑闻小说、侦探小说和神奇的"武侠"小说取而代之。[48]

郑振铎的嗟叹表达出文学研究会的基本立场。文学研究会于1921年1月在北京成立，是五四运动后最早成立的文学社团，其成员被称为"为人生派"，致力于研究介绍世界文学，整理中国旧文学，创造新文学。周作人是文学研究会最具影响力的人物之一，他在1920年1月的演讲《新文学的要求》中很好地总结出研究会的宗旨。

著者应当用艺术的方法，表现他对于人生的情思，使读者能得艺术的享乐与人生的解释。[49]

不言而喻，周作人对文学本质的论述表明，他认为文学是"为人生的文学"，以人为本的文学是人类道德的基础，使作者和读者避免成为特定政治和派系利益的工具。[50] 在接下《小说月报》（当时中国最大的出版社商务印书馆的主要文学期刊）的编辑任务后，文学研究会的积极分子对其进行了彻底改革，废除文言，刊载白话小说、评论——更重要的是开始刊登译文，这些都受到大众的欢迎。[51] 尽管组织松散，也没有明确的政治或文学主张，但文学研究会一直活跃着，直到 1932 年商务印书馆位于上海的总部在"一·二八"轰炸中被毁，《小说月报》终刊。然而，这并不意味着令人陶醉的这十年间文学研究会的部分成员对西洋文学流派，尤其是现实主义没有具体的态度，也不意味着他们对激进文化议程没有需求。特别是茅盾就表达了明确的态度，他是来自乌镇（与石门湾相邻）的革命作家，呼吁文学要为政治服务，赋予写作更高、更神圣的使命。正如他在 1923 年年底的一篇文章中所言：

> 文学不仅是供给烦闷的人们去解闷，逃避现实的人们去陶醉。文学是有激励人心的积极性的。尤其在我们这时候，我们希望文学能够担当唤醒民众而给他们力量的重大责任。[52]

茅盾尤其倡导将现实主义作为最符合中国现实需要的文学表现手法引进来，认为它是一种"与西方观念态度的整体，尤其是文化活力及精神独立性联系在一起"[53] 的文化模式。走得更远的文学社团是创造社，它于 1921 年由郭沫若、郁达夫等留日归来的学生发起创立。他们主张"为艺术而艺术"，是与文学研究会宗旨相对立的"为艺术派"。虽然两派并未互相排斥，但 20 世纪 20 年代初两个阵营的作家纷纷发表文章和言论，阐述关于文学和写作的不同观点。[54] 双方代表人物展开措辞尖锐的争论也在意料之中。然而，在当时中国多变的政局和混乱的意识形态下——还要面对新兴的年轻读者群体，他们不得不随时变换自己的立场以占领文化高地。[55] 不过，通过郑振铎的早期评论及同一流派作家们的文章可以看出，丰子恺是从一本由热爱文学和艺术的文人主办的杂志开始其艺术生涯的。这份刊物提倡现实主义，致力于反映那个年代中国的现实问题，力求把当时重大的文化思考带给读者，同时肯定作家、思想家在中国追求富强的过程中发挥的重要作用。在"'文以载道'的传统正统理论和'礼拜六派'消遣轻松的文学态度"之间，郑振铎"清新的、活泼的生路"观点，更有希望引领中国文学界。[56]1917 年，"礼拜六派"在招徕读者的一则广告中说"宁可不娶小老嬷，不可不看《礼拜六》"。尽管丰子恺承认他欣赏现实主义的艺术形式，并且在整个创作生涯中一直坚持"为人生的艺术"，但也一再表示不赞成将艺术和生活分开来看。正如他在 1943 年的一篇文章中所说，"凡艺术皆是为人生的……我们要求'艺术的人生'与'人生的艺术'"。[57]

专写情爱小说的"鸳鸯蝴蝶派"作家，因"思想落后和艺术低劣"遭到西化和进步文学拥护者的攻击，后者认为他们的作品完全丧失了社会责任感，而这正是当时中国社会所需要的。[58]"礼拜六派"的阵地虽说只有《礼拜六》这一本刊物，但其普及程度非常高，而且因大量的漂亮插画，特别是为情爱故事所配的插图，越来越受欢迎。[59]在发行《文学周报》时，郑振铎希望用丰子恺的漫画和装帧设计抗衡自己心目中的竞争对手刊载的诱人图片。丰子恺干净、整洁甚至略显简朴的漫画为这份精英文化刊物增添了时代气息，与"鸳鸯蝴蝶派"多愁善感的情色传统形成了鲜明对比。此外，郑振铎对"发现"丰子恺也感到由衷高兴。他回忆，在拜访丰子恺并挑选了一些用来发表的作品后，"当我坐火车回家时，手里挟着一大捆的子恺的漫画，心里感着一种新鲜的如占领了一块新地般的愉悦"[60]。甚至改版后的《文学周报》封面也呈现出一种新的面貌，而那正是郑振铎所希望的。丰子恺为《文学周报》设计了一个倒 L 形标志，像一株缠绕在树上蓬勃生长的葡萄藤，树干上嵌着"文学周报"四个字，署名"TK"。很快，这个署名被确认为他的独特标志。

郑振铎选来做杂志插画的作品的风格更加独特，他决定称其为"子恺漫画"[61]，从此"漫画"一词才作为新兴词语在中国普及起来。漫画意为"写生"或"卡通"，丰子恺推测这个说法可能是郑振铎从日语中学来的。尽管这也可以看作"翻译现代性"的另一个例子，但丰子恺表示这种随意画的真正鼻祖不是别人，而是陈师曾。

关于陈师曾对丰子恺的影响前文已有叙述[62]，然而当时的人们并不确定这种艺术形式的起源，更愿意把它当作丰子恺的发明。俞平伯在为丰子恺第一部漫画集所作的跋言中就说："所谓'漫画'，在中国实是一创格；既有中国画风的萧疏淡远，又不失西洋画法的活泼酣恣。"[63]

"漫画"一词在中国和日本的起源，直到《子恺漫画》的出版才引起人们的关注。对这个词语的面世及其历史的回顾可使我们对中、日和欧美之间复杂的文化对话有一个深刻的了解。现代"漫画"一词源于日语外来语"マンガ"，这个词之前已经广泛使用了相当长的时间。然而，在日本被"再造"之前，"漫画"一词在中国已有悠久的历史。最早应是宋朝说书人、评论家洪迈（1123—1202）在笔记《容斋五笔》中使用"漫画"一词。他在《容斋五笔》的一则笔记中描写了瀛州和莫州边境（现河北省保定附近）两只奇特的鸟儿。"信天缘"属鹄类，整日静静站在水中，等待鱼儿从它腿间游过时捕食。"漫画"属鹜类，与"信天缘"不同，总是奔走水上，一刻不停地在腐草和泥沙中找寻食物。洪迈惊叹："二禽皆禀性所赋，其不同如此。"[64]

另一个使用过"漫画"的是清代画家、"扬州八怪"之一的金农

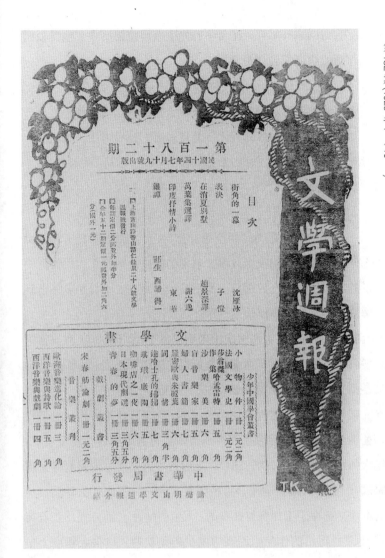

▲ 丰子恺为《文学周报》所绘插画，署名 TK。图片来自《文学周报》第 182 期（1925 年 7 月 19 日）。

（号冬心先生，1687—1763）。在《冬心先生杂画题记》中，他曾以闲适或随意作画的角度说到"漫画"：

> 予家曲江之滨。五月闲时，果以萧然山下，湘湖杨梅为第一。入市，数钱则连笼得之。甘浆沁齿，饱啖不厌，视洞庭枇杷不堪恣大嚼也。时已至矣，辄思乡味。漫画折枝数颗，何异乎望梅止渴也。[65]

成语"望梅止渴"意为"用空想安慰自己"，源于刘义庆在《世说新语·假谲》中记录的一个故事。曹操的部队行军至荒山秃岭，他骗士兵说前方不远处有一片梅林，梅子又大又好吃。士兵想着马上就有梅子解渴，便压抑着馋涎快速行军。[66]

"漫画"作为名词在中国再次出现则已是 1904 年了，上海《警钟日报》发表的一系列讽刺卡通画曾被冠以"漫画"之名。[67] 早在 1925 年《文学周报》刊载"子恺漫画"前，"漫画"一词已于前一年出现于日本文艺评论家厨川白村（1880—1923）的文艺评论著作《出了象牙之塔》的中译本。在回顾了西方卡通画短暂的历史后，厨川哀叹，浮士绘大师葛饰北斋（1760—1849）之后日本再无优秀的讽刺画家和漫画家。"一般称为漫画的东西那范围很广大……不拘什么种类，凡漫画的本质，都在于里面含有严肃的'人生的批评'，而外面却装着笑这一点上。"[68] 厨川的作品当时在中国也备受欢迎，这很大程度上是因为他的作品表达了被剥夺政治话语权的沮丧知识分子的那种"现代苦闷"。厨川作品的流行——更不消说其翻译者鲁迅的影响，意味着郑振铎和丰子恺很可能熟知这本著作。丰子恺对厨川的文集《苦闷的象征》印象深刻，尽管鲁迅已译出《苦闷的象征》，但丰子恺还是于1925 年再次翻译。鲁迅的译文风格依旧遵循了他所谓的"硬译"。[69]

在进一步追溯"漫画"一词在中国 20 年代以来的发展演变之前，厨川白村对葛饰北斋的推崇促使我们先来简单回顾一下它在日本的起源。日本漫画史研究家清水勋推测，尽管"漫画"一词在 20 世纪 20 年代作为外来词从日本传到中国，但这一说法本身可能是受中国文言文的启发，比如漫笔。[70] 而日语"漫画"（manga 或 mangaku，后者是前者的替代词和旧称）一词最早出现在 1771 年出版的铃木焕乡《漫画随笔》之中。关于为何采用《漫画随笔》的书名，铃木的解释立即让人联想到宋朝洪迈的笔记。

　　瀛莫有鸟，名曰漫画，终日奔走水上，捞捕小鱼而食之，犹不能饱；又有鸟，名信天翁，立水上，屹然不动，游鱼至前，因以食之而不饥云。余性弗灵，琴棋书画，凡百技艺，莫一所能。又不解饮，因不与人款曲。越在僻邑，无可与语者，唯有读书，终日汲汲，而犹不足，漫画如也。[71]

　　漫画在日本古语中称"herasagi"，是明治以前一种常见的大白鹭。漫画一词后来读成"manga"（之前发音为"mangaku"），随后用来指称用随意的方式描绘的画作。和铃木在《漫画随笔》中对"漫画"一词的用法一样，二十年后，山东京传在他的《四时交替》序言中说："平时，居铺中，倚梧而坐，偶然提笔漫画贵贱士女老少等辈汇聚于大路之处。"[72] 但直到 1814 年葛饰北斋出版《北斋漫画》，"漫画"一词才真正成为日语中的大众化词语。虽然后来漫画的意思在日语中发生了巨大变化，但葛饰北斋当时是将它作为"急就画"或"绘画随笔"的含义来使用的。[73]

　　丰子恺去日本游学时，"漫画"一词已有卡通或讽刺画的意思，大众出版物上充斥着大量这种鲜活而具有讽刺意味的新形式的艺术作品。但是，在神田书店吸引了年轻游学生丰子恺的，还是以北斋为代表的传统"画中随笔"艺术和竹久梦二简笔画中透出的诗意。丰子恺后来感叹："可惜现在时异世迁，人的兴味集中在讽刺夺面包吃的漫画上，对于此中富有诗趣的画少有人注意。"[74] 对漫画落入这样的境地，他多次表达了伤感和忧思。

　　1927 年秋，"子恺漫画"在《文学周报》上发表已经两年多，十一位画家在上海成立了漫画团体——漫画会。[75] 成员们反对以流行的西化词语或传统叫法来指称他们的作品，如卡通、讽刺画、丑像、幽默，以及中国旧称"滑稽画"等，而采用了更现代、更流行的日本叫法——"漫画"。漫画会创始人之一王敦庆无视郑振铎和丰子恺在将"漫画"一词（或者说出口后再次引进）引入中国方面发挥的作用，声称是漫画会的成立"正式地把漫画这个名称介绍到中国来，在理论与技巧上从事探讨，以资提高漫画艺术的标准"。[76]

　　漫画史学者毕克官认为，由于漫画会中只有少数几位画家从正规的美术院校毕业，因而他们的作品通常不被正统艺术界——包括新的西式艺术学院、策展人、出版界和展览场所承认。这些机构更青睐精英作品，草根主义的漫画在他们眼中根本不值一提。因此，漫画会这些边缘化的商业画家选择"漫画"一词作为对所受蔑视的回击，某种意义上也是针对正统国画（包括传统的和新派的）及其拥护者的有意之举。[77] 通过和所有现代日本商业文化团体一起垄断"漫画"一词的使用，漫画会成员表明他们与根本没有自己一席之地的艺术界已经彻底脱离，同时，在哗众取宠和更具时事性的商业艺术和杂志市场中占据了一个有利地位。这样做也斩断了同样非正统出身的丰子恺和"漫画"一词的联系，就颇耐人寻味了。

　　漫画会接着出版了政治意味浓厚的黄文农画集。1928 年 4 月，漫画会创办《上海漫画》周刊，灵感来源于日本刊物，内容明显受到西洋卡通和政治讽刺画的影响，在这点上它和五四时期有着重大影响的双语卡通月刊《上海泼克》一样。《上海泼克》由沈泊尘和胞弟于 1918 年共同创办，《上海漫画》实际上是它的延续。[78] 作为各种新兴艺术形式的积极倡导者，鲁迅认为新的艺术能够增加文化活力，但他并未被沈泊尘的作品和艺术打动，在其光鲜的西洋外表之下，鲁迅似乎感受到了一种本质上的保守和排外的民粹主义。

　　……我很疑惑，何以思想如此顽固，人格如此卑劣，竟同没有教育的孩子只会在好好的白粉墙上写几个"某某是我而（儿）子"一样。可怜外国事物，一到中国，便如落在黑色染缸里似的，无不失了颜色。美术也是其一：学了体格还未匀称的裸体画，便画猥亵画；学了明暗还未分明的静物画，只能画招牌。皮毛改新，心思仍旧，结果便是如此。至于讽刺画之变为人身攻击的器具，更是无足深怪了。[79]

到了 30 年代中期，已有众多时髦、色情的漫画杂志在上海问世。在这个国际大都市复杂的氛围中，"漫画"一词实际上已完全丧失了抒情或非讽刺性的含义。[80] 对此，鲁迅在一篇文章中写道："漫画是 *Karikatur*（德语，又译讽刺画）的译名，那'漫'，并不是中国旧日的文人学士所谓'漫题''漫书'的'漫'。"这种新艺术是"暴露，讽刺，甚而至于是攻击的"。那时，漫画家和书法家黄苗子已经可以确信："漫画是有煽动性和刺激性的艺术。"几乎同时，另一位画家张谔甚至对战友发出这样的呐喊："中国现在的漫画家，每人都应该将一支钢笔，一支毛笔，或是一块橡皮，变成一种奋斗的工具，负起我们漫画界同人固有的使命。"作家叶紫则宣称，漫画是反对政治压迫，与帝国主义进行斗争的工具，"它应该是'匕首'，是'投枪'，是画家们短兵接战时的唯一的武器"。[81]

这种易于复制的通俗艺术形式的鼓吹者，并不是唯一宣称有权定义"漫画"一词的人。受到革新势力威胁的传统画家抨击这种艺术形式，对他们而言，文化产品需要追求更高的使命。他们认为：

> 将卡通画称为艺术显得"浅薄""粗俗"，太过"普通"，充其量就是一种漫笔的形式，缺乏翔实的内容，"甚至不值得挂上墙"。漫画家不过是沉溺于商业化，缺乏个体创造力的低俗艺术家。[82]

20 年代末，当商业画家和重新划分阵营的文化精英否定了丰子恺漫画作品体现出的艺术情感，他作为唯一一位"漫画"代表画家的地位很快就被取代了。不过，这并未阻止他继续使用"漫画"一词来指称自己的作品，虽然他非常清楚这样做会引起混乱。

其实，我的画究竟是不是"漫画"，还是一个问题。因为这二字在中国向来没有。日本人始用汉文漫画二字。日本人所谓"漫画"，定义如何，也没有确说。但据我知道，日本的"漫画"，乃兼称中国的急就画、即兴画，及西洋的cartoon 和 caricature 的。但中国的急就即兴之作，比西洋的cartoon 和 caricature 趣味大异。

他向读者论述了自己对"漫画"一词的理解：

前者富有笔情墨趣，后者注重讽刺滑稽。前者只有寥寥数笔，后者常有用钢笔细描的……总之，漫画二字只能望文生义。漫，随意也。凡随意写出的画，都不妨称为漫画，如果此言行得，我的画自可称为漫画。因为我作漫画，感觉同写随笔一样，不过或用线条，或用文字，表现工具不同而已。[83]

1943 年，在战时出版的漫画研究文集《漫画的描法》中，丰子恺对"漫画"一词下了定义。他的定义既包括自己所作的抒情急就画，也涵盖报刊经常刊登的较有政治内涵或幽默意味的卡通画。他把它们都通称为"简笔而注重意义的——便是漫画"。他把漫画分为三类：感想漫画、讽刺漫画、宣传漫画。然而，抒情漫画，即 20 年代初他在上虞白马湖畔开始创作的感想漫画，才是他认为最艺术的一种漫画。

作这种画，由于感情，出于自然，并不像作讽刺漫画地为欲发表批评意见，也不像作宣传漫画地预计描成后的效用。但因为人心必有"同然"，如孟子所说："心之所同然者何也？理也，义也。"故倘其情感合乎理与义，则必能在看者的心中引起同样的感动，而使心与心相共鸣……像上述一类的画，称为"感想漫画"。因为它们只是记录一种感想，暗示一种真理，而并无其他作用。因此，这种画表面都平淡，浅率的人看了毫无兴味，深于情感的人始能欣赏。所以说这是最艺术的一种漫画。[84]

尽管这是对"漫画"本质的一种非常狭隘和浪漫化的看法，但丰子恺非常清楚，在中日战争期间，当中国人为个人和国家的生死存亡战斗的时候，他所钟情的抒情漫画不过是一种个人癖好，也因之而多次遭人攻击。甚至他心目中重要性仅次于感想漫画的讽刺漫画，其地位在战争时期也被铺天盖地的宣传漫画所取代。尽管在战争初期，丰子恺赞成通过漫画的方式动员全民反抗侵略者[85]，但随着战争的发展，政治宣传和意识形态渗透到生活的方方面面，他担心最终所有的文化创作都会被艺术功利主义所取代。

因为争斗过于激烈，讽刺失其效力，大家竞用漫画为主义的辩护者，枪炮的代用品。故今日的漫画，几乎全是宣传的了。[86]

对丰子恺而言，虽然这并非源自他自己的构想，但艺术分类困境的解决方案简单而清晰。他很乐意用"漫画"一词来描述自己融合不同艺术的创作风格，也很容易将漫画创作与中日两国的传统结合起来，无论这种传统是否与精英文化有关。他甚至觉得，在这个问题上没必要回避写实或现实主义，尽管这两者被视为西洋美术的核心。漫画亦是表达浪漫主义精神的理想方式，而浪漫主义精神正是丰子恺早期作品的特点。他的黑白素描，非常适合于上海现代出版业的批量印刷技术。20 年代，郑振铎将"漫画"一词再度引入中国，它后来的命运远远超出了丰子恺的控制。在用"漫画"一词形容其作品的几年里，丰子恺觉得自己不过是漫画这个不为人知的画种毫不起眼的实践者。而对郑振铎来说，"漫画"一词已经帮助《文学周报》达到目的，当然也同时开启了丰子恺的漫画事业，令他在充斥着商业个人主义的艺术风格中独树一帜。然而，彼时上海独特的社会、政治和商业环境，充满理想抱负的文化活动，以及最重要的——艺术家的品味、目的和新的城市受众趣味的转变，使丰子恺用于标志其画作的"漫画"一词的内涵和深意也随之不断改变。今天，我们无法讨论丰氏漫画的历史，能够谈论的仅仅是他特别的——或许可以说是独一无二的——抒情漫画。

1　《丰子恺传》，第 33—34 页。

2　参看邱陵，《书籍装帧艺术简史》，哈尔滨: 黑龙江人民出版社，1984 年，
　　第 75—80 页；斯科特·米尼克、焦平，《20 世纪的中国平面设计》(Scott
　　Minick and Jiao Ping, *Chinese Graphic Design in the Twentieth Century*,
　　London: Thames and Hudson, 1990)，第 23、28—31、40—41 等页；安
　　雅兰，《商业艺术和中国的现代化》(Julia F. Andrews, "Commercial Art
　　and China's Modernization")，载安雅兰、沈揆一编，《危机中的世纪》，
　　第 186—190 页。丰子恺对陶元庆的看法，参看《陶刘惨案》，《丰子恺
　　文集》卷 6，第 719—720 页。

3　《丰子恺传》，第 37 页；《丰子恺先生年表》，第 10 页；朱光潜，《朱光潜
　　美学文集》第 1 卷，上海: 上海文艺出版社，1982 年，第 6 页。

4　陈是当地的商界精英，曾在 1911 年担任浙江铁路公司的经理。参看高
　　志林，《经亨颐与春晖中学》，《学习与思考》，1987 年第 8 期，第 20 页；
　　冉玫烁，《浙江的精英活动和政治变迁》，第 256 页；《春晖中学六十周
　　年纪念册，1921—1981》(以下简称《春晖纪念册》)，上虞: 春晖中学，
　　1981 年，第 3、18 页。

5　丰子恺从浙一师毕业后的几年里，夏丏尊也经历了职业上的曲折。1919
　　年的五四运动时期，他和陈望道、刘大白、李次九三位教师，被称为支
　　持学生运动的"四大天王"。1920 年，由于他们激进的教育立场，浙江
　　省当局迫使校长经亨颐把他们逐出学校。1920 年 2 月至 3 月间，当地
　　政府开始威逼学生，"一师风潮"达到高潮。参看浙江省委党校党史系
　　编，《五四运动在浙江》，杭州: 浙江人民出版社，1979 年，第 32—36 页；
　　《春晖纪念册》，第 7—8 页；以及姜丹书在 1960 年代的回忆，《〈非孝〉
　　文与浙江第一师范的反封建斗争》，载《五四运动回忆录》第二册，北
　　京: 中国社会科学出版社，1979 年。随后，夏丏尊很快辞去教职，在
　　匡互生负责的湖南第一师范学校短暂任教，毛泽东也是当时的教员之
　　一，两人曾共过事。1921 年，他返回家乡上虞，在春晖中学任教，时
　　年三十五岁。参看夏丏尊，《夏丏尊文集》卷 1，《平屋之辑》，杭州: 浙

江人民出版社，1983 年，第 9—22 页，特别是第 12—13 页欧阳文彬所撰《夏丏尊先生年表》中的有关记述。

6　关坤英，《夏丏尊与朱自清》，政协上虞县委员会文史工作委员会编，《上虞文史资料：纪念夏丏尊专辑》（以下简称《夏专辑》），上虞，1986 年，第 65—70 页；商金林《朱光潜与夏丏尊》，《夏专辑》，第 62—64 页。丰子恺的老同学叶天底也曾在 1922 年在春晖中学担任美术和音乐教师。

7　高志林，《经亨颐与春晖中学》。

8　参看该校毕业生胡士弘，《白马湖寻梦》，《人民日报》，1987 年 12 月 14 日；《春晖纪念册》，第 13、29—30、44、47、58—61 页；叶至善，《夏丏尊与白马湖》，《夏专辑》，第 107—109 页。这个地区的景致还曾激发过《山居赋》的作者、4 世纪诗人谢灵运的文学灵感。

9　夏丏尊，《夏丏尊文集》，第 13—14 页。

10　夏丏尊，《白马湖之冬》，英译"Winter at White Horse Lake"，见卜立德（David Pollard）编，《古今散文英译集》（The Chinese Essay, Hong Kong: The Chinese University Press, 1999），第 192 页。参看夏丏尊，《夏丏尊文集》，第 161—162 页。台湾作家杨牧（王靖献）在关于两卷本《中国现代散文选集》的序言《中国近代散文》中，评论夏丏尊《白马湖之冬》："清澈通明，朴实无华，不做作矫揉，也不讳言伤感。创立了一种写景的新手法。"参看杨牧，《文学的源流》，台北：洪范书店，1984 年，第 56 页。

11　《丰子恺传》，第 37 页；《丰子恺先生年表》，第 10 页。

12　陈星，《潇洒风神》，桂林：漓江出版社，1987 年，第 22—23 页。

13　林语堂，《生活的艺术》，第 288 页；关于张潮的文字，参看其《幽梦影》，许福明校注，合肥：黄山书社，1991 年。

14　陶渊明，《五柳先生传》，英译"Biography of Master Five Willows"，见宇文所安（Stephen Owen）编，《中国文学选读》（An Anthology of Chinese Literature, New York: W. W. Norton, 1996），第 314 页。

15　丰子恺，《杨柳》，《丰子恺文集》，卷 5，第 386—389 页。

16　丰子恺，《子恺漫画》，上海：开明书店，1931 年，第 12 页。这座房子现在仍然保存着，并在顾志坤的散文《白马湖畔一枝柳》,《浙江日报》（1984 年 2 月 12 日）中被过度诗意地描写过。

17　刘叔琴是浙江宁波人，曾在日本学习历史，回国后与丰子恺一样，在上海立达学园任教，后为地方志的编辑和学者，于抗日战争期间去世。刘薰宇来自贵州，1919 年毕业于北京高等师范数理系。参看章克标,《江湾立达学园杂忆》,载上海市政协编,《文史资料选辑》,1982 年第 2 辑（总第 39 辑），第 150—153 页。

18　参看朱光潜,《朱光潜美学文集》卷 1，第 6—7 页；毕克官,《朱光潜谈画——关于〈子恺漫画〉的两次谈话》,《美术史论丛刊》,1982 年第 2 期，第 6—7 页；朱金顺编,《朱自清研究资料》,北京：北京师范大学出版社，1981 年，第 376—377 页；《丰子恺传》，第 38 页。

19　夏丏尊,《弘一法师之出家》，载中国佛教协会编,《弘一法师》，第 247—248 页；楼适夷,《永远的怀念——纪念夏丏尊先生诞辰百周年》,刊载于《夏专辑》，第 16 页。

20　《夏专辑》，第 181 页。

21　叶文心,《省道：文化、空间和中国共产主义的起源》，第 152 页。

22　夏丏尊,《作文教授上的一个尝试》，见《夏专辑》，第 143 页。

23　台湾作家杨牧认为，夏丏尊的作品影响了台湾通俗散文作家林文月、丛苏、许达然、王孝廉等。陈星,《教改先锋》,台北：幼狮文化事业公司，1996，第 206 页。与之相反的观点，参看卜立德编,《古今散文英译集》，第 189—190 页。

24　《春晖纪念册》，第 18 页。

25　参看夏丏尊,《春晖的使命》，此文撰写于 1923 年 12 月，刊载于《夏专辑》，第 140 页。

26　同上，第 139—141 页。

27　《春晖纪念册》，第 18—19 页。与春晖中学有关的作家和教育家，参看陈星,《教改先锋》，特别是第 154—158 页。

28　夏丏尊,《夏丏尊文集》，第 14 页；商金林,《朱光潜与夏丏尊》,刊载于《夏专辑》，第 62—63 页；毕克官,《朱光潜谈画——关于〈子恺漫画〉

的两次谈话》,《美术史论丛刊》，1982 年第 2 期，第 9 页。

29 《春晖纪念册》，第 19 页。

30 费约翰，《唤醒中国》(John Fitzgerald, *Awakening China: Politics, Culture, and Class in the Nationalist Revolution*, Stanford, Calif.: Stanford University Press, 1996)，第 20 页。

31 夏丏尊，《夏丏尊文集》，第 14 页；丰子恺的学生魏风江所写的文章《在白马湖时的匡互生先生》刊于《春晖纪念册》，第 46—47 页；陈星，《教改先锋》，第 178—182 页。

32 丰子恺，《子恺漫画》，第 21—22 页。

33 同上，第 22 页。

34 张伟，《丰子恺研究的一个重要收获》，载《文艺报》，1986 年 12 月 20 日。

35 《美育》是中国此类刊物的首创。参看黄可，《丰子恺的装帧艺术》，《读书》1985 年第 12 期，第 131—136 页，特别是 131 页；高美庆，《中国艺术对西方的回应》，第 120、355 页。

36 例如，丰子恺所译的《西洋美术史》(1928 年)、《现代艺术十二讲》(1928 年)、《西洋画派十二讲》(1930 年) 和《西洋建筑讲话》(1935 年) 等，分别见《丰子恺文集》，卷 1，第 123—284、285—286、313—471 页；及卷 3，第 193—283 页。同时可参看高美庆，《中国艺术对西方的回应》，第 120—130 页。

37 《我们的七月》，上海：上海书店，1982 年重印本。此书内容包括朱自清、俞平伯、叶圣陶和潘训等人的诗歌和散文，这些作者都是文学研究会的成员。关于《我们的七月》和《我们的六月》(上海：上海书店，1982 年重印本) 这两册刊物的研究，参看余时 (姜德明笔名——译者)，《〈我们的七月〉和〈我们的六月〉》，《文汇报》，1979 年 9 月 21 日。

38 谢逸的《千秋岁·咏夏景》全词如下："楝花飘砌，簌簌清香细。梅雨过，萍风起。情随湘水远，梦绕吴山翠。琴书倦，鹧鸪唤起南窗睡。密意无人寄，幽恨凭谁洗？修竹畔，疏帘里。歌余尘拂扇，舞罢风掀袂。人散后，一钩淡月天如水。"载唐圭璋编，《全宋词》卷 2，北京：中华书局，

1965 年，第 649 页。

39 丰子恺,《子恺漫画》, 第 22 页。

40 丰子恺,《子恺漫画》, 第 13—14 页; 陈星,《教改先锋》, 第 24—26 页; 丰华瞻,《丰子恺与朱自清》,《西湖》, 1983 年第 9 期, 第 41 页。

41 俞平伯,《忆》, 北京: 朴社, 1925 年。

42 周作人,《〈忆〉的装订》, 载《知堂书话》第 1 册, 第 115—117 页。

43 丰子恺,《子恺漫画》, 第 3 页; 陈星,《潇洒风神》, 第 24—25 页; 二人交往的更多细节, 参看贾植芳等编,《文学研究会资料》第一册, 郑州: 河南人民出版社, 1985 年, 第 22 页。丰子恺于 1923 年加入文学研究会, 介绍人可能是 1921 年入会的夏丏尊。关于文学研究会的研究, 参看泰无量,《当代中国的文学争论》, 第 48—52 页; 杜博妮 (Bonnie S. Mc Dougall),《西方文学理论向现代中国的输入》(*The Introduction of Western Literary Theories into Modern China, 1919—1925*), 东京: 东亚文化研究中心, 1971 年, 第 23—37 页。

44 郑振铎,《文学周报》, 第 2 期。《文学周报》原是《时事新报》的副刊《文学旬刊》, 自 1921 年 5 月作为《时事新报》副刊出刊, 到第 81 期改名《文学》, 每周一期。到第 172 期改名为《文学周报》, 开始脱离《时事新报》单独发行。

45 参看林培瑞,《一二十年代的传统市民通俗小说》(Perry Link, "Traditional-Style Popular Urban Fiction in the Teens and Twenties"), 载梅谷 (Merle Goldman) 编,《五四时期的中国现代文学》(*Modern Chinese Literature in the May Fourth Era*, Cambridge, Mass.: Harvard University Press, 1977), 第 333 页; 郑振铎,《"文娟"》, 载魏绍昌编,《鸳鸯蝴蝶派研究资料》, 上海: 上海文艺出版社, 1962 年, 第 40 页。

46 郑振铎,《文学周报》, 第 1 期。李煜 (937—978) 和纳兰性德 (1655—1685) 分别是南唐和清代的著名词人, 两人均以其感伤的词句而著称。丰子恺对李煜的有关看法, 参看本书第四章。

47 郑振铎,《文学周报》第 1—2 期; 林培瑞,《鸳鸯蝴蝶派: 20 世纪初中国城市的通俗小说》(Perry Link, *Mandarin Ducks and Butterflies: Popular*

Fiction in Early Twentieth-Century Chinese Cities, Berkeley: University of California Press, 1981），第 7、11、17 页。

48 林培瑞，《一二十年代的传统市民通俗小说》，第 330 页。林培瑞将郑振铎谴责的这种逃避文学，称为继早期的纯娱乐写作和逃避现实写作之后的上海通俗文学"第三阶段"。

49 1920 年 1 月 6 日，周作人在北京青年会发表了名为《新文学的要求》的演讲。演讲内容随后在 1920 年 1 月 8 日的《晨报》公开发表。参看《文学研究会资料》上册，第 49 页。周作人的这次演讲与《文学研究会宣言》的观点一致。该会没有在这份宣言之外提出其他的文学理论或主张。参看《文学研究会资料》上册，第 1—2 页；陈敬之在《文学研究会与创造社》（台北：成文出版社，1980 年）第 10 页的论述。

50 周作人最早在 1918 年 12 月《新青年》杂志发表了《人的文学》一文。周策纵认为周作人并未解释清楚何谓"为人生的文学"，参看其《五四运动：现代中国的思想革命》（*The May Fourth Movement: Intellectual Revolution in Modern China*, Cambridge, Mass.: Harvard University Press, 1960），第 284 页；李欧梵，《中国现代作家的浪漫一代》（Leo Ou-fan Lee, *The Romantic Generation of Modern Chinese Writers*, Cambridge, Mass.: Harvard University Press, 1973），第 11—14 页；刘禾，《跨语际实践：文学、民族文化与被译介的现代性（中国 1900—1937）》，第 98、133—134 页。

51 夏志清，《中国现代小说史》第二版，第 55—56 页；杜博妮，《西方文学理论向现代中国的输入》，第 25—35 页。

52 茅盾，《"大转变时期"何时来呢？》，发表于 1923 年 12 月 31 日上海《时事新报》《文学》副刊，重印于《文学研究会资料》上册，第 112 页。参看夏志清，《中国现代小说史》，第 140—141 页。

53 安敏成，《现实主义的限制：革命时代的中国小说》（Marston Anderson, *The Limits of Realism: Chinese Fiction in the Revolutionary Period*, Berkeley: University of California Press, 1990），第 34 页。

54 这些论战的文献收入张若英编，《中国新文学运动史资料》，上海：上海书店，1982 年重印，第 291—352 页。关于这两个文学团体，参看夏丏尊《"为人生的文学"的倡导者》，《文艺论与文艺批评》，台北：庄严出版社，1982 年重印，第 19—23 页。同时参看夏志清，《中国现代小说史》，第 93—95 页；泰无量，《当代中国的文学争论》，第 52—59 页。

55　李欧梵，《中国现代作家的浪漫一代》，第 19—27 页；安敏成，《现实主义的限制》，第 46 页后。许怀中在《鲁迅与文艺思潮流派》（长沙：湖南人民出版社，1985 年）一书中从正统马列主义文学观点出发，对这些社团的争论及相互关系进行了分析，参见该书第 91—112、158—195 页。

56　周策纵，《五四运动：现代中国的思想革命》，第 284 页。

57　丰子恺，《艺术与人生》，《丰子恺文集》卷 4，第 400 页。

58　夏志清，《〈玉梨魂〉新论》（"Hsü Chen-ya's Yü-li hun: An Essay in Literary History and Criticism"），载《译丛》（Renditions）（中级小说专辑），第 17—18 期（1982）：200。

59　魏绍昌编，《鸳鸯蝴蝶派研究资料》，前言第 11—16 页，以及第 30—35 页。

60　见郑振铎为《子恺漫画》所写序言。

61　"漫画"这一说法最早出现在 1925 年 5 月 10 日开始独立运作的第 172 期《文学周报》"目次"中。参看《文学研究会资料》下册，第 557 页。

62　毕克官在《中国漫画史话》（济南：山东人民出版社，1982 年，第 42—44 页）中用了相当篇幅来讨论"漫画"一词的起源，但仍无法说明为何郑振铎会选用此语来命名丰子恺的画作。在香港艺术评论家黄茅关于漫画的早期研究中也是如此，参看黄茅，《漫画艺术讲话》，台北：商务印书馆，1973 年，第 24—25 页。关于"漫画"一词本身，参看实藤惠秀著，谭汝谦、林启彦译，《中国人留学日本史》，香港：中文大学出版社，1982 年，第 237 页。

63　丰子恺，《子恺漫画》，第 98 页。

64　洪迈，《容斋随笔》卷三，收于《小说笔记大观》第三册，扬州：江苏广陵古籍刻印社，1984 年，第 378 页。这一典故在澎涛发表于《团结报》（1988 年 1 月 2 日）的一篇文章中也曾提及，另可参看他将此文缩写后刊载于《人民日报》（1988 年 1 月 17 日）的《"漫画"小考》。

65   金农,《冬心先生杂画题记》, 载黄宾虹、邓实所编,《美术丛书》第 11 册,
      神州国光社, 1947 年, 第 185 页。

66   刘义庆,《世说新语》下册, 第 442 页。

67   丰一吟,《潇洒风神》, 第 143 页。

68   《鲁迅全集》第 13 册, 北京: 人民文学出版社, 1981 年, 第 309 页; 毕
      克官,《漫画十谈: 与业余作者的通信》, 上海: 上海人民美术出版社,
      1981 年, 第 2 页。

69   郑清茂（Ching-mao Cheng）,《日本文学思潮的影响》,（"The Impact
      of Japanese Literary Trends"）, 载梅谷编,《五四时期的中国现代文学》,
      第 84—86 页; 邓啸林,《〈苦闷的象征〉两种译本的译文》,《艺坛》,
      1983 年第 2 期, 第 119—120 页。丰子恺翻译的《苦闷的象征》先是
      由《上海时报》连载, 后列入《文学研究会丛书》, 于 1925 年 3 月由
      上海商务印书馆出版; 鲁迅所译《苦闷的象征》, 则是于 1924 年末,
      为《未名丛刊》之一由北新书局出版。关于厨川白村的影响, 参看李
      欧梵,《上海摩登: 一种新都市文化在中国 1930—1945》(Leo Ou-fan
      Lee, *Shanghai Modern: The Flowering of a New Urban Culture in China,
      1930—1945*, Cambridge, Mass.: Harvard University Press, 1999), 第
      233、235 页。

70   清水勋,《江户漫画》, 东京: 讲谈社, 1981 年, 第 172—174 页。

71   中文原文重印于清水勋,《江户漫画》, 第 173 页。参看丰子恺,《谈日
      本的漫画》,《丰子恺文集》卷 3, 第 410—411 页。

72   山东京传,《四时交替》, 转引自清水勋,《江户漫画》第 176 页, 原文
      载该书第 177 页。

73   清水勋,《江户漫画》, 第 56 页。

74   丰子恺,《谈日本的漫画》,《丰子恺文集》卷 3, 第 418 页。

75   毕克官、黄远林,《中国漫画史》, 北京: 文化艺术出版社, 1986 年, 第
      82—86 页; 张少侠、李小山,《中国现代绘画史》, 第 178—180 页。

76   毕克官、黄远林,《中国漫画史》, 第 83 页; 刘禾,《跨语际实践: 文学、
      民族文化与被译介的现代性（中国 1900—1937）》, 第 18、35—36、285 页。

77　漫画会的标志是盘踞于云中之龙，即"漫龙"。参看毕克官，《中国漫画史话》，第49—51页。

78　关于《上海泼克》，参看毕克官、黄远林，《中国漫画史》，第84—86页。《上海泼克》在沈泊尘罹患肺病之前只出版了四期。据称，该杂志每期在长江中下游地区的发行量超过一万份。参看许志浩，《中国美术期刊过眼录（1911—1949）》，上海：上海书画出版社，1992年，第8页。

79　鲁迅，《感想录（四十三）》，刊载于《鲁迅全集》第1册，第330页。鲁迅关于《上海泼克》的另外一次论说，参看《感想录（四十六）》，刊载于《鲁迅全集》第1册，第332—333页。

80　斯科特·米尼克、焦平，《20世纪的中国平面设计》，第78—81页。海野弘，《上海摩登》，东京：冬树社，1985年，该书收录了30年代的上海漫画（包括情色漫画和政治宣传漫画），大量材料来源于当时上海出版的印制精美的彩色漫画杂志《时代漫画》，该刊出版于1934—1937年。同时参看白杰明，《论丰子恺与漫画》（"An Artist and His Epithet: Notes on Feng Zikai and the Manhua"），载《远东历史论文集》（*Papers on Far Eastern History*），第39期（1989年3月），第17—43页；《"漫画"之蜕变》，载朱晓江编，《丰子恺论》，杭州：西泠印社，2000年，第31—48页。关于中华民国时期的漫画简史，参看洪长泰，《战争和通俗文化：现代中国的抵抗，1937—1945》（Chang-tai Hung, *War and Popular Culture: Resistance in Modern China, 1937—1945*, Berkeley: University of California Press, 1994），第29—39页。

81　陈望道编，《小品文和漫画》，上海：生活书店，1935年（上海书店1981年重印），第10、12、61、147和206页。此书封面由丰子恺绘制，题为《米和豆》。

82　洪长泰，《战争和通俗文化》，第125页。

83　丰子恺，《漫画创作二十年》，《丰子恺文集》卷4，第387—388页。

84　丰子恺，《漫画的描法》，《丰子恺文集》卷4，第274页，第276—277页。文中所引孟子语，参看杨伯峻，《孟子译注》第二册，北京：中华书局，1960年，第261页；英译见刘殿爵译《孟子》（*Mencius*, Translated by

D. C. Lau，London: Penguin Books，1970)，第 164 页。

85 丰子恺,《漫画是笔杆抗战的先锋》,《丰子恺文集》卷4，第3页。洪长泰,
《战争和通俗文化》, 第 140 页后。

86 丰子恺,《漫画的描法》,《丰子恺文集》卷 4，第 284 页。

第四章

古诗新画

1924 年年末，在与春晖中学校长经亨颐和凌驾于学校教育政策之上的地方势力发生争论后，包括丰子恺在内的一批教师辞掉春晖中学的教职，离开风景如画的上虞白马湖，回到喧闹的上海。他们在那里新创办了一所学校——立达中学。[1] 丰子恺卖掉白马湖边的小杨柳屋，所得用于帮助同事在虹口租界租赁房屋。学校最初也位于租界内，但不久之后就因高昂的租金被迫搬走了。[2] "立达"一语的灵感来自《论语》"夫仁者，己欲立而立人，己欲达而达人"。[3]

初创时的破陋校舍，让创立者的崇高目标显得遥不可及。立达中学所据的宗旨，就是在上虞最终被抛弃的平等主义原则，而这些原则受到日本小说家武者小路实笃发起的"新村运动"的部分影响。1910 年到 1920 年间，武者小路实笃和志贺直哉成为新兴文学流派的中心人物，通过《白桦》杂志宣扬大正时期广为接受的乐观人文主义风格。"这些思想为年轻人提供了他们所需的东西：脱离过去，相信自我的感受，以及逃离现实。"[4] 周作人曾在 1919 年拜访一些新村居民，"新村运动"给他留下了深刻印象。在这群有见识的作家所建设的乡村组织中，他感受到了社会平等和理想主义，并写下热情洋溢的报告给国内的出版机构发表。[5] 立达中学效仿这些原则，没有任命校长，创办者们还宣称，教师会像对自己的孩子一样，甚至像对待忠诚的朋友一样善待学生。新学校吸引了越来越多的学生，教师们很快设法在上海郊区的江湾建起新校舍，搬到新校区后立达中学改名为立达学园。[6]

在立达学园成立一周年的纪念日，立达学会发表了一篇由五十一位教师签署的宣言，阐述他们的目标。签名的教师中有许多作家、艺术家和翻译家，他们宣称，它并非一个政党式或青年会式的联盟，其宗旨是"修养人格，研究学术，发展教育，改造社会"。[7]立达学会面向社会，不少成员都是上海优秀的青年文化工作者。经营学校之余，他们还创办了自己的刊物《一般》，出版系列丛书，并发起各类教育研究团体，扩展学会的活动范围。1925年，立达有一百三十九名学生，得益于上海教育事业的繁荣，学校也兴旺一时。这座城市和附近省份的许多人认为，上海是充满希望的城市，而接受良好的教育则是实现梦想的方式。这种对成功的期盼与人们传统上对学业的重视相呼应，并被包括流行戏曲和通俗小说在内的文化氛围予以强化。这些通俗作品常常描述勤勉的士子通过官方的科举考试，学而优则仕，最终获得人生的成功。许多家庭期盼年轻人通过学习实现自己的抱负，把接受教育视为改变"贫穷命运"的一种途径。[8]

丰子恺在立达学园负责讲授西方艺术，这门课程后来归入"艺术科"。他也负责《一般》杂志的美术装帧设计，《一般》创刊于1926年9月，是由开明书店（照字面意思，"开明书店"就是开启民智，为大众提供启蒙读物）发行的新刊。开明书店是原商务印书馆《妇女杂志》主编章锡琛创办的一家进步书店，获得了立达学园教师和文学研究会成员的支持。丰子恺应邀为新书店设计店标，并大胆放手为杂志进行美术设计[9]，这为他在抒发造型艺术上的兴趣提供了极大的施展空间。杂志出版的两年间，丰子恺为其创作了大量的美术作品，并绘制了几乎所有的随文插图。

▶ 丰子恺设计并绘制的不定期刊物《「一般」诞生号》（1926 年 9 月）主题页。

　　诗意与图画的结合，以及配以题跋的诗词——无论这些文字是出于画家本人或假以他手，自宋朝起就已成惯例。在丰子恺早期发表的作品中，用线条表现中国古诗的画作就属于此类的典型。它遵循文人画或墨戏，特别是诗画结合的传统。丰子恺将其称为"文学的艺术表达"，他为自己的艺术找到了一种合适的文化样板。在形成个人化的文人画风格过程中，他将绘画速写和诗意的书法线条相结合，并得以为大众读物大量复制，从而将他所喜爱的日本和中国漫画艺术进一步发展，并使之商业化。不过，他首先敏锐地意识到，现代读者对名诗佳句传达出的情怀感同身受。在立达学园工作期间，他正是通过对古诗进行视觉上的重新阐释来探求"自己杜造出来的一种尝试的画风，……用西洋画的理法来作中国画的表现"。

丰子恺《燕归人未归》，署名TK，作品主题来自宋代晏几道词《更漏子》。图片来自《文学周报》第172期（1925年5月10日）。

这种表现，既隐藏着对精英文化的不断探求，也兼有通俗易懂的风格。[10]

郑振铎一开始就被丰子恺的古诗新画所吸引，因为"子恺和他的漫画，却使我感到深挚的兴趣……我的情思被他带到一个诗的仙境，我的心上感到一种说不出的美感"。他为《文学周报》采用的丰子恺画作也表现出超凡脱俗的气质。丰氏的画作从古诗中萌生主题，画面经常和杂志的整个基调不甚协调，但这也许正是郑振铎所热衷制造的一种混搭风格。[11]最早发表的"子恺漫画"题为《燕归人未归》，恰如其分地配在由郑振铎从英文转译的希腊诗人菲洛德的情歌旁。在这幅画里，我们可以发现丰子恺早期作品中重复出现的景象：燕子飞进视野，打破了画面的边框，池塘边生长着象征思念的垂柳，害了相思病的女子斜倚在一个看似现代的阳台上。燕子和杨柳这两种象征新季节和渴望的传统意象，衬托出她的心绪。[12] 不过，丰子恺的插图与周报的文字内容并非总能关联得如此恰当。仅仅几周后，非常著名的早期作品《翠拂行人首》就作为插图发表在连载的茅盾论文——严肃的《论无产阶级的艺术》第三部分旁边。[13] 这一期《文学周报》出版于五卅惨案发生次日。在五卅惨案中，十二名示威学生在上海租界的老闸巡捕房与印度巡捕和中国警察发生冲突，被英国当局下令杀害。[14] 接下来的六个星期，丰子恺没有在杂志上发表绘画作品。此后刊登的一幅画题为《表决》，诗意地描绘了公众集会上公开表决的场面。[15]

这幅画极易被理解为公开的政治表态，很可能被视为描绘上海忧虑的民众、教育界和文学团体举行组织集会，抗议英国近期暴行的场景之作。作为文学研究会成员和事件发生后上海各团体联合抗议声明的签名者，他很可能参加了一场进行表决的集会。上海暴力事件后，和同事郑振铎、朱自清和叶圣陶一样，丰子恺对生命的牺牲感到震惊和愤慨，他们公开表达了愤怒和遭遇背叛的感觉。五卅惨案的确是标志着青年知识分子走向政治化的一个重要起点，就在丰子恺逐步发展出一种适合他的抒情艺术风格，并在朋友圈中得到支持的同时，很多同时代的人却愈来愈激进。尽管丰子恺对遭受苦难的学生和体力劳动者抱有同情之心，却从未像许多同代人——包括李叔同的学生曹聚仁、柔石，乃至朋友叶圣陶那样，成为政治上的活跃分子。叶圣陶和茅盾都是上海南京路上的示威者和大屠杀的目击者，他们写文章记录下对暴力的痛苦回忆与这场流血事件的意义。丰子恺在春晖中学的友人——平常温和谦逊、小心谨慎的朱自清，也创作了一首声讨的《血歌》。

　　血的手，载着指，指着他、我、你！
　　血的眼，团团火，射着他、你、我！

▲ 丰子恺《表决》，署名 TK。图片来自《文学周报》第 182 期（1925 年 7 月 19 日）。

血的口，申申詈，唾着他、我、你！

破了天灵盖，断了肚肠子！

还是兄弟们！

我们的头还在颈上！我们的心还在腔里！

我们的血呢？

我们的血呢？

"起哟！

"起哟！"[16]

　　夏济安注意到，这个时期左翼文学运动中出现了文学风格的变化和新的文化现象，朱自清很快就转向这一变化的群体。

　　20 年代中期或晚期，对一位作家来说，是从消极的多愁善感变为疯狂革命的转折点。不稳定的情绪逐步使他走向极端。但文学的错误观念也限制了他的选择领域。自 1919 年后，他已经进行了多年的写作，现在仍是一位先锋。在他面前只有极少的混乱足迹，而文学的前景渺不可知。他习惯于使用一种写作手法。他要像学生那样学习，但却被告知毫无用处。他的写作只能满足政治的要求，因而对自己现在的写作并不满意。文学变成了达到某种目的的手段。假如有更好的方式获得目标，他愿意使用它们。[17]

从《表决》一画可以明显看出，吸引画家目光的是抗议集会中举起的表示支持（或反对）的手臂宛如一簇簇摇曳的芦苇。这幅画面，既可视为艺术家对大型抗议集会的新闻速写，也可以理解为半抽象的场景描绘。[18] 由于其抒情意味，画面的时代意义被弱化了。

抛开朱自清短暂的政治热情不谈，他对丰子恺的绘画一直保持着最热心的支持。朱自清声称在这些画中发现了令人激动的、全新的东西："我们都爱你的漫画有诗意。一幅幅的漫画如一首首的小诗——带核儿的小诗。你将诗的世界东一鳞西一爪地揭露出来，我们这就像吃橄榄似的，老觉着那味儿。"但是，不见得每位看到这些新漫画的人都一样被深深吸引。

缺乏艺术趣味的人，看了我的画惊讶地叫道："咦！这人只有一个嘴巴，没有眼睛！""咦！这人的四根手指粘成一块的！"甚至有更细心的人说："眼镜玻璃后面怎么不见眼睛？"对于他们，我实在无法解嘲，只得置之不理，管自读诗读词捕捉幻象，描写我的漫画。[19]

丰子恺《指冷玉笙寒》，署名 TK，主题来自宋代佚名（作者应为秦观）词《如梦令》。
图片来自《子恺漫画》。

泰戈尔是印度著名诗人、哲学家，也是诺贝尔文学奖的获得者。作为亚洲传统价值观的捍卫者，他在当时的中国知识分子中颇负盛名。1933 年，春晖中学一位叫魏风江的毕业生在印度学习，向泰戈尔展示了数件丰子恺的古诗新绘作品。[20] 泰戈尔认为这些画作表现了一个难以言喻的理想世界，他对魏风江说：

> 艺术的描写，不必详细，只要得到事物的精神即可。你老师这几幅画，就是用寥寥的几笔写出人物的个性。脸上没有眼睛，我们可以看出他在看什么；没有耳朵，可以看出他在听什么，高度艺术表现的境地，就是这样！ [21]

不过，丰子恺的速写算不上一种革新。这样的作品自宋代以来在文人画中就很常见，苏轼对唐代诗人、画家王维的著名评论中就提到了"诗中有画，画中有诗"。到了宋徽宗赵佶时代，朝廷更设立画院，以画取士。画院选拔中便有这样的试题：以一句古诗为题，巧运才思，描画题目中的诗意。[22]

丰子恺选择古代诗句作为早期作品的主要内容，令人颇为不解。他曾花费大量的时间和精力试图理解西方艺术，并掌握基本的创作能力，而他开始在报刊上发表画作的时候正值中国文化史上最为激烈的反传统时代五四运动时期的高峰，但颇为讽刺的是，他却在熟悉而刻板的传统诗句中为自己最令人印象深刻、最成功的作品找到了灵感。不过，丰子恺的确在诗歌和绘画多样的关系中发现了通向艺术精微之门的途径，或如他说的"艺术家的文学视角"。

> 我读古人的写景诗词，常常发现其中也有远近法存在，不过是无形的。因此想见画家与诗人，对于自然景色作同样的观照。不过画家用形状色彩描写，诗人用言语描写，表现的工技不同而已。[23]

但诗画的关联，最初并未直接启迪他。20年代初执教于春晖中学时，丰子恺曾热衷于户外写生。有一次他向学校请假，寄居于杭州西湖的朋友那里。某天晚上，等到黄昏月上，他背了写生箱出门，想去描绘月光下的西湖，却怎么也无力抓住月夜的氛围，废然而返。他的朋友并不弄画，却喜吟诗，观赏了丰子恺描绘的湖山和月光后，背诵了唐代诗人赵嘏的几句诗：

> 独上江楼思渺然，月光如水水如天。同来望月人何处？风景依稀似去年。

诗人吟罢倒身在床上，悠然沉思起来。[24]最终，丰子恺放弃了对西湖的直接描画，转而尝试去表达由诗句联想到的场景。他的画想描绘的是由关于西湖的诗句引发的想象，而非风景本身。

丰子恺放弃早期的艺术实践和中学时代获得的绘画技巧，是一个渐进的过程。在游学日本的几个月中，他才意识到这一点。当时，似乎并没有其他事件最终促使他发展出独具个性的艺术。西湖写生一事令他难以忘怀，以至于将之记录下来。他开始认识到，"诗人的眼力可佩，习画应该读诗"。此后，他"便在习画之暇浏览诗词"。这种个人追求将他带到了他所理解的文人艺术的核心，并由此了解到文人业余爱好的传统审美情趣。他对古典散文和诗歌的了解不仅来自石门湾的父亲和浙一师的老师们，也来自文化行游的伟大传统。

> 二十世纪初的年轻游荡者在湖山中所看到的，不仅是云淡风轻；他们通过仍然在文化中传诵的古代诗词歌赋，见到了与之有关的各种场景与感情。南方的歌姬与文人在春天的月光下饮酒赋诗，大声谈笑；孤僧独居冰雪覆盖的湖边茅庐，远处传来暮鼓晨钟。一个个记忆断片和感伤瞬间再次涌现。对于在西湖边上游荡的年轻文人而言，这一切并非漫无目的的雅趣和无聊笨拙的模仿对象。这种有目的的观览，会使他获得关于往昔文化精英生活方式的深刻印象和记忆。[25]

丰子恺感到，白居易的两行诗句"可怜雨歇东风定，万树千条各自垂"远比他企图将景色描绘下来的尝试更能抓住西湖苏堤风景的精华。他说："从此我更留心于诗词的写景，平日读到这类的佳句，用纸抄写出来，贴在座右，随时吟味。"尽管他依旧经常试图描画风景，但发现阅读古诗的简单活动也令人愉快，他感到："自然景物的特点，画笔所不能表达出的，诗词往往能强明地说出。"²⁶ 在这里，我们发现，作为一位正逐步走向成熟的艺术家，他与许多传统的文化实践有了越来越多的接触和交融。例如，晚明鉴藏家李日华（1565—1635）就曾在文章中强调画家读诗的必要性。对前代文人作品的熟悉，是培养诗画家的创造性审美观念的重要因素。但正如艺术史论家伍蠡甫指出的，到了明代，文人画家中已经出现了一种倾向，即"以读诗代替学习自然，观察现实，以间接经验代替直接经验，也就是脱离现实，自行堵塞艺术想象的源泉，削弱形象思维的能力"。²⁷

不过就丰子恺来说，我们发现，他不仅在诗歌和绘画的密切联系上形成了个人的判断，而且抵制住了模仿绘画、诗歌范本或古典气息以描画场景的诱惑，除非他感到能为之带来一些全新的独特理解或感受。这一点再次证实了竹久梦二对他的复杂影响，起初，丰子恺就是被这位日本艺术家的特别题字所吸引。正是文人艺术的这个侧面——处于文字和图案之间、美术与书法之间的署款及商业意蕴——越来越被他视为中国艺术传统的核心，而他也遵循了这种传统，或者说以20年代的商业画家的艺术实践重塑了传统。在30年代关于"大众艺术和文学"²⁸的辩论中，丰子恺甚至为在绘画中使用文学因素提出了合理化的阐述。他认为，语言是最通俗的艺术形式，将诗句、文学题跋与绘画艺术结合起来，将开创一种使传统绘画得以延续的通俗艺术形式，且能为当代观众所接受。

丰子恺选择诗歌作为画作的首要主题和灵感来源。对一个希望通过作品重新阐释常见图像和模式化观念的画家而言，这种选择或许是自然而然的一步。杨柳、燕子、悲伤的女人、孤独的学者、凄凉的夜晚以及丰子恺早期作品中一再出现的其他常用主题，都取材于脍炙人口的古诗或受其启发。一些作家认为，中国艺术和文学作品的创作囿于传统的表达形式，"重心往往放在阐释而非创造之上"。由此，我们就找到了理解丰子恺早期作品重要意义的钥匙。李克曼曾说：

> 对一个画家或者诗人而言，问题不是如何消除模式化，而是怎样以某种方式处理它，让一切通过模式而流动起来。在"气"的力量之下，传统的山水混合体能成为一种宇宙的缩影，陈腐的落花景象能成为一种酸楚命运的象征，而有关阁楼怨妇的陈词滥调，则给人以总结全人类境况的深刻印象。[29]

或者，像牟复礼（F. W. Mote）在评论传统和艺术家之间的关系时所言：

> "复古"在许多人的心里是一种无个性的自我欺骗，但是在另一些人的心里，它是与现在断绝关系的革命性的拟古，是增强活力的方法。一个人的"正"，对另一个人而言是"变"。独特的艺术（或知识或其他）成就的最终分析是衡量"正"的标准，这和我们自己的方式是不同的。它为艺术家的工作提供了某种条件。它的应用并非简单或不变的。它提出范本，但并非强制的规则。它是一种将人类普遍经历和每一个体的内心独特体验联系在一起的方式。[30]

从青年时代开始，丰子恺就更偏爱诗中的某些句子，而非整首诗。"我觉得古人诗词，全篇都可爱的极少。我所爱的，往往只是一篇中的一段，或其一句。这一句我讽咏之不足，往往把它抄写在小纸条上，粘在座右，随时欣赏。"[31]这种做法与 11 世纪北宋艺术家郭思的观点颇为相似，他在评论父亲郭熙的《林泉高致》时提出，诗句能为画家提供合适的灵感。

▶ 丰子恺《无言独上西楼，月如钩》，署名TK，主题来自南唐李煜词《相见欢》。图片来自《子恺漫画》。

前人言"诗是无形画，画是有形诗"，哲人多谈此言，吾人所师。余因暇日阅晋唐古今诗什，其中佳句，有道尽人腹中之事，有装出目前之景。……思因记先子尝所诵道古人清篇秀句，有发于佳思而可画者。[32]

丰子恺的一系列"古诗新画"自 20 年代中期开始创作，来自他"阐释"诗歌的爱好，一定程度上也脱胎于他对历代著名绘画的重新诠释。然而，初次面世的"子恺漫画"并非毫无争议，评论家对创作者的创新是否恰当提出了质疑。比如，一位评论者就对他的漫画《无言独上西楼》提出了疑问。这幅作品从著名词人、南唐后主李煜（937—978）的浪漫词句演绎而成，发表在五卅惨案发生后发行的《文

▲ 丰子恺《帘卷西风，人比黄花瘦》，署名
TK，主题来自宋代李清照词《醉花阴》。图
片来自《子恺漫画》。

学周报》上。[33]

　　有一人批评道："这人是李后主，应该穿古装。你怎么
画成穿大褂的现代人？"

　　我回答说："我不是作历史画，也不为李后主词作插图，
我是描写读李词后所得体感的。我是现代人，我的体感当然
作现代相。这才足证李词是千古不朽之作，而我的欣赏是被
动的创作。"[34]

丰子恺欣赏李后主的诗词，当然不只是为了从中受到启发而创作
漫画，而是被他的词句所感动。在这幅漫画首次发表一年多后，他曾
写到，李后主和诗人画家王维虽然屈服于外来侵略者，被人们看成是

对不起朝廷的道德侏儒，但他们确实是文学艺术上的天才。20 年代，中国的局势极为危急，外国列强与中国签订了侵占通商口岸的不平等条约，丧失国家主权的威胁日益严重。这类感伤的古典诗词在大众读者，特别在年轻人中间的流行，被具有思想意识觉悟的人视为悲观厌世的危险征兆。丰子恺注意到了文化激进分子的这种反对意见，所以要为那些在诗词中充分表达忠诚与孤独的诗人辩护。他以一种出奇愤怒的口吻质问审查古典诗文的当代文字检查官：

> 岂必骂贼而死，或自刎于宗庙，才算忠臣圣主呢？"什么宗庙、社稷，肮脏的东西！只有情是真的、善的、美的！"我不禁要为王摩诘与李后主的失节竭力辩护。[35]

或许令同事们感到惊奇的是，这位年轻的画家、教师加入了"文学研究会"这样的进步文学团体，但作为一个早在五四运动的大时代中成熟的男人竟会在国家危急关头表达如此强烈的感情。此时，上海的意识形态分歧已经非常严重，无论是激进团体还是个人之间，思想裂痕已不可调和，但令人意外的是，丰子恺继续创作古诗新画却并未招致更多的激烈批评。更有意思的是，最早对子恺漫画即"古诗新画"系列直言不讳的批评竟出自俞平伯。俞平伯诗集《忆》采用了丰子恺早期的一些漫画作为插图，他还曾称赞丰子恺的努力，并说虽然素未谋面，但他感到丰子恺通过艺术向他表达了微妙的心灵。

> 不求工巧，而工巧殆无以过之。看它只是疏朗朗的几笔似乎很粗率，然物类的神态悉落彀中……您的画本就是您的诗。[36]

丰子恺《卧看牵牛织女星》，署名 TK，主题来自唐代杜牧诗《秋夕》。图片来自《子恺漫画》。

丰子恺《卧看牵牛织女星》，署名 TK，40 年代在 1925 年原图上的修订版。图片来自《子恺漫画全集·古诗新画》（上海：开明书店，1945 年）。

　　然而，俞平伯对"古诗新画"并无太大好感。过了不到一年，他就在立达学园的月刊《一般》上发表了《关于〈子恺漫画〉的几句话》一文。他在文章中首先对丰子恺的漫画《帘卷西风，人比黄花瘦》提出异议，这幅画的灵感来自李清照的名句。俞平伯不明白画家为什么一定要描绘一个女人的形象，画中帘前美人的脸变成了狭狭的一条，与原词的风趣不同。他认为"此帧可不画美人，只写疏帘瘦菊足矣。人与黄花同瘦，其伊（抑）郁憔悴可想"。[37]他对《卧看牵牛织女星》一画的评论更为苛刻，此画的主题来自唐朝诗人杜牧《七夕》一诗，描写了秋夜中的一位怨妇。俞平伯认为画面有一大漏洞，即不得于明烛之下观星月，他还卖弄似地指出，桌上有时钟，窗间有铁格子，时代感尤与古代的银烛画屏不协调。他接着说，即使上述错误都可以忽略，这幅画仍有最为根本的错误：诗句描述的场景是室外所见，而不是在室内看到的。[38]很难判断丰子恺是否把这番出于善意的费力批评放在心上，不过，有证据表明他对此并未在意。抗战期间，丰子恺将一些重新绘制的旧作收入《古诗新画》一书，这是他编辑的多卷本画作中的一部。其中的《卧看牵牛织女星》与最初版本相比只是笔触弱化了原作的速写特点，书法题款改在画框之内的左上角，其余一无更易。[39]

当然，这些批评向我们展示了俞平伯的鉴赏思想和丰子恺画作中所缺少的某些东西。此外还显示出，同时代人对丰子恺的艺术和他创造性地以独特方式将诗画结合起来抱有怎样的看法。俞平伯显然不赞成丰子恺从高雅正统的诗文原典中寻章摘句以构成他漫不经心并脱离传统规范的绘画。尽管丰子恺偶尔也以整首古诗来构想画面，但充其量仍是一种看似随意的形式。年轻文人俞平伯来自书香世家，曾祖父俞樾（1821—1907）是非常有名望的学者，他本人继而也成了著名学人。显然，他期待丰子恺以传统的阅读方式来保持诗歌的"意境"，因此误解了丰子恺绘画的目的——凭借身为当代人的自己的感受，将通俗甚至陈腐的诗句改写成易被接受的视觉形态。

俞平伯也很难接受古诗启发下创作的画作中出现现代的日常生活物品。尽管 20 年代的中国混合着新与旧、古典与现代、本土和外国的元素，但企图用传统水墨表现民国时代风物的各种尝试产生了不尽相同的结果。丰子恺选择漫画素描，而非正统的手法（通常认为，这种风格不太适合现代主题），并将这些漫画作为流行文学刊物的插图发表。因此，他试图创造的融合艺术形式既不受传统水墨画技法的局限，也不被鉴赏家的审美水平所限制，展示的形式更不受限制，不必非得通过摩登的高级画廊或美术馆展出。俞平伯的关注点在于丰子恺引用的诗句材料，认为这些经典的诗句不容更易。他只是将漫画当作诗歌的插图，并未将其视为来源于古诗意境、融入了现代灵感和个人化理解、经过重新阐释的绘画作品。

不过，在第一部集子《子恺漫画》的二十七幅作品中也有令俞平伯喜爱的，比如封面画《一江春水向东流》。此作的灵感也源自李后主的词句——这首词抒发了对不可挽回的岁月的缅怀之情，虽然图画本身是对竹久梦二作品的致敬。[40] 画中，一个头发蓬乱的男子，在外观颇为现代的桥上俯瞰流水，身旁是位置看似不合情理的柳枝。艺术家引用读者熟悉的诗句，与传统产生共鸣，以一种不同的方式来召唤时光。同时，他在诗词原文和现代读者之间创造了足够的距离，以脱离对诗词原典固定理解的束缚，自由地创作图像。通过使用这种新的时空手法，他成功地重新阐释了古典诗词。

虽然是由成年人世界的景象和声音有感而发，但丰子恺的许多古诗新画都是以童年回忆的方式创作的。这些画作往往并不是由直接的外部刺激所激发，而是来自某种场景，而这种场景令丰子恺联想到可以通过漫画来描绘的诗句。从某种意义上讲，在丰子恺绘画生涯早期，诗句与笔墨一样，都是他追求自我表达的方式。通过运用这些媒介，丰子恺不但为古诗注入了个人的和当代的解释，还从陈词滥调中生发出新的意义，这些都在丰子恺新的艺术中以一种通俗的方式得到了改造。他在其中再度发现了相识的东西，找到了属于自己的艺术语言——这种艺术手法接近于随着民国成立而出现的白话文运动，从而创作出一种通过非凡视角展现平凡景象的视觉风格。

和绘画的笔触相似，画中题跋的诗句也是以纤细而随意的笔法写就。正如程抱一在讨论中国文人艺术中的画家—诗人作品时所言：

可以看出，在书写的和画描的成分之间并没有中断，两者都由笔画构成，由同一管毛笔写出。这些题写的表意文字是画的内在组成部分，它们并非被看成单纯的装饰或者从画外投射的评语。参与了整体布局的一行行诗句，真正地"洞穿"空白空间，不过它们在其中引入了我们称之为时间性的新维度。因为以线性的方式阅读的诗句，在空间意象之外揭示了画家的记忆——他对捕捉一派生机勃勃的风景的过程

丰子恺《一江春水向东流》，署名 TK，为《子恺漫画》封面画。

（他连续的视观）的记忆。诗句作为富有韵律节奏的咒语，在时间中展开，它们对绘画之"无声诗"的称谓带来了一重否定。它们使空间真正敞开，向着成为过去的、却又不断更新的时间敞开。中国的画家——诗人，通过协调诗与画，成功地创造出一个完整而有机的四维宇宙。[41]

丰子恺正是力求通过现代的媒介演绎传统艺术形式的画家。重塑这种艺术形式的过程，也是艺术家个性表达的途径。丰子恺认为，就像民国初年白话文取代了文言文一样，没有理由不能以相似的方式来改变绘画世界。

岂毛笔和宣纸，只能描写古代现象？为什么没有描写现代生活的中国画出现呢？为什么二十世纪的中国画家，只管描写十五世纪以前的现象呢？……

中国画在现代何必一味躲在深山中赞美自然，也不妨到红尘间来高歌人生的悲欢，使艺术与人生的关系愈加密切，岂不更好？[42]

虽然这些文字写于 1934 年，五四运动已过去了十五年，但丰子恺所关注的仍然是"人的解放"或"人文精神"，这也是他早年的同事和友人所关注的焦点，并在一段时期内极大影响了文学研究会众多成员的活动及创作。[43] 话虽如此，我们不应该忘记，丰子恺早期作品中的精神的"现代"（modern）性质不如它的当代（contemporary）性质那样自觉而具体。他对诗句的改编与阐释风格简单，手法稚拙，所追求的是"大朴不雕"，或者说是文人艺术中极为重视的"拙"。尽管作品中也有时代的元素——有时我们可以看到城市景象、时尚服饰或大众产品，但他并未打算在以抒情为基调的图画里加上汽车、飞机和烟囱，这些物象要到后来才入画。他的艺术实践和他讨论艺术的方式，二者背后的动力都是将自己的关注点与新生的通俗文人艺术相结合。实际上，他认为自己用漫画语言创作的方式与传统画家惊人地相似。

有时眼前会现出一个幻象来，若隐若现，如有如无。立刻提起笔来写，只写得一个概略，那幻想已经消失。我看看纸上，只有寥寥数笔的轮廓，眉目都不全，但是颇能代表那个幻象，不要求加详了。有一次我偶然再提起笔加详描写，结果变成和那幻象全异的一种现象，竟糟塌了那张画。恍悟古人之言"意到笔不到"，真非欺人之谈。[44]

丰子恺在这里描述的正是魏礼泽（William Willetts）所说的"遗觉图像"（eidetic image），事物的残影是画家动笔前心中的预想，在文人画创作中极为重要。[45] 谈到漫画速写时，丰子恺说画家要获得一个完整的、直觉的印象，创造出的作品要能使观赏者充分发挥他的想象。"极为关键的是，画面的空白部分要由观者以想象来填充，因此，画面应有微妙的细节，并富有深意。"[46][①] 这种观点与传统中国艺术中的信念极为相似，特别注重"传神"，而非仅仅关注"传形"。千年以来的艺术论著中，这样的观念不胜枚举，例如南宋画论家邓椿在画家传记集《画继》的《杂说》中的观点。

> 画之为用大矣。盈天地之间者万物，悉皆含毫运思，曲尽其态，而所以能曲尽者，止一法耳。一者何也？曰："传神而已矣！"……（郭）若虚深鄙众工，谓："虽曰画而非画者，盖止能传其形，不能传其神也。"[47]

除了丰子恺所言和他的漫画透露的端倪外，还有一些材料也能表明 20 年代中期他依据传统艺术观念和实践对自己的艺术进行了诸多思考，并从艺术理论的阅读中有所领悟。他在写于 1926 年 10 月的一篇文章中说：

> 至于他（王维）的画，可惜我所见太少，不能饶舌。惟翻阅评论及记载，晓得他的画不是忠于自然的再现的工夫

---

① 引文出处似有误，译者在《丰子恺文集》相关篇章中未发现所引文字，此处根据英文意译。

的，而是善托其胸中诗趣于自然的。他是把自己的深的体感托自然表出的。他没有费数月刻画描写嘉陵江三百余里山水的李思训的工夫，而有健笔横扫一日而成的吴道子的气魄。这是因为描写胸中灵气，必然用即兴的、sketch（速写）的表现法，想到一丘，便得一丘，想到一壑，便得一壑，这真是所谓"画中有诗"。[48]

灵感和诗意如何协调融合，并非丰子恺选择在中国美术实践的语境中从事创作时面临的唯一问题。艺术理论，无论古典的或现代的，都是丰子恺在立达学园和上海及其周边学校繁忙教学工作中的重要内容。

1929 年，他做了一系列艺术欣赏讲座，随后在通俗刊物《中学生》上发表。[49] 丰子恺在 20 世纪 20 年代末和 30 年代许多关于艺术的文字都以青少年学生为对象，作为教师，他感到当时的年轻人日渐被短暂的政治潮流和文化时尚所左右，尤其需要艺术教育。这种教育不一定要让他们成为艺术家或评论家，但是要养成"完备健康的艺术的心，光明磊落之心"。[50]

艺术不是技巧的事业，而是心灵的事业；不是世间的事业的一部分，而是超然于世界之表的一种最高等的人类活动。故艺术不是职业，画家不是职业，画不是商品。故练习绘画不是练习手腕，而是练习眼光与心灵。故看画不仅用肉眼，又须用心眼。[51]

这与传统艺术思想的一个核心观点不谋而合：绘画或书写本质上是"心"的表现，而不仅仅是技法精湛的问题。从宋代画论家郭若虚起，人品与画品的关系已经得到了充分的讨论。丰子恺上中学期间，陈师曾也谈过人品对艺术作品的重要性；丰子恺在杭州求学时，李叔同则要求学生铭记人品和画品的重要关联。[52]

在一篇很有影响的文人画论中，陈师曾说："文人画之要素：第一人品，第二学问，第三才情，第四思想；具此四者，乃能完善。盖艺术之为物，以人感人，以精神相应者也。有此感想，有此精神，然后能感人而能自感也。所谓感情移入，近世美学家所推论，视为重要者，盖此之谓也欤？"[53] 从精英知识分子的传统立场出发，他呼吁提升大众趣味，认为中国新的启蒙叙事应该取法于欧洲的文化成就。他相信，只有当人们探寻出文人艺术的本质，而非不断试图以现代"科学观"来改变它悠久的价值时，中国艺术才能脱离停滞和边缘化的命运。[54]

在谈到"感情移入"时，陈师曾提及了哲学家康德和利普斯的美学思想，他们的观点已由教育家蔡元培介绍到中国学界。丰子恺在上虞春晖中学教书时，蔡元培曾应邀到学校演讲。1918 年，蔡元培创立北京大学画法研究会，倡导"以美育代宗教"，"应用美学之理论于教育，以陶养感情为目的"。通过推广艺术教育，在学校开设艺术课程，建立中华美育会等社团，蔡元培努力为当时希望用艺术改造社会、在国人中建立新的国家认同感的文化领袖和活动家提供支撑。他相信，"（美育）皆足以破人我之见，去利害得失之计较，则其所以陶养性灵，使之日进于高尚者"。[55] 上文所引陈师曾的《文人画之价值》就发表于北大画法研究会的出版刊物《绘学杂志》第二期。

如前所述，李叔同培养了学生对素描技法和西方艺术的浓厚兴趣，但同时也教导学生重视人格修养，并用传统新儒家的语言讨论卓越的艺术成就和道德操守之间的紧密关系，虽然这些说法在一个逐步现代化的教育系统中已经完全改变了。[56] 在 20 世纪 20 年代及归隐了一段时期之后又重返教职的 30 年代末，关于艺术价值和艺术教育的看法，丰子恺更多的是主张非实用主义的艺术教养，而不是蔡元培那种对美学积极而功利的运用。蔡元培倡导美育的努力是为了改造个体，使中国走上现代化国家的道路，而丰子恺则主张：

> 我教艺术科，主张不求直接效果，而注重间接效果。不求学生能作直接有用之画，但求涵养其爱美之心。[57]

《从梅花说到艺术》是丰子恺在 1929 年发表的演讲之一，关注的是中国传统艺术中的一个重要方面和他对此的理解。梅花这样的常见主题是以理想化的形象来代表某一对象，他提到以画梅著称的宋代画家杨无咎，并引用宋代词人姜夔咏梅的词《暗香》《疏影》，再次阐述了关于诗画融汇的观点。

> 旧时月色，算几番照我，梅边吹笛？唤起玉人，不管清寒与攀摘。何逊而今渐老，都忘却春风词笔。但怪得竹外疏花，香冷入瑶席。
>
> 江国，正寂寂，叹寄与路遥，夜雪初积。翠尊易泣，红萼无言耿想忆。长记曾携手处，千树压，西湖寒碧。又片片，吹尽也，几时见得？[58]

看了梅花横幅，读过《暗香》《疏影》这样富有魅力的词，丰子恺告诉学生和读者，这令他"往往觉得比看到真的梅花更多微妙的感动"。在引用了王尔德《谎言的衰朽》中"生活模仿艺术"之说后，他又举出好几个例子进一步阐明论点。其中之一是，自从竹久梦二开始描画大眼睛的少女，日本女孩都拥有大大的杏眼了！丰子恺对此的解释混合了传统精英主义和浪漫的自傲："艺术家们常是敏感的，常是时代的先驱者。世人所未曾做到的事，艺术家有先见之明。所以艺术家创造未来的世界，众人当然跟了他实行。"沿着王尔德评论生活和艺术关系的轨迹，他接着说道："梅花经过了杨无咎和姜白石的描写，而渐渐地美化。今日的梅花，一定比宋朝以前的梅花美丽得多了。"[59] 这样的说法很容易让人联想到王尔德对伦敦之雾的评价：

> 事物取决于我们是否看到它们，以及我们看到了什么，和我们如何看待，取决于影响我们的艺术……现在，人们看到雾，不是因为有雾，而是因为诗人和画家们引导他们注意到这种神秘魅力。好多世纪以来，我敢肯定，伦敦可能都是有雾的。但没有人看到它们，因此我们也不知道关于它们的消息。它们似乎并不存，直到艺术将其发现。[60]

对丰子恺而言，历经岁月变迁而沉淀积累下来的绘画和艺术之美，只有那些经过训练的人才能欣赏，而这种训练中最重要的是使人们具有"趣味"。趣味的概念是丰子恺逐渐形成的艺术哲学的核心，也是 20 世纪 20 年代他在文学圈中最引人注目之处。

丰子恺最早发表的艺术文章是 1920 年所写的《画家之生命》。他在文中强调艺术的创造需要"趣味之独立"："意志、身体、时间既能自由矣，若无独立之趣味，则或流于卑下。"[61] 对追求趣味的呼吁，经常以这样极端和激动的措辞表达出来。例如，梁启超在演讲词《美术与生活》中也断言："问人类生活于什么，我便一点不迟疑地答道，生活于趣味。"他提出了获得趣味的三种途径："对境之赏会与复现""心态之抽出与印契""他界之冥构与蓦进"。他说："想到别个世界例如文学家的桃源，哲学家的乌托邦，宗教家的天堂净土如何如何，忽然间超越现实界闯入理想界去，便是那人的自由天地。我们欲求趣味，这又是一条路。"据此，个人可以通过三种方式获得趣味：一是文学，二是音乐，三是美术。[62] 仿佛是对梁启超观点的一种复述，年轻的美学家、丰子恺的旧友和同事朱光潜在 1926 年为中学生写了一系列影响广泛的通信，他在信中提到："世界上最快活的人不仅是最活动的人，也是最能领略的人。所谓领略，就是能在生活中寻出趣味。"[63]

和朱光潜一样，丰子恺也相信艺术的教导、趣味的培养以及"能欣赏美的心灵"的培育，是成功教育和快乐生活的关键。1926 年，立达学园的教师们创办《一般》杂志时在"诞生号"上宣布，他们的目标是为读者提供"惟以趣味为主"的文章。[64]

郑振铎曾在编辑、作家叶圣陶（绍钧，1894—1988）和胡愈之（1896—1986）的陪同下到立达学园观看丰子恺的漫画，准备挑选一些画作刊登在《文学周报》上。当时，一些学生也临时凑了进来。郑振铎在这次私人展览中见到了他从未体验过的"新鲜的趣味"。[65] 夏丏尊也在为丰子恺作品集所作的序言中指出，丰子恺的导师李叔同能在各种事物中发现"味"（"趣味"的缩略语）："在他，世间竟没有不好的东西，一切都好……什么都有味。"因为他将生命视为艺术的一种形式，因此从任何事中，从他的吃、穿、用中都能体会到特别的味道。不能把日常生活咀嚼玩味的，都是与艺术无缘的人。只有当人们以这样的态度生活，体会到快乐与兴趣，才是真正的艺术家。正是在文化和生活的这种融合下，艺术和宗教在日常世界中交汇在一起。夏丏尊说，子恺也"有这样的咀嚼玩味的能力"，如李叔同一样，他的作品和日常生活都充满了"趣味"。[66] 后来，丰子恺将他关于艺术的文章结集出版，就取名为《艺术趣味》。[67]

不过，丰子恺主张"趣味"的重要性、倡导趣味的需求，却与倾向于革命的同代人发生了冲突。柔石（原名赵平复，1902—1931）也毕业于浙江第一师范学校，是一位年轻的左翼作家和艺术家。他在浙江短暂地从事教育工作后，于 20 世纪 20 年代末来到上海，在鲁迅的支持下做文学编辑和翻译工作。老作家鲁迅是一位文学名人，也是左翼作家的同路者，他成了柔石的精神导师，甚至在某种程度上扮演着这位年轻人父亲的角色。很快，柔石成为左翼文学联盟的活跃分子，随后经友人、中共地下党员、文化工作者冯雪峰介绍加入中国共产党。

1930 年，柔石在曾经短暂存在的刊物《萌芽》上发表文章，气势汹汹地批判丰子恺。此时，文学界的论战已从无休止的技巧与题材之争转向文艺工作对大众的影响。柔石的批评由丰子恺对梅花的欣赏与沉思引出。

> 最近在一本杂志上读到两篇丰子恺君底随笔。他在这两篇随笔上底意思，都叫青年学生们放下课本去观赏梅花，似乎不去观赏，连做人的意思都要失去了一样。他彻底地赞美了当作国花的梅花，似乎非常地用了他底思想与美丽之笔。可是我看了，几乎疑心他是古人，还以为林逋、姜白石能够用白话来做文章了。[68]

柔石宣称地位是"中产阶级"的学生诸君，在帝国主义的压迫之下，在与资产阶级进行激烈斗争的时候，在这个"中产阶级已在崩溃的时代"，丢开了他们的课本之后不应该去赏花，而"应该走进社会一些，向社会的核心钻研一些"。

> 在访问了河浜上的以船为家的他们底苦况以后，或去看看马路上的美国的戴白帽的水兵，用棍棒似的短 stick，没头没脑地敲着拉不快的老黄包车夫底头皮，我以为定比去看梅

花要多一点感想，多一点益处。至少，当回来再拿起课本的时候，比较的总要认真些，着实些，也有志气些，不致如丰君做那两篇文章时的态度的那么飘然了。[69]

这种腔调在 20 年代开始出现的小型左翼刊物口诛笔伐的批判文章中极为常见，也是丰子恺一生都不得不面对的意识形态批判的典型。尽管并无证据表明是柔石的激烈批判使丰子恺的创作转移了方向，但到了 1929 年，他对古典诗词激起的绘画创作的兴趣减弱了，并在作为教师和上海居民的经验中逐渐找到了新的绘画主题。

不过，这并不是说他不再将诗歌作为启发艺术灵感的手段。尽管后期作品中缺少了早期创作中的生动活泼和自然优雅，但终其一生，他都在创作配有诗文的绘画作品。1943 年，他创作出最后一册全由古代诗词名句激发的画集，颇为恰当地将之命名为《画中有诗》。在介绍这本书时，他重述了偏爱激发其早期作品的艺术风格的原因。

余读古人诗，常觉其中佳句，似为现代人生写照，或竟为我代言。盖诗言情，人情千古不变，故为诗千古常新。此即所谓不朽之作也。[70]

虽然丰子恺逐渐在更广阔的世界里找到了新的创作主题，但他对"趣味"的爱好仍然持续增长。二三十年代，一些无党派的五四文人一再强调个人的发展，即被视为民国初期知识分子革命核心观念的"人文主义"，他们也看重"趣"或"趣味"蕴含的文化气氛和个人风格。"[71] 鼓吹"趣味"哲学的两位核心人物是作家、编辑周作人和林语堂，正是他们，在帮助丰子恺发表作品并获得读者关注的过程中发挥了关键作用。他们认为，晚明文人的作品中已含有"趣味"的因素，尤其可在今属湖北的公安县诗人、评论家袁宏道（字中郎，1568—1610）的小品文中找到证据。

作为批判拟古文风的作家，袁宏道和他的两个兄弟（宗道，1560—1624；中道，1570—1624）被称为著名的"公安三袁"，并以北京的文学团体蒲桃社为文学改革的阵地。[72] 袁宏道曾这样论说"趣"这一艺术鉴赏的核心概念：

> 夫趣得之自然者深，得之学问者浅。当其为童子也，不知有趣，然无往而非趣也；面无端容，目无定睛，口喃喃而欲语，足跳跃而不定，人生之至乐，真无逾于此时者。孟子所谓"不失赤子"，老子所谓"能婴儿"，盖指此也。[73]

在丰子恺的同代人中，朱光潜更说："我生平不怕呆人，也不怕聪明过度的人，只是对着没有趣味的人，要勉强同他说应酬话，真是觉得苦也。"[74] 不过，这种现代"趣味崇拜"的主要倡导者却是周作人，他赞赏抗拒意识形态批判和狭隘正统信念的新文学艺术传统所具有的解放力量，重申一个文化精英的身份和品位，并把袁氏三兄弟视为五四文学运动的先驱者。不过，周作人很快就因此受到批评家贺凯的批判。贺凯认为，在更为紧迫的家国大事面前，无可救药地沉溺于"文学趣味"的自我放纵之中，对国家有害，也分散了读者对紧迫时局的注意力。

> 总之，周作人是一个绝对的个人主义者，所以反抗一切权威，他不如乃兄的积极勇敢，他总是带有恬淡避世的态度，他熏染着名士习气，忠实的作了资产阶级的说教者！[75]

对周作人而言，"趣味"一词意味着各种不同的"味道"，也可谓是一种"洞察力"。[76] 他对这个主题的解读，对我们欣赏丰子恺在 20 世纪 20 年代逐步形成的美学观念有着特殊的助益。

> 我相信，所谓国粹可以分作两部分，活的一部分混在我们的血脉里，这是趣味的遗传，自己无力定他的去留的，当然发表在我们一切的言行上，不必等人去保存他；死的一部分便是过去的道德习俗，不适宜于现在，没有保存之必要，也再不能保存得住。[77]

此时，俞平伯也被视为"趣味"的倡导者。他于 1928 年出版了一本关于杭州的散文诗歌集，朱自清在该书的序言里极力维护友人的地位。

> 近来有人和我论起平伯，说他的性情行径，有些像明朝人。我知道所谓"明朝人"，是指明末张岱、王思任等一派名士而言。这一派人的特征，我惭愧还不大弄得清楚；借了现在流行的话，大约可以说是"以趣味为主"的吧？……但我知道平伯并不曾着意去模仿那些人，只是性习有些相近，便尔暗合罢了。[78]

从 20 世纪 20 年代末开始，林语堂和周作人卷入了一个由志趣相投的作家们组成的松散联盟。他们提倡"言志"和"闲适"散文的写作，试图以自己的休闲散文、随笔、演讲和著作抵制乡土文化的说教和宣传——他们认为这种文化是以现代形式表现出来的退化与反叛。[79] 他们对文化典范的探寻，从某种程度上来看，是对许多文学活动家

（有时也包括他们自己）试图确立改变国人文化生活的艺术典型所做的反应。欧洲列强可以夸耀他们的诗歌和文学天才，诸如但丁、歌德或莎士比亚，相比之下，中国似乎极度缺乏文化巨人。因此，当周作人和林语堂开始推崇晚明袁氏三兄弟的文字时，实际上也是在发掘本国的文学天才，以及他们和现代中国作家之间一脉相传的谱系。因此，这也是在寻求包含民族传统和自我价值的身份肯定。

丰子恺散文中使用的"趣"和"趣味"，通常可以和"兴趣"或"兴味"互换。[80]20世纪30年代初期，他常常为林语堂效法《纽约客》创办编辑的《文学月刊》供稿。这些刊物是"闲适文学"的阵地，为读者呈现了一种后文人文学和成熟现代主义相结合的风格。上海的许多杂志都试图将外来文化与本地特色（甚至是改良的民族主义）结合起来，林语堂的《论语》和《人间世》不过是其中的两个。为这些刊物写作的丰子恺，很快被视为又一位创作与政治无关的散文的实践者。这类散文遵从周作人倡导的"言志"，或林语堂惯用的借自公安三袁的"性灵"。[81]1933年，尽管丰子恺已经是成功的职业画家，但他公开宣称自己只是在借助文学和诗歌的绘画（他称之为"文学的绘画"，即他对当代文人画的创新说法）中找到"兴味"的"业余的"或"半罐水"。[82]不过，抛开这种夸张之语，他其实知道，多年来他和同道们辛苦探寻的"趣味"的最为纯粹的显现，不是在对"趣"的公开鼓吹中，而是在他的家庭尤其是儿女们身上。

人的生活大半是由兴味维持的，儿童的生活则完全以兴味为原动力。[83]

1　章克标，《江湾立达学园杂忆》，在 30 年代中期，章克标曾担任《申报·自由谈》编辑，丰子恺的许多画作曾发表于此。参看本书第七章。

2　《丰子恺传》，第 39 页；《立达五周年纪念感想》，《丰子恺文集》卷 5，第 100—101 页。

3　丰子恺曾说学校的名字来自《论语》，参看《丰子恺传》第 42 页。杨伯峻，《论语译注》第四册，第 30、65 页。

4　味冈千晶，《都市魅力》，载杰姬·孟席斯编，《摩登男女》，第 33 页。

5　章克标，《江湾立达学园杂忆》，第 147 页；卜立德，《周作人：退却的学者》（David Pollard, "Chou Tso-jen: A Scholar Who Withdrew"），载费侠莉（Charlotte Furth）编，《变革的局限：民国保守主义者的选择论文集》（ The Limits of Change: Essays on Conservative Alternatives in Republican China, Cambridge, Mass.: Harvard University Press, 1976 ），第 342 页及注释 29；周策纵，《五四运动：现代中国的思想革命》，第 190 页及注释 55，周策纵在此讨论了武者小路笃实的理念对五四知识分子的影响。

6　参看《丰子恺传》第 41 页；《夏专辑》第 63 页；章克标，《江湾立达学园杂忆》，第 148 页。关于学校的校训，参看陈星，《教改先锋》，第 187 页。

7　参看《立达学园及其事业》，《一般》，1926 年第 1 期，第 154—156 页。这种说法受到杜威 1919— 1920 年在中国所发表的有关教育演讲的影响。参看克洛普顿（Robert W. Clopton）、欧春城（Tsuin-Chen Ou）编，《杜威在华教育讲演》（John Dewey, Lectures in China, 1919—1920, Honolulu: University Press of Hawaii, 1973 ）。

8　卢汉超，《霓虹灯外：20 世纪初日常生活中的上海》（Hanchao Lu, Beyond the Neon Lights: Everyday Shanghai in the Early Twentieth Century, Berkeley: University of California Press, 1999 ），第 89 页。

9　唐锡光，《开明的历程》，载中国出版工作者协会编，《我与开明》，北京：中国青年出版社，1985 年，第 291—292 页；郭汾阳、丁东，《书局旧踪》，南昌：江西教育出版社，1999 年，第 83—95 页；丰一吟，《潇洒风神》，第 106 页。

10　丰子恺，《香港画展自序》，《丰子恺画展特刊》，《星岛日报》，1949 年 4 月 15 日。

11　这在上海报刊界并非创新，早在 1912 年，《真相画报》就开始用水墨速写做插图。

12　丰子恺，《燕归人不归》，《文学周报》，第 172 期，1925 年 5 月 10 日。

13　丰子恺，《翠拂行人首》，《文学周报》，第 175 期，1925 年 5 月 31 日。

14　里格比，《五卅运动：时间与主题》，（ Richard W. Rigby, *The May 30 Movement: Events and Themes*, Canberra: Australian National University Press, 1980 ），第 26—97 页。

15　丰子恺，《表决》，《文学周报》，第 182 期，1925 年 7 月 19 日。

16　舒衡哲，《中国启蒙运动：知识分子与五四遗产》（ Vera Schwarcz, *The Chinese Enlightenment Intellectuals and the Legacy of the May Fourth Movement of 1919*, Berkeley: University of California Press, 1986 ），第 145、153—156 页。叶圣陶受到 1925 年这次事件的影响极大，他的长篇小说《倪焕之》（1928）和短篇小说《英文教授》（1936）都表明，五卅惨案是使一位尽职的教师不得不去面对国家危难的关键因素。夏志清，《中国现代小说史》，第 64—66 页；里格比，《五卅运动》，第 256—257 页。

17　夏济安，《黑暗之门：中国左翼文学运动研究》（ Tsi-an Hsia, *The Gate of Darkness: Studies on the Lefist Literary Movement in China*, Seattle: University of Washington Press, 1968 ），第 187 页。

18　参看郑振铎，《子恺漫画》序言，第 14 页；也见何莫邪，《丰子恺》，第 9 页。

19　丰子恺，《漫画创作二十年》，《丰子恺文集》卷 4，第 388—389 页。

20　郭颖颐，《中国现代思想中的唯科学主义》（ David Kwok, *Scientism in Chinese Thought*, New Haven, Conn.: Yale University Press, 1965 ），第 50 页注释 29；亦见周策纵，《五四运动：现代中国的思想革命》，第 193、330 页及第 426 页注释 60。泰戈尔 1924 年访华是由梁启超、张君劢和徐志摩筹划，由"讲学社"邀请和组织。泰戈尔在北京的几所国立大学进行演讲，并因为提倡"东方精神文明"和"心灵的乐园"而受到左翼知识分子的广泛批判。斯蒂芬·海伊，《东方与西方的亚洲观》(Stephen N. Hay, *Asian Ideas of East and West: Tagore and His Critics in Japan, China, and India*, Cambridge, Mass.: Harvard University Press, 1970)，第 146—245 页；以及史景迁，《天安门：知识分子与中国革命》(Jonathan D. Spence, *Gate of Heavenly Peace: The Chinese and Their Revolution, 1895—1980*, New York: Viking Press, 1981)，第 175—178 页。

21　魏风江，《我的老师泰戈尔》，转引自陈星，《潇洒风神》，第 104 页。据魏风江说，泰戈尔向丰子恺赠送了两幅自己的画作。参看陈星，《丰子恺、魏风江、泰戈尔》，《嘉兴报》，1988 年 1 月 17 日，此文是在对魏风江进行访谈的基础上写成。

22　俞剑华编，《中国画论类编》，第 629 页；卜寿珊，《中国文人论画：从苏轼到董其昌》[Bush, Susan, *The Chinese Literati on Painting: Su Shih (1037—1101) to Tung Ch'i-ch'ang (1555—1636)*, Cambridge, Mass.: Harvard University Press, 1971]，第 24—25 页；以及李克曼，《石涛》，第 106—110 页。钱锺书在《中国诗与中国画》一文中比较了"诗"和"画"这两种"姊妹艺术"作品的重要价值，此文收入《旧文四篇》(上海：上海古籍出版社，1979 年，第 1—25 页)。同时参看丰子恺，《中国画的特色》，《丰子恺文集》卷 1，第 48—49 页，丰子恺在此文中举例阐述了他对于这个问题的观点。

23　丰子恺，《文学中的远近法》，《丰子恺文集》卷 2，第 456 页。

24　《江楼感旧》是唐代诗人赵嘏的作品。这件轶事记载于丰子恺《文学的写生》一文中，《丰子恺文集》卷 2，第 469 页。

25　叶文心，《省道：文化、空间和中国共产主义的起源》，第 89 页。

26　丰子恺，《文学的写生》，《丰子恺文集》卷 2，第 470 页。

27　伍蠡甫，《试论画中有诗》，载于《中国画论研究》，北京：北京大学出版社，1983 年，第 194—242、237 页。

28　李何林在《近二十年中国文艺思潮论 (1917—1937)》(西安：陕西人民出版社，1981 年重印) 一书中对这次漫长论辩中的重要内容进行了总结，赞同具有社会主义倾向的观点。

29 李克曼,《诗与画: 中国古典美学的面貌》(Simon Leys, "Poetry and Painting: Aspects of Chinese Classical Esthetics"), 载《燃烧的林木: 中国文化政治论文集》(*The Burning Forest: Essays on Chinese Culture and Politics*, New York: Holt, Rinehart and Winston, 1985), 第 28—29 页; 亦见程抱一著, 唐纳德、杰罗姆译,《中国诗画语言研究》(Francois Cheng, *Chinese Poetic Writing*, Translated by Donald A. Riggs、Jerome P., Seaton. Bloomington: Indiana University Press, 1982), 第 69—71 页。

30 牟复礼,《艺术与"理论化模式"》(F. W. Mote, "The Arts and the 'Theorizing Mode' "), 载默克 (Christian F. Murck) 编,《艺术家与传统》(*Artists and Traditions: Uses of the Past in Chinese Culture*, Princeton, N. J.: Princeton University Press, 1976), 第 7—8 页。

31 丰子恺,《漫画创作二十年》,《丰子恺文集》卷 4, 第 388 页。

32 郭思,《画意》, 英译见喜龙仁,《中国画论》(Osvald Sirén, *The Chinese on the Art of Painting*, New York: Schocken Books, 1963), 第 49—50 页; 俞剑华,《中国画论类编》, 第 640—641 页。

33 丰子恺,《无言独上西楼》, 载《文学周报》, 第 184 期(1925 年 8 月 2 日), 此作也被选为《子恺漫画》的第一件作品。词句的出处为李煜《相见欢》, 载詹安泰,《李璟李煜词》, 北京: 人民文学出版社, 1958 年, 第 85—86 页。

34 丰子恺,《漫画创作二十年》,《丰子恺文集》卷 4, 第 389 页。

35 丰子恺,《中国画的特色——画中有诗》,《丰子恺文集》卷 1, 第 46 页。

36 参考俞平伯关于丰子恺的评论,《子恺漫画》, 第 98 页。

37 俞平伯,《关于〈子恺漫画〉的几句话》,《一般》, 1926 年第 1 期, 第 120 页; 这幅画是《帘卷西风, 人比黄花瘦》,《子恺漫画》第 37 页; 词句的出处是李清照《醉花阴》, 见《李清照集》, 北京: 中华书局, 1962 年, 第 11 页。

38 俞平伯,《关于〈子恺漫画〉的几句话》,《一般》, 1926 年第 1 期, 第 120—121 页; 这幅画是《卧看牵牛织女星》,《子恺漫画》第 38 页; 词句的出处是杜牧《秋夕》，见《全唐诗》第 8 册，北京：中华书局，1960 年，第 6002 页。

39　丰子恺，《古诗新画》，见《丰子恺漫画全集》第 1 册，北京：京华出版社，1998 年，第 29 页；《云霓》，上海：天马书店，1935 年，第 48 页。

40　《一江春水向东流》被用作《子恺漫画》的封面。竹久梦二的《啊！春》，载《春之卷》，画面是两位妇女走过一座小桥。

41　程抱一，《中国诗画语言研究》，第 14 页。

42　丰子恺，《谈中国画》，《艺术趣味》，见《丰子恺文集》卷 2，第 614 页。

43　周策纵，《五四运动：现代中国的思想革命》，第 284 页；恩斯特·沃尔夫，《周作人》（Ernst Wolff, Chou Tso-jen, New York: Twayne Publishers, 1971），第 82—85、97—105 页；张灏，《五四运动的批评与肯定》，《当代》（台北），1986 年第 1 期，第 49—50 页。

44　丰子恺，《漫画创作二十年》，《丰子恺文集》卷 4，第 388 页。"意到笔不到"语出清代画家查礼（1716—1783）的《题画梅》："画家写意，必须有意到笔不到之处，方称逸品。"参看俞剑华编，《中国画论类编》，第 1163 页。此语的英译见李克曼，《诗与画：中国古典美学的面貌》，载《燃烧的林木：中国文化政治论文集》，第 14—15 页。

45　魏礼泽，《中国艺术》第二卷（William Willetts, Chinese Art, London: Penguin Books, 1958），第 550—555 页，特别是第 552—553 页。

46　丰子恺，《漫画的种类》，见《漫画的描法》，《丰子恺文集》卷 4，第 274 页。

47　邓椿，《杂说》，《画继》，英译见喜龙仁，《中国画论》，第 88—89 页。

48　丰子恺，《中国画的特色——画中有诗》，《丰子恺文集》卷 1，第 47 页。李思训（653—718）创作的是精妙的山水，而吴道子（685？—758）则以其写意人物而著称。

49　丰子恺，《从梅花说到美》《从梅花说到艺术》，见《艺术趣味》，分别载于《丰子恺文集》卷 2，第 558—565 页和第 566—571 页。

50　丰子恺在 1932 年所写《新艺术》，《丰子恺文集》卷 2，第 574—576 页。

51　丰子恺，《艺术鉴赏的态度》，《丰子恺文集》卷 2，第 573 页。

52 参考钱锺书，《谈艺录》修订版，北京：中华书局，1984 年，第 205 页，及第 209—212 页附说 16。钱锺书特别比较了克罗齐（Benedetto Croce）的美学观念与中国早期美学观念之间的相似之处（第 211 页）。同时参看李克曼，《石涛》，第 114—116 页，引用了郭若虚、杨维桢、李日华等人关于此问题的文字。

53 陈师曾，《文人画之价值》，这篇讨论传统水墨画的文章附在他所翻译的日本美术史家大村西崖极有影响的论文《文人画之复兴》之后，参看陈师曾，《中国文人画之研究》，第 10 页。

54 同上。

55 王斑，《历史的崇高形象：二十世纪中国的美学与政治》（Ban Wang, *The Sublime Figure of History: Aestheics and Politics in Twentieth-Century China*, Stanford, Calif.: Stanford University Press, 1997），第 23 页。同时参看刘心皇，《六十年文艺大事记》，香港：中国现代文学研究中心，1979 年，第 3 页；蔡元培，《以美育代宗教说》，《新青年》第 3 卷，第 6 期（1917 年），此文英译见邓腾克编，《中国现代文学思想》，第 182—189 页（有修订）。

56 高美庆，《中国艺术对西方的回应》，第 72、74、88—89、98 页，对此主题颇费笔墨进行了讨论；同时参看唐隽，《艺术独立论和艺术人生论的批判》，《东方杂志》，第 18 期（1921 年 9 月），第 45—50 页。

57 丰子恺的战时日记《教师日记》（1938 年 11 月 26 日），《丰子恺文集》卷 7，第 41 页；魏礼泽，《中国艺术》第 2 卷，第 552、554 页；丰子恺在这里讨论了他所谓的艺术教育可能具有的最大效用问题。

58 参看丰子恺，《从梅花说到艺术》，《丰子恺文集》卷 2，第 566 页；杨无咎以墨梅而著称，参看俞剑华编，《中国画论类编》，第 1088 页；关于姜夔的两首词，载龙榆生编，《唐宋名家词选》，上海：上海古籍出版社，1980 年，第 273 页；《暗香》一首的英译，见宇文所安编，《中国文学选读》，第 587 页。

59 丰子恺，《从梅花说到艺术》，《丰子恺文集》卷 2，第 566、568 页。

60 王尔德，《谎言的衰朽》（Oscar Wilde, "The Decay of Lying"），载《深

渊书简及其他作品》(*De Profundis and Other Writings*, London: Penguin Books, 1979),第 79 页。

61 丰子恺,《画家之生命》,刊载于《美育》创刊号 (1920 年 3 月);《丰子恺文集》卷 1,第 3 页。

62 梁启超,《美术与生活》,《最苦与最乐》,台北:伟文图书公司,1979 年,第 37—38、39 页。

63 朱光潜,《谈静——给一个中学生的十二封信之三》,《一般》,1926 年 12 月号,第 509—510 页。

64 丰子恺的引文见其《工艺实用品与美感》,发表于《一般》,第 1 卷 (1926 年);《丰子恺文集》卷 1,第 53 页;同时参看《一般杂志编辑同人启事》,《一般》,第 1 卷。

65 参看郑振铎为丰子恺漫画集所写序言,《子恺漫画》,第 4 页。

66 参看《子恺漫画全集》第 5 册,第 4—5 页,夏丏尊的文章写于 1925 年 10 月 28 日。

67 丰子恺,《艺术趣味》,由开明书店出版 (上海,1934 年),收入《丰子恺文集》卷 2,第 551—637 页。

68 柔石,《丰子恺君底飘然的态度》,《萌芽》月刊,第 1 卷第 4 期,第 238 页;同时参看何莫邪,《丰子恺》,第 32 页。林逋 (967—1028) 是曾住在杭州西湖孤山的宋代隐士,号称"梅妻鹤子"。柔石是被国民党逮捕并在 1931 年初杀害的著名的"左联五烈士"之一,关于其生平事迹,参看夏济安,《黑暗之门:中国左翼文学运动研究》,第 189—197 页。

69 柔石,《丰子恺君底飘然的态度》,第 239 页。

70 丰子恺,《画中有诗序》,此文于 1943 年新年写于重庆沙坪坝,《丰子恺文集》卷 4,第 258 页;也见于丰子恺《画中有诗》一书。实际上,丰子恺的观念在 30 年代已经被国外的读者所注意。蒋彝是为西方读者所知的《哑行者丛书》的作者,在其最著名的《中国绘画》(*The Chinese Eye: An Interpretation of Chinese Painting*)一书 (于 1935 年在伦敦出版) 中,就有大量观点借鉴了丰子恺关于诗歌与视角的思想。不过,他并未说明这些观点来自丰子恺。例如,可将该书第 89—90 页与丰子恺的《绘画与文学》(《丰子恺文集》卷 2, 第 486 页）相比较; 还可将蒋彝书中第 94—96 页与丰子恺的《文学中的远近法》(《丰子恺文集》卷 2, 第 456 页）相对比, 等等。不但蒋彝在书中引用的诗句与丰子恺文章中所引雷同, 而且他还对丰子恺关于中国画中的自然与艺术知觉的思想进行了进一步申说。

71　关于五四时期 "人文主义" 的最好表述和总结, 是周作人的著名文章《人的文学》,《新青年》第 5 卷第 6 号（1918 年 12 月）, 英译见恩斯特・沃尔夫,《周作人》, 第 97—105 页。

72　叶洋,《晚明小品文》(Yang Ye, *Vignettes from the Late Ming: A Hsiao-p'in Anthology*, Seattle and London: University of Washington Press, 1999), 第 46 页后。

73　袁宏道,《叙陈正甫会心集》, 载钱伯城编,《袁宏道集笺校》2 卷本, 上海: 上海古籍出版社, 1981 年, 第 463 页。英译见林语堂,《古文小品译英》(Lin Yutang, *The Importance of Understanding*, London: Heinemann, 1961), 第 112—113 页。

74　朱光潜,《谈静》,《朱光潜美学文集》第 1 册, 第 512 页。

75　贺凯,《周作人的趣味文学》, 载陶明志《周作人论》, 上海: 上海书店, 1987 年重印, 第 66— 69 页; 同时参看卜立德,《一个中国人的文学观: 周作人的文艺思想》(David E. Pollard, *A Chinese Look at Literature: The Literary Values of Chou Tso-jen in Relation to the Tradition*, Berkeley: University of California Press, 1973), 第 72 页。鲁迅也曾对鼓吹袁宏道的人予以批判, 见《谈金圣叹》等文, 也可参看戴乃迭、杨宪益译,《鲁迅文选》四卷本, 卷三, 北京: 外文出版社, 1980 年, 第 156—157 页。

76　卜立德在《一个中国人的文学观》一书中用了一章的篇幅来讨论 "趣味" 一词的演变及周作人对这个概念的使用; 同时参看他的《周作人: 退却的学者》, 载费侠莉编,《变革的局限》。

77　周作人,《地方与文艺》,《谈龙集》, 上海: 开明书店, 1927 年, 第 16 页; 苏文瑜,《周作人: 中国现代性的另类选择》(Susan Daruvala, *Zhou Zuoren and an Alternative Chinese Response to Modernity*, Cambridge,

Mass.: Harvard University Press, 2000），第 88 页等处。

78 参看朱自清为俞平伯所写序言,《燕知草》（1928 年），上海：上海书店,
1984 年重印本，第 3 页；张岱（字宗子）和王思任（字季重）都是明清
鼎革之际的文化隐士。

79 周作人在其 1932 年所做演讲《中国新文学的源流》中，就此问题进行
了详细阐述；参看卜立德,《一个中国人的文学观》，第 1—4、11—12、
106—108 页，夏志清,《中国现代小说史》，第 131—134 页。 林语堂对
此问题的看法，可参看俞元桂等编,《中国现代散文理论》，南宁：广西
人民出版社，1983 年，第 52—69 页。与周作人一样，林语堂也强调中
国文学的"另类源流"，即在"载道派"文学之外的他所喜爱的"言志派"
文学，特别是晚明公安派的文字。参看林语堂的《论文》,《中国现代散
文理论》，第 53—54、58—61 页。

80 正如杜博妮在《西方文学理论向现代中国的输入》中所言："早期作家
们政治激进主义与感伤理念相结合的意识形态，使得他们天然地倾向于
热烈表达……而周作人和丰子恺的小品文，则可被视为是对前者空洞言
辞的一种反动。"（第 264 页）

81 曹聚仁,《文坛五十年（续编）》，香港：新文化出版社，1976 年，第
255—264 页。

82 丰子恺,《绘画与文学》,《丰子恺文集》卷 2，第 495 页。

83 丰子恺,《闲》，收入《车厢社会》（1935 年）,《丰子恺文集》卷 5，第
428—429 页。

第五章
儿童崇拜者

　　我的孩子们！憧憬于你们的生活的我，痴心要为你们永远挽留这黄金时代在这册子里。然这真不过像"蜘蛛网落花"，略微保留一点春的痕迹而已。且到你们懂得我这片心情的时候，你们早已不是这样的人，我的画在世间已无可印证了！这是何等可悲哀的事啊！

　　丰子恺许多的早期文字和画作，都描述和赞美了人生的"黄金时代"——童年。他的第二本漫画集就以儿童为主题，本章前面引用文字来源于他为此书所写的序言，题为《给我的孩子们》。[1]

　　丰子恺年近三十岁时，格外怀念自己在世外桃源石门湾度过的青春岁月。长大成人之后，他感到自己失去了年少时的天真、简单和勇气，这令他感伤。儿女们接连降生，更增强了这种失落感，尽管孩子们的到来曾使他从令人厌恶的成人世界中获得暂时的解脱。

　　1924年，丰子恺从上虞白马湖畔回到上海，投身于令他精疲力竭的教学（他通常同时在至少两个学校兼任教职）、绘画、写作和翻译工作中。高强度工作的原因之一，是要应付日益增长的家庭开支。虽然他喜欢教育者这一职业——他乐意为年轻人翻译艺术和音乐书

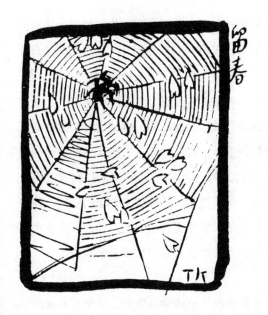

丰子恺《留春》，署名 TK，主题来自宋代高观国词《卜算子》。图片来自《子恺漫画》。

籍，终生都是一位勤勉的译者，但很讨厌教室中的教学方式。教学工作让他觉得自己在参与一场以摧毁儿童天性、扼杀少年想象力为最终目的的活动，而天性与想象力正是他在自己的艺术中所赞颂的。后来，在回忆 20 世纪 20 年代中期忙碌的日子时，他说当时极其渴望回到石门湾自在而单纯的生活中。然而，家庭困窘的经济状况意味着他们别无选择，只能在上海讨生活。尽管丰家多次搬迁，但都只能租住在拥挤的里弄里。立达学园建成后，丰家和学校其他教职工家庭都搬到江湾居住。[2] 在那里，郑振铎于 1925 年通过友人、知名畅销文化刊物《东方杂志》的编辑胡愈之与丰子恺相识，并请丰为新创刊的《文学周报》提供画作。[3]

　　20 世纪上海喧闹的都市环境，与丰子恺在石门湾、杭州和上虞享受的宁静安适极为不同。许多家庭从浙江的偏远地区涌入上海，居住在狭小的阁楼里，相互之间没有共同之处也在意料之中。或许由于各个家庭之间的隔离，这些第一代城市移民都尽力维持着家乡原有的生活方式。丰子恺说，在上海，无论他们搬到何处，和邻居都没有什么往来，这个家庭依旧生活在"石门湾式的小天地"中。[4]

20世纪20年代的政治动荡也使丰子恺与周遭的环境和人们更加疏离。当其他人开始按照政治立场站队的时候，他却宣称对政治毫无兴趣。读者们也许会感到惊讶的是，直到为平息军阀混战而组建的国民政府北伐军队即将进入上海，将直至1926年年末还控制着上海及周边省市的孙传芳驱逐出城，丰子恺才开始阅读报纸上的新闻。他以平淡的语气、诗意的文字描述了军事冲突开始蔓延时他们一家从江湾逃离的情况，最终他们在外国人开办的大学里找到了避难所。

> 傍晚，我坐在校旁的黄浦江边的青草堤上，怅望云水遥忆故居的时候，许多小孩子采花、卧草，争看无数的帆船、轮船的驶行，又是快乐得如入新天地了。

在混乱的逃难期间，丰子恺回想起少年时的田园之乐，并从孩子们无忧无虑的游戏中找到了安慰，这些场景记录于散文《从孩子得到的启示》里。与小儿子瞻瞻的对话，激发他开始思考关于童年的话题。瞻瞻生于1924年年底，丰子恺和徐力民夫妇当时还住在白马湖畔。不久之后，他们的女儿三宝突然离世。国民党军队和军阀在上海激战之时，丰子恺问瞻瞻最喜欢什么东西。"逃难，"瞻瞻答道，"就是……大家坐汽车，去看大轮船。"丰子恺感叹道："仆仆奔走的行人，血汗涔涔的劳动者，在他们看来个个是无目的地在游戏，在演剧；一切建设，一切现象，在他们看来都是大自然的点缀，装饰。"他借用佛教的隐喻，为不能抱有和儿子一样的心灵而懊恼，称自己不像他们能够"撤去世间事物的因果关系的网，看见事物的本身的真相"。"我在世智尘劳的现实生活中，也应该懂得这撒网的方法，暂时看看事物本身的真相。唉，我要向他学习！"[5]

对当时更加具有政治意识的作家来说，丰子恺对 20 世纪 20 年代末国内动荡局势的反应并不符合他们的期待。很快，他就因"轻浮的逃避主义"受到指责，而责难却使他更加坚持自己的态度。他颇有耐心地向读者指出，他对儿童的描写，是对混乱无情的政治局势的直接回应。正是通过这种方式，他才能发现自己。

> 我向来憧憬于儿童生活。尤其是那时，我初尝世味，看
> 见了所谓"社会"里的虚伪矜恣之状，觉得成人大都已失本
> 性，只有儿童天真烂漫，人格完整，这才是真正的"人"。
> 于是变成了儿童崇拜者，在随笔中漫画中，处处赞扬儿童。
> 现在回想当时的意识，这正是从反面诅咒成人社会的恶劣。[6]

因此，无论是他自己的童年，还是儿女们的童年，都成为了理想岁月。特别是与社会现实及自己身处其中的位置相比较时，童年就更加具有吸引力了。他觉得已经永远地远离了童年的状态——这不仅是由于长大成人，他不得不脱离儿童时代，也因为作为成人，他被永远地排斥在孩子们的世界之外。随着古诗词在他艺术发展中的重要性逐渐减弱，绘画成了探寻和赞美童年魅力的媒介。借助绘画，丰子恺创造了一个通过儿童之眼所看到的世界。这并非他从孩子身上寻找到的成人图景，而是童年在大人身上的投影。

> 我当时认为由儿童变为成人，好比由青虫变为蝴蝶。青
> 虫生活和蝴蝶生活大不相同。上述的成人们是在青虫身上装
> 翅膀而教它同蝴蝶一同飞翔，而我是蝴蝶敛住翅膀而同青虫

▶丰子恺《用功》，署名「恺」。图片来自丰子恺《学生漫画》（上海：开明书店，1931年）。

一起爬行。因此我能理解儿童的心情和生活，而兴奋地认真地描写这些画。[7]

日常生活中最动人的一幕，发生在丰子恺完成一天的教务回家之时。每天傍晚时光，妻子徐力民抱了瞻瞻，携了阿宝，到弄堂门口去等他回家。"两岁的瞻瞻坐在他母亲的臂上，口里唱着'爸爸还不来，爸爸还不来！'六岁的阿宝拉住了母亲的衣裾，在下面同他和唱。"瞻瞻在马路上扰攘往来的人群中认出了带着一叠书和一包食物回家的父亲，"突然欢呼舞蹈起来，几乎使他母亲的手臂撑不住。阿宝陪着他在下面跳舞，也几乎撕破了她母亲的衣裾。他们的母亲呢，笑着喝骂他们。"这时，丰子恺便觉得自己立刻化身为二人。其一人做了他们的父亲或丈夫，体验着小别重逢时的家庭团圆之乐；另一个人，则远远地站出来，从旁观察这一幕悲欢离合的活剧，看到一种可喜又可悲的世间相。这个场景，为丰子恺最早的"儿童相"漫画提供了灵感。

并没有一个单独时期或特殊事件明确标志着他的绘画灵感来源由古典诗词转向孩子们——毕竟，他多年来一直致力于这两种创作，但在任教于立达学园前后，儿女就开始成为漫画中的突出主题，这很快使他获得了"儿童艺术家"或"画儿童的艺术家"的称号。他对这些画作的看法，散见于这个时期写的文字之中。就如"古诗新画"一样，儿童画的初衷，并非是为了儿童，而是记录和表达一位成年观察者的感受和意见。

> 欢喜读与人生根本问题有关的书，欢喜谈与人生根本问题有关的话，可说是我的一种习性。我从小不欢喜科学而欢喜文艺。为的是我所见的科学书，所谈的大都是科学的枝末问题，离人生根本很远；而我所见的文艺书，即使最普通的《唐诗三百首》《白香词谱》等，也处处含有接触人生根本而耐人回味的字句。例如我读了"想得故园今夜月，几人相忆在江楼"，便会设身处地地做了思念故园的人，或江楼相忆者之一人，而无端地兴起离愁。又如读了"流光容易把人抛，红了樱桃，绿了芭蕉"，便会想起过去的许多的春花秋月，而无端地兴起惆怅。我看见世间的大人都为生活的琐屑事件所迷着，都忘记人生的根本；只有孩子们保住天真，独具慧眼，其言行多足供我欣赏者。八指头陀诗云："吾爱童子身，莲花不染尘。骂之唯解笑，打亦不生嗔。对境心常定，逢人语自新。可慨年既长，物欲蔽天真。"[8]

丰子恺对生活主题的关注，逐渐超过对诗情画意的表现。他如此论说自己漫画的变化："我作漫画由被动的创作而进于自动的创作，最初是描写家里的儿童生活相。"[9] 这一艺术创作新阶段背后的指导观念，是他对"童心"的倡导和迷恋。

现代中国最早讨论"童心"概念的人之一是文学评论家、学者王国维（1877—1927）。早在 1904 年，他就开始吸取 19 世纪艺术哲学家叔本华的思想[10]，并在其主要诗学批评和美学论文中借用了这位德国哲人关于天才、游戏和童心的理论，但他使用中国传统思想中的语汇来构造理论、表达观点。例如，叔本华将"天才"描述为具有"童心"的人，王国维借用这种说法来论说五代词人李煜（其词作曾启发丰子恺的部分早期作品）："词人者，不失其赤子之心者也。"[11] 王国维借用了叔本华关于天才皆具童心的观念，但他同时也强调，对艺术家而言，认识到自身的天赋与潜能，遵从传统公认的经典进行自我教化，都是必需的基础。[12]

王国维的美学理论后来又受到康德和席勒的影响，他向中国读者介绍了叔本华的许多观念，并使其很快为作家和知识分子所接受。在《论天才》一文中，叔本华讨论了孩子的"天真、崇高和单纯"，宣称天才就是在成年之后还保持这些独特品质的人。丰子恺通过王国维所译了解到叔本华关于天才的思想，以及艺术家与游戏的儿童之间的比较。在王国维译介叔本华思想大约二十年之后，丰子恺在文章中表达了相似的看法。叔本华说："天才在审视外部世界时，就像儿童审视某样奇特而陌生的东西一样，怀着一种纯粹客观的兴趣。天才之所以为天才，就是因为他保持了儿童期所特有的，占优势的感觉系统和认知方法，这就是天才表现出孩子气性格的原因所在。而普通人看待事物却只有主观的视角，总是从他们自己的行为动机出发。"[13] 这种看法得到五四时期许多文人的认同，他们正努力在现代世界中为文化人找寻一个恰当的位置。丰子恺在描述妻儿等候他下班归来的场景时，显然也认同这种观念。

丰子恺为俞平伯的诗集《忆》创作的绘画或称插图，是其童心的初次表露。这个偶然的开端，开启了他在作品中追求纯真、以儿童为主要内容的新阶段。正如诗集的名字所揭示的，俞平伯的诗句围绕着忆旧，以及他所谓"忆的路"的曲折经历。在书中，他沉湎在怀旧的苦闷感伤之中，丰富多彩的童年经历，却只能留存下淡淡的往昔回忆，这使他充满了挫败感。在《忆》的序言中，俞平伯引用了晚清著名学者、诗人龚自珍的两句诗：

> 瓶花帖妥炉香定，
> 觅我童心廿六年。[14]

龚自珍也曾于 1839 年在著名的组诗中写道：

> 既壮周旋杂痴黠，
> 童心来复梦中身。[15]

俞平伯接着说：

> 至于童心原非成人所能了解的，且非成人所能回溯的。忆中所有的只是薄薄的影罢哩。虽然，即使是薄影罢———只要它们在刹那的情怀里，如涛底怒，如火底焚煎，历历而可画；我不禁摇撼这风魔了似的眷念。
> 凭着忆罢，凭着忆罢，来慰这永永旁皇于"第三世界"的我。[16]

▶ 丰子恺《朦朦胧胧地露出孩子底黑的鬔发、黑而且大的眼》，署名 TK。图片来自俞平伯诗集《忆》（北京：朴社，1925 年）。

　　1924 年 8 月 17 日，收到丰子恺的插图三天后，朱自清在为《忆》所作的跋文中写道："你想那颗一丝不挂欲又爱着一切的童心，眼见得在那隐约的朝雾里，凭你怎样招着你的手儿，总是不回到腔子里来。"对于丰子恺的画作，朱自清则说："子恺君便在影子上着了颜色——若根据平伯君的话推演起来，子恺君可说是厚其所薄了。影子上着了颜色，确乎格外分明。"[17] 有趣的是，这种说法与毕来德在其中国书法研究中对丰子恺和儿童关系的观察颇为相似。

　　这位艺术家尽力去获得一种孩子般的表达的愉悦。经过长期的锤炼，他逐渐达到"心手双畅"的无碍境地，将自己内心世界的深层次情感自然地予以外化……在自身与外部世

界之间重新建立起被打破了的联系。[18]

《忆》刊行之时，三位艺术家——诗人俞平伯、画家丰子恺、散文家朱自清都才二十多岁。在繁杂俗事中抽空来创作这本小书，是他们接受现实的一种方式：童年已成追忆，甚至青年时光也即将被中年取代。朱自清感叹道：

> 他（俞平伯）越过了千重山，万重水，一直的追寻去。这便是"忆的路"。……在他的"忆的路"上，在他的"儿时"里，满布着黄昏与夜的颜色……平伯君诉给我们他的"儿时"，子恺君又画出了它的轮廓，我们深深领受的时候，就

当是我们自己所有的好了。[19]

《忆》是民国时期最为雅致的出版物之一，宣纸精印，采用线装。丰子恺所绘的十八张插图中，八幅为彩色印制。前面已经提及，周作人对此书印象极深，并为之撰写了一篇书评。然而，作者们的童心——更恰当的说法是他们对于童心的公开追求，却并未得到普遍认同。《忆》刊行不久，就在创造社刊物《洪水》上遭到严厉批判。政治立场激进的创造社成员，反对文学研究会及其"为人生的艺术"的主张。在《洪水》上刊发批判文字的论者尖锐地指出，《忆》昂贵的定价只有富人家的少爷、小姐才承担得起，并且，俞平伯大错特错的是，那些人根本就不会买，更不要说阅读像《忆》这样的书。

少爷们、老爷们、小姐们、太太们，他们根本不是读书人。他们与其花一元钱，弄一本《忆》玩玩，倒还不如捧捧窑姐儿的场显得阔绰，与坐在汽车马车上扔给一步一叫喊的乞丐们几个铜子儿显得大方些呢！

论者继续以这种腔调批判诗人和画家的造作和自恋：

我真痛恨现在中国的一般无耻文人，自身虽已受着资本家的剥削，而他还要再来转剥一般的穷学生穷汉，于是便不惜牺牲天良，想在他们的糟透的著作里取得大利。没天没地地高其定价，一方借以谋利，一方借以表明他们的著作的尊贵，这是还成什么世道？看了这些不平的事，于是我便佩服创造社的一般先生们，能为这样穷学生设想，起而组织出版合作部，以谋穷学生的读书便利，以与那般蛀虫式的著作家

▲
丰子恺为俞平伯诗集《忆》所作插图《这条路，他告我，就是忆》。

兼书贾来比较真是大不相同了。[20]

尽管批评者关注的是这本书离谱的定价，但背后的潜台词是：《忆》这样的书及其反映的思想既轻浮又自大，显然不适合这个时代。

追忆童年，仅仅是丰子恺推崇儿童的最初表达。从 20 世纪 20 年代中期开始，儿童主题在他的画作中越来越突出。这并非仅仅出于父亲对孩子的慈爱，对他而言，儿童的世界更接近真实，更具有自然之美，这正是他希望通过作品努力捕捉乃至置身其中的境地。他相信，"儿童的清白的世界"具有无限的创作潜力和道德的诚信："只有儿童天真烂漫，人格完整，这才是真正的'人'。"[21] 这种观念与当时更为流行的儿童"进化"说形成鲜明的对比。"进化论者"认为，应该通过培养自由的、受过良好教育的儿童，来培育中国的新一代国民。[22]

如同以前在上虞白马湖畔记录诗意的生活一样，丰子恺现今的画作，描绘了儿女的生活。他相信，出版这些作品，能够引起读者对于儿童世界更深的了解与同情。因此，这些新作最初大多发表于《文学周报》，并不是一种巧合。如前所述，这份刊物由一群试图为上海读者提供高雅文学艺术作品的作家和教育家创办。丰子恺的画作还有一个企图——让读者重拾失去了的童心，最明显的例证便是他将儿童和童趣作为第二本作品集《子恺画集》的主题。画集于 1927 年出版，丰子恺邀请儒者马一浮（李叔同的友人，将在未来的岁月中对丰子恺的人生产生深刻影响）为这本书作序。马一浮的文章说：

> 然艺之独绝者往往超出情识之表，乃与婴儿为近。婴儿任天而动，亦以妄想，缘气尚浅，未与世俗接耳。今观子恺之贵婴儿，其言奇态恣直，似不思议境界。盖子恺目中之婴儿，乃真具大人相[23]，而世所名大人，觚琐忿矜，乃真失其本心者也。[24]

马一浮的评论，和李贽（号卓吾，1527—1602）的主张不谋而合。李贽是反传统的晚明哲人，"童心说"的前现代鼓吹者，并曾给丰子恺巨大影响。[25] 他曾严厉批判儒家专制制度和道学思想，倡导通俗文学。李贽的散文、书信和诗词等，以《焚书》《藏书》这样的题目结集刊行。他是那个时代最重要的独立思想家，其离经叛道的论说直接影响了公安派的散文作家袁氏三兄弟。20 世纪 20 年代末，李贽和"公安三袁"一样，也受到周作人、林语堂等"言志派"文学家的大力推崇。这些倡导自我表达和文化持守的作家，既反对激进的全盘西化，也批判反动的文化保守主义。[26] 丰子恺在 20 世纪 30 年代与周作人、林语堂过从甚密，极可能因此对李贽著名的《童心说》颇为熟悉。丰子恺对这一主题的论说，反映的正是李贽批判传统儒家对个人进行"教化"的思想。

林语堂曾将李贽的《童心说》一文译为英语发表。

> 夫童心者，绝假纯真，最初一念之本心也。若失却童心，便失却真心；失却真心，便失却真人。人而非真，全不复有初矣。童子者，人之初也；童心者，心之初也。夫心之初，曷可失也？然童心胡然而遽失也。盖方其始也，有闻见从耳目而入，而以为主于其内而童心失。其长也，有道理从闻见而入，而以为主于其内而童心失。其久也，道理闻见日以益多，则所知所觉日以益广，于是焉又知美名之可好也，而务欲以扬之而童心失。知不美之名之可丑也，而务欲以掩之而童心失。……夫既以闻见道理为心矣，则所言者皆闻见道理之言，非童心自出之言也，言虽工，于我何与？岂非以假人言假言，而事假事、文假文乎！盖其人既假，则无所不假矣。[27]

李贽声称传统经典污染了儿童纯真的心灵，而在丰子恺生活的时代，这些经典早已不是教育的唯一内容。丰子恺认为，成人不一定会永远地失去孩童原始的纯真："小孩子真是人生的黄金时代！我们的黄金时代虽然已经过去，但我们可以因了艺术的修养而重新面见这幸福、仁爱而和平的世界。"因为，"艺术家的心，对于世间一切事物都给以热诚的同情。故普通世间的价值与阶级，入了画中便全部撤销了。"[28] 正如我们所见，这些说法也呼应着袁宏道在 1600 年对"趣味"的评点。二三十年代，林语堂在讨论作家和教师引导现代中国人在"言志"文化传统中寻求情感的起源时，也表述过同样的观点。这一所谓"性灵派"的传统，已被正统儒教所扭曲，也为后来西化的激进者所否定。

五四时期被视为在中国"发现"童真的时期。关于儿童行为、心理的研究和儿童文学，在这一时期的重要刊物上大量出现。[29]鲁迅在1919 年发表了颇具影响的文章《我们现在怎样做父亲》，吁求读者认识人性的复杂，更要了解儿童的特殊需要。尽管鲁迅在文章中并未使用"童心"这一表达，但他确实是中国现代作家中最早欣赏独立儿童世界的人之一。[30]1934 年，他在论说中国严重缺乏适合儿童阅读的文学作品时，清醒地指出了可悲的成人和孩子之间的相互关系。

> 凡一个人，即使到了中年以至暮年，倘一和孩子接近，便会踏进久经忘却了的孩子世界的边疆去，……但孩子在他的世界里，是好像鱼之在水，游泳自如，忘其所以的，成人却有如人的兔水一样，虽然也觉到水的柔滑和清凉，不过总不免吃力，为难，非上陆不可了。[31]

叶圣陶是现代中国第一部童话集《稻草人》的作者。他与鲁迅、周作人、冰心等人，都是呼吁成人应该认真研究儿童世界的倡导者。不过，他对成人是否有能力重回儿童时代持怀疑态度。[32]1921 年 3 月，他写道："我想我们不能深入儿童的心，又不能记忆自己童年的心，真是莫大憾事。"[33]冰心对此却颇有把握，她在早期的诗歌和散文——特别是具有很大影响的书信体散文"寄小读者"系列（1923—1926）中追念过去，醉心于对儿童时代的伤感回忆，谈论尚无人说及的"母爱"，以浪漫的笔法论说"童心"。从这些早期作品中可以看出，冰心相信，"儿童自然的纯真和敏锐的感觉，以及先天的智慧会随着年龄增长而逐渐丧失"。[34]

鲁迅和叶圣陶认为儿童时代的浪漫特质象征着未来、成长和希望，而她（冰心）则认为这些特质意味着往昔、遗憾，以及成长的悲哀。当鲁迅和叶圣陶认为旧中国的黑夜将逝，马上会迎来新的光明前景，冰心却认为现实灰暗，沉湎于对已逝金色年代的追忆。鲁迅、叶圣陶面向未来，冰心却回首往昔。[35]

冰心写作不仅是为了儿童，更是为了自己——通过书写逃回过去。多年之后，丰子恺也用几乎相同的方式描绘和描写了他的儿女，发现自己已经无法回到逝去的青春，必然要走向中年。丰子恺只能在儿女的天真中，得到某种程度的补偿和释放。

除了上述五四时期的著名作家，丰子恺的儿童观念很可能也受到立达学园同事的较大影响，其中便包括美学家朱光潜。朱光潜早期的艺术和文化思想形成文字之后，以《给青年的十二封信》为题[①]，于1926年在立达学园刊物《一般》上发表，随后又汇集成书出版，并成为畅销书。在这一系列文章及后来的《谈美》（发表于1932年）中，朱光潜触及了"童心""同情""无私"等欧洲美学观念。这些主题，都在丰子恺的作品中获得了持久的共鸣。[36]

《谈美》一书的第九章，题目来自儒家哲人孟子的名句"大人者，不失其赤子之心"，专门讨论艺术与游戏。朱光潜彼时（20世纪30年代初期）的思想受到后康德主义的极大影响，他在书中讨论了艺术起源、艺术与儿童游戏之间的复杂关系，指出艺术与游戏具有相同的

---

① 这些信最初在《一般》上连载发表的时候，原题为《给一个中学生的信之X》。后来结集出版时题为《给青年的十二封信》。

理念，都是把欣赏的意象客观化。二者都是"想当然耳"的勾当，不能区分现实与想象。移情——无论是不是有意为之，是儿童和艺术家都拥有的能力；最后，艺术与游戏都在现实之外创造了一个独立的理想世界来安慰情感。[37] 丰子恺也抱有同样的看法，尽管他从未用系统理论阐述这些观念，但从他早期的儿童漫画中，就能看出他对上述思想的认同。不过，在 20 世纪 30 年代更大范围的美学论辩中，朱光潜最为重视的还是"崇高"。这个美学概念意味着"行动、活力、宏大和冒险"，逐渐滋养出革命英雄主义的文化。而丰子恺追求的是反映人类生活脆弱一隅的内心情感。[38]

五四时期结束不久，周作人和兄长鲁迅一样，认为中国缺乏名副其实的儿童文学作品，而且很少有成年人能够理解或欣赏少年的文化需求。[39] 在为路易斯·卡罗著、赵元任译的《阿丽思漫游奇境记》所作的书评中，周作人写道：

> 世上太多的大人虽然都亲自做过小孩子，却早失了"赤子之心"，好象"毛毛虫"的变了胡蝶，前后完全是两种情状：这是很不幸的。他们忘却了自己的儿童时代的心情，对于正在儿童时代的儿童的心情于是不独不能理解，与以相当的保育调护，而且反要加以妨害。[40]

同样，在为竹久梦二插图的日语书《歌咏儿童的文学》撰写的书评中，周作人也指出，在中国两千多年的文学史中，除了 4 世纪陶渊明的《责子诗》，真正关于儿童的诗句少之又少。"中国缺乏儿童的诗，由于对于儿童及文学的观念之陈旧，非改变态度以后不会有这种文学发生。"[41]

在 1927 年以前，丰子恺就已形成关于儿童与艺术家二者关系的观念。1928 年，他发表了一系列以此为主题的散文和译著，其中最著名的论说是他于 1929 年在松江女子中学所做的一场演讲，后以《美与同情》为题公开发表。

> 在这里我们不得不赞美儿童了。因为儿童大都是最富于同情的。且其同情不但及于人类，又自然地及于猫犬、花草、鸟蝶、鱼虫、玩具等一切事物，他们认真地对猫犬说话，认真地和花接吻，认真地和人像（doll）玩耍，其心比艺术家的心真切而自然得多！他们往往能注意大人们所不能注意的事，发见大人们所不能发见的点。所以儿童的本质是艺术的……只因长大起来受了世智的压迫，把这点心灵阻碍或销磨了。惟有聪明的人，能不屈不挠，外部即使饱受压迫，而内部仍旧保藏着这点可贵的心。这种人就是艺术家。[42]

虽然我们将在下一章详细讨论"同情"在丰子恺美学观念中的重要性，但从这段文字中可以清晰地看出，他认为青年或者成年人能够拥有童心，不仅仅是恢复已逝童年的一种方式，更是有意识地培养特定心灵状态的结果。这种艺术教育就是：

> 教人这种做人的态度的，就是教人用像作画、看画的态度来对世界；换言之，就是教人绝缘的方法，就是教人学做小孩子。学做小孩子，就是培养小孩子的这点"童心"，使长大以后永不泯灭。

所谓"绝缘"，就是"不要在原因结果的关系之下观看世界"：

我们在世间，倘只用理智的因果的头脑，所见的只是万人在争斗倾轧的修罗场，何等悲惨的世界！日落，月上，春去，秋来，只是催人老死的消息；山高，水长，都是阻人交通的障碍物；鸟只是可供食料的动物，花只是结果的原因或植物的生殖器。而且更有大者，在这样的态度的人世间，人与人相对都成生存竞争的敌手，都已从利害相交接，人与人之间将永无交通，人世间将永无和平的幸福、"爱"的足迹了。[43]

在 20 年代，丰子恺对儿童世界的感知和想象，在当时成人世界的浮躁环境中极为罕见，在他对品质的追求中构成了重要的部分。岁月流逝，他感觉自己在艺术和情感上都与童真渐行渐远，这令他心情沉重："人生好比喝酒，一岁喝一杯，两岁喝两杯，三岁喝三杯……越喝越醉，越喝越痴，越迷，终而至于越糊涂，麻木若死尸。"[44] 而现在，孩子们的人格又把他带回天真的世界中去了。

丧失了美丽的童年时代，送尽了蓬勃的青年时代，而初入黯淡的中年时代的我，在这群真率的儿童生活中梦见了自己过去的幸福，觅得了自己已失的童心。我企慕他们的生活天真，艳羡他们的世界广大。觉得孩子们都有大丈夫气，大人比起他们来，个个都虚伪卑怯。又觉得人世间各种伟大的事业，不是那种虚伪卑怯的大人们所能致，都是具有孩子们似的大丈夫气的人所建设的。[45]

在《子恺画集》中，我们已经能看出他对儿女们的天真任性的崇拜。这一主题占据了他在 20 世纪 20 年代的大部分儿童画，并在 40 年代初期，他和徐力民的最后一个孩子新枚出生之后再次出现在作品

丰子恺《「要！」》，署名 TK，40 年代版本，丰子恺《子恺漫画全集：儿童相》（上海：开明书店，1945 年）。

中。20 世纪 20 年代，独子瞻瞻作为家中最小的男孩，很显然是丰子恺关注的中心。事实上，家庭生活被瞻瞻、他的姐姐阿宝（丰陈宝），以及四岁的软软（夫妇二人的侄女）三个小孩所占据。丰子恺说，他们三人就如同罗马帝国的政治三巨头："瞻瞻在这三人之中势力最盛，好比罗马三头政治中的领胄。我呢，名义上是他们的父亲，实际上是他们的臣仆；而我自己却以为是站在他们这政治舞台下面的观剧者。"[46]

展示瞻瞻"权威"的画作可不少见。一次，瞻瞻从公寓窗户中看见了月亮，他要求父母捉来给他。1932 年，丰子恺将这幅图景画了下来，画面上，瞻瞻在母亲的怀抱中，从窗口望见了新月，探出身叫道："要！"[47] 这张画令人想起威廉·布莱克（William Blake）在 1793

▶威廉·布莱克《我要！我要！》，威廉·费韦尔《当我们还年轻：两个世纪的童书插画》一书的内封插画。

年出版的《给儿童：天堂之门》（*For Children: The Gates of Paradise*）一书所作的著名版画。这幅名为《我要！我要！》的画作，描绘了一个小孩正起步爬向通往月球的梯子，父母则在一旁观看。[48] 布莱克所画的情景展现出，幼稚的愿望显然将面临失败：梯子肯定会倒塌，孩子也会摔下来。丰子恺的画作则表现了另外一种场面：小孩在父母的怀抱之中提出任性的要求，并得到了包容和支持。这个时期关于瞻瞻的画作，有不少后来都成为丰子恺最为著名的作品，如《瞻瞻骑"脚踏车"》，画中的瞻瞻把两把大蒲扇想象为车轮；又如《瞻瞻拉"人力车"》，则是他拽着婴儿车前行；还有一幅画描绘了瞻瞻过家家时认真扮演婚礼中的新郎官。[49]

丰子恺赞叹儿童的质朴自然和他们近乎"宗教式"的心灵状态。他用文字和画笔描绘儿童之时，融汇了不断增长的佛教观念，并通过西方浪漫主义的视角来表现。他甚至说，当孩子们"把全精神沉浸在

丰子恺《瞻瞻底车（二）脚踏车》，署名 TK。图片来自《子恺画集》（上海：开明书店，1927 年）。

游戏的兴味中，大家入了忘我的三昧境，更无余暇顾到实际生活上的事及世间的习惯了"[50]。但是，他的观念并非仅仅是欧洲 19 世纪浪漫主义美学赞美儿童的中国翻版[51]，也不是冰心那种五四时期"儒家浪漫主义"道德观念的简单折射。丰子恺的确不断赞美儿女的纯真，但是他的笔下最常出现的，还是孩子们心安理得的自私与自恋。描绘瞻瞻滑稽憨态的画作中，显露出丰子恺毫无掩饰的愉悦之情，这在彼时的中国尚很少见。他接受和赞叹儿童以自我为中心的世界，它一点也不夸张、虚伪和欺人。他画中的孩子与传统艺术（无论是学院派作品还是通俗的木刻年画）中迷人但呆板的儿童形象对比鲜明，年画中的儿童形象往往只是多子多福的象征符号。[52]

这一时期的画作中，有一幅以英文《FIRST STEP（初步）》为题，描绘的是徐力民扶着瞻瞻第一次迈出蹒跚的步履。这件作品明显受到丰子恺最欣赏的欧洲艺术家米勒同名之作的影响。后来，丰子恺写道：

丰子恺《FIRST STEP》，署名 TK。图片来自《子恺漫画》。

"米叶 [勒] 的艺术的伟大，在于这两点：第一，是艺术的大众化；第二，是艺术的生活化。"[53] 与米勒对乡村母子的精心描绘不同，丰子恺采用了剪影的手法，简洁地画出母亲扶着胖乎乎的小孩迈步的速写草图：当孩子的小脚犹豫地迈出第一步时，母亲扶着他的双臂。背后的母亲穿着大号的黑色鞋子，与前面小孩洁白纤细的小脚形成对比，引人注目。[54] 如果我们将此作与另一件作品《娇儿真命薄，初步即崎岖》做比较，更能看出丰子恺从为 20 世纪 20 年代到抗战时期在艺术上的变化。《娇儿真命薄》一画创作于抗战期间，后收录于 1947 年出版的《幼幼画集》中。这幅画作同样描绘了孩子在母亲怀抱中迈出"第一步"的场景，但此作中出现了蹲在前方、张开双臂迎接孩子的父亲形象。画中的路面崎岖不平，画作的主题显然由童心转变为父母对孩子的期盼。[55]

抗战时期，丰子恺以早期作品为蓝本创作了"儿童相"系列，瞻

▲丰子恺《穿了爸爸的衣服》，署名 TK。图片来自《子恺漫画》。

瞻也是其中的主角之一。他最初作为三个小孩中的一员，出现在《被写生的时候》一画中。画面上，一个顽皮的孩子坐在门口，斜眼望着父亲。[56] 这是丰子恺为子女所作的肖像画之一，这批作品在标题之外，还标有孩子的名字和创作日期。这幅画的下一页，则是光头的瞻瞻穿着父亲的背心，步履蹒跚，此画在"TK"签名之后标明的创作时间是 1927 年。虽然这些作品重绘于抗战期间，但都以最初的创作年代署款，实际上是旧作新绘。《被写生的时候》的早期版本线条厚重，更加写意，瞻瞻的神态也不那么天真，比后来的版本更加调皮。后来版本的线条更为干净，特别是人物的衣饰部分，更强调毛笔线条的变化。而在《穿了爸爸的衣服》的早期版本中，人物外形轮廓极为写意，笔触饱含墨汁，线条行云流水，显示了这管小小毛笔的特性，也表现出极为有力的人物形象。抗战时期，这幅画不时引起丰子恺的怀旧之情。当时，十六岁的瞻瞻已长成少年，被大家叫着"丰华瞻"的大名，穿着父亲的广西装（后来被称为中山装，在英语世界中被称为"毛服"），不用裁剪，非常合身。丰子恺看着他，颇多感慨。

> 吾审其姿，惊年华之易逝，叹无常之迅速。吾旧作漫画集中，有一幅题曰《穿了爸爸的衣服》者即以华瞻为模特儿。彼时此子年方三岁，穿吾之洋装背心，其长过膝。扶床学步，其状可笑。吾即取之入画。匆匆十三年后，今日再穿爸爸的衣服，已成平常之事，毫无可笑味；更无入画之资格矣。[57]

丰子恺对瞻瞻的赞赏，并非仅仅出于成人对儿童的娇惯溺爱之情，实际上，他是被瞻瞻无拘的想象、极端的诚实、充沛的精力和自我肯定所吸引。1926 年圣诞节，丰子恺为第二本作品集《子恺画集》作序时说：

> 瞻瞻！你尤其可佩服。你是身心全部公开的真人。你什么事体都像拼命地用全副精力去对付……你的号哭的悲哀，比大人们的破产、失恋、broken heart，丧考妣、全军覆没的悲哀都要真切……你要我抱你到车站里去，多多益善地要买香蕉，满满地擒了两手回来，回到门口时你已经熟睡在我的肩上，手里的香蕉不知落在哪里去了。这是何等可佩服的真率、自然与热情！大人间的所谓"沉默"、"含蓄"、"深刻"的美德，比起你来，全是不自然的、病的、伪的！[58]

两年之后，丰子恺和家人返回石门湾，再度表达了这种感受：

> 然而一旦回到故乡的平屋里，被围在一群儿女的中间的

时候，我又不禁自伤了。因为我那种生活，或枯坐，默想，或钻研，搜求，或敷衍，应酬，比较起他们的天真、健全、活跃的生活来，明明是变态的，病的，残废的。[59]

这段文字出自散文《儿女》，此文经叶圣陶之手发表于 1928 年的《小说月报》，朱自清的同题散文也发表在同一期上。[60] 这两位作者都刚刚年过三十，都有五个小孩。当丰子恺赞叹儿女具有"最健全者的心"，"世间事物的真相，只有孩子们能最明确、最完全地见到"[61] 时，朱自清却在哀叹孩子的重压，让他感觉像是"被剥层皮"。他说："你读过鲁迅先生的《幸福的家庭》么？我的便是那一类的幸福的家庭！"这个讽刺短篇讲的是一位颇有抱负的作家，常常被家庭的生活琐事打扰，以致他的文学灵感总是被打断。[62] 朱自清写道："我曾给圣陶写信，说孩子们的折磨，实在无法奈何；有时竟觉着还是自杀的好。"这种感受和前面周作人提及的陶渊明《责子诗》很相似。

> 白发被两鬓，肌肤不复实。
> 虽有五男儿，总不好纸笔。
> 阿舒已二八，懒惰故无匹。
> 阿宣行志学，而不好文术。
> 雍端年十三，不识六与七。
> 通子垂九龄，但觅梨与栗。
> 天运苟如此，且进杯中物。[63]

朱自清最终接受了人到中年的现实，越来越能忍耐和理解他的孩子们，但依然对真心享受儿女乐趣的友人深为佩服。他特地点出丰子恺的名字，并赞赏后者为小儿子瞻瞻所写的"日记"。日记对孩子的任性予以称扬，朱自清认为，这样的文字"真是蔼然仁者之言"[64]。不过，他最后也承认，他努力想去做一个虽然谈不上深情但还算仁慈的父亲，背后的真实原因是，他想到了自己的父母是如何对待他的。

丰子恺对儿女们的感情与朱自清极为不同。而且，丰子恺对孩子们的兴趣，不仅仅是想从后代身上看到自己的缩影，也不是将孩子视为传宗接代的工具，慰藉父母的期盼以减轻对孝道的内疚。

> 儿女对我的关系如何？我不曾预备到这世间来做父亲，故心中常是疑惑不明，又觉得非常奇怪。我与他们（现在）完全是异世界的人，他们比我聪明、健全得多；然而他们又是我所生的儿女。这是何等奇妙的关系！世人以膝下有儿女为幸福，希望以儿女永续其自我，我实在不解他们的心理。我以为世间人与人的关系，最自然最合理的莫如朋友。君臣、父子、昆弟、夫妇之情，在十分自然合理的时候都不外乎是一种广义的友谊。所以朋友之情，实在是一切人情的基础。"朋，同类也。"[65]

对成人而言，随着年龄增长，岁月流逝，距离童真的世界越来越远。

> 在不知不觉之中，天真烂漫的孩子"渐渐"变成野心勃勃的青年；慷慨豪侠的青年"渐渐"变成冷酷的成人；血气旺盛的成人"渐渐"变成顽固的老头子。[66]

丰子恺从孩子身上获得的灵感和安慰，甚至令他从严酷的成人世界中获得了暂时的解脱："成人世界有不可超越的大自然的定理，有不可破犯的人为的规律，而在孩子的世界里没有这些羁网。"[67]他以积极的达尔文主义的态度写下了这些话：

> 或者有人笑我故意向未练的孩子们的空想界中找求荒唐的乌托邦，以为逃避现实之所。但我也可笑他们的屈服于现实，忘却人类的本性。我想，假如人类没有这种孩子们的空想的欲望，世间一定不会有建筑、交通、医药机械等种种抵抗自然的建设，恐怕人类到今日还在茹毛饮血呢。所以我当时的心，被儿童所占据了。我时时在儿童生活中获得感兴。[68]

尽管丰子恺的儿童漫画记载了家庭气氛和情绪的诸多变化，但他也明白，所有努力只能记录孩子们迷人的黄金时代中转瞬即逝的片段而已。

> 我的孩子们！憧憬于你们的生活的我，痴心要为你们永远挽留这黄金时代在这册子里。然这真不过像"蜘蛛网落花"，略微保留一点春的痕迹而已。且到你们懂得我这片心情的时候，你们早已不是这样的人……[69]

1925 年，徐力民早产生下一个男婴。这是瞻瞻的弟弟，可惜出生之时就夭折了。男婴去世周年之际，丰子恺写下一篇文章怀念这个叫"阿难"的婴儿。离世前，阿难在医生的手中动了一下，四肢同时一撑。这让丰子恺对生命的意义和儿童的纯真陷入了沉思。

> 阿难！我不再为你嗟伤，我反要赞美你的一生的天真与明慧。原来这个我，早已不是真的我了。人类所造作的世间的种种现象，迷塞了我的心眼，隐蔽了我的本性，使我对于

扰攘奔逐的地球上的生活，渐渐习惯，视为人生的当然而恬不为怪。实则坠地时的我的本性，已经断丧无余了。我尝读《西青散记》，对于史震林的自序中的这数语："余初生时，怖夫天之乍明乍暗，家人曰：昼夜也。怪夫人之乍有乍无，曰：生死也。教余别星，曰：孰箕斗；别禽，曰：孰乌鹊，识所始也。生以长，乍暗乍明乍有乍无者，渐不为异。间于纷纷混混之时，自提其神于太虚而俯之，觉明暗有无之乍乍者，微可悲也。"非常感动，为之掩卷悲伤，仰天太息。

以前我常常赞美你的宝姊姊与瞻哥哥，说他们的儿童生活何等的天真、自然，他们的心眼何等的清白、明净，为我所万不敢望。然而他们哪里比得上你……一层薄薄的雾障已经笼罩了他们的天真与明净了……你的一生只有一跳，你在一秒间干净地了结你在人世间的一生，你坠地立刻解脱。正在中风狂走的我，更何敢企望你的天真与明慧呢？

　　我以前看了你的宝姊姊瞻哥哥的天真烂漫的儿童生活，惋惜他们的黄金时代的将逝，常常作这样的异想："小孩子长到十岁左右无病地自己死去，岂不完成了极有意义与价值的一生呢？"但现在想想，所谓"儿童的天国"、"儿童的乐园"，其实贫乏而低小得很，只值得颠倒困疲的浮世苦者的艳美而已，又何足挂齿？[70]

尽管丰子恺后来仍以儿童漫画知名，但他的兴趣其实只限于描绘自己的儿女，这种兴趣随着孩子们的成长而迅速减退。"我原非一定要拿自己的子女来作为儿童生活赞美的对象，但是他们由天真烂漫的儿童渐渐变成拘谨驯服的少年少女，在我眼前实证地显示了人生黄金时代的幻灭，我也无心再来赞美那昙花似的儿童世界了。"他引用了两句古诗"去日儿童皆长大，昔年亲友半凋零"，然后说"这两句确切地写出了中年人的心境的虚空与寂寥"。[71]

小说家谷崎润一郎（1886—1965）是中日战争之前访问并记录中国的日本著名文人之一。1926 年，他在上海受到郭沫若、欧阳予倩、田汉等左翼文化活动家的宴请，感到自己正在参与这个国家里崭新而充满活力的艺术运动。[72]多年后，他接触到丰子恺的散文，文章给他的感受与左翼文人好斗的风格大相径庭。在为吉川幸次郎（1904—1980）所译的丰子恺散文撰写序言时，谷崎润一郎写道："如果在现代要想找寻陶渊明、王维这样的人物，那么，就是他了吧。他在庞杂诈伪的海派文人中，有鹤立鸡群之感。"[73]

1946 年，丰子恺对谷崎润一郎的评论做了回应：

　　我自己明明觉得，我是一个二重人格的人。一方面是一个已近知命之年的，三男四女俱已长大的，虚伪的，冷酷的，实利的老人（我敢说，凡成人，没有一个不虚伪，冷酷，实利）；另一方面又是一个天真的，热情的，好奇的，不通世故的孩子。这两种人格，常常在我心中交战。虽然有时或胜或败，或起或伏，但总归是势均力敌，不相上下，始终在我心中对峙着。为了这两者的侵略与抗战，我精神上受了不少的苦痛……

吉川和谷崎二君对我的习性的批评，真是确当！我不但如谷崎君所说的"喜欢孩子"，并且自己本身是个孩子——今年四十九岁的孩子。因为是孩子，所以爱写"没有什么实用的，不深奥的，琐屑的，轻微的事物"，所以"对万物有丰富的爱"，所以"真率"。贵国（对吉川、谷崎二君说）已逝世的文艺批评家厨川白村君曾经说过，文艺是苦闷的象征。文艺好比做梦，现实上的苦闷可在梦境中发泄。这话如果对的，那么我的文章，正是我的二重人格的苦闷的象征。而这篇文章，可说是二重人格的苦闷的写实。[74]

这段文字写于八年艰苦抗战结束之时。八年来，丰子恺和家人颠沛流离，很快他们就要返乡，去找寻往日生活的遗痕。在此文中，丰子恺思索着，抗日战争之后，丧失了财产并愈发激进的同胞，未来将经历何种命运。他为人们，为儿童和成人所面对的未来忧心忡忡。

在中国，我觉得孩子太少了。成人们大都热衷于名利，萦心于社会问题，政治问题，经济问题，实业问题……没有注意身边琐事，细嚼人生滋味的余暇与余力，即没有做孩子的资格。孩子们呢，也大都被唱党歌，读遗嘱，讲演，竞赛，考试，分数……等弄得像机器人一样，失却了孩子原有的真率与趣味。长此以往，中国恐将全是大人而没有孩子，连婴孩也都是世故深通的老人了！[75]

早在 20 世纪 30 年代初期，贫苦穷困在中国乡村和城市逐渐蔓延，对这种现实的清醒认识激发了丰子恺的想象，影响了他的创作生涯。现在，他的儿女们已经长大成人，渐渐丧失童真，他也随之失去了在喧闹拥挤的红尘中逃避撞击的心灵归隐之所。[76]

1　丰子恺,《给我的孩子们》,《子恺画集》(上海: 文学周报社, 1927 年),
　　收入《丰子恺文集》卷 5, 第 256 页。

2　《丰子恺先生年表》, 第 12 页。

3　参看胡愈之,《纪念开明书店创建六十周年》, 中国出版工作者协会编,
　　《我与开明》, 第 39 页; 郑振铎为《子恺漫画》所写序言, 第 3 页。

4　丰子恺,《谈自己的画》,《丰子恺文集》卷 5, 第 464 页。

5　丰子恺,《从孩子得到的启示》,《丰子恺文集》卷 5, 第 120—122 页。

6　丰子恺,《漫画创作二十年》,《丰子恺文集》卷 4, 第 389 页。

7　丰子恺,《子恺漫画选》(北京: 人民美术出版社, 1955 年) 自序, 收入
　　《丰子恺文集》卷 4, 第 547 页。

8　丰子恺,《谈自己的画》,《丰子恺文集》卷 5, 第 464、468 页。"八指头陀"
　　指的是出生于湖南湘潭的佛教活动家敬安和尚 (1852—1913)。丰子恺
　　此处所引的诗句题为《童子》, 载梅季编,《八指头陀诗文集》, 长沙:
　　岳麓书社, 1984 年, 第 40 页。

9　丰子恺,《漫画创作二十年》,《丰子恺文集》卷 4, 第 389 页。

10　沈怡,《王国维传》(Joey Bonner, *Wang Kuo-wei: An Intellectual Biography*,
　　Cambridge, Mass.: Harvard University Press, 1986), 第 76 页。

11　李又安,《王国维的〈人间词话〉》(Adele Austin Rickett, *Wang Kwo-weis
　　Jen-chien Iz'u-hua'*, Hong Kong: Hong Kong University Press, 1977), 第
　　17—18、46 页。作者认为王国维在做出这样的论说时, 可能还受到孟子
　　所谓"大人者, 不失其赤子之心者也"的影响。参看杨伯峻,《孟子译注》
　　上册, 北京: 中华书局, 1960 年, 第 189 页。

12　沈怡,《王国维传》, 第 111—112 页。

13　叔本华著, 坎普译,《作为意志和表象的世界》第 3 卷 (Arthur
　　Schopenhauer, *The World as Will and Idea*, Translated by R. B. Haldane
　　and J. Kemp, London: Kegan Paul) 第 163—164 页, 引自李又安,《王国
　　维的〈人间词话〉》, 第 18 页。

14　俞平伯,《忆》, 无页码。此书初版时, 俞平伯二十六岁。关于龚自珍的

诗句，出自《午梦初觉，怅然诗成》，《龚自珍全集》，上海：上海人民出版社，1975 年，第 466 页。关于龚自珍和"童心"的研究，参看藤村浩一，《论龚自珍——关于"爱根"与"童心"》，《日本中国学会报》，第 36 期（1984 年），第 235—247 页，尤其是第 242—246 页。藤村认为，龚自珍倡导"童心"是对自身仕途乖蹇的一种逃避和发泄，同时参看白杰明，《替罪羊龚孝拱》（"Gong Xiaogong: A Case of Mistaken Identity" Wellington: Asian Studies Institute，Victoria University of Wellington，1999），第 2 — 4 页。

15　龚自珍，《己亥杂诗》，《龚自珍全集》第 526 页；英译见宇文所安编，《中国文学选读》，第 1148 页。

16　俞平伯，《忆》；同时参看孙玉蓉编，《俞平伯研究资料》，天津：天津人民出版社，1986 年，第 132—133 页。

17　朱自清，《〈忆〉跋》，重印于朱自清编，《我们的六月》，第 212、215 页。

18　毕来德，《中国的书写艺术》（Jean Francois Billeter, *The Chinese Art of Writing*，New York: Rizzoli，1990），第 143 页。

19　朱自清，《〈忆〉跋》，第 211、213、216 页。

20　凤田，《我对于〈忆〉》，《洪水》，第 10—11 期（1926 年 2 月 5 日），收入孙玉蓉编，《俞平伯研究资料》，第 268—269 页。

21　丰子恺，《漫画创作二十年》，《丰子恺文集》卷 4，第 389 页。

22　参看董操等编，《鲁迅论儿童教育》，济南：山东教育出版社，1985 年；戴乃迭、杨宪益译，《鲁迅文选》卷二，第 64—65 页。

23　"真具大人相"，丰子恺曾在 1936 年 4 月，以《大人》为题写过一篇文章，收入《缘缘堂再笔》（1937 年），《丰子恺文集》卷 5，第 590—595 页。在该文中，丰子恺讨论了马一浮所追求的这种儒佛融合的"大人"，本书将在第六章中对此作进一步讨论。丰子恺的这些论说所指的人，如果不是马一浮，也可能是弘一法师。

24　丰子恺，《子恺画集》，第 2—3 页，重印作为《子恺漫画全集》第 2 卷《儿童相》的序言。"失其本心"一语引自《孟子》，参看杨伯峻，《孟子译注》下册，第 266 页。

25　参看狄百瑞,《个人主义与人道主义》(Wm. Theodore de Bary, "Individualism and Humanitarianism"), 载狄百瑞编,《明代思想中的个人和社会》(*Self and Society in Ming Thought*, New York: Columbia University Press, 1970), 第 188—225 页; 沟口雄三在《中国前近代思想的屈折与展开》(东京: 东京大学出版会, 1980 年) 中关于李贽的研究, 第 53—121 页。

26　特别需要参看周作人的《中国新文学的源流》(1934 年, 香港: 汇文阁书店 1972 年重印), 第 33—54 页。卜立德,《一个中国人的文学观》, 第 164—165 页; 林语堂,《生活的艺术》, 第 376—379 页; 及林语堂,《古文小品译英》, 第 413—418 页。关于周作人推崇公安派的现代批评, 参看钱锺书,《中国诗与中国画》, 第 2—4 页; 胡志德,《钱锺书》(Theodore Huters, *Qian Zhongshu*, Boston: Twayne Publishers, 1982), 第 13—16 页。

27　李贽,《童心说》,《焚书·续焚书》, 北京: 中华书局, 1975 年, 第 98、99 页。沟口雄三在《"童心说"及其周围》中进行了分析, 见《中国前近代思想的屈折与展开》, 第 190—208 页。杜卫则在《试论丰子恺的美育思想》[《杭州师范学院学报》(社会科学版), 1984 年第 3 期, 第 34—40 页] 一文中将丰子恺视为李贽。

28　丰子恺,《美与同情》, 这是他于 1929 年 9 月在松江女子中学发表的一场演讲, 收入《艺术趣味》,《丰子恺文集》卷 2, 第 584、582 页。

29　胡敏娜的博士论文《中国的儿童文学》(Mary Ann Farquhar, *Children's Literature in China*, Griffith University, 1983), 第 25—27 页。

30　董操等编,《鲁迅论儿童教育》, 第 72—73 页; 胡敏娜,《中国的儿童文学》, 第 37—38、47、66 页。《我们现在怎样做父亲》英译见戴乃迭、杨宪益译,《鲁迅文选》卷二, 第 64 页。

31　鲁迅,《看图识字》, 载董操等编,《鲁迅论儿童教育》, 第 106 页; 胡敏娜,《中国的儿童文学》, 第 39、68 页; 戴乃迭、杨宪益译,《鲁迅文选》卷三, 第 46 页。

32　胡敏娜,《中国的儿童文学》, 第 96、98、100—101、104 页。

33　叶圣陶,《儿童的想象和感情》(1921 年), 重印于《叶圣陶散文 (甲集)》, 成都: 四川人民出版社, 1983 年, 第 2 页。

34　胡敏娜,《中国的儿童文学》,第 112—114、117 页。

35　同上。

36　杜博妮,《斜塔上的瞭望:朱光潜论二三十年代的美学和社会背景》
(Bonnie S. McDougall "The View from the Leaning Tower: Zhu Guangqian
on Aesthetics and Society in the Nineteen-Twenties and Thirties"), 载马悦然
(Goran Malmqvist) 编,《现代中国的文学与社会环境》(*Modern Chinese
Literature and its Social Context*, Stockholm: Nobel Symposium32, 1977),
第 80—87 页。

37　朱光潜,《朱光潜美学文集》第 1 册, 第 496—501 页;杜博妮,《斜塔上
的瞭望》, 第 85—86 页。

38　王斑,《历史的崇高形象》,第 118 页。

39　例如周作人,《儿童文学》(1920 年 10 月)、《儿童的书》(1923 年 6 月)
收录于《自己的园地》,长沙:岳麓书社,1987 年重印,第 109—112 页。

40　周作人,《阿丽思漫游奇境记》,《自己的园地》,第 55 页。正如我们在
前文中看到, 丰子恺后来曾用 "毛毛虫" 来隐喻自己。

41　周作人,《歌咏儿童文学》,《自己的园地》, 第 95—96 页。陶渊明《责
子诗》, 载王瑶编,《陶渊明集》,北京:人民文学出版社,1983 年, 第
30 页。

42　丰子恺,《美与同情》,《丰子恺文集》卷 2, 第 583—584 页。同时参看
丰子恺在 1928 年所写的《废止艺术科》,《教育杂志》第 20 卷第 2 号,
第 2—3 页。

43　丰子恺,《关于儿童教育》,《丰子恺文集》卷 2, 第 253—254 页。

44　丰子恺,《不惑之礼》, 初次发表于陶亢德编《自传一章》,广州:宇宙
风出版社, 1938 年, 第 118—122 页;《丰子恺文集》卷 5, 第 645 页。

45　丰子恺,《谈自己的画》,《丰子恺文集》卷 5, 第 465 页。此处丰子恺
所言的 "大丈夫", 出自《孟子·滕文公下》"富贵不能淫, 贫贱不能移,
威武不能屈, 此之谓大丈夫。"参看杨伯峻,《孟子译注》上册, 第 141 页;
英译见刘殿爵译,《孟子》, 第 107 页。

46　丰子恺,《谈自己的画》,《丰子恺文集》卷 5, 第 465 页。

47　丰子恺,《子恺漫画全集》第 2 册, 第 59 页。

48　威廉·费韦尔,《当我们还年轻: 两个世纪的童书插画》(William Feaver, *When We Were Young: Two Centuries of Children's Book Illustration*, London: Thames and Hudson, 1977), 扉页及第 6 页。

49　丰子恺,《子恺漫画全集》第 2 册, 第 19、20、38 页。

50　丰子恺,《谈自己的画》,《丰子恺文集》卷 5, 第 467 页。

51　彼得·卡威尼,《童年的形象》(Peter Coveney, *The Image of Childhood*, London: Penguin Books, 1967), 第 37—51 页, 讨论了 19 世纪"浪漫的小孩"观念的演变。

52　王伯敏、夏与参编,《古代画家的儿童画选集》(天津: 天津美术出版社, 1957 年) 中收录了很多中国古代绘画中的儿童形象。

53　丰子恺,《米叶艺术颂》,《丰子恺文集》卷 5, 第 405 页, 此文写于 20 世纪 30 年代中期。这个时期, 丰子恺描绘他身边的贫困和苦痛的艺术兴趣与日俱增, 可以被视为是他对身边环境和自 1928 年后出现 的有关"大众艺术"争论的一种回应。因此, 丰子恺极为强调米勒艺术创作的大众化和可接受性。参看陈星,《"曲高和众"——丰子恺的艺术观》,《潇洒风神》, 第 109—115 页。

54　丰子恺,《子恺漫画》, 第 89 页, 丰子恺在 30 年代中期为左翼杂志《新少年》撰写的他所谓的《美术故事》的最早文章之一, 即是将米勒的艺术作为主题, 题目也是《初步》, 参看《新少年》第一卷第五号 (1936 年 5 月), 第 54—57 页;《丰子恺文集》卷 3, 第 534—538 页。

55　丰子恺,《幼幼画集》, 上海: 儿童书局, 1947 年, 第 14 页。此画集的题目来自《孟子》:"老吾老以及人之老, 幼吾幼以及人之幼。"参看杨伯峻,《孟子译注》上册, 第 16 页; 刘殿爵译,《孟子》, 第 56 页。

56　丰子恺,《被写生的时候》,《子恺漫画全集》第 2 册, 第 13 页; 何莫邪,《丰子恺》, 第 66 页。

57　丰子恺,《教师日记》,《丰子恺文集》卷 7, 第 133 页。

58　丰子恺,《给我的孩子们》,《丰子恺文集》卷 5, 第 253—254 页。"真人"一词源自道家, 指得道的高人, 出自《庄子》"天下"章, 也出现于屈原的《楚辞》中，后被用于指称杰出的道教修炼者。

59　丰子恺，《儿女》，《丰子恺文集》卷 5，第 113 页。

60　参看《小说月报》第 19 卷第 10 期：陈星在《潇洒风神》第 47—49 页讨
　　论了这两篇散文。

61　丰子恺，《儿女》，《丰子恺文集》卷 5，第 114 页。

62　鲁迅，《幸福的家庭》，《鲁迅全集》第 2 册，第 35—43 页。英译见戴乃迭、
　　杨宪益译，《鲁迅文选》卷一，第 202—210 页。

63　陶渊明，《责子诗》，英译见戴维斯译，二卷本《陶渊明》第一
　　卷 [T'ao Yüan-ming (AD 365—427): His Works and Their Meaning,
　　Translated by A. R. Davis, Cambridge: Cambridge University Press, 1983],
　　第 112 页。"志于学"语出《论语》，意味着年满十五岁，参看杨伯峻，《论
　　语译注》，第 12 页；"杯中物"指的是酒。在 1931 年，丰子恺也戏仿陶
　　渊明作过一首《责子诗》，参看丰子恺《仿陶渊明〈责子诗〉》，《丰子恺
　　文集》卷 7，第 739 页。

64　朱自清，《儿女》，《背影》，香港：中流出版社，1978 年重印，第 81、
　　83、86、91 页。

65　丰子恺，《儿女》，《丰子恺文集》卷 5，第 115 页。丰子恺这段关于"儿
　　女似友人"的论说，让人想到晚明沈宜修的《季女琼章传》。沈宜修和
　　其女琼章有许多相同的爱好，她曾告诉这位十七岁即过世了的女儿，"汝
　　非我女，我小友也"，载叶绍袁著，毕敏点校，《甲行日注》，长沙：岳
　　麓书社，1986 年，第 175 页。

66　丰子恺，《渐》，《丰子恺文集》卷 5，第 96 页。

67　丰子恺，《儿童的大人化》，转引自陈星，《谈丰子恺与儿童文学》，杭州
　　师院学报，1987 年第 2 期，第 91—93 页。

68　丰子恺，《谈自己的画》，《丰子恺文集》卷 5，第 468 页。

69　丰子恺，《给我的孩子们》，《丰子恺文集》卷 5，第 256 页。

70　丰子恺，《阿难》，《丰子恺文集》卷 5，第 146—148 页。史震林，《西青
　　散记》，上海：广智书局，1907 年（北京：中国书店，1987 年重印），第
　　1 页；英译见林语堂，《古文小品译英》，第 89 页。

71　丰子恺，《谈自己的画》，《丰子恺文集》卷5，第469页。在大约五年后所写的《教师日记》中，丰子恺讲到瞻瞻现在已是一位青年，感叹"去日儿童皆长大，昔年亲友半凋零"这两句诗，"今日诵之，似是吾自己所作"。参看《教师日记》，《丰子恺文集》卷7，第133页。

72　傅佛国，《日本游记中的中国再发现》，第264页。

73　夏丏尊译，谷崎润一郎，《读缘缘堂随笔》（1943年5月），收入《丰子恺文集》卷6，第112页。

74　丰子恺，《读〈缘缘堂随笔〉读后感》，《丰子恺文集》卷6，第108、110页。同时参看丰华瞻，《丰子恺与日本文学艺术》（《日本文学》，1986年第3期，第229—243页），第231—233页，他在此文中讨论了日本作家厨川白村的思想对其父亲早期文学作品的影响。

75　丰子恺，《读〈缘缘堂随笔〉读后感》，《丰子恺文集》卷6，第110—111页。

76　丰子恺，《谈自己的画》，《丰子恺文集》卷5，第470页。

第六章
护生与存我

1927年，皈依佛教后不久，丰子恺写下一篇题为《剪网》的散文，反思为何世上许多令人愉悦的事物，如果只是考虑其使用价值的话，很快就会被毁掉。例如，与年轻人谈论艺术，如果不是一个严厉而刻板的教师踏着铃声走进教室正式授课，将会是一种令人愉快的经历。"可知世间其他一切的'关系'，都是足以妨碍事物本身的存在的真意义的。"这些相互关联、精心编织而成的网络，包裹着每个人及其生存的方方面面，影响着日常生活最微末的每个细节。在这样的联系与限制之下，想要打破这张网，或试图独立地理解事物的本质，都是徒劳无功的。所以，丰子恺说："我想找一把快剪刀，把这个网尽行剪破，然后来认识这世界的真相。艺术，宗教，就是我想找求来剪破这'世网'的剪刀吧！"[1]

以一种略带抒情的语调向读者讲述，他试图突破世界的因果业力关系，以一种和西方康德主义美学"无功利审美"观点相类似的中国传统思维，去独立地观照事物。[2] 随着对佛教越来越浓厚的兴趣，他逐渐找到了比"关系"更为恰当的另外一种说法——"缘"，这为他的生命和艺术打开了新的局面。[3]

从晚清开始，许多卓越的改革家和爱国者，例如康有为、梁启超、谭嗣同和章太炎等，都对佛教抱有强烈的兴趣。这些学贯中西的思想家，在佛教哲学中发现了应对国家文化困境的思想武器，甚至认为这些思想可以在融合本土价值体系与源于西方的不同观念方面发挥重要作用。

1911 年清社既屋之后，反传统的年轻活动家们彻底批判传统与过往，很快就将作为整体信仰体系的佛教放弃了。[4] 在 20 世纪 20 年代以前，佛教受到很多人的公开敌视；在 1922 年和 1927 年的反宗教激烈论辩中，佛教和基督教一样，是攻击的主要目标。

从某种角度看，丰子恺是年轻的五四文化精英的典型。他与春晖中学和立达学园的同事们一样，真诚地相信教育和文化是改变中国的关键；他和同代人一样，抱有改变中国的使命感。丰子恺公众形象的这个侧面，大量地反映在他关于艺术和音乐的翻译和著述之中。他是那个时代投身于宏大文化事业的典型，他的兴趣在于融合西方和中国的艺术实践，并以结合现代语言与传统元素的方式表达出来。不过，他反感 20 世纪 20 年代以来的变化特别是上海发生的巨变，而这与包括友人在内的大多数同代人形成了鲜明的差别。20 世纪 20 年代末，他皈依佛教，此时所写的文章开始带有他所谓的"法味"。这些散文大多较为晦涩，有些文字还抨击了同代人。也许，他的艺术和宗教实践，要与他的性格态度以及他在时代背景下做出的选择结合起来看，才能得到更好地理解。在那个时代，许多人要么在政治上更为激进，要么放弃社会责任退隐山林。

晚清，知识精英出于各种原因亲近佛教，有的由于个人的信仰，有的则是为了通过深入理解佛教教义而更好地批判它。[5] 思想家谭嗣同、梁启超和章太炎都撰写过哲学论著，他们更看重北宗大乘佛教的积极性和社会性。大乘佛法流行于中国，不承认反对者称其为厌世信仰体系的指责。例如，章太炎说，佛教经典中所谓的"无我"，可以给予革命者和爱国志士极大的信心，没有了自我，也就对牺牲毫无畏惧了。佛教知识精英也声称，他们立下了菩萨誓言，要从无穷无尽的轮回中普度众生。他们前些年推翻封建王朝所做的牺牲和努力，仅仅是实现儒家所说的"大同世界"的前奏而已。这个乌托邦的理想世界，就是佛教所称的"西方极乐世界"，或"涅槃"。[6]

19世纪中叶太平天国运动和随后清王朝的覆灭，带来了巨大的社会失范和动荡，也造就了佛教的复兴，佛教信徒和居士的数量激增。[7]末世氛围也因西方思潮的进入和基督教传教士的散布而大行其道。佛教不像儒教，作为一种非官方的信仰（清朝王室与藏传佛教之间有紧密联系），它可以成为抵御殖民势力和传教士入侵的壁垒。知识分子写出长篇鸿文，证明佛教不但比基督教优越，还可以作为救亡图存的武器，认为佛教具有"中国特性"。[8]梁启超认为，如果佛教放弃迷信成分，则能成为一种重要的哲学——更准确地说，成为中国复兴和文人实现自我证明的有力工具。因此，他呼吁将"新佛教"作为国家知识革命的基础。[9]

对佛教产生新的兴趣，并不仅限于爱国志士的狭小范围。在长三角地区，特别是浙江，出现了佛教的大范围复兴。作为本土文化复兴的组成部分，居士和当地的文化精英纷纷重新印刷在太平天国运动中被毁的佛经。[10]1911年之后，随着文化失范和方向感迷失的加剧，就连外国观察者也注意到了佛教的重兴。一位旅行者记录道："许多官员对近时混乱的政治局势极度失望，纷纷走进佛寺去寻求心灵的慰藉。"[11]程中和是李叔同的早期法侣之一，他曾是一位军官，在讨伐袁世凯的"二次革命"失败之后"看破红尘"，到杭州玉泉寺出家为僧，法名弘伞。后来，弘伞成为虎跑寺住持。而丰子恺从浙一师毕业前不久，李叔同也在虎跑寺出家，开始修行。[12]

尽管无法对这一时期的佛教流行程度做出准确评估，但蒲拉特（J.

B. Pratt）在评论 1923 年至 1924 年浙江省东部从九江到宁波地区的佛教时说，他发现了"一种非常活跃的佛教。新的佛寺正在修建，旧庙也在翻新并举行各种佛教仪式。年轻僧侣向老和尚学习如何打坐。这种情形在整个地区都很普遍"。[13] 唯慈（Holmes Welch）则在关于1864 年至 1912 年佛教重兴的研究中说，许多在太平天国战争中被毁坏的佛寺正在大规模重建。寺庙的财产是宗教活力的一个重要指标，拥有虔敬住持的寺庙和具有良好声誉的僧伽团体，自然吸引了大量捐赠者的供养。[14]

在丰子恺青年时期所处的环境中，佛教非常活跃，甚至可以称得上繁荣。他生活的浙江，正是佛教最为兴盛的中心区域，曾出现著名的"政治和尚"太虚这样的宗教人物。太虚法师受到梁启超、康有为、谭嗣同和章太炎等人思想的深刻影响，以毕生的革命热情投身于鼓动公众和倡导爱国佛教的活动中。丰子恺在具有悠久宗教传统的杭州读书时，长者、导师李叔同正开始对僧侣生涯产生兴趣。浙一师里的中文教师、舍监夏丏尊，给予学生"慈母"般的关怀；美术和音乐老师李叔同则如"严父"一般指导学生，这深深地吸引了丰子恺。[15]

李叔同出生于天津的富裕盐商之家，但他和丰子恺一样祖籍浙江。李叔同的父亲早逝后，家庭逐渐败落。李叔同自幼接受了系统的传统教育，准备参加科举考试。当他在诗词和篆刻方面显示出过人的天赋后，母亲特地聘人指导他。[16] 尽管李叔同在 1897 年接受了包办婚姻，但他毫不受此影响，转而去了上海。他表面上是继续学业，但很快就沉溺于声色犬马，在这座口岸城市里与传统文人和年轻的激进改革者们往来密切。[17] 虽然丰子恺一直很忌讳谈论导师早年生活的细节，但李叔同的另外一位学生、后来的左翼作家曹聚仁却直言不讳地说：

　　他（李叔同）是天津人，跟天津最有名的歌妓杨翠喜有
很深的交情，诗酒酬应，众所艳称。在上海，他也是花丛中
的白蝴蝶，飞去飞来绣阁中，和苏曼殊一样，都是佳人们的
"汤圆"。[18]

　　李叔同这一时期的诗，大多是受上海知名歌妓启发所写的唱和之
作，虽然也表达了个人的情绪和渴望，但大量诗句抒发了对中国政治
局势的苦闷心绪和无力之感。[19] 随后，他到盛宣怀创办于 1896 年的
南洋公学继续学业，这座学校聚集着许多来自江浙地区的优秀年轻学
子。李叔同在南洋公学经济特科班学习了一段时间，并从蔡元培那里
受到日语学习的指点。[20] 由于忙于各自的学业和公务，李叔同和上海
书画界同仁创立的"海上书画公会"很快就解散了，但他还是花时间
琢磨自己爱好的京剧，常常玩票。在 1902 年的科举考试中，李叔同
铩羽而归。[21] 这次考试是 1900 年义和团起事所造成的暂停之后的重开，
丰子恺的父亲丰镈在这场科举中成为清代的末科举人。回到上海后，
李叔同着手创办一份刊物，又为当地的报纸工作过一段时间。1905
年年初，他的母亲过世。1926 年，丰子恺曾陪李叔同回到上海的旧
宅。丰子恺后来回忆说，虽然母亲去世使李叔同获得了去日本学习的
自由，但这件事对他产生了极为强烈而持久的影响。李叔同告诉丰子
恺，母亲去世前的上海岁月"是平生最幸福的时候。此后就是不断的
悲哀与忧愁，一直到出家"。母亲过世后，他一度将自己的名字改为
"李哀"。[22]

　　在东京，李叔同作为首位进入东京美术学校学习的中国学生而名
噪一时，当地新闻报纸《国民新闻》甚至以《清国人志于洋画》为题
报道了此事。李叔同的导师是该校校长黑田清辉。业余时间，李叔同
开始撰写关于艺术的文章，并学习弹奏钢琴，视之为未来振兴中国文

化所需要的一种乐器。1906 年，他开始编辑出版《音乐小杂志》，这是中国此类刊物的首创。该刊在日本印刷，然后寄往上海发行。[23] 在接下来的一年里，在四川同学曾孝谷的帮助下，李叔同成立了中国首个话剧团体春柳社，排演话剧《茶花女》并扮演主角。这部话剧对那一代浪漫主义文人的影响极大。同剧演出者、后来成为著名导演的欧阳予倩说，李叔同在剧中扮演了女主角。由于李叔同来自富裕的盐商家庭，在东京的那一批学生中经济条件最好，所以他能够承担扮演女主角所需置办的时尚服饰的高昂费用。春柳社几乎立刻在国内引起反响，1907 年，类似的戏剧团体在上海成立起来。[24]

日本书商内山完造是 30 年代上海文学界活跃的友人和资助者，他曾回忆说，李叔同在东京时，从服饰到仪态都是江户时代的风格。李叔同的行为举止、风度和地位，使他得以和日本艺术界最优秀的人士保持频繁的联系。[25] 尽管他可以算得上富家公子，但同伴们回忆说，李叔同毫无兴趣利用富裕的家境来享受生活，而是将所有的精力都投入艺术追求中。他的严肃态度和自我否定也给周遭的人留下了深刻印象，在同伴眼中，李叔同非常偏执，常常以极为傲慢的态度和怪脾气对待友人和同学。[26]1910 年，他带了一位日本姨太返回中国。同学徐半梅后来回忆起李叔同夫妇快要离开东京前，他对日本岳母的无理态度。徐半梅目睹，在一个雨天，李叔同的日本岳母来探望李氏夫妇，离开时想要借一把雨伞，却被女婿断然拒绝。李叔同理直气壮地说：我娶你的女儿时，并没有约定要借雨伞给你。徐半梅对李叔同的无理感到非常惊讶，因此印象深刻，并说社会上没有这种人的位置，所以他只好出家。[27]

回到中国后，李叔同起初在天津北洋高等工业学堂和直隶模范工业学堂任美术教员。1912 年，他的旧家庭破产，他去了上海的一所女子学校任教。后来，又短期担任《太平洋报》的副刊编辑，同时出版了陈师曾的画集。几个月后，这份报纸便因财务困境而停刊。[28] 此时李叔同还参加了南社，这是一个松散的爱国文人和艺术家团体，其中包括上海文人圈的一些成员。他帮助南社的领袖柳亚子组织文美会，编辑美术杂志《文美杂志》。[29] 同年，在经亨颐的邀请下来到杭州，担任浙江省立第一师范学校的美术和音乐教师。和同事们一样，李叔同希望在清王朝覆灭之后，亲身参与中国的复兴，通过自身的教学实践，训导出一批具有改革思想的年轻人。正如他的同事夏丏尊所言："当时我们已是三十左右的人，少年名士气息忏除将尽，想在教育上做些实际工夫。"[30] 很快，李叔同就以鲜明而深刻的个性给周围的人留下了难以磨灭的印象。在杭州，他脱掉了和服与流行一时的西装，换上简朴的学者长袍，虽然还留着胡须（后来也改成了山羊胡），却剃了一个光头。[31] 甚至在对禁欲主义的佛教发生兴趣前，他对自己和身边的人就已非常严格。丰子恺回忆，李叔同脱掉西装换上长袍和布鞋，以支持"劝用国货"运动。这场拒绝洋货的运动，是浙一师对第一次世界大战后中国政府在帝国主义压迫之下签订不平等条约的抗议。因为"宽紧带"来源于外国，李叔同甚至将宽紧带也弃之不用。[32]

李叔同的个性和教学方式给学生的影响立刻就显现出来。丰子恺回忆说：

> 我们每天要花一小时去练习图画，花一小时以上去练习弹琴。大家认为当然，恬不为怪，这是什么原故呢？因为李先生的人格和学问，统制了我们的感情，折服了我们的心。他从来不骂人，从来不责备人，态度谦恭，同出家后完全一样，然而个个学生真心的怕他，真心的学习他，真心的崇拜他……夏丏尊先生曾经说，"李先生的教师，是有后光的"。像佛菩萨那样有后光，怎不教人崇拜呢？而我的崇拜他，更

甚于他人。[33]

1912 年，清朝覆亡，民国成立，但变革带来的希望，很快就随着袁世凯成为专制总统而幻灭。袁世凯接受日本政府提出的不平等条约《民四条约》，更让举国失望到极点。这一系列不平等条约，使中国更深地陷入了殖民的深渊。1916 年，袁世凯复辟帝制激起公众抗争的浪潮，最终失败，但张勋率领的"辫子军"却开历史的倒车，又在 1917 年试图恢复清王朝的统治。随后，广东、广西、湖南和安徽等地爆发持续的战争，给曾以为 1911 年的革命和政治改革会赋予中国新生希望的广大民众带来巨大灾难。对政治感兴趣的知识分子，特别是像南社成员李叔同这样的浪漫爱国者，逐渐认识到"共和"并不能缓解国家分裂，也无力撼动传统力量的根基。[34]失去方向的幻灭感，使一些知识精英放弃了群体的努力，转而寻求个人的行动。一些人开始追求个人层面的道德重生，以代替国家层面的社会和政治改革。自 1898 年光绪帝为了激进的改革发动"百日维新"开始，李叔同就对政治保持着强烈的关注。现在，他对局势的发展和未来颇感失望，依循着传统悠久的风尚，转向了宗教。

1916 年寒假，李叔同到杭州虎跑寺断食数日以求"自新"，随后，又一度在道家哲学和新儒家思想中寻求慰藉。在他开始断食前，曾为陈师曾的一件画作写了一段题跋，说他将去山中"断食"。后来，他告诉夏丏尊，三周"断食"的体验，使自己身心轻快，有飘飘欲仙之象。李叔同断食以后觉得如脱胎换骨般，就用老子"能婴儿乎"之意改名"李婴"。[35]经历了这最初的精神顿悟之后，在儒者马一浮的启发之下，他对佛学的兴趣大增。断食结束后，李叔同又去拜访已在杭州定居多年的马一浮，向他描述寺庙及周边的情况，说虎跑寺如何清静，僧人招待如何殷勤。阴历新年，马一浮的朋友彭先生求他介绍一个幽静的寓处，他忆起李叔同前几天曾提起虎跑寺，就把彭先生陪送到虎跑寺去住。到达时恰好李叔同正在那里，经马一浮介绍，就认识了这位彭先生。[36] 同住了不多几天，到了正月初八日，彭先生忽然发心出家，由虎跑寺当家为他剃度。李叔同目睹这一切，大大感动，可是还不想出家，仅皈依了三宝，拜老和尚了悟法师为皈依师。演音的名，弘一的号，就是那时取定的。假期满后，李叔同仍回到学校，但从此以后，他便茹素了，数念珠，看佛经，室中也供起了佛像，刘宗周《人谱》（这部书和一部记了很多笔记的莎士比亚原作，后来都送给了丰子恺）那样的宋元理学书也偶尔看看，而道家的书就开始疏远了。[37]

1918 年秋天，李叔同年满四十岁，这个年纪在儒家观念中被称为"不惑"。暑假到了，他把一切书籍字画衣服等分赠给朋友、学生及校工后，到虎跑寺剃去头发短须，开始修行。[38] 这个事件，令他的学生感到非常震惊。而夏丏尊则为自己鼓励老友对佛教产生兴趣，造成如此后果而感到自责。经亨颐校长很担心李叔同的行为会给学生带来影响，专门召集了一次集会，宣布"李先生事诚可敬，行不可法"。[39]

经亨颐告诉浙一师的学生们，"个人道德修养，是衡量一个人努力一生所能达到的造诣的唯一标准"。这种成就，可能只有通过对外界事务的积极参与才可获致。因为只有经历了世俗生活的沧桑，才能全面理解人性的所有面向，明了道德的真正含义。李先生选择遁世，追求佛学真谛"应该受到尊敬，但这样的行为不应该成为学生们的仿效对象"。经亨颐随即宣布学校的新禁令，严禁学生在任何场合阅读佛经。[40]

这些禁令毫无作用，李叔同的行为还是对学生造成了影响。在后来的岁月中，他的学生中至少有两人遁入空门，丰子恺也成为一名佛教居士。

李叔同剃度之后不久，开始对复兴自唐代起衰败的佛学中的律宗产生了兴趣[41]，这一目标成了弘一毕生的追求。后来他在浙江和福建期间，不但广泛宣传律宗的烦琐戒律，而且在每天的日常生活里也严格遵循这些清规戒律，例如过午不食，不持有个人财产，避免享受任何特权，等等。李叔同出家之后，就放弃了他的艺术，甚至将砚台和笔墨都赠给了他人。但不久后，友人建议他将书法作为宣扬佛法的最佳途径，于是他又开始书法创作。在历史上，结合了宗教宣扬和艺术实践的书法创作，在文化精英的传统中源远流长。[42] 尽管弘一持守爱国主义，不使用洋货，但由于抄写佛教格言宣扬佛理的缘故，还是逐渐开始使用英国产的朱砂。弘一的书作在当时大受追捧，林语堂曾说，弘一以北魏碑体书法为基础的"无欲"书风非常著名，"（弘一书法）来自于道家精神。这种精神不但令有机之物，而且令植物和自然中如岩石那样的无机之物，都灌注着人的精神"。[43] 多年之后，也正是通过书法，弘一与他早年的学生丰子恺重新建立了联系，并再次对这个年轻人的未来产生重要影响。

1927 年，李叔同出家第十个年头，丰子恺年满三十。意气消沉的丰子恺正处在由青年步入中年的过程中，这个过程比那些年灾难性的政治事件对他生命的影响更为巨大。学生示威游行的激愤行为，上海和其他城市的国民党血腥清党，以及政治局势的不稳定，都丰富着丰子恺的眼界。这些事件也同样深刻影响着他的友人和同事。但是，对丰子恺而言，上述事件并非导致他厌世情绪日益增加的决定性因素。1925 年左右，他的散文中有了一种强烈的哲学色彩，已经表现出他对必然性的厌倦，被动地接受已然的世界，颇为勉强地参与社

以戒为师

敬赠晋江日壹佛学社庚午冬季攷试
品行最优专惠存以为纪念 一音

会竞争之中。到了 20 年代末，孩子们长大成人，他自己也人到中年[44]，这使他开始醉心于佛教。他的宗教信仰不仅是后青春时期自我认同危机的结果，也伴随着职业生涯的转变。1927 年以后，丰子恺辞去教职，成为一位半隐退之士。而他的精神状况，正如当时所绘的自画像《三十老人》中的情形：一位头发稀疏、疲惫不堪的人物，似乎失去了所有的能量和热情。[45]

在 1929 年所写的文章《秋》中，他描述了自己年过三十的感受。在儒家观念中，"三十而立"[46]。《秋》则向公众表露，上虞白马湖畔小杨柳屋中那个感情丰富的年轻艺术家，已经不复旧貌。

　　在往年，我只慕春天。我最欢喜杨柳与燕子。尤其欢喜初染鹅黄的嫩柳。我曾经名自己的寓居为"小杨柳屋"，曾经画了许多杨柳燕子的画，又曾经摘取秀长的柳叶，在厚纸上裱成各种风调的眉，想象这等眉的所有者的颜貌，而在其下面添描出眼鼻与口。那时候我每逢早春时节，正月二月之交，看见杨柳枝的线条上挂了细珠，带了隐隐的青色而"遥看近却无"的时候，我心中便充满了一种狂喜，这狂喜又立刻变成焦虑，似乎常常在说："春来了！不要放过！赶快设法招待它，享乐它，永远留住它。"我读了"良辰美景奈何天"等句，曾经真心地感动。以为古人都太息一春的虚度。前车可鉴！到我手里决不放它空过了。最是逢到了古人惋惜最深的寒食清明，我心中的焦灼便更甚。那一天我总想有一种足以充分酬偿这佳节的举行。我准拟作诗，作画，或痛饮，漫游。虽然大多不被实行；或实行而全无效果，反而中了酒，闹了事，换得了不快的回忆；但我总不灰心，总觉得春的可恋。我心中似乎只有知道春，别的三季在我都当作春的预备，或待春的休息时间，全然不曾注意到它们的存在与意义。而对于秋，尤无感觉：因为夏连续在春的后面，在我可当作春的过剩；冬先行春的前面，在我可当作春的准备；独有与春全无关联的秋，在我心中一向没有它的位置。

　　自从我的年龄告了立秋以后，两年来的心境完全转了一个方向，也变成秋天了。然而情形与前不同：并不是在秋日感到像昔日的狂喜与焦灼。我只觉得一到秋天，自己的心境便十分调和。非但没有那种狂喜与焦灼，且常常被秋风秋雨秋色秋光所吸引而融化在秋中，暂时失却了自己的所在。而对于春，又并非像昔日对于秋的无感觉。我现在对于春非常厌恶。每当万象回春的时候，看到群花的斗艳，蜂蝶的扰攘，以及草木昆虫等到处争先恐后地滋生蕃殖的状态，我觉得天地间的凡庸，贪婪，无耻，与愚痴，无过于此了！尤其是在青春的时候，看到柳条上挂了隐隐的绿珠，桃枝上着了点点的红斑，最使我觉得可笑又可怜。

他继续道："我的年龄告了立秋以后，心境中所起的最特殊的状态便是这对于'死'的体感。"之后，他的思考更多转向哲学。结束了关于春天的激情论说后，他此时的感受更像是含苞待放的花朵将要遭受"蹂躏，摧残，攀折之苦"。

你也来反复这老调了！我眼看见你的无数的祖先，个个同你一样地出世，个个努力发展，争荣竞秀；不久没有一个不憔悴而化泥尘。你何苦也来反复这老调呢？如今你已长了这孽根，将来看你弄娇弄艳，装笑装颦，招致了蹂躏，摧残，攀折之苦，而步你的祖先们的后尘！

他已经领悟到死亡是生命的必然结果，也理解了死亡的意义，觉悟到生存的欢乐与悲哀之下潜藏的现实。

我但求此生的平安的度送与脱出而已。犹之罹了疯狂的人，病中的颠倒迷离何足计较？但求其去病而已。[47]

丰子恺在 20 世纪 20 年代末遭受的"心灵的黑暗"，并非只是他个人的独特体验。如前所述，很多同代人，包括他的友人和同事朱自清等，都经历着同样的困惑和怀疑。俞平伯在年满三十岁时写下一篇讽喻散文《中年》，述说自己必然要面对年龄增长带来的无情的衰老。而周作人此时年事已高，宣称不问世事，只愿在"自己的园地"中默默耕耘。尽管丰子恺未能从生存的各种苦痛中很快寻出解决之道，但与以前的老师李叔同即现今的弘一法师的重逢，令他得到了应对中年危机的机缘。

1920 年去日本之前，丰子恺与李叔同道别，接下来两人有六年未曾谋面。丰子恺也没有与李叔同 1918 年介绍他认识的儒者马一浮继续保持联系。虽然 1920 年到 1927 年间是丰子恺俗务最多的时期，但毫无疑问，从他早期散文作品表达的思绪可见，他从未放弃对哲学和宗教的思考。

1926 年春，丰子恺意外收到弘一法师从杭州寺庙中寄来的一张卡片。多年未与老师见面的丰子恺便邀请他从前的老师、现在的同事夏丏尊，同他一道去拜访隐居山林的法师。这次重逢中，弘一法师的超然物外令丰子恺印象深刻。带着一丝寂寥的心情，他回到上海。

> 这次来杭，我在弘一师的明镜里约略照见了十年来的自己的影子了。我觉得这次好像是连续不断的乱梦中一个欠伸，使我得暂离梦境；拭目一想，又好像是浮生路上的一个车站，使我得到数分钟的静观。[48]

1927 年 9 月，丰子恺年满三十，他请求弘一法师给他和姐姐丰满主持仪式，皈依"佛、法、僧"三宝，从此成为居士。子恺法名"婴行"，丰满法名"梦忍"。"婴行"这个名号，只是在他最早印行关于无常变幻的哲学文章时使用过。多年前，李叔同在杭州虎跑寺断食之后曾改名"李婴"，以纪念自己"重返婴儿的状态"。或许，丰子恺法名"婴行"就是为了追随"李婴"。皈依三宝的仪式在佛教中不是特别重要，丰子恺也并非要"脱离尘世"去做和尚，他现在是六个孩子的父亲（1925 年阿难夭折后，徐力民又有了一个男孩，由于出生时体型超大而取名"奇伟"；1927 年秋，第三个男孩元草出生）。然而，丰子恺把这个仪式看得特别重要，他的写作和个人生涯几乎立刻就因此发生了转变。[49]

弘一在福建泉州度过了生命里的最后一段时光。多年之后，在福建厦门发表纪念弘一法师的演讲上，丰子恺用一个比喻来解释他和法师之间的关系及宗教对于他自身的重要性。

> "人生"就是这样的一个三层楼。懒得（或无力）走楼梯的，就住在第一层，即把物质生活弄得很好，锦衣玉食，尊荣富贵，孝子慈孙，这样就满足了。这也是一种人生观。抱这样的人生观的人，在世间占大多数。其次，高兴（或有力）走楼梯的，就爬上二层楼去玩玩，或者久居在里头。这就是专心学术文艺的人。他们把全力贡献于学问的研究，把全心寄托于文艺的创作和欣赏。这样的人，在世间也很多，即所谓"知识分子"，"学者"，"艺术家"。还有一种人，"人生欲"很强，脚力很大，对二层楼还不满足，就再走楼梯，爬上三层楼去。这就是宗教徒了。他们做人很认真，满足了"物质欲"还不够，满足了"精神欲"还不够，必须探求人生的究竟。他们以为财产子孙都是身外之物，学术文艺都是暂时的美景，连自己的身体都是虚幻的存在。他们不肯做本能的奴隶，必须追究灵魂的来源，宇宙的根本，这才能满足他们的"人生欲"。这就是宗教徒。

不少人对李叔同出家感到震惊，认为他的这种行为是逃避，并提出各种各样的猜测，以为他是受了什么刺激，而忽然"遁入空门"了。但丰子恺告诉大家："我却能理解他的心，我认为他的出家是当然的。"实际上，弘一法师的"人生欲"非常之强！他不满足于家庭的温情、物质的享受和文艺的创作与欣赏，他最后要在宗教中探求人生的究竟。丰子恺接着说：

> 我脚力小，不能追随弘一法师上三层楼，现在还停留在二层楼上，斤斤于一字一笔的小技，自己觉得很惭愧。但亦常常勉力爬上扶梯，向三层楼上望望。[50]

李叔同和后来丰子恺所追随的佛法，并非是个人的解脱与逃避。借用史华兹的话，可以称之为"刚健的佛法"[51]。李叔同通过演说、写作，以及身体力行，历尽艰辛，重振律宗。丰子恺肯定不会认为这是消极避世的做法，他反而谴责"自来弃俗出家的人，半是穷极无聊，走投无路之辈。因此佛教向被人视为失意者的避难所"。[52]相反，弘一就像"政治和尚"太虚一样，追求一种积极的哲学，通过宗教实践来复兴国家。丰子恺的友人和同事朱光潜年轻时曾大力鼓吹"以出世精神做入世事业"，他认为弘一法师就是身体力行的典范：

> 入世事业在分工制下可以有多种，弘一法师从文化思想这个根本上着眼。他持律那样谨严，一生清风亮节会永远严顽立懦，为民族精神文化树立了丰碑。[53]

弘一法师的影响不仅限于丰子恺的内心世界，在随后的几年中，丰子恺的外表甚至也发生了改变。蒲乐道（John Blofeld）曾描述过40年代在中国遇到的佛教居士，这些文字或许可以视为对彼时丰子恺的速写像。

> 居士一般都是文化人。他往往喜欢穿一身蓝色、灰色或

者古铜色的丝质长袍。通过他的生活习惯和举止，可以看出他对于中国文化的熟悉和了解。他通常是一位诗人或画家，也可能是位哲学家或者沉思者，常常在中国历史和中医方面具有渊博的知识。大众可以看到，当这群人比其他的知识群体更加热爱中国的文化传统时，源自印度的佛教已经从本质上彻底地中国化了。[54]

无论丰子恺的外表还是态度，都令身边的友人和同事感到不太舒服。教育家、出版家赵景深注意到，1925 年在立达学园初次见面时的丰子恺，和 1928 年重逢时见到的简直判若两人。赵景深曾请丰子恺为自己的《中国文学小史》等书设计封面，当时丰子恺"态度潇洒，好像随意舒展的秋云"，但现在他的变化实在很大。

　　子恺到开明书店来玩，使我很诧异的，竟完全变过一个子恺了。他坐在藤椅上，腰身笔一样的直，不像以前那样的衔着纸烟随意斜坐；两手也垂直的俯在膝上，不像以前那样的用手指拍椅子如拍音乐的节奏；眼睛则俯下眼皮，仿佛入定的老僧，不像以前那样用含情的眸子望看来客；说起话来，也有问必答，不问不答，答时声音极低，不像以前那样的声音之有高下疾徐。是的，我也常听丏尊说："这一向子恺被李叔同迷住了！"[55]

丰子恺的熟人中，有不少都对他转向宗教表示不理解，甚至有人撰写长文来讨论这个问题。毕竟，他从日本回国后，曾和五四时代的其他知识分子一样，先后以教师、译者和作家身份，致力于推动一种融汇中西的新文化，这种文化往往以西方价值观念的尺度来衡量自身。如果说以前的丰子恺忧郁而温和的气质，令他在所关心的问题和政治热情上与同代人有一定差异，还可以理解，那么现在他醉心于佛教，每天念经打坐数佛珠的行为，着实令人感到困惑。画家、左翼小说家许钦文煞费苦心地想打消人们把丰子恺当作"佛教艺术家"的印象。

> 丰子恺先生，虽然已经吃了许多年的素，常常寄寓在寺院里；但他固然不曾受戒做和尚，而且服侍母亲是非常周到的，又非常爱护子女……吃素既然是修养身心三种方法，艺术家是很需要修养功夫的，即使吃素真同佛教有着密切关系，采取佛教的一种手段来修身养心，也并不就是佛化。

丰子恺经常住在佛寺，并与僧人往来密切又当如何解释？许钦文的说法同样令人感到有趣。首先，他说丰子恺住在杭州的原因是儿女们在那里读书，其次：

> 只是由于他的老师李叔同先生的关系，有着许多熟人住在寺院里面，为着看朋友他才到寺院里去。况且他不是阔人，也非富翁，在出门的时候，不好随便去住费用要大的旅舍，耽搁在寺院里才便利。

对许钦文而言，丰子恺没有像和尚那样立誓就足以说明他不是一个真正的佛教徒。他总结说，"他固然不曾受戒做和尚，而且服侍母亲是非常周到的，又非常爱护子女"。其实，与家庭的紧密联系，丝毫不妨碍丰子恺成为一位虔诚的佛教居士。[56]

毫无疑问，弘一的清醒和节制深深影响了丰子恺。弘一是位持戒极严的法师，认为信徒应该接受"三皈依"和"五戒"，即不杀生、不淫邪、不妄语、不饮酒、不偷盗。[57] 很显然，谨慎的仪态和举止才契合严格持戒者之心灵。尽管丰子恺对佛教极有诚意，但饮酒的嗜好还是向他提出了严重挑战。30 年代初期，他又开始饮酒，虽然不像以前在白马湖畔那样畅饮。那时，他被公认为酒仙刘伶的后继者。而早在杭州浙一师上学时，他就常和杨伯豪偷偷跑出去，在西湖边饮酒。对烈酒最初的偏爱消退之后，他最喜欢的是浙江绍兴的黄酒。

> 吃酒是为兴味，为享乐，不是求其速醉。譬如二三人情投意合，促膝谈心，倘添上各人一杯黄酒在手，话兴一定更浓。吃到三杯，心窗洞开，真情挚语，娓娓而来。古人所谓"酒三昧"，即在于此。但决不可吃醉，醉了，胡言乱道，诽谤唾骂，甚至呕吐，打架。那真是不会吃酒，违背吃酒的本旨了。所以吃酒决不是图醉。所以容易醉人的酒决不是好酒。

1947 年，在长期战争所带来的物资短缺时代，丰子恺写下这段话。为了这个特殊的追求，他养成了在黄昏小酌的习惯。"试酌百情远，重觞忽忘天。"在晚酌两三杯后，便更能体会这两句陶诗的真味。[58]

那些积极参与政治的友人，试图为他们眼中子恺的不妥行为找原因；与此同时，尤其是在三四十年代，新儒家思想作为另一个重要因素开始对丰子恺个人信仰的发展产生深刻影响。

新儒家是去除帝国意识形态和反动社会立场的儒家思想。虽然佛教在丰子恺的整个成年时期为他提供了哲学和宗教的支撑，但在某些阶段，特别是抗日战争时期，儒家观念在他的思想和公众活动中发挥了极为重要的作用。这一时期，对丰子恺影响最为明显的是儒者马一浮。学生时代，丰子恺经弘一法师的介绍结识了马一浮老先生。马老先生曾被"最后的儒家"梁漱溟称为"千年国粹，一代儒宗"。[59]

马一浮（蠲翁，1883—1967）的原籍是浙江绍兴，这是许多文化名人的故里。他从小在四川长大，后随家东还。1898 年，应浙江绍兴乡试，名列榜首。鲁迅和周作人兄弟也曾参加这次乡试。在短暂赴美、日留学之后，马一浮于 1906 年定居杭州，专心阅读中国古代典籍。民国初年，他曾应蔡元培之邀在北京政府教育部短期任职。他担任公职的最初想法，是要促进传统经典的研究，但随后不久，便以"我不会做官，只会读书，不如回西湖"的简洁理由辞官而归。实际上，他是不满于蔡元培的教育改革废除了北京大学的中国古代经典课程和研究。1913 年袁世凯复辟的政治闹剧，证明马一浮辞官遁世的做法是明智的。随后，他在杭州继续从事道教和佛教哲学典籍的研究。他的学问和作为隐士不问政治的立场，赢得了广泛的声誉，包括文化名流和知识分子在内的各色人等不辞辛劳地前往他的偏远居所拜访。各种政治势力也极力拉拢马一浮，他都以减少社会应酬的方式加以拒绝。例如 1924 年，他在杭州谢绝了军阀孙传芳的慕名来访。1917 年，马一浮三十五岁，学术兴趣转向佛教，遂自号"一浮"，与"一佛"谐音，表明了致力于佛学之心。[60]

马一浮曾留学美国，对欧洲哲学极为熟悉。他在转向研究中国传统思想之前，曾非常积极地翻译西方文学经典作品。他对佛经的阅读和思考，在李叔同决定出家一事上具有重要的，甚至可以说是关键性的作用。初识马一浮时，丰子恺只有十七岁。多年之后，他回忆起跟随刚刚开始关注佛学的导师李叔同，前往杭州城内的"陋巷"拜访"身材矮胖而满面须髯"的学者马一浮的情景。两位长者所谈皆是东西方哲学思想，子恺很难听懂。不但两人谈话的内容难懂，而且李叔同使用的是天津话，马一浮则是一口绍兴方言，令丰子恺"全然听不懂他们的话"。"从进来到辞去，一向做个怀着愧恨的傀儡，冤枉地被带到这陋巷中的老屋里来摆了几个钟头。"不过，丰子恺对这位当世"颜回"的印象极为深刻。孔子曾在《论语》中如此评价他最喜爱的弟子：

> 贤哉回也，一箪食，一瓢饮，在陋巷。人不堪其忧，回
> 也不改其乐。贤哉回也。[61]

丰子恺后来在文章里写道："每逢走过这种巷，我常怀疑那颓垣破壁的里面，也许隐居着今世的颜子。"[62] 马一浮的"陋巷"是杭州城里的延定巷，他隐居在城市的街巷深处，思考出一种融汇中国传统儒道佛三家主流思想的哲学体系。[63] 二三十年代，马一浮发现了佛教思想的价值，也从本土道教的形而上学哲学中发展出有用的东西。而在随后的岁月中，他逐渐将注意力集中于新儒家思想。[64]

丰子恺再次与马一浮接触，已是 1931 年。这次，弘一法师让学生转交他为马一浮刻制的几枚印章。此时，丰子恺的母亲钟云芳刚刚去世，正是他一生中最为灰暗的时期。此前不久，丰子恺的几位兄弟姊妹，以及他的三个孩子三宝、阿难和奇伟相继离世，甚至 1929 年小女儿的诞生也未能带来一丝新的希望。多年的连续生育令徐力民痛苦不堪，因此给小女取名为"一宁"，意味着"最终的宁静"（后来改名为"一吟"）。母亲过世后，丰子恺并未遵从世俗风气为葬礼大操大办，却开始蓄须，并辞去教职。母亲去世一年多后，他仍然处于深深的哀伤中。生命似乎毫无意义，对无常的感悟，人生的虚幻，令他觉得存在于世没有任何欢乐可言。

> 我只想跟着孩子们到山巅水滨去 picnic，以暂时忘却我
> 的苦痛，而独怕听接触人生根本问题的话。我是明知故犯地
> 堕落了。但我的堕落在我所处的社会环境中颇能隐藏。因为

我每天还为了糊口而读几页书，写几小时的稿，长年除荤戒酒，不看戏，又不赌博，所有的嗜好只是每天吸半听美丽牌香烟，吃些糖果，买些玩具同孩子们弄弄。[65]

但是这样的娱乐，只能带来暂时的满足，只有佛教才能帮助他应对情感上的缺失和日常生活的厌倦。1931 年，他再次与马一浮取得联系，意识到必须花费更多的时间向这位可敬的老人请益，但他很快被西湖的美景所吸引，再次走进陋巷的计划失败了。1933 年年初，丰子恺第三次拜访马一浮，后者的看法超越了弘一法师宁静的修行生活，更超越丰子恺的逃避主义，令他极为认同。他决定尽快返回石门湾，在那里，他亲手设计的新居缘缘堂就修建在风雨飘摇的老屋旁。他刚刚走出长期的抑郁苦痛，"想对'无常'作长期的抵抗"[66]。他做出远离城市重返故里的决定之际，包括陶渊明似的隐逸作家在内的许多知识精英，竭力想从纷纭的俗世旋涡中逃离。[67]

第三次与马一浮见面前，丰子恺曾以感叹无常的古诗为题材作过几幅画，并寄了两幅给马老先生。两人见面时，他告诉马一浮，想多集一些感叹无常的文句来描画，预备作一册《无常画集》。马一浮欣然为他列出许多有关这一题材的佛经和诗文集，并背诵了许多佳句。最后，马一浮幡然说："无常就是常。无常容易画，常不容易画。"[68]这种积极的看法与佛经的悲观形成强烈的对比，令丰子恺从世俗的消沉中重新振奋起来。

> 我好久没有听见这样的话了，怪不得生活异常苦闷。他这话把我从无常的火宅中救出，使我感到无限的清凉。

"火宅"是《妙法莲华经》中的一个比喻："是诸众生，未免生老、

▶马一浮（蠲戏老人）在 1938 年为丰子恺所写的诗。马一浮在诗中记载了抗战时期与丰子恺的友谊，并讨论丰子恺艺术与古代画家（如顾恺之）的内在联系，他们都是通过创造改变世界。这篇诗稿被用作丰子恺 1945 年出版的《古诗新画》的序言。图片来自《子恺漫画全集：古诗新画》（上海：开明书店，1945 年）。

病死、忧悲、苦恼，而为三界火宅所烧。何由能解佛之智慧。"丰子恺当即决定，画了《无常画集》之后要再画一册《常画集》。《常画集》不需请马一浮作序，因为自始至终每页都是空白的。[69]

此后，丰子恺与马一浮的关系越发密切，每次他到杭州西湖边小住，都会去拜访这位令人敬重的隐士。

> 往日在杭州，我的寓所常在他家的近邻。然而我不常去访，去访时大都选择阴雨的天气。因恐晴天去访，打断他的诗兴或游兴。我每次从马氏门中回出来，似乎吸了一次新鲜空气，可以继续数天的清醒与健康。[70]

马一浮是著名的书法家和诗人，他传授给丰子恺的不仅仅是哲学的思想[71]，还有艺术创作的技法。书法，是中国水墨画的"姊妹艺术"。在弘一法师和马一浮的共同影响下，丰子恺对书法的兴趣更大了。在创作漫画之余，他经常练字，临摹魏碑体书法和西晋书家索靖的书风。[72]丰子恺在一篇记叙 1937 年日军进攻浙江，全家从石门湾附近的桐庐开始逃难的文章中，写到马一浮运送其私人藏书的一艘船的船头挂着白布旗，上书"桐庐县政府封"六字，是马先生的亲笔（当时民间难得雇船，这运书船是由县政府代雇来的）。尽管逃难时状况危急，但他的目光还是立刻就被这几个字吸引住了。

> 我珍爱马先生的字，而尤其珍爱他随便挥写的字，换言之，可说是"速写"的字。并非说他用心写出的字不及随便写出的字的好，乃根据我的一种艺术欣赏论：我以为造形美术中的个性、生气、灵感的表现，工笔不及速写的明显。工笔的艺术品中，个性、生气、灵感隐藏在里面，一时不易看

出。速写的艺术品中，个性、生气、灵感赤裸裸地显出，一见就觉得生趣洋溢。所以我不欢喜油漆工作似的西洋画，而欢喜泼墨挥毫的中国画；不欢喜十年五年的大作，而欢喜茶余酒后的即兴；不欢喜精工，而欢喜急就。推而广之，不欢喜钢笔而欢喜毛笔，不欢喜盆景而欢喜野花，不欢喜洋房而欢喜中国式房子。我的尤其珍爱马先生随便挥写的字，便是为此。我曾经拿他寄我的信的信壳上的字照相缩小，制版刊印名片。这时我很想偷了这面白布旗去珍藏起来，但终于没有这股艺术的勇气。[73]

书法是一门艺术，也是反映艺术家道德高下和人性善恶的一面镜子。书法是丰子恺与两位精神导师——弘一和马一浮——之间的联系纽带，以书法为媒介，他还与佛教和儒家两大传统思想建立了紧密联系。多年以来，他在儒佛之间摇摆不定，但二者之结合，却在他的余生中发挥着最主要的影响。20年代末期，他们几人对社会的广泛关注，最终催生出一项持续半世纪之久的事业——创作和印行《护生画集》。

1928年，皈依佛教不久后的丰子恺画了五十幅总题为《护生》的作品，以纪念弘一法师五十岁寿辰和他出家十周年。[74] 弘一选择了诗文中警诫大众勿杀生、勿食肉的段落，以安详平和的书法写就，与画作搭配。《护生画集》第一集由开明书店刊行，附有上海商人、活跃的佛教居士李圆净所撰《护生痛言》一文，倡导非暴力和茹素。马一浮撰写了序言，他说"护生"就是意识到你只是所有生命中的一分子。"情与无情，犹共一体，况同类之生乎！……知画，则知心矣；知护心，则知护生矣。吾愿读是画者，善护其心。"[75]

这种对于众生的认识，正是使《护生画集》逐渐发展出六卷画作大工程的初衷，也是促使丰子恺主张人性和艺术的同情心的指导观念。佛教徒往往通过朝拜或去佛寺烧香祈祷来还愿，以此消除罪业，获得圆满，丰子恺却直言不讳地反对这种"反佛徒"的商品买卖似的做法。[76]1950 年，《护生画集》第三集由生活书店出版时，丰子恺再次重申他的承诺，每隔十年续绘一集，每集增加十幅画与诗，直到1979 年弘一法师百岁诞辰时，将在第六集中绘出百幅画作。[77] 完成这项事业需要花费五十年光阴。"护生"成为丰子恺终身信奉的原则，也是他与导师弘一之间的殊胜因缘。[78]

"放生"，即将已经捕获的禽、鸟和鱼等本拟食用的生命放归自然。这种理论来源于弘一大力倡导的律宗经书《梵网经》，此经有"五十八戒"，为大乘佛教弟子所遵从。一千五百年来，此经流行中国，影响深远。[79] 非暴力的戒律要求信徒反对杀生，不导致他人杀生，不协助杀生，不用咒语杀生，等等。"非杀"和"放生"在中国具有悠久的传统，至少可以追溯到隋代（581—618），其时的斋戒日即禁止杀生。"放生池"最早建于梁元帝（552—555 年在位）时期，唐代广泛设置，成为绝大多数佛寺的必备场所。到了宋代，"放生会"已甚为流行。晚明僧人云栖株宏（莲池大师）则以戒杀为宗旨，在浙江开展复兴佛教的活动，他撰写了关于《梵网经》的长篇阐释文章《戒杀放生文》，大力倡导"护生"和"放生"。[80]

> 株宏必定认识到，在佛经的诸多观念中，戒杀和放生的思想最适合同代人。他敏锐地确认这些问题——生命的短促和弱肉强食的错误——是彼时重振佛教的关键所在。[81]

当时，"放生"成为知识精英和士绅阶层的风尚，其原因是复杂的，包括"政治和社会的动荡，对中国传统思想构成挑战的耶稣教会的侵入，各种社团的文人激情（无论是为了诗歌创作还是相互抬举），以及士大夫开始致力于民众的教化"。"放生"也成为展示文人人格，且可以"与他人分享"的社会行为。[82]

丰子恺的《护生画集》符合印行放生宣传品的传统，这一传统可以追溯到宋代。彼时就已出现劝说人不要捕猎动物作为食品，而应以素食保持良好身心的论说。在《戒杀放生文》里，株宏收集了历史上的传说故事和当代轶闻，宣扬戒杀的益处。[83]利用这些警示故事来宣扬教义，在以罪恶和善行为主题的佛教和道教文本中非常普遍。[84]到了 20 世纪，弘一法师仿效这一古老传统，在泉州大开元寺发表了题为《放生与杀生之果报》的演讲。弘一在讲道时通过寓言故事，说明放生会带来业力的解除，放生者可以获致延寿、愈病、免难、得子和生西五大果报。他告诫听者，不但自己要放弃肉食习惯，还应告诉其他人不要杀生。他说："自己既不杀生，亦应劝一切人皆不杀生。况家中男女等，皆自己所亲爱之人，岂忍见其故造杀业，行将备受大苦，而不加以劝告阻止耶？"[85]

云栖株宏是一位很有能力的佛教学者，以浅显易懂的作品著称。为了应对晚明佛教衰落、社会动荡和道德滑坡的情况，他致力于在大众中传播佛理，对前文提及的"公安三袁"这样的文人和士绅阶层也具有相当的影响力。[86]大约三个世纪之后的五四时期，也是一个分崩离析的时代，道德复兴和文化重振的抱负与知识分子的建国战略融合在一起。李叔同在南洋公学的老师、马一浮的友人蔡元培，虽然激烈批判佛教及与其有关的迷信做法，但以欧洲的目的论为基础，发展出与李叔同差别不大、相互支持的观点。[87]蔡元培反对民国初年颇为流行的社会达尔文主义思潮，认为一种包括动物在内的所有生命都有和谐共生的可能，即中国传统儒家的乌托邦"大同"世界，是可能实现的。这种观点，与晚清政治家、社会改革者康有为的思路很相似。但蔡元培的看法着重于在未来的大同世界中，所有生命的和谐共处，这使他成为一位茹素者。[88] 蔡元培关于相互"同情"的兴趣和有关论述，与他对清末民初道德颓败的应对有关，正如弘一在二三十年代开始倡导复兴南山律宗，也是为了应对当时佛教戒律的松弛和公众道德的败落。于君方在她关于晚明佛教复兴的早期研究中曾言：

> 对云栖袾宏而言，迫切的问题是如何将佛教从日益常规化的危险中解救出来。在禅宗大师富有魅力的启发之下，佛教即使在缺乏文化道德修养的情况之下，也能保持其生命活力。但是，在明代这个"除魅"时代（云栖袾宏和其他佛教徒所称的"末法时代"），对道德自律的持续忽视是极为危险的。实际上，道德自律是汇聚能量，为宗教生命注入活力的唯一有效方式。[89]

除了道德层面的意义，"戒杀"还认为，谋杀一条活生生的性命，在某种程度上是打破了各种存在之间的联系。"食肉"被视为打破这种和谐共存的途径，是对于生命的冷漠行为，会建立负面的业力。《梵网经》还强调持戒者阐释、宣扬戒杀等佛教戒律的重要性。弘一法师，这位令人尊敬的导师，为菩萨戒撰写了解说文字并建议研究《梵网经》的人们首先阅读他所写的介绍。[90] 弘一法师一方面向信众讲解杀生的罪恶，同时对丰子恺以"护生即护心"观念来创作绘画、保护生命的事业非常赞同。这项事业产生于 20 年代的暴乱时代，当时的文化环境充斥着革命和暴力的话语，各种不同的群体忙于制订计划，构建理论，去教育大众、唤醒人民，以完成建国大业。因此，就如晚明的云栖袾宏所遭遇的情形，此时的戒杀和放生，成为一种增进公众道德修养的方式，是知识阶层倡导的实践，也是创立新社会的更大努力的组成部分。通过护生，人们可能建立对众生的同情之心，从而进一步学会欣赏万物相互交织的复杂世界。

马一浮在《护生画集》第一集序言中赞扬了丰子恺和弘一为画集出版付出的努力，强调所有的生命是一个共同体，并断言"护生"其实是保护和养育自己的心灵。马一浮没有从传统的佛教"因果"思想来讨论"戒杀"，作为一位现代儒家思想者，他关注的是如何培养"一心"，以及民族的复兴。虽然丰子恺已皈依佛教并终身保持着对佛教哲学的兴趣，但他对俗世的佛教界抱有反感。从 20 世纪 30 年代开始，他对新儒家思想有了更深的理解，这却并不妨碍他的佛教信仰和修行，他继续念经、打坐、素食。然而，在公开发表的文字中，他声称不食肉更多的是一种饮食习惯，而非宗教行为。

> 我承受先父的遗习，除了幼时吃过些火腿以外，平生不
> 知任何种鲜肉味，吃下鲜肉去要呕吐。三十岁上，羡慕佛教
> 徒的生活，便连一切荤都不吃，并且戒酒。

由于这种虔诚的宗教情绪，丰子恺为自己儿时从其他生命的痛苦和死亡中获得快乐而感到忏悔，为年少时喜欢养蚕（在制造丝绸的各个重要环节中，春蚕吐丝至死是他最感兴趣的一环）、看父亲吃蟹、和邻居豆腐店的小孩一同去钓鱼而感到内疚。[91]"《护生画集》中的画，不过是我素食后的感想的造形的表现。"其实，他并非要劝大家都茹素，还谈及彼时"被动的素食者"在增加——许多人素食是因为贫困或 1933 年至 1934 年间大旱造成的肉类供应的减少，"天灾人祸交作，城市的富人为大旱断屠而素食，乡村的穷民为无钱买肉而素食"。虽然像他这样的素食者现在已不再是少数，但太多的人群被迫开始素食却并非好事。几个青年人质问他为何"不吃荤"和"为什么不杀害虫"，他答复道：

不欢喜吃，所以不吃。不做除虫委员，所以不杀。功利
主义的信徒，把人世的一切看作商业买卖。我的素食不是营商，
便受他们反对。素食之理趣，对他们"不可说，不可说"。[92]

丰子恺并不像我们在《护生画集》中所见的那样刻板地遵循"戒
杀"。在《放生》一文里，他记述了1935年和友人及四个小孩一起划
船游览西湖时发生的事，从中可见他对"放生"一事更为温和的态
度。当他们划船至湖心时，一条大鱼正好跃入船中，引起大家一阵骚
动。舟子让同行的一位青年友人将鱼放入后舱，没想到小孩子们却大
叫："放生，放生！"最后，青年将大鱼投回湖中。丰子恺记述道："我
在舟子的数秒钟的沉默中感到种种的不快。又在他的不再连叫之后觉
得一种不自然的空气涨塞了我们的一叶扁舟。水天虽然这般空阔，似
乎与我们的扁舟隔着玻璃，不能调剂其沉闷。"显然，如果不是由于
孩子们的干扰，这尾大鱼"今晚必成（舟子）盘中之肴无疑"。虽然
鱼被放了，但丰子恺知道这尾鱼的市价大约一元，相当于舟子"两
三次从里湖划到白云庵的劳力的代价"。他对舟子抱有一种同情，因
此设法安慰舟子说："这是跳龙门的鲤鱼……你的儿子好做官了。"舟
子立刻欢喜了，笑着回答："放生有福。先生们都发财。"这种相互的
祝福将沉闷的空气一扫而光，大家愉快地抵达岸边。这个简单的故事
再次表明，即使在最琐细的境况中，丰子恺都抱有一种"同情之心"，
同时也展现出他对放生的某种态度。显然，仅仅放走那条鱼，并没有太
大的意义，这种行为背后的意图及其对他人的影响，才是最为重要的。[93]

丰子恺关于"护心"哲学思想的理解，应该是受到马一浮的影响。
但正如我们所见，他作为一位艺术家，从早年就发展出一种对所绘对
象抱有同情之心的内在意识。例如，他很容易就认识到中西方美学中
有关同情的理论具有相似性。

用自然有情化的态度，从宇宙泛神论的立场观察万物，就在对象中发见生命，而觉得眼前一切都是活物。这不外乎把自己的心移入万物中，而体验它们的生活。西洋美学者称这样艺术创作心理为"感情移入"（Einfühlungstheorie），中国画论中称之为"迁想"。[94]

丰子恺通过陈师曾著名的论文《文人画之价值》，学到德国美学术语"感情移入"。在翻译艺术书籍时，他也遇到过立普斯（Theodor Lipps）使用的"感情移入"一语。他肯定还注意到康德美学"审美非功利"理论与中国传统美学中"气韵生动"等论说之间的相似性。[95]"物我同一""神与心会""万物皆备于我"等观念是中国艺术中常见的主张，具有悠远的儒家和道家思想传统。[96]丰子恺并非当时唯一研究中西方艺术理论中"同情"之重要性的学者。我们知道，丰子恺在春晖中学的同事朱光潜，曾在颇有影响的《谈美》一书中辟有专章，讨论"美的移情"和"宇宙的人性化"。[97]而欧阳竟无的弟子、中国艺术的早期改革者吕澂，也在发表于 1931 年的论文《什么是美感》中讨论过这一主题。[98]

与"感情移入"相似，"同情心"在丰子恺的文字里也占据着非常重要的位置，此点我们已在上文中进行了讨论。他认为一个拥有"同情心"的人，应该把同情的范围扩展到他周遭的世界别的家庭、村庄、地区、民族、国家，以及所有的人类。真正拥有同情心的人，会把他们的感情延伸至所有生命，甚至包括植物世界。[99]这是丰子恺的佛教—儒家思想的反映。在儒家经典《大学》中，有"修身、齐家、治国、平天下"之说，但这并非要去"号令世界"。丰子恺也未曾特别地将"感情移入"和"同情"进行明确的区分，如果说前者是"将自身非自愿地投射到客体（无论是生物还是非生物）上"，那么后者就是"感情和气质的一致和协同，以及与他人的情感的认同"。[100]

在 1929 年一次题为《美与同情》的演讲中，丰子恺对"感情移入"——"同情"这个话题进行了明晰的阐释，他并不愿对二者进行严格区分。

> 普通人的同情只能及于同类的人，或至多及于动物；但艺术家的同情非常深广，与天地造化之心同样深广，能普及于有情、非有情的一切物类……
>
> 故普通世间的价值与阶级，入了画中便全部撤销了。画家把自己的心移入于儿童的天真的姿态中而描写儿童，又同样地把自己的心移入于乞丐的病苦的表情中而描写乞丐。画家的心，必常与所描写的对象相共鸣共感，共悲共喜，共泣共笑；倘不具备这种深广的同情心，而徒事手指的刻划，决不能成为真的画家。[101]

对传统的文人艺术家而言，"物我一体"才是最恰当的表达方式。丰子恺认为，古人已经认识到创作过程之前"物我一体"的精神准备的重要性。

> （古代大家）凡落笔之日，必明窗净几，焚香左右，精笔妙墨，盥手涤砚，如见大宾，必神闲意定，然后为之，岂非所谓不敢以轻心挑之者乎！[102]

丰子恺自己在创作时也采用了同样做法，把这一过程搞得像是某种"礼拜仪式"。他在一张"自画像"中描绘了和孩子们一起坐在书桌前阅读的情景，桌上放置着香炉，轻烟袅袅升起——这正是形象的说明。[103] 而在《中国美术的优胜》一文里，他从中国艺术史和艺术理论中寻找材料，倡导既回应社会变化的需要，又能反映前代实践者对自我表达的深刻理解的现代艺术。他引用了清代中叶艺术家、文人王昱的画论：

> 未作画前全在养兴，或睹云泉，或观花鸟，或散步清吟，或焚香啜茗，俟胸中有得，技痒兴发，即伸纸舒毫，兴尽斯止。至有兴时续成之，自必天机活泼，迥出尘表。[104]

在丰子恺的其他文字中，还有不少同情之心流露的例子。在1935 年写于石门湾的《清晨》一文中，他细致描写了一群蚂蚁费力搬运掉在地上的饭粒的辛劳过程，将蚂蚁也看作类似人类的生命。女儿阿宝加入进来，一同和他观察蚁群劳作。隔壁染房司务走过来，小心翼翼地避开蚁群，以免踩伤它们，并为它们的安然无恙而叫出声来。看着阿宝如此专注地观察蚁群，丰子恺以染房司务为例来说明他所谓的"同情之心"。

> 这染匠司务不是戒杀者，他欢喜吃肉，而且会杀鸡。但我看他对于这大群蚂蚁的"险险乎"，真心地着急；对于它们的"还好还好"，真心地庆幸。这是人性中最可贵的"同情"的发现。人要杀蚂蚁，既不犯法，又不费力，更无人来替它们报仇。然而看了它们的求生的天性，奋斗团结的精神，和努力，挣扎的苦心，谁能不起同情之心，而对于眼前的小动物加以爱护呢？我们并不要禁杀蚂蚁，我们并不想繁殖蚂蚁的种族。但是，倘有看了上述的状态，而能无端地故意地歼灭它们的人，其人定是丧心病狂之流，失却了人性的东西。

丰子恺《！！！》。图片来自丰子恺、弘一法师《护生画集（第一集）》（香港：时代图书有限公司，1979年）。

我们所惜的并非蚂蚁的生命，而是人类的同情心。[105]

阿宝告诉丰子恺，某次她和一群孩子围观蚂蚁的工作，一个调皮的男孩走过来，把一壶滚烫的开水浇在蚁群中，大家被他吓走，没有人敢回头。丰子恺继续写道：

> 我听了毛发悚然。推想这是水灾而兼炮烙，又好比油锅地狱！推想这孩子倘做了支配者，其杀人亦复如是！古来桀纣之类的暴徒，大约是由这种恶童变成的吧！[106]

1937 年，抗日战争爆发，丰子恺一家从石门湾开始逃难的行程，他们在浙江西南部的兰溪偶遇丰子恺浙一师的老同学曹聚仁。曹当时是进步的文学活动家，也是战地记者，为奋力报道军事冲突而颇感自豪。一起就餐时，曹聚仁告诉丰子恺，他很担心平和的老友在日军威胁之下，还继续宣扬佛教信仰和非暴力主义。他问丰氏夫妇，几个孩子中有没有对艺术感兴趣的。得知孩子们对艺术都不甚爱好时，曹聚仁兴奋地连说"很好"。当得知徐力民怀着夫妇二人的最后一个孩子——即将在逃难途中诞生的男孩新枚时，曹聚仁建议这老老少少一大家人，最好放弃逃难计划，继续留在浙江，虽然这样可能是将命运交到侵略者手中，前途莫测。[107]

在这顿饭剩下的时间里，丰子恺胃口全无。随后不久，他在路途中听说曹聚仁公开撰文称，丰子恺在这个时候宣扬和平主义的《护生画集》很不合适，应该付之一炬。丰子恺以断交作为回应。历史唯物主义者曹聚仁从未认同丰子恺的佛教信仰，但他认为断交并非由于兰溪的这顿聚餐，而是因为早前他在发表于《中学生》杂志的一篇文章里引用了丰子恺的话，说丰子恺对他讲"慈悲的概念不适合于敌人"。丰子恺认为这个说法既歪曲了他的原意，也背叛了他的佛教信仰。在回应的文章中，他拒绝接受曹聚仁的好战主义，并再次重申"护生"的理由——即便中国正经受着日本侵略军的折磨：

> 现在我们中国正在受暴敌的侵略，好比一个人正在受病菌的侵扰而害着大病。大病中要服剧烈的药，才可制胜病菌，挽回生命……然这种药只能暂用，不可常服。等到病菌已杀，病体渐渐复元的时候，必须改吃补品和粥饭，方可完全恢复健康。补品和粥饭是什么呢？就是以和平、幸福、博爱、护生为旨的"艺术"。[108]

丰子恺问道，曹聚仁听说他的孩子们对作为和平与和谐基石的艺术不感兴趣时，为何如此高兴？难道曹聚仁真的认为，无休止暴力的不断升级就是解决中国面临的各种难题的答案吗？"难道他以为此次抗战，是以力服人，以暴易暴；想步墨索里尼，希特勒，日本军阀之后尘，而为扰乱世界和平的魔鬼之一吗？"最后，丰子恺总结他的质问并提醒读者，最后的胜利并不属于那些拥有强大军事力量的势力，而属于那些"善护其心"的人们。

1　丰子恺，《剪网》，《丰子恺文集》卷 5，第 94—95 页。

2　参看丰子恺（发表时署名为"婴行"），《中国美术在现代艺术上的胜利》，收入《绘画与文学》（1934 年，香港：宏图图书公司，1978 年重印），载《丰子恺文集》卷 2，第 514—545 页。这篇长文的下半部分"感情移入与气韵生动"，是丰子恺对于中国传统艺术理论与西方美学之间进行的最为系统的比较研究；关于此问题，还可参看蔡元培在 1921 年所作演讲《美学的进化》，《蔡元培选集》，北京：中华书局，1959 年，第 169 页。

3　丰子恺，《缘》，此文写于 1929 年劳动节，发表于《小说月报》6 月号，参看《丰子恺文集》卷 5，第 154—156 页。关于"缘"的各种类型及其社会意义，参看杨国枢，《中国人之"缘"的观念与功能》，《中国人的心理》，台北：桂冠图书公司，1988 年，第 123—154 页。

4　林毓生，《五四时期的激进批判与中国自由主义的未来》（Lin Yü-sheng, "Radical Iconoclasm in the May Fourth Period and the Future of Chinese Liberalism"），载史华兹（Benjamin L. Schwartz）编，《反思五四运动》（Reflections on the May Fourth Movement, A Symposium, Cambridge, Mass.: East Asia Research Center, Harvard University, 1973），第 29 页；以及林毓生，《中国意识的危机》（The Crisis of Chinese Consciousness: Radical Antitraditionalism in the May Fourth Era, Madison: University of Wisconsin Press），第 5 页注释 2、第 6—7 页、第 6 页注释 4、第 29 页。

5　释东初，《中国佛教近代史》，台北：中华佛教文化馆，1974 年，第 549 页。

6　陈善伟，《晚清政治思想中的佛教》（Chan Sinwai, Buddhism in Late Ch'ing Political Thought, Hong Kong: The Chinese University Press, 1985），第 110、144—145、148 页。

7　唯慈，《中国佛教的复兴》（Holmes Welch, The Buddhist Revival in China, Cambridge, Mass.: Harvard University Press, 1968），第 73 页。

8　陈善伟，《晚清政治思想中的佛教》，第 8、41、46、156 页。

9　梁启超著，徐中约译，《清代学术概论》（Liang Ch'i-ch'ao, Intellectual Trends in the Ch'ing Period, Translated by Immanuel C. Y. Hsü,

Cambridge, Mass.: Harvard University Press, 1959），第 116—117 页；唯慈，《中国佛教的复兴》，第 73—74、205 页。

10 自公元 10 世纪的五代开始，佛教就在浙江非常兴盛，参看于君方的博士论文，《云栖株宏》（Kristin Yü Greenblatt, *Yün-ch'i Chu-hmng: The Career of a Ming Buddhist Monk*, Columbia University, 1973），第 149—150 页。长江下游地区是中国佛教的摇篮，像下文中将讨论的 16 世纪明代和尚云栖株宏的佛教复兴运动即以浙江为中心。

11 何乐益，《中国的佛教和佛教徒》（Lewis Hodous, *Buddhism and Buddhists in China*），第 66 页，引自《中国佛教的复兴》，第 74、260 页。

12 丰子恺，《法味》，发表于《一般》，1926 年 10 月，《丰子恺文集》卷 5，第 22 页；在 70 年代写下的回忆文章《宽盖》，《丰子恺文集》卷 6，第 755 页。弘伞自号"招贤老人"，招贤寺在西湖边上，丰子恺曾于 30 年代在其附近租住。关于 1900 年前后杭州市佛教活动的细节，参看冷晓，《近代杭州佛教史》，杭州：杭州市佛教协会，1995 年，第 28—39 页。

13 蒲拉特，《佛教的朝圣和圣地》（James Bissett Pratt, *The Pilgrimage of Buddhism and a Buddhist Pilgrimage*），第 686 页，引自《中国佛教的复兴》，第 246 页。

14 唯慈的统计数据显示，1930 年浙江和江苏两省的佛教徒和居士人数分别位居全国之首（江苏僧人 91400，居士 1139540；浙江僧人 64300，居士 1367800）。他认为这种状况即便没有贯穿整个世纪，也持续了好几十年。参看《中国佛教的复兴》，第 251—252 页。

15 丰子恺，《李叔同先生的教育精神》，1957 年 5 月为《杭州日报》所写，《丰子恺文集》卷 6，第 542 页。

16 参看《弘一大师年谱》，第 8、10—12 页；袁希濂，《余与大师之关系》，《香港佛教》，第 269 期（1982 年），第 12 页。李叔同后来完成了两部印谱和诗集，分别是《李庐印谱》和《李庐诗钟》。参看智龛，《丰子恺留下的篆刻作品》（《书法》，1980 年第 6 期，第 25 页）、《丰子恺的皈依年代》（《书谱》，1984 年第 6 期，第 14 页）；袁道厚，《丰子恺与篆刻》，《人民日报》（海外版），1986 年 10 月 30 日。

17　李端,《追忆先父李叔同事迹片段》,载民盟天津市委员会文史资料研究小组编,《文史参考资料汇编》第 6 辑, 1983 年, 第 25 页。丰子恺、宋云彬,《弘一法师》,载《文史资料选辑》第 34 辑, 北京: 文史资料出版社, 1963 年 (1980 年重印), 第 100—115 页。

18　曹聚仁,《我与我的世界》, 北京: 人民文学出版社, 1983 年, 第 145—146 页。

19　智新,《弘一法师和名女人之间》, 重印于方师铎编,《李叔同传记资料》, 台北: 天一出版社, 1979 年, 第 107—111 页。

20　威廉·杜克,《蔡元培: 现代中国的教育家》(William J. Druiker, *Ts'ai Yüan-p'ei: Educator of Modern China*, Altoona: Pennsylvania State University, 1977), 第 8—9 页; 冉玫烁,《中国早期的革命者: 上海、浙江的激进知识分子》(Mary Backus Rankin, *Early Chinese Revolutionaries: Radical Intellectuals in Shanghai and Chekiang*, 1902—1911, Cambridge, Mass.: Harvard University Press, 1971), 第 61—62 页; 费维恺,《中国早期工业化: 盛宣怀和官督商办企业》(Albert Feuerwerker, *China's Early Industrialization: Sheng Hsiian-huai and Mandarin Enterprise*, Cambridge, Mass.: Harvard University Press, 1958), 第 69—70 页。

21　朱经畲,《李叔同年谱》,《文史参考资料汇编》第 6 辑, 第 12 页。

22　丰子恺,《法味》,《丰子恺文集》卷 5, 第 29 页; 中国佛教协会编,《弘一法师》, 第 308 页。

23　参看《弘一大师年谱》, 第 26、27、32—33 页; 中国佛教协会编,《弘一法师》, 第 243—244 页; 孙继南,《我国最早的音乐期刊》,《人民音乐》, 1985 年第 3 期, 第 57—58 页。关于钢琴在 20 世纪 中国的意义, 参看理查德·克劳斯,《中国的钢琴与政治: 中产阶级的抱负和为西方音乐的奋斗》(Richard C. Kraus, *Pianos and Politics in China: Middle-Class Ambitions and the Sruggle over Western Music*, New York: Oxford University Press, 1989), 第 24 页后。

24　参看高美庆,《中国艺术对西方的回应》, 第 76 页; 高美庆,《中国的教育改革和西画运动的开端》, 载安雅兰、沈揆一编,《危机中的世纪》，第 156 页；《弘一大师年谱》第 27—31 页；杜为廉，《中国戏剧史》（William Dolby, *A History of Chinese Drama*, London: Paul Elek, 1976），第 202—203、278—279 页；李欧梵，《中国现代作家的浪漫一代》，第 44—46 页，作者在此讨论了林纾翻译的《巴黎茶花女遗事》及其影响。

25 参看内山完造，《弘一律师》，转引自《弘一大师年谱》第 27 页；中国佛教协会编，《弘一法师》，第 274 页；《弘一大师年谱》第 27—35；以及郑逸梅在《南社丛谈》（上海：上海人民出版社，1981 年）第 132 页中关于李叔同生平的不完全可信的论说。

26 欧阳予倩在《记春柳社的李叔同》一文中的说法，参看中国佛教协会编，《弘一法师》，第 282— 283 页。

27 徐半梅也有和欧阳予倩类似的经历和感受，参看中国佛教协会编，《弘一法师》，第 280 页。

28 袁希濂，《余与大师之关系》，《香港佛教》，第 269 期（1982 年），第 12 页；《弘一大师年谱》第 39—44 页；曹云鹏，《宽愿法师回忆弘一上人》，上海市政协编，《上海文史资料选集》第 53 辑，上海：上海人民出版社，1986 年，第 229—230 页。

29 《弘一大师年谱》第 39—42 页；中国佛教协会编，《弘一法师》，第 308 页；郑逸梅，《南社丛谈》，第 132—134 页；冉玫烁，《中国早期的革命者》，第 122—125 页；美学刊物《文美杂志》存在时期极短。

30 夏丏尊，《弘一法师之出家》，载中国佛教协会编，《弘一法师》，第 247 页。

31 姜丹书，《追忆弘一大师》，载中国佛教协会编，《弘一法师》，第 265 页。

32 丰子恺，《李叔同先生的爱国精神》，《丰子恺文集》卷 6，第 538 页。

33 丰子恺，《我与弘一法师》，这是他于 1948 年 11 月 28 日在厦门佛学会的演讲，《丰子恺文集》卷 6，第 398—399 页。

34 冉玫烁，《中国早期的革命者》，第 6—11 页；林毓生，《中国意识的危机》，第 19—25 页。

35 夏丏尊，《弘一法师之出家》，载中国佛教协会编，《弘一法师》，第 248 页；《弘一大师年谱》，第 51、54 页。

36 参看《马一浮生平年表》，载马镜泉等编，《马一浮先生纪念册》，杭州：

中国书法家协会浙江分会，1986年，第12—13页。

37　夏丏尊，《弘一法师之出家》，载中国佛教协会编，《弘一法师》，第249页；《弘一大师年谱》，第55—56页；丰一吟，《潇洒风神》，第62页。

38　"四十而不惑"语出《论语》，参看杨伯峻，《论语译注》，第12页，英译见李克曼，《论语》(Simon Leys, *The Analects of Confucius*, New York: W. W. Norton&Co., 1997)，第6页；丰子恺，《弘一大师纪念册序言》，《丰子恺文集》卷6，第468页；《弘一大师年谱》，第57—63页；马镜泉等编，《马一浮先生纪念册》，第12—13页。

39　夏丏尊，《弘一法师之出家》，载中国佛教协会编，《弘一法师》，第249—250页；丰子恺在艺术社团中的友人沈本千，在《一代高僧弘一法师》(载浙江省政协编《浙江文史资料选辑》第26辑，杭州：浙江人民出版社，1983年)一文中记载了经亨颐的讲话(第119页)。

40　叶文心，《省道：文化、空间和中国共产主义的起源》，第84页。

41　关于这段时期律宗在中国的历史及活动，参看妙音的《律学》(香港：法界学苑，1964年)中有关弘一的一章。律宗由道宣(596—667)创立，因着重研习及传持戒律而得名。南山律，则是由于道宣在长安附近的终南山修行而得名。参看《中国佛教的复兴》，第71、196、237页；陈观胜，《佛教在中国：历史的考察》(Kenneth K. S. Ch'en, *Buddhism in China: A Historical Survey*, Princeton, N. J.: Princeton University Press, 1972)，第301页。

42　卜正民，《为权力祈祷：佛教与晚明中国士绅社会的形成》(Timothy Brook, *Praying for Power: Buddhism and the Formation of Gentry Society in Late-Ming China*, Cambridge, Mass.: Harvard University Press, 1993)，第119页后。

43　林语堂，《不羁》(Lin Yutang, *The Pleasures of a Nonconformist*, London: Heinemann, 1962)，第251页。弘一的演讲和文字，由其弟子妙音等收集编辑为《南山律苑文集》(新加坡：薝卜院，1964年)；参看洪启嵩、黄启霖，《弘一文集》，台北：文殊出版社，1988年，第1—52页；曹仕邦，《弘一大师对持律的实践》，《香港佛教》，第269期，第32—34页；《弘一大师年谱》，第 55、57—60 页；大光，《倓虚法师影尘回忆录》，台北：中华大典编印会，1969 年，第 203—218 页。

44　丰子恺，《渐》，《丰子恺文集》卷 5，第 98—99 页。

45　丰子恺，《子恺漫画》第 91 页；何莫邪，《丰子恺》，第 25 页。

46　杨伯峻，《论语译注》，第 12 页。

47　丰子恺，《秋》，《丰子恺文集》卷 5，第 162—165 页。

48　丰子恺，《法味》，《丰子恺文集》卷 5，第 25 页。

49　婴行（丰子恺），《渐》，发表于《一般》，1928 年 6 月第 5 卷第 2 号；《丰子恺先生年表》第 15 页；何莫邪，《丰子恺》，第 27 页；殷琦，《关于丰子恺皈依佛教及"缘缘堂"命名的时间》，《香港文学》，1985 年第 9 期，第 11 页；陈星《丰子恺何时皈依？》(《经济生活报》，1987 年 3 月 3 日）认为这场仪式是"受居士戒"；参看唯慈，《中国的佛教实践》(Holmes Welch, *The Practice of Chinese Buddhism 1900—1950*, Cambridge, Mass.: Harvard University Press, 1967)，第 357—361 页。

50　丰子恺，《我与弘一法师》，《丰子恺文集》卷 6，第 399—400、402 页。

51　参看史华兹，《寻求富强：严复与西方》(Benjamin L. Schwartz, *In Search of Wealth and Power: Yen Fu and the West*, Cambridge, Mass.: Harvard University Press, 1964)，第 15 页。史华兹在谈到南宋岳飞首次将武装力量与儒家道德结合起来，使得儒家思想中出现了积极好战的倾向时，使用了"刚健的儒学"(muscular Confucianism)一词。

52　丰子恺，《大人》，《丰子恺文集》卷 5，第 594 页。

53　朱光潜，《朱光潜美学文集》第 1 册，第 446 页；朱光潜，《以出世的精神，做入世的事业——纪念弘一法师》，载中国佛教协会编，《弘一法师》，第 4 页；关于丰子恺与太虚之间的交往，参看丰子恺，《怀太虚法师》，《丰子恺文集》卷 6，第 193—194 页。

54　蒲乐道，《莲花中的宝石》(John Blofeld, *The Jewel in the Lotus*, London: Sidgwick and Jackson, 1948)，第 58—59 页，唯慈，《中国佛教的复兴》，第 260—261 页，唯慈说，"蒲乐道此处所言，均为 本人所见证实"。

55　赵景深，《丰子恺》，载林语堂编，《文人画像》，上海：晨光出版公司，

1947 年，第 143 页。

56　许钦文，《郁达夫、丰子恺》，载林语堂编，《文人画像》，第 138 页。

57　参看弘一，《在家律要之开始》，《南山律苑文集》，第 20—21 页；洪启嵩、黄启霖编，《弘一文集》，第 7—8 页。

58　丰子恺，《沙坪的美酒》，《丰子恺文集》卷 6，第 180、182 页。陶渊明诗句的英译见戴维斯译，《陶渊明》，第一卷第 63 页、第二卷第 52 页。

59　参看马镜泉等编，《马一浮先生纪念册》，第 2 页。杜维明将马一浮、熊十力、梁漱溟、冯友兰和张东荪并称为"儒学大师"，参看杜维明，《仁与修身：儒家思想论集》（Tu Wei-ming, *Humanity and Self Cultivation. Essays in Confucian Thought*, Berkeley, Calif.: Asian Humanities Press, 1979），第 222、226 页。而大陆正统学者贺麟在其《当代中国哲学》（上海：胜利出版公司，1947 年）第一章中也称"马先生兼有中国正统儒者所应具备之诗教礼教理学三种学养，可谓为代表传统中国文化的仅存的硕果"（第 16 页）。

60　马镜泉等编，《马一浮先生纪念册》，第 2 页；陈星，《隐士儒宗马一浮》，济南：山东画报出版社，1996 年。

61　杨伯峻，《论语译注》，第 59 页；李克曼，《论语》，第 25—26 页。

62　丰子恺，《陋巷》，《丰子恺文集》卷 5，第 202 页。

63　关于马一浮的生平细节，参看龚慈受，《一代儒宗吾师马一浮》[《古今谈》（试刊号），1985 年第 1 期，第 1—6 页]；余英时，《陈寅恪的学术精神和晚年心境》，《明报月刊》，1983 年第 1 期，第 19 页；陈荣捷，《近代中国的宗教趋向》（Wing-tsit Chan, *Religious Trends in Modern China*, New York: Columbia University Press, 1953），第 31—32 页；卜正民，《为权力祈祷》，第 68—69 页。

64　贺麟在《当代中国哲学》第 16 页说，马一浮哲学的融会贯通，与陆象山（1139—1193）和王阳明（1472—1529）相似，"其格物穷理，解释经典，讲学立教，一本程朱，而其返本心性，祛习复性，则接近陆王之守约"，但马一浮"尤其能卓有识度，灼见大义，圆融会通，了无滞碍"。

65　丰子恺，《陋巷》，《丰子恺文集》卷 5，第 204 页。丰子恺的母亲在

1930 年中国旧历新年正月初五去世，参看《丰子恺先生年表》第 16 页；
《丰子恺传》，第 47 页；《陋巷》，《丰子恺文集》卷 5，第 205 页；丰华瞻，
《丰子恺与马一浮》，《明报月刊》，1982 年第 11 期，第 98—101 页。

66　丰子恺，《陋巷》，《丰子恺文集》卷 5，第 206 页。

67　叶文心，《民国时期大学校园文化》（Wen-hsin Yeh, *The Alienated Academy: Culture and Politics in Republican China*, 1919—1937, Cambridge, Mass.: Harvard University Press, 1990），第 249—250 页。

68　宇宙中不变的是"道"或"理"。在丰子恺的《无常之恸》一文中，引用了可能是由马一浮提供的有关"无常"的古代诗句。参看《无常之恸》，《丰子恺文集》卷 5，第 615—620 页。

69　丰子恺，《陋巷》，《丰子恺文集》卷 5，第 206 页；《妙法莲华经》的英译见苏慧廉（W. E. Soothill）的译本（*The Lotus of the Wonderful Law*, London: Curzon Press, 1987），第 91 页。

70　丰子恺，《桐庐负暄》，《丰子恺文集》卷 6，第 20 页。

71　贺麟在《当代中国哲学》第 16 页说，马一浮"也是我国当今第一流的诗人"；马镜泉等编，《马一浮先生纪念册》，第 19 页及以下；马一浮，《马一浮书法选》，合肥：安徽美术出版社，1988 年。

72　丰一吟，《潇洒风神》，第 138 页。

73　丰子恺，《桐庐负暄》，《丰子恺文集》卷 6，第 24—25 页。

74　《丰子恺先生年表》第 15 页；《丰子恺传》第 98 页；《弘一大师年谱》，第 109—111 页；丰一吟，《〈护生画集〉出版年代考证》，《杨柳》，1987 年第 3 期（总第 15 期），第 4—6 页。

75　释东初，《中国佛教近代史》第 2 册，第 713—714 页；丰子恺，《戒孝子和李居士》，《丰子恺文集》卷 6，第 686—688 页；丰子恺，《护生画集》（6 卷本）第 1 卷，香港：时代图书有限公司，1979 年，第 3 页。

76　丰子恺，《佛无灵》，《丰子恺文集》卷 5，第 705—709 页；唯慈，《中国的佛教实践》，第 371 页。

77　这是应弘一的要求而为之，参看丰子恺为《护生画集》第三卷所写序言。

78　关于这六卷的出版细节，参看陈星，《功德圆满——〈护生画集〉创作

史话》，台北：业强出版社，1994 年；《丰子恺传》第 98 页；郑逸梅，《缘缘堂主人丰子恺》，《大成》，1987 年第 2 期，第 26—30 页。

79　于君方，《云栖祩宏》，第 109 页；唯慈，《毛泽东时代的佛教》（Holmes Welch, *Buddhism under Mao.* Cambridge, Mass.: Harvard University Press, 1972），第 280 页；戴密微，《佛教和战争》（Paul Demiéville, "Le Bouddhisme et la guerre"），载《杂文》（*Mélanges*），1957 年，第 1 期，第 249、253 页。

80　于君方，《云栖祩宏》，第 110、117、118—119、120、124 页。

81　韩德琳，《明清的放生活动：佛教的启示与精英的想象》（Joanna E. Handlin Smith, "Liberating Animals in Ming-Qing China: Buddhist Inspiration and Elite Imagination"），载《亚洲研究杂志》（*Journal of Asian Studies*），第 58 卷，第 1 期（1999 年 2 月），第 51—84 页。

82　韩德琳，《明清的放生活动》，散见于第 62、67 页；卜正民，《为权力祈祷》，第 91 页后。

83　于君方，《云栖祩宏》，第 124、127—131 页。

84　艾伯华，《传统中国的罪感与罪恶》（Wolfram Eberhard, *Guilt and Sin in Traditional China*, Berkeley: University of California Press, 1967），第 12—23、73—75 页。

85　弘一，《放生与杀生之果报》，《弘一大师演讲全集》，台北：天华出版事业股份有限公司，1982 年，第 144—147 页。

86　于君方，《云栖祩宏》，第 132—133 页；卜正民，《为权力祈祷》，第 65、102—103 页。

87　见威廉·杜克，《蔡元培》，第 21—27 页。

88　释东初，《中国佛教近代史》，第 567—568 页；威廉·杜克，《蔡元培》，第 36 页；蔡元培，《蔡元培先生全集》，台北：商务印书馆，1968 年，第 197—198 页及 224—225 页的注释。

89　于君方，《云栖祩宏》，第 134 页。

90　于君方，《云栖祩宏》，第 111、121—122 页；陈慧剑，《弘一大师文钞》，台北：天华出版社，1982 年，第 43 页。

91　丰子恺，《素食以后》，《丰子恺文集》卷 5，第 400 页；《忆儿时》，《丰子恺文集》卷 6，第 135—140 页。

92　丰子恺，《素食以后》，《丰子恺文集》卷 5，第 402 页；智藏，《十五年来之居士界》，《海潮音》，1935 年第 1 期，第 140—185 页。

93　丰子恺，《放生》，《丰子恺文集》卷 5，第 398—399 页。

94　丰子恺，《文学的写生》，《丰子恺文集》卷 2，第 476 页；丰子恺在别处曾使用过 "迁想妙得"，语出东晋艺术家顾恺之（约 345—409）。参看徐复观，《中国艺术精神》，沈阳：春风文艺出版社，1987 年，第 81、166—167 页。

95　丰子恺，《中国美术的优胜》，《丰子恺文集》卷 2，第 528 页。

96　"万物皆备于我" 语出《孟子》，参看杨伯峻，《孟子译注》下册，第 302 页；丰子恺，《美与同情》，《丰子恺文集》卷 2，第 583 页；高居翰，《绘画理论中的儒家因素》（James Cahill, "Confucian Elements in the Theory of Painting"），载芮沃寿（Arthur F. Wright）编，《儒家信念》（The Confucian Persuasion, Stanford, Calif.: Stanford University Press, 1966），第 115—140 页。

97　朱光潜，《谈美》第三章 "子非鱼，安知鱼之乐——宇宙的人情化"，《朱光潜美学文集》第 1 册，第 461—466 页；关于讨论 "同情" 与德国美学的另外著作，见范寿康的《美学概论》（上海：商务印书馆，1927 年），重印于胡经之编，《中国现代美学丛编（1919—1949）》，北京：北京大学出版社，1987 年，第 14—16、20—27 页。

98　吕澂，《什么是美感》，载《美学浅说》，上海：商务印书馆，1931 年，第 20—27 页，重印于《中国现代美学丛编（1919—1949）》第 48—52 页，在第 49—50 页中讨论了 "同情"。关于吕澂作为一位佛教居士的活动，参看唯慈，《中国佛教的复兴》，第 119、178 页及第 320 页注释 34。

99　丰子恺，《全人类是他的家族》，写于抗战初期的 1938 年，《丰子恺文集》卷 5，第 681—682 页。

100　库登，《文学术语词典》第四版（J. A. Cuddon, A Dictionary of Literary Terms, London: Penguin, 1976），第 218 页。根据库登的研究，"同情"

一词于 1909 年由铁钦纳（Titchener）在翻译德语 "Einfuhlung" 一词时引入英语。这个概念由德国哲学家赫曼罗兹（Hermann Lotze）在其《人世间》,（*Mikrokosmus*）（1858）一书中进行了研究和阐释。

101 丰子恺，《美与同情》，《丰子恺文集》卷 2，第 581—582 页。

102 丰子恺，《中国美术的优胜》，《丰子恺文集》卷 2，第 534 页。此处引用的是宋代艺术理论家郭熙《林泉高致》中的论说，其英译见喜龙仁编译，《中国画论》，第 46 页；原文见俞剑华编，《中国画论类编》，第 634 页。

103 参看李克曼关于石涛艺术创作的论说，李克曼，《石涛》，第 115 页。

104 王昱，《东庄论画》，英译见喜龙仁，《中国画论》；俞剑华编，《中国画论类编》，第 189 页。

105 丰子恺，《清晨》，《丰子恺文集》卷 5，第 637—638 页。

106 丰子恺，《清晨》，《丰子恺文集》卷 5，第 638 页。

107 丰子恺，《未来的国民——新枚》，《丰子恺文集》卷 5，第 666 页；丰一吟，《潇洒风神》，第 176 页，此处由丰子恺所讲述的此事件的细节有所省略。

108 丰子恺，《一饭之恩》，《丰子恺文集》卷 5，第 657 页；曹聚仁，《我与我的世界》，第 529—531 页。

第七章

市镇与山林

杀人的五卅事件足以动人的公愤，而杀蚕，杀蟹，杀鱼
反可有助人的欢娱，同为生灵的人与蚕蟹鱼的生命的价值相
去何远呢？我的黄金时代很短，可怀念的又只有这三件事。
不幸而都是杀生取乐，都使我永远忏悔。

丰子恺，《忆儿时》（1927 年）[1]

丰子恺对生命（不仅是人的生命）价值的看法，促使他在一篇回
忆儿时的文章中对几种含有罪过的娱乐活动表达忏悔，并对 1925 年
的五卅事件发出了上述评论。和祖母一道养蚕，与父亲在节日里吃
蟹，跟着邻居小孩外出钓鱼，往昔的这些活动，让如今严格的素食者
和佛教徒怀有苦涩的悔意，哪怕这些年少时光属于那永不复返的黄金
时代。

关于五卅事件，丰子恺对当时尚武激进的文化青年远没有同情。
与初到上海时相比，此时的他已经逐渐脱离了所处时代的环境。他的
很多朋友和同事，如叶圣陶、朱自清和郑振铎，在五卅惨案及随后的
日子里，即使没有完全政治化，也都受到了极大的影响，丰子恺却与
当时生活中越来越激进的暗流保持着相当的距离。尽管如此，他还是

对当时重要的政治事件和人权问题表现出积极的关注，不然就与他的宗教和艺术信仰相违背了。例如，1927 年，丰子恺加入了由郑振铎、开明书店编辑胡愈之等人发起的"著作人公会"，这个组织倡议反对书报审查制度，为受到迫害的作家奔走呼吁。[2]

1926 年至 1927 年，五四时代形成的作家和艺术家群体经历了一场变迁。1927 年，蒋介石发动"四一二"政变之后，国共两党爆发武装冲突，知识界和文化界由此产生的分裂，影响了一代作家的职业生涯。同样，20 年代末和 30 年代初，文学界的积极分子分化成不同的政治阵营，也在丰子恺的同代人中引起了各不相同的反应。叶圣陶在 1930 年后的激进氛围中停止童话创作，逐渐转向左翼阵营，发出新的声音。[3] 诗人朱自清也受到政治潮流的冲击，他在发表于立达学园刊物《一般》上的个人宣言《哪里走》中，表达了当时年轻知识分子的困境，公开拒绝了激进青年要他献身革命的呼吁，并声称自己"在 Petty Bourgeoisie（小资产阶级）里活了三十年"，没有兴趣为了革命而改变和重塑自己。他声称自己缺乏适应新环境的必要天分，不像其他朋友乃至前辈，能在一夜之间变成无产阶级革命大军中的一员。外部的压力迫使很多人在革命派与反动派之间做出抉择，但朱自清没有屈从于压力，他声言，"享乐是最有效的麻醉剂；学术、文学、艺术，也是足以消灭精力的场所"。[4]

而从鲁迅的作品中也可窥见，他此时陷入了自我怀疑的灰色时期。他的弟弟周作人则躲入苦茶庵中，醉心于古书和美文，不再关心世事，不去探求社会和政治难题的解决之道。[5] 和周作人等《骆驼草》杂志的同人一样，俞平伯日渐埋头于学术追求和晚明闲适小品文的收集与研究，被无产阶级作家批评为颓废者。[6] 林语堂也逐渐放弃了早年辛辣激烈的言辞，倡导讽刺幽默，并创办了一系列刊物，而这些刊物的主要撰稿人，正是丰子恺、周作人、俞平伯和他们的友人。[7] 在

为新版晚明作家袁宏道作品集所作的序言中，林语堂描述了他对 20
年代以来世事的观感：

> 东家是个普罗，西家是个法西，洒家则看不上这些玩意
> 儿，一定要说什么主义，咱只会说是想做人罢。[8]

20 世纪中国知识分子生活的重要转折期——茅盾所称的"苦闷
时期"，在对佛教保持了十年之久的兴趣后，丰子恺皈依佛教大师弘
一。[9] 丰子恺决定成为佛家弟子，是对时代困境做出的一种个人回应。
宗教信仰对他的一生影响巨大，使他在很大程度上与同代人区别开
来。对佛教的皈依，标志着生命中的一个全新阶段：他与周围的人和
社会渐行渐远。他更加疏离于时代，同时却更加接近返回石门湾之路。

随着孩子们日渐长大和自己脱离"黄金时代"，他开始将目光转
向生活和工作的城市上海，以及学生们的种种经历。按照当时的艺术
理论模式，几乎无法对他的作品和思想进行判断和归类，只能勉强说
这些作品是他"社会现实主义"倾向的开端。其实，丰子恺的艺术是
对周围世界的记录，是对流逝的时光、激发同情和想象的图景的留存。
与早期富有灵感、充满微妙诗意和天真童趣的画作不同，这些成熟的
作品来源于一个"空寂的心灵"。孩子们渐渐长大成人，丰子恺感受
到时光流逝和生命变化的无常，正如他自己所说，"现在的世间相却
只是常来'袭击'我这空虚寂寥的心"。[10]

但丰子恺作品仍然充满"人的文学"的元素，"人的文学"由周
作人提出，并得到文学研究会同仁的倡导。[11] 不同于当时追求知名度
的文人，一旦经济条件许可，丰子恺就选择离开艺术活动和文化繁盛
的新中心上海。他这样做忠实于今日所称的五四传统，也就是著名小
说家沈从文所说的"京派"——一种关于自我表达、为人生的艺术以

及通过教育改造国民性的信仰。[12] 丰子恺的选择，体现了他对人文进步精神的信念，这一信念在当时为他和同代人提供了共同的根基和语言。

话虽如此，丰子恺在 20 年代中期受托为中国共产党所属共青团刊物《中国青年》杂志所绘的两张封面，还是显示出他一直以来对左翼反帝力量的认同。第一张封面为该杂志"五卅"周年专刊而作，这期专刊发表了一系列纪念文章。封面图案是射向佛寺宝塔顶部的一支飞箭，来源于唐代历史中的一个典故：睢阳被叛军围困，守将张巡派青年将领南霁云冲破重围，寻求友军援助，但南霁云未能说服友军完成任务，他上马而辞，临出城时弯弓射向佛塔，显示必胜的决心。《中国青年》的编辑认为，丰子恺所绘封面的含义是"我们希望每一个革命的青年，为了被压迫民族的解放，都射一支'矢志'的箭到'红色的五月'之塔上去"。[13]20 世纪 80 年代以来，不少评论家认为丰子恺为《中国青年》绘制的封面表明他对共产主义事业的认同。然而，事实上，从他当时的文章中，几乎没有发现支撑这个论断的文字。从绘画风格来看，这些封面并没有同时期作品中的灵气，应该是受委托之作。这种冷漠僵硬的气息在丰氏后来受托而作的画中越来越多见，凡是受托而作或为友人书籍绘制的封面和插图（如为夏丏尊译《爱的教育》、林语堂编《开明英文读本》和叶圣陶童话《古代英雄的石像》等所绘的作品），以及那些具有社会含义的画作，都显得呆板而缺少美感，似乎是以一种敷衍的态度完成的。1929 年，顾仲彝写了一篇文章，批评丰子恺为林语堂所编的畅销英文课本绘制的插图："虽然丰子恺具有一种赋予画作诗意的天赋，但他的漫画作为书籍插图并不适合。我个人觉得他的艺术并不成熟。丰氏的作品，最好单独发表，这样还可以某种方式表达些微的意思。如果将其作为学校课本那类书

丰子恺为《中国青年》杂志所作封面。图片来自《中国青年》第 121 期（1926 年 5 月）。

籍的插图，就好似让一个皮匠去做裁缝的活路。"[14]①

　　像诗人一样敏感的丰子恺越来越感到教师工作令人厌烦，受托所画的作品也常常显得敷衍应付。他在杭州读书时，就很欣赏同学杨伯豪的独立特行，即使立达学园与其他学校有很大的不同，他依然感到学校规则令他和学生都心生厌恶和压抑。学校没有指派校长，教师用"教书育人"的理念代替集中式的教育，消弭横亘于师生之间的距离，并提倡用"说服教育"而非强制性的体罚来维持纪律。表面上看，在创建"友爱如父子"的师生关系的理念下，教师在平等友好的环境中

---

① 引文译自英文。

与学生分享知识[15]，但丰子恺还是感到教师职业令人不愉快。

> 教书也是如此：同一班青年或儿童一起研究，为一班青年或儿童讲一点学问，何等有意义，何等欢喜！但是听到命令式的上课铃与下课铃，做到军队式的"点名"，想到商贾式的"薪水"，精神就不快起来，对于"上课"的一事就厌恶起来。[16]

尽管有这种不愉快，1925年至1933年却是丰子恺教师生涯最繁忙的阶段。为了满足逐渐增加的家庭开支，他在上海各处找了不少教职。1925年到1928年，他在立达学园教授西洋美术课，但该课程后来因经费困难被迫停办。出于教师强烈的责任心，他求助于留法归来的艺术家林风眠，介绍未完成课程的学生到西湖旁的杭州国立艺术专科学校继续读书。[17] 除了在一些学校教授艺术，如在松江女子中学和私立澄衷中学兼职，这个时期他还写了不少文章，发表于各种报刊，有的是创作，有的是关于艺术与音乐欣赏的译作。他翻译的文学作品和教育义章数量较多，早期小说译作包括罗伯特·L.斯蒂文森的《自杀俱乐部》和屠格涅夫的《初恋》等。[18] 他对艺术热情甚高，却没有从教书生涯中得到什么乐趣。往来奔波于各校，占据大量时间和精力，除了对校规的偶尔嘲弄之外，他几乎没有写过关于教学的文字。这种反差惹人注目。

从古典诗词和儿童生活中获得灵感创作的抒情作品真挚动人，与此相比，从20年代末开始创作的有关学校和学生的漫画，则表现出他对正规教育的真实想法。在一篇文章里，他提及一位邻人试图用糖浆浇灌花朵，以获得甜美的果实，无论旁人如何劝阻，她都不为所动，丰子恺觉得，"教育上也有类乎此的栽培法"。[19]

丰子恺《教育》，署名TK。图片来自《子恺画集》。

不过，教师生涯倒是为他创造了大量观察学校和学生生活的机会，激发出他一系列绘画的灵感。和为《文学周报》绘制的作品一样，很多新作品都是插画。1930 年，友人夏丏尊创办《中学生》杂志，面向上海和内陆各地的青年，以及不那么年轻的读者，丰子恺的《中学生生活漫画》就在该刊上连载。《中学生》的办刊目标是为无数"彷徨于纷叉的歧路，饥渴于寥廓的荒原"的中学生服务。[20]丰子恺是《中学生》的主要撰稿人，经常发表文章和漫画，他轻松幽默的风格给读者留下深刻印象，同时也传递出一个信息：正统教育非常沉闷，与文化复兴的宏大目标相距甚远。《中学生》杂志上，几乎每一篇文章末尾大概三分之一或者一半的版面，都会留出来印插画。与他的其他作品不同，这些插图都没有边框，有些较大的插画看似是专为填补版面的空白而绘制的。1931 年和 1932 年，《学生漫画》和《儿童漫画》两册作品集先后出版，内容大多来自这些杂志插画。与其他作品不同的另一大特点是，这些画里有精致的线条，他似乎不愿在这些插图中展现毛笔线条的质感和干湿对比。

在丰子恺的所有作品中，这批插画最接近西洋插画和线描画。《子恺漫画》中的早期作品（1925—1926）天真稚拙，具有强烈的抒情风格，这些晚近的作品则更加经意雕琢而不自然。后来他为友人作画或因出版需要重新绘制早年的著名作品时，常常选择《中学生》上曾发表的画作。这些作品其实最早来源于他在上虞白马湖畔的生活经历，那时他刚刚从师范学生成为教师，经常在书房门外钉上最初的创作。

以教学环境为主题的不少作品，都反映出他对民国教育体系让学生死记硬背的失望之情。他把学校比喻成一条残酷的流水线，专门生产千篇一律、毫无生气的产品，在画中对春晖中学和立达学园尽力纠正的教育弊端进行批判。然而，这并不意味着他没有被辛勤工作的教育者感动，他也曾对节俭、谦逊、默默无闻培育学生的教师表达敬佩之心。[21] 有人会问，作为教师的丰子恺是否广受学生爱戴？ 70 年代后期以来，回忆文章在中国内地文学界大行其道，丰子恺艺术生涯的方方面面，即使未被仔细剖析，也都在各类报刊杂志的文章中得到了充分探讨，但极少有学生在追忆文字中记述他作为老师的一面。

尽管没有来自学生的材料，《中学生》杂志还是给我们提供了丰富的证据，显示出丰子恺的教学能力，他无疑是一位严格而勤勉的导师。在每一期杂志末页的《答问》栏目，丰子恺都会与寻求建议的读者分享他对艺术与音乐的观点：上海何处可以买到贝多芬或者口琴乐谱？某某艺术学校名望高不高？哪种音乐适合初学者？他还利用这个栏目向读者推荐自己的书，比如《音乐入门》《音乐的常识》《音乐的听法》等。[22] 丰子恺在专栏里简洁地论说自己的艺术观点，比如他认为比亚兹莱（Aubrey Beardsley）的作品也可视为漫画的一种；在另一段话里，他谈到对西方音乐普适性的一些思考。[23] 有一次，他花费了颇为可观的篇幅讨论中国音乐这种"适合于中国国民性的优美的艺术",为何被偏好外国音乐的现代都市人所忽略。他认同一位读者关于中国传统音乐被严重低估的观点,论说了对传统艺术进行研究与革新的迫切需要:

> 因(中国音乐)衰颓之故,好乐者就趋向于世界最进步之西乐,也是情理中事。况现今的西乐,已同西洋物质文明一样,不复是西洋独占的文化,而普及于世界成为世界的文化了。[24]

在纸上空口谈论教育,对于像丰子恺这样的业余文人而言是易事一桩,但这和在教室中作为专职老师去教授一大群学生则完全不同。在一篇关于素描练习的文章中,丰子恺说起作为将绘画视为自我表达方式的艺术家,在指导学生欣赏和实践艺术时面临的内在困境:"同级生三四十人,背了画具,排了队伍,由图画先生率领到野外去写生,是最滑稽的现状。"[25]他建议,对自然风景有兴趣的学生,最好不要急着把自己当成职业画家,外出写生时画架、颜料盒、凳子一样不少,他们只需带上一册轻便的速写本即可,不用给自己施加物质和心理上的过重负担。装备齐全的画者往往觉得必须赶在回程之前画点什么,而不顾自己的内心深处是否真正有创作的灵感和冲动。20年代末和30年代初期,丰子恺为高中生所作的文章和演讲中,有很多这种明智而可行的建议。他对美术业余爱好者的建议,与那些鄙视西方资产阶级的伪无产者和倾心于殖民文化的狂热者的看法,形成了鲜明的对比。这一时期最重要的艺术文章后来结集为《艺术趣味》一书,于1934年末由开明书店出版。

研究20世纪中国哲学的法国学者布里埃(O. Brière)认为,丰子恺在《艺术趣味》一书表明，"艺术并不仅仅是技能与技巧，而是人们表达超验世界的一种崇高活动，在捕捉美的过程中，灵魂之眼比身体之眼更为重要"。[26] 和浪漫主义诗人徐志摩（1896—1931）及作家林语堂一样，丰子恺认为在"真善美"这三种追求中，"美"更具重要性。布里埃还从丰子恺译自日文的作品中引用了一段很关键的论述：

　　探求知识，是为欲创造真理。勉励行为，为欲创造善。而追求艺术，是为欲创造美。造出更真实的世界，更善良的世界，更美的世界，便是人类的目的……人们对于美，远不及对于善和真的敏感。所以说起人格二字，似乎仅属道德上修身上的问题，而与艺术全无关系……故人类对于美的教养若不提高向上，决不能得完全的人格。[27]

一般的美学研究认为，丰子恺的美术思想与同事、被布里埃称为"美学主义大师"的朱光潜很接近，并很可能受到后者的影响。朱光潜在欧洲留学时，寄回国内并发表在立达学园刊物《一般》上的《致青年的十二封信》，为他赢得了全国性的名望。

　　人力所能做到的时候，我们竭力征服现实；人力莫可奈何的时候，我们就要暂时超脱现实，美术家的生活就是超现实的生活，美术作品就是帮助我们超脱现实到理想界去求安慰的。[28]

正规的教育能够逐渐使人们获得一种能力，加入到从现实压力中逃避出去的艺术家行列。而丰子恺认为，培养"趣味"——把自己当

丰子恺《邻人》，署名 TK。图片来自《人间相》（上海：开明书店，1935 年）。

成孩童，就能感受到的热忱和活力，能使哪怕最迟钝和最没有艺术感觉的人，也可以进行审美活动。[29]

　　由于经济上的原因，丰子恺一家不得不在上海居住，但他们在弄堂住处尽力维持"趣味"，复制出一个"小石门湾"，为自己构造出一种相对美好的居住环境。弄堂居民来自不同地域，具有各自不同的文化背景，并在工作和生活压力之下经常搬迁，因此很难形成社区，发展出友好的邻里关系。刚刚进城的时候，丰子恺就感受到都市中冷漠疏远的人际关系，与家乡亲密的邻里交往形成了强烈对比。他来到上海后最初租房的房主，以及住在对面的房客，视他好像不存在一般。他被严厉地告知，必须按时支付十二元的房租，所有社交尝试也被粗暴地拒绝。他回忆起小时候在家里的佛堂中看母亲祈祷，当他凝视着袅袅轻烟升上天花板时，却听见楼上夜壶的响动。他害羞地告诉母亲自己听到的声音，母亲却斥责他，说"隔层楼板隔重山"。[30] 现在，住在都市公寓狭小的空间中，他才真正体会到与邻人之间如隔重山。在一幅题为《邻人》的著名漫画中，丰子恺表现出都市人相互之间冷淡漠然的关系。

不过，城市里也并非尽是冷漠的场景，他的一些作品就体现出这个巨大都市村落聚合体的多样与活力。

> 成排的里弄房子，无数的各式街坊小店，各类不知名的服务店，熙熙攘攘的露天菜场，数不清的点心摊，沿街叫卖的小贩，发出吱吱声的独轮车，抬着花轿送亲的队伍，庙会上聚集的人群，传统节日的拥挤与喧闹，交通繁忙的苏州河桥上小孩用双手帮着推人力车上坡……[31]

他的城市题材画作，与描绘学生生活漫画的创作时间大致相同，最初于 1934 年到 1935 年作为《自由谈》副刊的插图发表，表现出他对居住环境窘迫的都市贫民的恻隐之心。《自由谈》是上海最大的报纸《申报》的副刊，《申报》从 1911 年开始，一直持续到 1949 年。1932 年末，黎烈文取代"鸳鸯蝴蝶派"文人周瘦鹃，成为《自由谈》的主编。在他的努力下，《自由谈》到达了声望的顶峰，会聚了鲁迅、茅盾等左翼作家，反对左翼的作家，以及不属于任何阵营的作者，如张天翼、吴稚晖、林语堂，成为一个公共论坛。1934 年 5 月，黎烈文因为政治上的压力被迫辞去主编职务，接任他的张梓生坚持原有的编辑方针，直到 1935 年副刊被迫停刊。[32]

丰子恺发表于《自由谈》的一些画作，可能是他来上海的初期创作的，更多则是他回到石门湾后又重返上海短期居留时所绘。以一种旁观者的身份来观察这座城市，使他对 20 年代末居住其中的环境有了一些新的看法。[33] 虽然这些画作并没有流露出当时左翼城市知识精英对大城市的普遍反感，但在一定程度上表达出 20 年代中晚期五四一代知识分子与城市生活之间逐渐产生的一种紧张关系。反对传统的激进诉求，渐渐被返回农村寻求新的落脚点所取代。[34]

上海作为帝国主义在华活动的中心，是中国受商业文化影响最深之地，更不用提充满异国情调的各色沙龙了。由于租界享有治外法权，上海也成了激进分子的天堂。[35] 这里还是中国出版业和金融市场的大本营，大量怀抱希冀的作家和艺术家设法来沪。19 世纪晚期以来，江南的文人就视上海为容忍他们的异端活动、成就事业也接纳失意的理想之地。

为了人生理想而奋斗的年轻知识分子租住在上海的"亭子间"，"与平民为伍的同时维持着精神上的精英状态"。卢汉超在关于上海的都市文化研究中提出，民国时期上海的知识分子与 20 世纪 20 年代前往巴黎寻找灵感的美国作家很相似。卢汉超引用了马尔科姆·考利的说法，"他们中的一些人成了革命家，另一些人在纯粹的艺术中寻求精神安慰，但是大多数人都追寻着能够令他们满意的现实世界。在这个世界中，尽管他们周围是木匠和店员，但他们仍然可以怀有高贵的理想"。[36]

上海的"文学青年"出自城里的阁楼，以至于一提起城市小资产阶级作家的形象，人们便不免想到"亭子间"，因此民国时期上海的普通文人常被称作"亭子间作家"或"亭子间文人"。他们敏感、自负，看不起周围的一切又无法超然世外，勤奋努力却从未成功——就像巴尔扎克笔下潦倒落魄、只能住在阁楼里的作家和艺术家。他们之中的一些激进青年后来离开上海，奔赴延安，投身共产主义革命。[37]

这座城市不仅吸引着外地的年轻人和知识分子，在本地人的口中，上海还是独一无二的"金银山"。实际上，"上海"这个字眼就像兴奋剂一样，激发着人们的想象，点燃他们的希望。[38] 作家、编辑家林语堂，希望沿着《纽约客》的办刊路线，在上海创办倡导幽默、优雅的城市周刊，迎合新的都市读者群复杂的口味。在《上海之歌》中，他这样写道：

> 伟大神秘的大城！我歌颂你的伟大与你的神秘！
>
> 我歌颂这著名铜臭的大城，歌颂你铜臭，与你油脸大腹青筋黏指的商贾。
>
> 歌颂这搂的肉与舞的肉的大城，有吃人参汤与燕窝粥的小姐，集然吃人参汤与燕窝粥，仍旧面黄肌瘦，弱不胜风。
>
> 歌颂这吃的肉与睡的肉的大城，有柳腰笋足金齿黄牙的太太，从摇篮里到土坟中永远露着金齿黄牙学猴孙"嘻！嘻！嘻！"一般的傻笑。
>
> 歌颂这行尸走肉的大城，有光发滑头的茶房，在伺候油脸大腹青筋黏指的商贾与柳腰笋足金齿黄牙的太太与面黄肌瘦弱不胜风的小姐。
>
> 你是何等的伟大与神秘！
>
> 我想到这中西陋俗的总汇——想到这猪油做的西洋点心，与穿洋服的剃头师父；
>
> 我想到你的浮华、平庸、浇漓、浅薄——想到你断伤了枝叶的花树，与断伤了天性的人类；也想到你失了丈夫气的丈夫与失了天然美的女子；
>
> 想到你失了忠厚的平民与失了书香的学子；也想到你失了言权的报章与失了民性的民族；
>
> 我想到你的豪奢与你的贫乏——你巍立江边的崇楼大厦

与贫民窟中的茅屋草棚；也想到你坐汽车的大贾与捡垃圾桶
的瘪三；

　　我想到你的淫靡与你的颓丧——你灯红酒绿的书寓与士
女杂遝的舞场；

　　我想到你的欢声与你的涕泪——你麻风式的苏滩与疯狂
式的吹打；也想到你流泪上轿的新娘与欢呼鼓舞的丧殡……[39]

　　对一些知识分子而言，紧随五四个性解放时期而来的，是个体竞
争和成功的压力，以及对于"可怕城市"的反叛。他们在寻找回家之
路，试图恢复一种更好更和谐的社会。很多人发现，在农村能够找到
解决个人焦虑和困惑的答案，不过，这并不是说都市人，特别是社会、
文化和商业精英在整个 20 世纪 20 年代没有和家乡维持联系。上海和
内陆地区之间存在着持续的人员流动，丰子恺的生活经历就是这样的
例子，他有时因为交际和聚会回乡，有时干脆跑回去住一段时间，最
后还是离开了这座城市。乡村和城市间的紧密连接逐渐开始出现裂
痕，最终在紧张压力之下扭曲变形。20 年代，由于"回到民间"运
动的风行，大量出生在农村、居住于城市的知识分子如潮流一般返回
乡村。另外一些人，顽固地留在上海想构建出日欧风格的精神和文化
景观。对乡村浪漫化的想象，恰恰与当年试图通过教育和运动改变国
民性，实现国家现代化的理念相契合。[40] 这种精神，不但塑造了白马
湖畔春晖中学教师们的态度，也体现在像立达学园这样的机构对武者
小路实笃"新村运动"的一系列仿效之中。

　　上海城市规模巨大，居住于此的人们受到帝国主义文化的影响，
与家乡渐行渐远。作为商贸和文化中心的大都市上海，现在被一些人
视为天生邪恶之地、国家腐败之根源，在这里诞生了一种通俗、商业、
"庸俗"的文化。周作人就曾著文谈论"上海的恶臭"，茅盾也表达过

对"都市文学"的鄙视之情，教育家陶行知则对全国各地的"上海化"趋势感到失望。浙江籍小说家郁达夫说，上海的生活是堕落颓废，不过是"金钱的争夺，犯罪的公行，精神的浪费，肉欲的横流"。他问道："像这样昏天黑地般地过日子，难道是人生的目标吗？"[41] 马一浮的儒学同道梁漱溟认为，这种歪风必须遏止："上海实是将中西弊恶汇合为一，最要不得的地方！幸亏中国只有一个上海而未完全上海化！"[42]

已经贫困不堪的中国农村，因为 1929 年全球性的经济大萧条而更加破败，以浙西地区为中心的丝绸工业深受其害。江南地区的作家们感受到家乡的衰败，将思考转向乡村，其中有些人更发现，农村的经济和社会动荡促成了民间反抗行动和革命时机的成熟。地方上的领袖坚决地反城市，对城市激进青年的渗透愈加警觉，一些地方已经发生了乡村暴动，甚至在离丰子恺家乡不远的桐乡也出现了这种队伍。[43]另一方面，一些城市作家却对乡村抱着浪漫甚至乌托邦式的看法。30年代初，上海出版了大量抒发乡愁的散文、诗歌和小说[44]，这些文字中很多是短暂回乡的城市作家所写，报告返乡所见，或是为城市读者描绘他们可笑的白日梦。有的文章描写天堂般的农村，讲述乡下生活的禁忌，还有的在"地母"文化的激发下，鼓动知识分子放弃个人主义，回归大众群体，到农村去从事改良甚至革命的事业。

上一章提到战前就与丰子恺相识的曹聚仁，特别激烈地反对对农村的过度美化。30 年代初期，他号召受过教育的城市居民返回乡村组织农人，帮助他们改变命运。后来，他身体力行，回到浙江老家，在 1937 年遇到携家带口返回石门湾的丰子恺。城市与乡村之间的巨大差距，成为当时小说的常见主题，包天笑有一部名为《春江梦》的通俗小说连载于《时报》，描述乡巴佬来到上海之后，才发现除了能到处挣钱外，遇到的每一件事都令人讨厌。[45]反映农村困境的艺术体裁不仅有诗歌和散文，30 年代开始走向繁荣的上海电影业，不但拥有城市观众，也开始迎合周边地区的口味。大量电影作品描绘了农村的破败景象，《大路》（1934）和《渔光曲》（1934）讲述了经济和政治动荡对农民生存的影响，也是对农村进行浪漫化演绎的经典之作；《姐妹花》（1933）、《女神》（1934）和《马路天使》（1937）则表达了对都市的强烈批判。

虽然丰子恺表现城市景象的画作中，也有很小的一部分包含了早期作品中那种抒情趣味，但在上海的压力令他日益感到无法承受时，他的作品表现出了一丝不安甚至恐惧之情。他竭力在这些表现城市的作品中寻找乡村的痕迹，刚到上海时作了一幅题为《都会之春》的漫画，收录于 20 年代中期出版的《子恺漫画》[46]，描绘了一个人站在阁楼的阳台上，往外张望天空中飞翔的风筝，身旁还有一株孤单的柳树被挤压在各种高大的建筑物之间。即将离开上海时，他创作了另外一幅作品，名为《都市之秋》，描绘一位疲惫不堪的人力车夫载着一盆植物艰难行走。对这幅漫画，可以有多种解读。从政治角度来看，它可以视作对富人的一种批判：他们付得起钱，用奢侈的方式搬迁自己心爱的植物；而另外一种可能性更大的解读则是对人力车夫的同情，他出卖苦力但仍怀有对自然的热爱，在忙碌了一天之后带着一盆新植物返回家中。在丰子恺含有隐喻的作品中，最精彩的那些都具有多种阐释的可能性，或者根本就不存在某种一成不变的权威解读。

在 1935 年所写的《关于音乐的语言》一文中，他谈到"现代都市对于音太不关念了"，许多像他那样被现代都市生活侵蚀的人们，"惋惜这种趣味的丧亡"。城市中充斥着刺耳的噪音，已经淹没掉往昔街市上音乐般的叫卖和富有地方特色的市声。

我每初入都市，常觉头痛脑胀。推求其故，知其为嘈杂

丰子恺《都市之秋》，署名 TK，在一幅
1932 年漫画的基础上重绘并改名的作品。
图片来自《子恺漫画全集：都市相》（上海：
开明书店，1945 年）。

之音所致。嘈杂之音中最可厌的，莫如汽车的汽笛。有的如
怒鸣，有的如号哭，有的如狗叫，有的如放屁。立在马路上
等电车的时候，耳鼓几为聒破！我常想，这是市街美的一大
破坏者。[47]

《病车》也是早期作品，描绘了城市中的一个滑稽景象，表达出
他对现代都市便利设施的藐视与讽刺。他发现，不仅噪音和交通令城
市生活显得极为讨厌，而且都市中广泛传播的通俗商业艺术也非常可
恶，他特别挑选出廉价的日历广告（"花纸"或"月份牌"）进行批
评。中外公司印制的这些广告画在上海广泛销售，沿海甚至内陆的不
少家庭将它们用作室内装饰品。它们融合了现代艺术手法和中国古代

丰子恺《病车》，署名 TK。图片来自《子恺漫画》。

春宫画的典型符号，充斥着"美人"图案，"为产品提供直观的形象，引导观者沿着熟悉的路径去进行新的现代性消费"[48]。丰子恺批判这些被当作大众商业艺术新形式广告画，认为它们在"形式和内容都贫乏"[49]。他痛苦地发问，当艺术家迁就于最低层次的接受者，大众文化会变成何种模样？他还批评城市中无处不在的广告牌等公共商业艺术：不论你身处何处，只要往四周一望，商业广告的图像就会充斥你的眼睛。城市和乡镇中能见到的所有物体的表面，都涂满了商品的标志和名字。那些巨大而丑陋的白色文字，粗暴地污染着本来具有田园魅力的环境。[50]

月份牌艺术起源于 19 世纪晚期，最初用于推销进口商品，后来也开始在国货（特别是香烟和药品）上使用。20 世纪 20 年代中，在内陆地区广泛流行的月份牌，融合了中国传统艺术和西洋艺术的手法，向观者传递一种半殖民地口岸文化；而另外一些观者，如丰子恺，却认为这些东西是本地艺术传统屈从于粗俗的商业主义而产生出的低劣之物。月份牌的内容都是古典或者西方的美人，很少有男子或小孩。对丰子恺这类艺术教师和美学家而言，月份牌意味着侵蚀和破坏；而对二三十年代的其他人来说，这类图画却是一场革命。月份牌中的妇女出现在现代都市场景中，充满着自信与诱惑，与晚清封建压迫之下的受害者形象截然不同。三寸金莲、掩藏身体线条的长袍、低头垂目的形象，被天足、剪裁讲究的旗袍和自信媚惑的眼光所取代。[51] 在一些激进人士看来，这些图像是性别压迫的新形式，也是推销商品的精明方式；但对于深受晚期西方学院艺术影响的人来说，月份牌的流行毫无疑问是一种冒犯。正如高美庆所言：

> 具有中国传统年画主题和古典美人的月份牌，逐渐取代了进口的印刷品，成为西方商品最有力的推销媒介……这些月份牌的主题取决于商人们的口味，他们会在顾客购买商品时将月份牌免费赠送……到了 20 世纪，一些艺术家开始接触到真正的西方艺术，他们惊奇地发现月份牌已经"成功"地改变了大众的审美口味。在艺术学校或留学海外研究了西方艺术的杰作后，这些艺术家都认为，月份牌画家的格调粗俗低劣，只是在表面上汲取了西方艺术的技巧。[52]

月份牌冒犯了丰子恺的审美能力，这种半殖民地文化对他提倡的通俗人文主义艺术也构成了威胁。具有巨大商业吸引力的视觉污染是一个方面，但真正令他在情感和智识上感到极大痛苦的是这座城市的结构。他发现，规则划一的街道也能给人带来不安的感觉。1934 年年末从上海重返杭州时，他感到古城杭州的规模和氛围都令他备感放松。

> 上海的市街形式是直的，杭州的市街形式是横的。直的形式有严肃之感，横的形式有和平之感。只要比较观看直线

和横线，便可知道形式感情的区别。直线是阶级的，横线是
平等的。直线有危险性，横线则表示永久的安定。故直线比
横线森严，横线比直线可亲。森林多直线，使人感到凛然；
流水多横线，使人感到爽快……我们身在高不可仰的大建筑
物下面行走，觉得自己的身体在相形之下非常邈小，自然地
感到一种恐怖。[53]

从丰子恺最初到上海工作时起，这座城市就在迅速扩张，天际线
也越来越难以辨认。有一个词语被用来形容上海——"万国建筑博览
会"，在这里可以见到世界各国的建筑风格。20 世纪 20 年代，模仿
欧洲风格的上海建筑，从罗马式、巴洛克式、文艺复兴时代风格及至
现代、当代样式，形态各异，姿彩纷呈，都市风景中还点缀着日本式
甚至伊斯兰式的建筑。这些外来风格的建筑中，许多都夹杂着中国传
统建筑的设计元素，很有些中西合璧的味道。[54] 从 20 年代后期开始，
银行、酒店、百货公司和公寓楼，乃至超过三十层的高楼，在黄浦江
两岸如拔地春笋般涌现。匈牙利籍斯洛伐克设计师拉斯洛·邬达克设
计的国际饭店有二十四层楼，和其他一些高层建筑一起将中国东部沿
海的商贸中心打造成"东方曼哈顿"。[55] 丰子恺用线条和图像表达出
他对现代上海恐怖的城市规模和冰冷建筑的厌恶，隐藏在批评背后的
情感和他的新保守主义美学主张是一致的。这种审美观念寻求与外部
世界保持一种人性化的、可以控制并具有个性色彩的关系。

宗白华（1897—1986）是丰子恺的同代人，也是 20 世纪最有影
响力的中国艺术史论家和美学家之一。他在晚年曾撰文论述中西方空
间意识的区别，认为中国艺术中的空间是一种"虚灵的空间"，或"有
韵律的空间"，这种空间意识与西方"无尽空间"概念之间有绝大的
不同。西方艺术常见的"无尽空间"理念，在丰子恺所厌恶的现代建

筑上得到了充分体现。[56] 现代都市恶劣凶险的面貌，使丰子恺有理由批判当代都市艺术和资本主义，那些高层建筑就是显摆财富和特权的符号：居高临下，君临一切。而被踩在它们脚下的，正是丰子恺在作品中经常描绘的普通人和底层大众。

> 高层建筑是现代艺术的主要的题材，这正在世界各资本主义的大都市中蓬勃地发展着。世间的建筑家，多数正在尽心竭力地从事于摩天阁建造法的研究。他们想把向来的横的市街改造为直的，想把向来的和平可亲的市街改造为危险可怕的。[57]

就连丰子恺最喜爱的退隐之地杭州，也遭受着战争的纷争与经济衰退的破坏。在《西湖船》一文中，他观察到，相较于上海式的现代化进程，省城的贫困萧条更加堪忧，让曾经熟悉的诗情画意消失殆尽。西湖周边游船的变化，完全反映出杭州的衰退。民国早期，简朴游船上的座位是藤穿的木框，凉爽舒适，也与船只的风格和色调完全一致；后来，木框变成了躺椅——醉翁椅，最后被西式沙发所取代。对于这些被现代文明污染和侵蚀的拙劣设施，丰子恺感到厌恶，但他也意识到，这种变化并非因为船夫们俗气，而是日益贫困的压力迫使他们在依然如诗如画的西湖上做出如此煞风景之举。尽管"文化大革命"后这篇文章收录于文学选集中，表明作者对劳苦大众具有同情之心，但事实上，这种态度只是他的传统美学观念的表现而已：正如老辈学者及其现代传承者所体会的，简单舒适并与环境和谐的设施是"游玩"的基本条件。[58] 同时，丰子恺对城市暴发户游客（大多来自上海）的现代观念非常反感，他们大量涌入杭州，暴发户式的物质享受欲望迫使本身已很穷困的船夫们相互竞争，为这些消费者提供花哨而不适合的奢侈设施。当丰子恺在数年之后重回杭州时，惊恐地发现——

> （船夫）索性在船里放两把躺藤椅，让他们（富人们）
> 在湖面上躺来躺去，像浮尸一般。我在这里看见了世纪末的
> 痼疾的影迹：十九世纪末的颓废主义的精神，得了近代科学
> 与物质文明的助力，在所谓文明人之间长养了一种贪闲好逸
> 的风习。

丰子恺为现代人尽力寻求更便捷的设施和生活方式感到悲哀，他的笔调让人联想起很多儒者和佛教徒，更不必说政治上的激进分子："名曰增加工作能率，暗中难免汩没了耐劳习苦的美德，而助长了贪闲好逸的恶习。"[59]

因此，丰子恺最终选择离开上海，并非只是由于他渴望和家人在石门湾平静地生活。进城多年，由于繁重沉闷的教师工作和对冷漠都市生活的不适应，他已经精疲力竭。而导致他马上离开上海的直接原因是，1932年中日之间在上海江湾附近爆发的淞沪之战。日本人向南京政府提出领土要求，局势随即紧张，日本军舰发动攻击，丰子恺和家人所居住的江湾陷入战火之中。位于江湾的立达学园遭到严重轰炸，校园被政府军队征用。[60]相对现代的江湾地区，在交战中被夷为平地，数十年都没有恢复原貌。立达学园创办者匡互生的友人巴金，曾回忆这场后来被称为"一·二八事变"的轰炸：

> 屋顶没有了，在一间屋子里斜立着一颗未爆炸的
> 二百五十磅的炸弹，在另一处我看见一只被狗吃剩了的人
> 腿。我这次到江湾是来找寻侵略战争的遗迹，互生先生却是
> 来准备落实重建学园的计划。[61]

夏丏尊从瓦砾中拾起一块弹片，放置在床边的书桌上，后来由此写了一篇散文《钢铁假山》。[62] 匡互生却在为重建立达学园四处奔走筹集资金时，不幸因车祸去世。匡互生的突然离世，导致立达学园因为教学理念不同而产生的内部矛盾公开化，也使丰子恺与学校更加疏远。[63] 然而，在这些现实的原因之外，个人喜好和精神需求也是促使丰子恺离开上海的理由。从上海时期的作品中可以明显地观察到，他的城市生活是压抑而不愉快的。这座城市的异乡情调让外国人感到愉悦，正如傅郝夫（Heinrich Fruehauf）所称，他们"试图融入一个为经验所限制的外部世界"。这种氛围却令丰子恺感到厌恶和不安 [64]，他在一定程度上被卷入政治，可能也是由于对城市生活的反叛，也可能出于和激进同事保持友情，以及对当时政治和外交整体状况的失望，此外，教育机构中不安定的环境也令他感到沮丧消沉。他把整个家迁回乡下，部分原因是由于个人喜好，部分为了家庭的安定和安全，同时也是受到中国隐士文化传统和在 30 年代作家、学生中流行的"忧郁之美"的影响。当时，道家哲学和隐士诗学，特别是丰子恺最喜爱的陶渊明的作品，吸引了不少上海学生和青年读者，但他们的老师仍然处于五四激进主义的影响之下，提醒这些年轻人不要太过沉迷于过去，"在无情的历史和残酷的政治力量之外去找寻一个乌托邦世界"。[65]

1927 年 9 月，丰子恺三十岁之时，央求弘一法师将他正式收为弟子。这天，还有另外一件重要的事情发生：弘一法师当时和丰子恺一家共同居住在江湾永安里 27 号立达学园宿舍中，丰子恺请弘一为他的书斋取一个名字。书斋是隐秘的私人空间，也是文人公众形象的组成部分。为书斋命名的仪式，对作家和艺术家而言，是表达自我认知的重要举动。弘一让他在几张小方纸上写下自己喜爱并可以互相搭配的汉字，将纸团成小纸球，撒放在释迦牟尼佛像前的供桌上。丰子恺先后两次抓阄，拆开了都是"缘"字，于是就把书房取名为"缘缘堂"。[66] 丰子恺将这处书房当成了自己的密友："这是你的灵的存在的开始。后来我迁居嘉兴，又迁居上海，你都跟着我走，犹似形影相随，至于八年之久。"[67]

丰子恺于 1933 年在石门湾建好新房，并为书房命名"缘缘堂"，在此之前的六年间，他其实很少有机会在某处固定的居所拥有一间书房。1929 年，他在上海西南的松江女子中学找到一个讲授绘画和艺术理论的教职，经常奔波于上海和松江之间。1930 年年初，母亲去世后不久，他搬到离上海不远的浙江嘉兴，每天通勤上下班。虽然他仍然与立达学园保持着联系并在那里拥有住所，但已不再在学园教学。1933 年，匡互生去世后，国民党势力干涉学校的工作，丰子恺愤怒地说："立达已经败落了！" 1930 年年初，旧疾复发使他进一步减少了外出的工作和活动。[68]

不管行程如何忙碌，无论去往何处，丰子恺只要在心中想着缘缘堂，就能为自己创造出稳固的艺术氛围。只要缘缘堂的名字和想象始终留存于心，物质现实反而不那么重要了。在《乌有园记》中，明代文人刘士龙（字雨化）描绘了自己为归隐而创造远离喧嚣的园林的努力。他在文章中说，历史上的名园，如石崇的金谷园等，都随着时间流逝而成为废墟，"归于乌有矣。所据以传者，纸上园耳。即令余有园如彼，千百世而后，亦归于乌有矣"。因此，他决定虚构一座"乌有园"，一个永恒之所，它是恒久的美丽花园，是用文字建在纸面上的乐园。

> 不伤财，不劳力……吾之园不以形而以意。风雨所不能剥，水火所不能坏，即败类子孙，不能以一草一木与人也。[69]

虽然文辞之外空无一物，但刘氏说人们读到这些美丽的句子后，会在他以生动想象虚构出来的"乌有园"里获得片刻的休憩。1935 年，丰子恺谈到要为自己构建理想的创作氛围，避免外部环境的干扰。他的语言很容易令人联想到晚明的《乌有园记》，使读者感到他也具有前代隐士和山人的精神。

> 我的眼，所要求的粮食，原来并非贵族的、高雅的、深刻的美术品，但求妥帖的、调和的、自然的、悦目的形相而已。可是在目前的环境中，最缺乏的是这种形相。有时我笼闭在房间里，把房间当作一个小天地，施以妥帖、调和、自然而悦目的布置，苟安地在那里追求一些视觉的慰藉。或者，埋头在白纸里，将白纸当作一个小天地，施以妥帖、调和、自然而悦目的经营，空想地在那里追求一些视觉的慰藉。到了这等小天地被我看厌，视觉饥荒起来的时候，我唯有走出野外，向伟大的自然美中去找求粮食。然而这种粮食也不常吃。因为它们滋味太过清淡，犹如琼浆仙露，缺乏我们凡人所需要的"人间烟火气"。在人类社会的环境不能供给我以视觉的食粮以前，我大约只能拿这些苟安的、空想的、清淡的形相来聊以充饥了。[70]

1933 年春，靠着几本畅销书的版税收入和开明书店股份的固定分红，丰子恺终于感到自己有了足够的经济条件来建造一座真实的缘缘堂。他返回"父祖三代以来歌哭生聚的地方"——故乡石门湾的崇德堂，准备在此处修建自己设计的一栋两层建筑。早些年，他的夫人和孩子们就返回家乡和他的母亲住在一起，一大家子人挤住在老房子的狭小空间里。从丰子恺开始在艺术上取得成功时起，他的母亲——

第一个引导和影响他的人，就渴盼他能为家里建造一座新房，并把他从上海寄回来的钱都存起来做准备。但新居的梦想尚未实现，母亲就过世了，搬入新房子激起了他心中的自责和懊悔。他父亲的最后岁月，也在逼仄的旧居中度过，没有机会住上舒适的新房。"每念及此，便觉缘缘堂的建造毫无意义，人生也毫无意义！"丰子恺忆起母亲：

> 只有最初置办基地，发心建造，而首先用六尺杆测量地皮的人，独自静静地安眠在五里外的长松衰草之下，不来参加我们的欢喜。似乎知道不久将有暴力来摧毁这幸福，所以不屑参加似的。[71]

这座新居实现了丰子恺反对现代美学的特殊审美观念，在亲自设计的建筑围墙之内，给了他一个自由的空间。他对城市生活方式和价值观与乡村生活规范之间愈发尖锐的冲突极为敏感，缘缘堂这座别墅，正如丰子恺所言，是"灵肉完全调和的一件艺术品"。

> 总之，我给你赋形，非常注意你全体的调和，因为你处在石门湾这个古风的小市镇中，所以我不给你穿洋装，而给你穿最合理的中国装，使你与环境调和。因为你不穿洋装，所以我不给你配置摩登家具，而亲绘图样，请木工特制最合理的中国式家具，使你内外完全调和。[72]

一位友人在上海商场中买了可供放在客厅的捧茶盘黑人木雕送给他，被他婉言谢绝。"因为我觉得这家具与你的全身很不调和，与你的精神更相反对。你的全身简单朴素，坚固合理；这东西却怪异而轻巧。你的精神和平幸福，这东西以黑奴为俑，残忍而非人道。"

我想用这家具时感觉一定很不舒服。设想，我们闲坐在椅子上吸烟、喝茶、谈天；而教这个人形终日毕恭毕敬地捧着盘子鹄立在我们的旁边，伺候我们放置茶杯或烟蒂，感觉上难以为情。因为它虽然不是人，但具有人的形状，我们似乎很对他不起。中国用具中的"汤婆子"、"竹夫人"，只具有人的名称，并不具有人的形状。这借用人的形状的木器，是西洋货，西洋封建时代的遗物。[73]

在建造缘缘堂的过程中，丰子恺为其"全体正直"，工事中曾费数百元拆造，全镇传为奇谈。他坚信环境支配文化："我认为这样光明正大的环境，适合我的胸怀，可以涵养孩子们的好真、乐善、爱美的天性。我只费六千金的建筑费，但倘秦始皇要拿阿房宫来同我交换，石季伦愿把金谷园来和我对调，我决不同意。"

春天，两株重瓣桃戴了满头的花，在门前站岗。门内朱楼映着粉墙，蔷薇衬着绿叶。院中秋千亭亭地立着，檐下铁马丁东地响着。堂前燕子呢喃，窗内有"小语春风弄剪刀"的声音。这和平幸福的光景，使我难忘。夏天，红了樱桃，绿了芭蕉，在堂前作成强烈的对比，向人暗示"无常"的幻相。葡萄棚上的新叶，把室中人物映成绿色的统调，添上一种画意。垂帘外时见参差人影，秋千架上时闻笑语。门外刚挑过一担"新市水蜜桃"，又来了一担"桐乡醉李"。喊一声"开西瓜了"，忽然从楼上楼下引出许多兄弟姊妹。傍晚来一位客人，芭蕉荫下立刻摆起小酌的座位。这畅适的生活也使我难忘。秋天，芭蕉的叶子高出墙外，又在堂前盖造一个天然的绿幕。葡萄棚上果实累累，时有儿童在棚下的梯子上爬上爬下。夜来明月照高楼，楼下的水门汀映成一片湖光。各处房栊里有人挑灯夜读，伴着秋虫的合奏。这清幽的情况又使我难忘。冬天，屋子里一天到晚晒着太阳，炭炉上时闻普洱茶香。坐在太阳旁边吃冬舂米饭，吃到后来都要出汗解衣裳。廊下晒着一堆芋头，屋角里藏着两瓮新米酒，菜橱里还有自制的臭豆腐干和霉千张。星期六的晚上，儿童们伴着坐到深夜，大家在火炉上烘年糕，煨白果，直到北斗星转向。这安逸的滋味也使我难忘。[74]

在石门湾这个小镇，缘缘堂异常突出，用丰子恺的话说，可谓"鹤立鸡群"。日本汉学家和翻译家吉川幸次郎后来也用这个词形容丰子恺在争论不休的海派文人中显得与众不同。丰子恺认为，太过突出不可避免地使云鹤成为被攻击的目标，但它毕竟不是卑贱的小鸡，倘若有"焚琴煮鹤"的人，定要派它实用，而想杀它来吃，它就戛然长鸣，冲霄而去，不知所至了。[75]

这位反复无常（丰子恺语）而易怒的年轻艺术家，从未对周边无聊且病态的环境满意过。然而，现在他已变成一个更加宽容的人，尽量避免与外部世界的接触，更不用说要与之发生冲突了。

> 第一，我心底的capricious（反复无常）气质并不消失，还是容易厌倦，现在连"搬房间"这种习惯也觉得厌倦了，所以不搬。第二，我的年龄大起来，对于世间各种已成的艺术都有些儿看厌，同时自己又造不出比已有的艺术更艺术的艺术来，变成了既不能令又不受命的绝物。

他宣称，从现在开始，不会再去费力改变环境，如果觉得对某一事物不满意，他就闭上眼睛不去理会，或者寄意于"心灵想象的结构中"。"表面上看起来我已经改变"，他说，"其实我依然如故。"[76] 新居及其表现出的理念，以及他在《房间艺术》一文中论说的居室观点，与明代文人李渔（号笠翁）在《闲情偶寄》中关于知识精英的理想生活环境和文人生活趣味的观点完全一致。

> 土木之事，最忌奢靡。匪特庶民之家当崇俭朴，即王公大人亦当以此为尚。盖居室之制，贵精不贵丽，贵新奇大雅，不贵纤巧烂漫。凡人止好富丽者，非好富丽，因其不能创异标新，舍富丽无所见长，只得以此塞责。[77]

至少，丰子恺认为，石门湾的大环境是浪漫而惬意的。他对这里的感觉与对都市，特别是上海的态度形成鲜明的对比。

> 孟子曰："生于忧患，死于安乐。"这回江南的空前浩劫，也许就是这种安乐的报应罢！
> 然而好逸恶劳，毕竟是人之常情。克服自然，正是文明的进步。不然，内地人为什么要努力造公路，筑铁路，治开垦呢？忧患而不进步，未必能生；安乐而不骄惰，决不致死。所以我对于我们的安乐的故乡，始终是心神向往的。[78]

为丰子恺撰写传记的作者们认为，他决定移居石门湾新居的原因，是他和家人在多年飘零之后需要一个永久性的固定居所，而且，他有一大家子人，一位姑母和几位姐姐也一直在他家常住，所以他需要一处更大的房子。虽然丰子恺在石门湾住了五年，但他在杭州也一直有住所，开始是皇亲巷的一处有大花园、池塘和假山的住宅，后来又搬到西湖边上的田家园住过。田家园的住宅曾是逊清某名宦的故居，位于西湖边招贤寺旁、白堤的西边，这里最初是因为孩子们要参加中学升学考试而临时租住的。杭州的住处被丰子恺戏称为"行宫"，是石门湾缘缘堂的分店。在这里，他可以和在杭州寄宿上学的孩子们有更多接触。他一般在春秋两季待在杭州，也常常从这里去上海，维持上海的诸多社会关系，办理出版等事宜。

由于石门湾在战争中遭到破坏，从 1934 年开始，他到杭州的次数更多了。通常不坐火车——这是廉价便捷的出行方式，而是租一只小船，沿着四周风景如画的小河和大运河到杭州去。这样走要花上四天，他常常在沿途的市镇停留，上岸写生、写作或是购买当地的各种物产。赶时间的话，他会乘坐汽船从石门湾到杭州，只需要一个钟头。待在杭州完全不是为了挣钱，而纯粹是由于这座城市的艺术氛围。他说过，因为旅居杭州完全没有特殊的情感和财力上的干扰，才能尽情享受这座美丽天堂中的惬意生活。田家园在西湖边上孤山之下，丰子恺家居多闲，常坐在西湖边的石凳之上，欣赏湖光山色。他结识了一位在湖边摆摊为游人刻章的人，这位老兄每天下班之后就在湖边用小米粒钓虾。丰子恺很欣赏他闲适的生活态度，有时和他一道走进岳坟旁的酒店，坐下来闲谈。丰子恺叫酒保来一斤酒和一盘花生米，刻章的老兄也叫一斤酒，将钓上的虾放到酒保烫酒的开水中烫好，慢慢地享用。[79]

丰子恺常常为林语堂及其友人办的刊物撰写文章，绘制漫画。刊物的一位编辑叫陶亢德，撰文记载他有次"返乡过杭，曾一访他（丰）的田家园寓所。居处极为幽静，家外有一小池，围以木栏杆，室内四壁粘着他自写的好多首陶诗"。那时马一浮尚在杭州居住，丰子恺早年在杭州读书时的同学、古琴家姜丹书也在，还有弘一的师兄、居住在招贤寺旁的弘伞。他们都和丰子恺意趣相通，过从甚密。丰子恺在杭州时，花费了很多时间精力从事翻译和写作。[80]

不过，由于局势愈来愈严峻，杭州的旅居生涯也是短暂的，丰子恺的重心仍在石门湾。在 1936 年年末所写的一篇文章里，他描述了从杭州回到缘缘堂后的感受：

> 主人回来了，芭蕉鞠躬，樱桃点头，葡萄棚上特地飘下几张叶子来表示欢迎。两个小儿女跑来牵我的衣，老仆忙着打扫房间。老妻忙着烧素菜，故乡的臭豆腐干，故乡的冬菜，故乡的红米饭。窗外有故乡的天空，门外有打着石门湾土白的行人，这些行人差不多个个是认识的。还有各种负贩的叫卖声，这些叫卖声在我统统是稔熟的。我仿佛从飘摇的舟中登上了陆，如今脚踏实地了。这里是我的最自由，最永久的本宅，我的归宿之处，我的家。我从寓中回到家中，觉得非常安心。[81]

这种感受与他推崇的隐士陶渊明的情感产生了共鸣。陶渊明的《归去来兮辞》是中国文学史上歌颂隐士生涯最为著名的赞歌，文中描述了摆脱官吏生涯和公共事务后终于可以享受自由的欣喜之情。

> 归去来兮，田园将芜胡不归？既自以心为形役，奚惆怅而独悲！悟已往之不谏，知来者之可追。实迷途其未远，觉今是而昨非。舟遥遥以轻飏，风飘飘而吹衣。问征夫以前路，恨晨光之熹微。
>
> 乃瞻衡宇，载欣载奔。僮仆欢迎，稚子候门。三径就荒，松菊犹存。

▶丰子恺在杭州田家园住宅留影（1936年10月10日），由《宇宙风》编辑陶亢德摄影。图片来自《宇宙风》第29期（1936年11月）。

仿佛当代的陶渊明，丰子恺有意识地将自己的公众形象与激进作家、文学编辑、上海文人和文化混混等区别开来，寻求一种高贵的传统，也吁求平民化的情感。对他而言，石门湾是一处"随处都可以看到诗趣画意之地"，这里为他提供了熟悉而安定的环境——套用柯律格（Craig Clunas）对明代园林意义的阐释，使他在活跃于上海文化圈、拥有美术家声望的同时，也享有隐士的名望，并能随时全身而退。[82]丰子恺与城市的关系，从他在文章中推崇淡然的交往、富有创造性的休闲活动等传统观念，便可知一二。然而，他所提倡的这种姿态，似乎遮蔽了现实：他的生活方式是靠妻子的付出和家中用人的辛劳才得以实现的。虽然离开了城市生活、教师职业以及"尘世的陷阱"，并归隐于田园享受历代文人所倾心的山林生涯，但重返石门湾之路并非通途。

中国传统"田园诗人"的典范陶渊明，在二三十年代成了富有争议的人物，他因在政治纷乱中寻求自身的安定、逃避现实而遭到批评。在丰子恺的友人叶圣陶和夏丏尊于 1933 年合著的《文心》中，有一个人物表达了对陶诗描绘的田园生活的倾慕，但书中这位主人公被告知，回到当代的中国农村可不是浪漫的逃避。"别做梦吧"，他的父亲说，"在陶渊明的时候，也许可有那样的生活，你们现在却已无法学他……现在情形大不同了，大多数的人在乡间并无可归的'田园'，终身局促在都市'尘网'之中……我们读田园诗觉得有兴趣，只是一种头脑上的调剂，这情形和都市的有钱人故意花了钱到乡间去旅行一次一样。老实说，只是一种消遣罢了。"[83]

丰子恺少年记忆中世外桃源般的乡村，现在饱受经济萧条之害，世世代代为当地带来财富的丝绸产业也凋敝了。丰子恺记得，石门湾的居民从来都穿丝绸，享受着其他地区农民少有的富裕生活，他常常为自然的厚赐和人民的辛劳感到庆幸。茅盾来自离石门湾不远的乌镇，他在写于 1931 年年末至 1932 年年末的系列短篇小说"农村三部曲"中讲述了浙江农村的衰败。第一部《春蚕》，故事发生在"一·二八事变"之时，当时上海的立达学园被日军炮火摧毁。小说描绘了石门湾等地的农业，"在帝国主义侵略和传统势力的双重压迫之下"濒于破产。夏志清在其中国现代小说研究中这样评价茅盾：

> 这不但是茅盾的杰作，同时也是无产阶级小说中出类拔萃的一本代表作……茅盾几乎不自觉地歌颂劳动分子的尊严。用中国传统的方法来殖蚕，是一个古老而粗陋的方法，需要爱心、忍耐和虔诚。整个过程就像一种宗教的仪式。[84]

养蚕是丰子恺童年生活中的一件大事，桐乡的家庭大多依靠养蚕获取持家的经济收入。[85] 丰子恺的祖母是家里最热衷养蚕的人，她把这项工作当成"暮春的点缀"。每到这个季节，养蚕就成为家里的重要活动，大人们通宵不寐地采摘桑叶，为蚕虫在成长的关键时刻准备足够的食物，年少的丰子恺则在忙碌的大人身旁玩耍，常常吃到大人丢弃不用的桑葚。"蚕宝宝"吐丝之后，全家静静守护，也不许小孩吵闹，过几天，采茧、做丝、出售。忙碌而劳苦的日子结束后，大家会像过节一样聚在一起享用美食，祭奠家中的神龛，一片欢声笑语。[86]

茅盾小说的氛围，与丰子恺关于祖母每年例行养蚕的回忆很相似。1905 年，丰子恺七岁，他的祖母去世了，其后丰家不再养蚕。随着经济的低落和气候条件的恶化，以及当地持续不断的战事和政治动荡，幸福的童年很快流逝了，农村生活的仪式与诗意也消失殆尽。二十年后，丰子恺回到石门湾。虽然回家令他欣喜，但他也清醒地知道，家乡已经发生巨大的变迁，就连新年的过法也与他记忆中的完全不同了。西方的公历引入后，当地农历春节的意义大为减弱，经济败落也使人们无力再以往常的奢侈方式庆贺元宵节了。他注意到，许多老百姓都生活在贫困边缘，很少有人还费心思去庆祝新年的到来。[87]

他在 30 年代的散文中哀叹家乡衰落，同时也感慨全国各地的人们都由于政治和经济的动荡而纷纷背井离乡。1935 年的一天，他翻看《唐诗三百首》，发现大量的诗句与"故乡"有关。"乡"这个字眼，或者说这个概念，和"花""月""酒"一样，在传统诗文中占据重要的位置。过去，丰子恺曾说，"在家千日好"，"对月花中饮美酒"。他早期的一幅画作也从诗人客中怀乡的诗句中获得了灵感："想得故园今夜月，几人相忆在江楼。"但现在，这种伤感情绪只属于已经流逝的往昔。

现代人就不同：即使也不乏欢喜对花邀月饮酒的人，但不一定要在故乡的家里。不但如此，他们在故乡的家里对花邀月饮酒反而不畅快，因为乡村大多破产了。他们必须离家到大都会里去，对人为的花，邀人造的月，饮舶来的酒，方才得其所哉。

这些语言如果出自梁漱溟那样的儒者之口，也一点不奇怪。丰子恺继续说："现今的工商业时代，人都离去了破产的乡村而到大都会里去找生活……然而大家离乡背井，拥挤到都会里去，又岂是合理的生活？"丰子恺为城市中长大的孩子们感到悲哀，他们从小就不知道故乡是何种模样，长大成人后，可能又因生活的压力辗转他地，因此，对于他们而言，出生地也变得毫无意义。

"到处为家"，在古代是少数的游方僧、侠客之类的事，在现代却变成了都会里的职工的行为。[88]

他总结说，使乡下人的不满足感不断增加的另外一个因素，是当地方言所说的"苏州袜带儿"综合征：一个土包子突然发现苏州人所着袜带的新样式，便定要为了这一根"优雅的"袜带从头到脚改换衣装，方才心满意足。在丰子恺早期的漫画《苏州人》里，主人公看起来对自己的形象非常满意，但实际上一点儿也不像摩登和洋化的花花公子。这幅漫画是对当地中西合璧的城镇居民的速写，令人想起一首嘲讽乡村小姑娘追逐上海城市派头的民谣：

乡下娘娘要学上海样，
学死学煞学不像。

学来稍有瞎相像，

上海已经换花样。[89]

30 年代，浮华的"苏州袜带儿"出现之后，农村居民被一整套新潮流征服。如丰子恺所言，他们开始不顾一切抛弃旧的东西，追求摩登，寻找沿海大都市的风格样式。即使是城市中最常见的产品，如火柴、香烟、纽扣、服饰、绣着夜总会场景的织锦、在乡村泥泞的道路上很容易污损的皮鞋，以及既不适合气候也不符合乡村生活社会环境的西服，都令农村人为之着迷。这种趋势令他感到不安，回到未曾改变的石门湾的诗意梦想已经破灭，写作也陷入了停滞，他为乡村中见到的人和事感到悲哀。

> 也许他们自认为都会之人，不幸而暂时流落在这破陋的
> 乡村里的；也许他们抱着大志，要改造全部乡村的环境来适
> 应他们的服装，同时换过全身衣服，房子，和老婆来配用苏
> 州袜带儿一样。

迷人的"都会之音"，并非仅仅是城市时尚在乡村中激起的回响，它还来自播放着政治演说和喧闹舞厅音乐的无线广播，以及遍布农村、令人恐怖的各式广告。

> 以上所说，自火柴以至收音机，都是物质文明对人类的
> 贡献，都好像是都会给乡村的福音。然而乡村人从这些所受
> 得什么呢？无他，只有惊异，诱惑，和可笑的不对称……都
> 会之音用了种种方式而传达到乡村去，使得乡村好像乡下人
> 拾得了苏州袜带儿。乡村之音也可用种种方式传达到都会里

去，但恐都会对他们好像苏州人拾得了乡下破草鞋，丢到垃圾桶里了。[90]

编辑家郑振铎出版丰子恺的早期漫画，是为了努力劝导城市青年读者脱离回国的颓废留学生所写的新古典通俗浪漫小说。这些读物对城市趣味和乡村怪事的描述，与鸳鸯蝴蝶派的古怪文人非常相似，而这些东西正是丰子恺想脱离的。丰子恺在与上海保持一定距离的地方活动，对所谓的国际化的"海派"不抱同情，尽管这些人声称在审美方面他们的作品与丰子恺的抒情散文极为类似。[91]中国都市居民对西方文化的复杂反应，既表现在鸳鸯蝴蝶派的通俗小说中，也表现在"假洋鬼子"文人的艺术、诗歌和散文里。一味采用西方方式并不一定带来必然的结果，正如林培瑞（Perry Link）所说：

城市文化的西方化是广泛但很浮浅的。在小说人物和读者的真实生活方式中，那些典型的符码构成了表面的西方化，如钢笔、打领结、用握手的方式打招呼、在对话中时时冒出一两句西方谚语等。在深层次上，现代西方的思维却是被拒斥的。因此，现代城市中只有非常表面化的西方生活方式。[92]

丰子恺反感代表着现代生活方式的西式穿着，对火车更是深恶痛绝。在 20 世纪初的浙江，火车是现代物质文明最强烈的象征。当少年的丰子恺离开石门湾去杭州上学时，他非常热爱火车。和他崇拜的日本作家夏目漱石一样，他也认为："像火车那样蔑视个性的东西是没有的了。"除了夏目漱石之外，"在 20 世纪中，这样重视个性，这样嫌恶物质文明的，恐怕没有了。有之，还有一个我，我自己也怀着和他同样的心情呢。"他对现代交通方式极为厌恶，去世前不久还在一篇关于 30 年代石门湾和杭州生活的回忆文章中表达这种情绪，他说可能的话，他总是会选择坐船出行。[93]

然而，坐船在浙西的运河和河道中旅行，只会让他更真实地感受到乡村生活的巨大变迁。特别是 1934 年夏天，浙江省遭受了近半个世纪以来最严重的干旱和高温，丰子恺的感受更加强烈。[94] 在这个漫长的炎热夏天，他撰写了一系列配有漫画的散文，表达对农村变化的观点和态度。旱灾促使他创作了一卷题为《云霓》的漫画，在这册漫画的序言中，他记叙了这段难挨且似乎无穷无尽的岁月，这些日子里没有一滴降雨。《云霓》的序言像一首安魂曲，讲诉农村的破败和苦痛、少年时代田园生活的失落，以及中年时乡村生活给予他的短暂而渺茫的希望。尽管他渴望在乡村中寻找隐逸，但农村贫困动荡的现实却使他不得不放弃浪漫的幻想。他说，创作《云霓》的目的，并非想

▶ 丰子恺《到上海去的》，署名 TK。图片来自丰子恺《都市之音》（上海：天马书店，1935年）。

模仿中国古代最早的诗歌总集、蕴含着深刻政治隐喻的《诗经》，而是 "觉得现代的民间，始终充塞着人热似的苦闷和人旱似的恐慌，而且也有几朵 '云霓' 始终挂在我们的眼前，时时用美好的形态来安慰我们，勉励我们，维持我们生活前途的一线希望"。

　　然而，他自己也起了疑问，这 "云霓" 能满足大旱时代的渴望吗？"自己知道都不能。因为这里所描的云霓太小了，太少了。似乎这几朵怎能沛然下雨呢？恐怕也只能空空地给人玩赏一下，然后任其消沉到地平线底下去的吧。"[95] 不过，他对农村现状的书写并非都是这样悲观，在这个最炎热的夏天，他写下《热天写稿》一文。他说这样的写作是游戏之举，并用了可观的篇幅来讲述在闷热夏日伏案工作的情况，以及如何解决笔砚因为天热而干结的难题。[96]

1934 年春末，丰子恺租了一只船，沿着大运河从石门湾去杭州，一边旅行一边写生。在这次不慌不忙的旅程和下一次因办事而乘船的过程中，他创作了《云霓》一书中的大部分画作。当船只悠然沿着河流前行时，他看到两岸千百个踏水的农人，踩着水车将河道中的水灌入干旱的田地。这场景让他更深地感受到农村的苦痛到了何种程度，这种痛苦还未曾被正直的都市知识分子宣传过。同年 8 月，他在杭州招贤寺写下《肉腿》一文，从中我们得知他对一直以来熟悉的农村世界有了新的看法。人与自然激烈抗争，以求生存，"农人对于这个道理，嘴上虽然不说，肚里很明白"。

以前为了我的旅行太苦痛而不快，如今为了我的旅行太舒服而不快。我的船棚下的热度似乎忽然降低了；小桌上的食物似乎忽然太精美了；我的出门的使命似乎忽然太轻松了。

丰子恺将农人踏水的肉腿和都市舞场里、银幕上所见的肉腿相比较，充分展现了对农人的同情。每天，农人踏水直至深夜方休；舞场里、银幕上的肉腿忙着活动之时，也正是运河岸上的肉腿忙着踏水的时候。舞厅是上海娱乐和消费产业的特征，租界中的大型百货商场里设有新的娱乐场所和设施，屋顶酒吧、咖啡厅、餐厅等等，招揽着顾客。从 30 年代初开始，到这些地方消费成为当地居民的一种时尚，到了丰子恺观看运河两岸的农人踏水之时，上海已经有了三百多家酒店和赌场。人们涌入歌厅，去跳快步、狐步、华尔兹、探戈，还有查尔斯顿舞和伦巴。夜总会遍及上海，包括百乐门戏院、大都会花园舞厅、圣安娜、仙乐施、洛克赛，还有维纳斯咖啡馆、维也纳花园舞厅、小俱乐部等等。[97]

不过，在丰子恺对城市与乡村的比较和思考中，并没有对城市生活和奢侈消费做无端批评，这种批评是激进的作家乐意发表的。实际上，在当时很多漫画里，舞女都被描绘为充满诱惑但饱受压迫的形象。虽然丰子恺同情农民，但无意在意识形态上和他们保持一致。随着他的船继续前行，将运河两岸的场景甩在身后，他的不快就渐渐解除了，只有那些踏水的肉腿重复动作的画面，还保留在他的脑际。他想到，住在都会的繁华世界里的人最容易想象的，是常在舞场里、银幕上看见舞女的肉腿的活动。因此，可以这样讲，当他遇到别人很容易从政治角度阐释的场景时，他则像 30 年代撰写非战斗性的闲适随笔的同仁一样，基本上是从视觉和感情上——而非社会意义上——阐述所见所闻。

1934 年五六月间，丰子恺外出旅行写生，一路为自己的短篇散文创作漫画插图。这些画作表现了他艺术风格的基本方面：通过素描和讽刺实现的现实主义的追求。有一次，船停泊在一个镇上，他凝神纵目，把船上的窗框当成画框，通过窗框看出种种现实的图画来。他由此创作了一幅题为《野外理发处》的漫画，画面上的理发师围着顾客工作，他觉得理发师好像是街边的雕塑家面对着呆若木鸡的对象，后者则任其随意摆布。丰子恺并未从这种关系中引申出什么政治意义，也不觉得这是农村不自由的表现，他只是怀着同情慈悲之心，取出速记本来，记录下这个时刻。他关于将现实场景搬移到纸面上的论述，为我们了解他的创作过程提供了难得的机会。

> 我想把船窗中这幅图画移到纸上。起身取出速写簿，拿了铅笔等候着。等到妥贴的位置出现，便写了一幅，放在船中的小桌子上，自己批评且修改。这被剃头者全身蒙着白布，肢体不分，好似一个雪菩萨。幸而白布下端的左边露出凳子的脚，调剂了这一大块空白的寂寞。又全靠这凳脚与右边的剃头担子相对照，稳固了全图的基础。凳脚原来只露一只，为了它在图中具有上述的两大效用，我擅把两脚都画出了。我又在凳脚的旁边，白布的下端，擅自添上一朵墨，当作被剃头者的黑裤的露出部分。我以为有了这一朵墨，白布愈加显见其白；剃头司务的鞋子的黑在画的下端不致孤独。而为全图的主眼的一大块黑色——剃头司务的背心——亦得分布其同类色于画的左下角，可以增进全图的统调。为求这黑色的统调，我的签字须写得特别粗大些。

船主人夫妇好奇地看着丰子恺的画，觉得画这种没意思的东西真

▶丰子恺《野外理发处》，署名 TK。图片来自丰子恺《都市之音》。

是不可思议，船主妇建议他花点时间去南浔画著名的苏州花园景致。这让丰子恺对他们的小资产阶级趣味做了一番评说。

　　她这话使我想起船舱里挂着一张照相：那照相里所摄取的，是一株盘曲离奇的大树，树下的栏杆上靠着一个姿态闲雅而装束楚楚的女子，好像一位贵妇人；但从相貌上可以辨明她是我们的船主妇。大概这就是她所爱好的花园景致，所以她把自己盛妆了加入在里头，拍这一张照来挂在船舱里的。我很同情于她的一片苦心。这照片仿佛表示：她在物质生活上不幸而做了船娘，但在精神生活上十足地是一位贵妇人。世间颇有以为凡画必须优美华丽的人；以为只有风、花、雪、月、朱栏、长廊、美人、名士是画的题材的人。我们这船主妇可说是这种人的代表。

船主人夫妇觉得他的《野外理发处》所画更像是在挖耳朵，而不是理发。丰子恺给这幅漫画取了一个很有智慧的题目，他说这样的场景"恐怕是我国所独有的"，可能会给外国人留下很深的印象。

> 中国人如何高雅而自然，不但幽人隐士爱好山水，连一般人的理发也欢喜在天光之下，蝴蝶飞舞的青草地上……外国人看了这情形，以为中国人近来愈加高雅而自然了。[98]

而就在几个星期前，丰子恺还随同船主人夫妇去岸上观看"提灯大会"。"提灯大会"是"新生活运动"的一部分，运动由蒋介石发起，目的是用军事化的运动来改变国民性，提升公众的行为举止。船夫们倒是不会去考虑这场运动的意识形态目标，只是喜欢看这种不符时令、吵闹嘈杂的夜间游行奇观。丰子恺更觉得这种活动无聊，对此类宣传改革运动发出了隐晦的批评。他观看时注意到一个小孩背着一面鼓向前跑，鼓手跟在后面一路使劲打去，以发出鼓声激起观众的注意。丰子恺想到，背鼓的孩子年纪很小，持续而剧烈地被敲打到半夜，"这副嫩骨头可能被敲散，回家去非找他母亲重新编穿过不可"。他取来速写本描取了这个孩子的境况后，又转过去听那鼓乐，"音节远不及以前的雍容浩荡，似乎带有凄惨之气了"。[99]

另一次勉强跟着去看灯，船主人在关了门的"土谷祠"门前为丰子恺选择了一个相对较好的位置。他在水洼中放了两块砖头，让丰子恺站在上面，等待提灯队伍的通过。街对面有一处公共厕所，在漫长的等待中，丰子恺不禁被街对面拥挤的如厕人群吸引。虽然他的速写本在刚才人群拥挤时丢失了，但他的脑子里还留有那茅厕中一个小便者的姿态。回到船中，"便背摹其状"。

我的眼睛只管望见罗汉像一般的人头，也有些儿看厌了。视线所及，只有斜对面毛厕上络绎不绝的小便者，变化丰富，姿态各殊，暂时代替花灯供我欣赏。这会我独得了珍奇的阅历：有生以来，从未对着这样拥挤的毛厕作这样长久的观察。吾今始知小便者的态度姿势变化之多。想描出几个……

而关于提灯游行，"因为在水泊中的浮墩上一动不动地继续站立了一小时多，异常疲劳，没有仔细看灯的精力了。只觉得无数乒乓球制的小电灯在我眼前络绎不绝地经过"。[100]

这是丰子恺观察琐碎事物的又一个例子。特别是面对一些更大、更重要或遵从传统的事物时，他常常自然地倾向于以似乎不太恰当的方式对待它们。在上述例子中，所谓救赎式的新生活教育运动的目的，是将现代公民的优良品质传授给大众。丰子恺对茅厕的观察，和这次运动的宏大目标差距甚远，与蒋介石在新生活运动开初时谴责国人遢遢野蛮的讲话形成了鲜明的对比：

他们的衣服和居室杂乱无章；随地吐痰和小便；没有纪律，抽烟、赌博，在独自外出时嫖娼；当他们讲话时，看起来好像是僵尸一样的半死不活。[101]

虽然丰子恺在这段半隐居的生活中追求"清高"，但他依然要养家糊口，在石门湾和杭州的这五年，其实是他一生中最多产的时期。他在这一时期完成的译著、散文、漫画等共计二十余种，包括四本闲适散文集、两本画集、一册和裴梦痕合编的音乐入门读本，以及三册艺术与艺术史方面的著作。[102] 创作于这一时期的散文和漫画，大多首次刊载于林语堂和友人编辑的杂志上，如"幽默"刊物《论语》等。丰子恺因此与俞平伯、周作人、老舍、郁达夫、大华烈士（简又文）、姚颖和林语堂，并称为"论语八仙"。他的乡村生活漫画专栏则出现在《申报》的《自由谈》副刊上。[103]

然而，紧随这段创作最为丰富的时期，就是战事的爆发。

> 今日思之，并非偶然；我似乎预知江南浩劫之将至，故乡不可以久留，所以尽量欣赏，不遗余力的。[104]

他不知疲倦地在浙江越来越荒凉的乡村景象中寻找聊以自慰的趣味，1934 年 8 月，他说，"在这坐以待毙的时期……与其在牢中哭泣，倒不如大家寻些笑乐吧"。[105] 他显然认为，此时居住在乡村并不是在逃避世界。他的作品，特别是译著，为上海的艺术沙龙和颓废派作者提供了养分——虽然丰子恺并非他们的同路人。现在，他已经深刻地领悟了佛理，接受命运和周围的世界，认识到只有变化和无常才具有永恒性。这种思想，令他既疏远于粗粝的左翼，也区别于上海放浪的文人。

> 我想，做了人真像"骑虎之势"，无法退缩或停留，只有努力地惜时光，积极地向前奋斗，直到时间的大限的到来。[106]

1930 年，周作人、俞平伯和废名（冯文炳）等创办了一份短命的周刊《骆驼草》。在创刊号上，编辑半开玩笑地表示，创办新刊物的主旨是发表各种主题的闲适散文，"不为无益之事，何以遣有涯之生"。[107] 而孔子也曾说："吾尝终日不食，终夜不寝，以思无益，不如学也。"但在 30 年代，倡导闲适散文的作家们却因轻浮的风格受到左翼作家的攻击。鲁迅曾对弟弟周作人及其同人提出严厉批评，把闲适散文作家的作品称为"小摆设"，警告他们太过沉湎于个人主义会将读者从当时各种严峻的问题中带入歧途。[108] 在和家人居住在石门湾缘缘堂的岁月里，丰子恺也用过和《骆驼草》编者同样的话——"不为无益之事"，来谈论自己的人生目标，但他的意思和《骆驼草》同人恰恰相反。

> 古人有言："不为无益之事，何以遣有涯之生？"我相信这句话，而且想借庄子的论调来加个注解：益就是利。"吾生也有涯，而利也无涯，以有涯遣无涯，殆已！已而为利者，殆而已矣！"所以要遣有涯之生，须为无利之事。[109]

1　《缘缘堂随笔》，第 9 版，上海：开明书店，1941 年，第 62—63 页。1992
　　年出版的《丰子恺文集》的编者将这段引文材料前面部分文字在第 5 卷
　　所收文章中删除，参看《丰子恺文集》卷 5，第 140 页。

2　关于"著作人公会"情况，参看《丰子恺传》第 44—45、188 页。

3　胡敏娜，《中国的儿童文学》，第 151 页；舒衡哲，《中国启蒙运动：知识
　　分子与五四遗产》，第 175—178 页；商金林编，《叶圣陶年谱》，南京：江
　　苏教育出版社，1986 年，第 114—146 页；陈辽，《叶圣陶评传》，天津：
　　百花文艺出版社，1981 年，第 121—139 页。

4　朱自清，《哪里走》，写于 1928 年 2 月，初次发表于《一般》第 4 卷第 3
　　期。参看朱金顺编，《朱自清研究资料》，第 316—333 页。

5　鲁迅，《而已集》，收入《鲁迅全集》第 3 册，第 405—583 页；卜立德，
　　《周作人：退却的学者》(David Pollard, "Chou Tso-jen: A Scholar Who
　　Withdrew")，载费侠莉编，《变革的局限》，第 332—356 页；恩斯特·沃
　　尔夫，《周作人》，第 77—81 页。

6　孙玉蓉编，《俞平伯研究资料》，第 27—30 页。

7　张华等编，《中国现代杂文史》，西安：西北大学出版社，1987 年，第
　　225—252 页。

8　林语堂，《有不为斋丛书序》，载钱伯城编，《袁宏道集笺校》第 2 册，
　　第 1734—1735 页。

9　参看王保生，《俞平伯和他的散文创作》，载王保生编，《俞平伯散文选
　　集》，上海：上海文艺出版社，1983 年，第 207 页。

10　丰子恺，《谈自己的画》，《丰子恺文集》卷 5，第 470 页。

11　金介甫，《沈从文传》(Jeffrey C. Kinkley, *The Odyssey of Shen Congwen*,
　　Stanford, Calif.: Stanford University Press, 1987)，第 199 页。

12　同上，第 198 页。

13　毕克官，《丰子恺先生的两张珍贵的封面设计》，《美术》，1980 年第 2 期，
　　第 13—14 页。这两张封面分别刊印于《中国青年》第 121 期（ 1926 年 5 月 ）
　　和第 138 期（ 1926 年 11 月 ）。

14 明川，《丰子恺先生年表补遗》(《明报月刊》，1979 年第 9 期，第 47—48 页)，第 48 页。

15 《丰子恺传》，第 41 页。

16 丰子恺，《剪网》，《丰子恺文集》卷 5，第 93—94 页。

17 《丰子恺传》，第 42 页。丰子恺向林风眠成功推荐了他的学生、木刻家陶元庆 (后来成为著名设计家) 和他在日本时的友人黄涵秋，但他自己却没能如愿到林风眠的艺术专科学校教书。

18 《丰子恺传》，第 189 页。

19 丰子恺，《劳者自歌》，写于 1934 年 7 月 24 日，《丰子恺文集》卷 5，第 444 页。

20 夏丏尊，《夏丏尊文集》，第 16 页；中国出版工作者协会编，《我与开明》，第 296—298 页。

21 丰子恺，《记乡村小学所见》，《丰子恺文集》卷 5，第 582—584 页。

22 参看《中学生》第 7 期，第 155 页。丰子恺曾指导一位学生到南京路一家商铺的音乐曲谱中寻找贝多芬的《月光奏鸣曲》(《中学生》第 12 期，第 182 页)；而在回答另一次咨询时，他建议提问者去购买由其学生钱君匋编写的《口琴演奏曲》(《中学生》第 15 期，第 174 页)。

23 例如，《中学生》第 7 期第 154 页，第 12 期第 182 页，第 13 期第 178 页和第 16 期第 340 页等。

24 《中学生》第 16 期，第 339 页。

25 丰子恺，《野外写生》，《丰子恺文集》卷 2，第 608 页。

26 布里埃著，汤普森译，《中国哲学五十年》(O. Brière, *Fifty Years of Chinese Philosophy 1898—1950*, Translated by Lawrence G.Thompson, London: George Allen &Unwin，1956)，第 95 页。

27 同上，第 95—96 页。这段话引自丰子恺翻译的赤井米吉的文章《美的教育》，参看丰子恺，《艺术趣味》，第 36 页。

28 此段文字的英译见布里埃，《中国哲学五十年》，第 96—97 页；关于朱光潜的影响及其重要性，参看叶文心，《民国时期大学校园文化》，第 270—274 页。

29 丰子恺,《废止艺术科》,第 2—3 页。

30 丰子恺,《楼板》,《丰子恺文集》卷 5,第 130 页。

31 卢汉超,《霓虹灯外:20 世纪初日常生活中的上海》,第 307 页。

32 参看唐弢,《申报·自由谈》第 1 册,上海:上海图书馆,1981 年,第 1—10 页;丸山昇、伊藤虎丸、新村彻编,《中国现代文学事典》,第 147—148 页。

33 丰子恺的一些怀有厌恶城市偏见的游戏速写,于 1936 年以《人生漫画》为题连载于林语堂所编《宇宙风》杂志,这些作品大多是类似于日本的 koma-e 漫画。

34 孙隆基的博士论文《走出荒野:中国知识分子从五四到三十年代的奥德赛之旅》,(Lung-kee Sun, *Out of the Wilderness: Chinese Intellectual Odysseys from the "May Fourth" to the "Thirties"*, Stanford University, 1984),第 256 页。

35 丰子恺即使到了晚年,也仍是以一种轻蔑态度回忆起旧上海的不平等、欺诈和分裂。参看丰子恺,《旧上海》(1972 年),《丰子恺文集》卷 6,第 722—728 页。

36 卢汉超,《霓虹灯外:20 世纪初日常生活中的上海》,第 60 页,引用了马尔科姆·考利的《流放者归来》(Malcolm Cowley, *Exiles Return: A Literary Odyssey of the 1920s*, New York: Viking Press, 1951),第 55—56 页。"亭子间",是上海等地旧式楼房中的小房间,一般在楼上正房的后面楼梯中间,狭小、阴暗,大多用于堆放杂物,或居住佣人,或出租给低收入的工人、单身文化人。

37 同上,第 172—173 页。

38 同上,第 48 页。

39 林语堂,《上海之歌》("Hymn to Shanghai"),载林语堂《讽颂集》(*With Love and Irony,* London: Heinemann, 1942), 第 53—54 页。

40 洪长泰,《到民间去:中国知识分子与民间文学活动,1918—1937 年》(Chang-tai Hung, *Going to the People: Chinese Intellectuals and Folk Literature, 1918—1937,* Cambridge, Mass.: Harvard University Press,

1985），第 10—15 页。作者集中讨论了二三十年代的通俗文学运动。另参见李欧梵，《五四作家的浪漫气质》（Leo Ou-fan Lee，"The Romantic Temper of May Fourth Writers"），载史华兹编，《反思五四运动》，第 81 页。

41　卢汉超，《霓虹灯外：20 世纪初日常生活中的上海》，第 10 页。

42　艾恺，《最后的儒家：梁漱溟与中国现代化的两难》（Guy Alitto, *The Last Confucian: Liang Shu-ming and the Chinese Dilemma of Modernity*, Berkeley: University of California Press，1979），第 196 页；洪长泰，《到民间去》，第 14 页以及注释 54—56。

43　艾恺，《最后的儒家》，第 227 页；孔雪雄，《中国今日之农村运动》，上海：中山文化教育馆，1934 年，第 330—331 页。李叔同在南洋公学的同窗黄炎培，在二三十年代也致力于乡村改造和建设运动中的教育事业，参看艾恺，《最后的儒家》，第 165 页及注释 29、第 166—168 页。

44　例如，《申报·自由谈》1933 年 1 月 18 日，2 月 25 日，3 月 12、19 日，4 月 18、20、21、23、25、26、27、28、30 日，5 月 27 日，6 月 4、21 日，8 月 9 日，10 月 13、15 日，11 月 4、11、14 日和 12 月 11 日，《申报·自由谈》（1932 年 12 月 1 日—1934 年 4 月 25 日）》2 卷本上册，上海：上海图书馆影印，1981 年。

45　卢汉超，《霓虹灯外：20 世纪初日常生活中的上海》，第 9 页。

46　丰子恺，《子恺漫画》第 63 页；类似之作可在竹久梦二的《梦二画集：春之卷》中见到。

47　丰子恺，《音语》，1935 年 5 月 25 日写于石门湾，《丰子恺文集》卷 5，第 628 页。

48　弗兰，《跷起二郎腿：30 年代的上海摩登女人》（Francesca Dal Lago，"Crossed Legs in 1930s Shanghai: How 'Modern' the Modern Woman？"），载《东亚历史》（*East Asian History*），第 19 期（2000 年 6 月），第 143 页；姜苦乐，《亚洲现代艺术》，第 60 页。

49　丰子恺，《劳者自歌》，《丰子恺文集》卷 5，第 438 页；何莫邪，《丰子恺》，第 179 页；关于月份牌的图版，参看朱石基、黄振亮，《上海"月份牌"年画的今昔》，《美术》，1984 年第 8 期，第 4—7 页；吴吴、卓伯棠、黄英、卢婉雯编，《都会摩登：月份牌（1910s—1930s）》，香港：三联书店，1994年。在抗日战争前夕及期间，30年代的大众文艺运动是左翼文化界争议的核心议题。左翼作家冯雪峰、茅盾等在这场文艺论战中的主要观点和文献，收入洛蚀文编，《抗战文艺论集》（1938年），上海：上海书店，1986年重印，第133—216页。同时参看泰无量，《当代中国的文学争论》，第141—160页。

50 丰子恺，《商业艺术》（1933年），载《丰子恺文集》卷3，第2—16页。

51 白杰明，《月份牌》（"Calendar Posters"），载《东亚历史》，第9期（1995年6月），第2—3页。

52 高美庆，《中国艺术对西方的回应》，第52—55页。

53 丰子恺，《市街形式》，《丰子恺文集》卷5，第362—363页。

54 卢汉超，《霓虹灯外：20世纪初日常生活中的上海》，第110页。

55 李欧梵，《上海摩登》，第10页及第346页注释25。

56 宗白华，《美学的散步》（第3版），台北：洪范书店，1984年，第28—29页。

57 丰子恺，《市街形式》，《丰子恺文集》卷5，第362—363页。

58 参看《旅行的享受》（"The Enjoyment of Travel"），载林语堂，《生活的艺术》（*The Importance of Living*），特别是林语堂所译明代散文家屠隆的《冥寥子游》（"The Travels of Mingliaotse"），第327页后。

59 丰子恺，《西湖船》，《丰子恺文集》卷5，第602—606页。

60 《丰子恺传》，第190页；《丰子恺先生年表》，第18页；卢汉超，《霓虹灯外：20世纪初日常生活中的上海》，第122页。

61 巴金，《怀念一位教育家》，载巴金《随想录》（合订本），香港：三联书店，1988年，第64—65页。

62 夏丏尊，《钢铁假山》，《夏丏尊文集》，第196—198页；同时参看叶至善（夏丏尊的女婿、叶圣陶之子），《"期文化之交互"——记夏丏尊先生和内山完造先生》，《夏专辑》，第56页。

63 《丰子恺传》，第190页；《丰子恺先生年表》，第18页。

64 傅郝夫的博士论文《中国现代文学的都市异国情调》（Heinrich Tomar

Fruehauf, *Urban Exoticism in Modern Chinese Literature, 1910—1933*, University of Chicago, 1990），第 141 页；赫特，《金屋之下——邵洵美的华丽世界》(Jonathan Hutt, "La Maison d'Or — The Sumptuous World of Shao Xunmei"），载《东亚历史》，第 21 期（2001 年 6 月），第 111—142 及第 120 页后。

65　叶文心，《民国时期大学校园文化》，第 252 页。

66　何莫邪，《丰子恺》，第 28 页，将"缘缘堂"译为"Hall of Reasoned Contemplation"，认为丰子恺书房的两个"缘"字，与佛教中的"所缘"和"能缘"有关，也与马一浮在为祝贺书房命名的一首诗中的意思吻合，参看丰子恺，《告缘缘堂在天之灵》，《丰子恺文集》卷 6，第 57 页；卢庆滨(Andrew Lo)在其关于何莫邪著作的书评中，给出了"缘缘堂"的另外一种译法，即"The Hall of Undifferentiated Affinities"，见《中国季刊》(China Quarterly)第 3 卷，第 101 期（1985），第 169 页；而卜立德则将"缘缘堂"译为"The House of Affinities"，参看《古今散文英译集》，第 217 页。

67　丰子恺，《告缘缘堂在天之灵》，《丰子恺文集》卷 6，第 56 页；殷琦，《关于丰子恺皈依佛教及"缘缘堂"命名的时间》，《香港文学》，1985 年第 9 期，第 9—11 页。

68　《丰子恺传》第 191 页；《丰子恺先生年表》第 19—20 页；夏丏尊在此前的几年就失去了对学校的兴趣，在 20 年代后期更多地从事编辑出版工作，参看《夏丏尊文集》第 15—16 页；丰华瞻，《故园情：怀念家乡》，《嘉兴报》，1987 年 11 月 8 日。

69　刘士龙，《乌有园记》，收入周作人编《明人小品集》，台北：金枫出版社，1987 年重印，第 194、196 页；李克曼，《中国人对过往的态度》(Pierre Ryckmans, "The Chinese Attitude Towards the Past"），第 47 届莫理循民族学讲座(George Emest Morrison Lecture in Ethnology, Canberra: The Australian National University, 1986)，第 12 页、第 18 页注释 20；重刊于李克曼的《天使与章鱼》(Simon Leys, *The Angel and the Octopus: Collected Essays. 1983—1998*, Sydney: Duffy & Snellgrove, 1999)，第 21 页。

70 丰子恺,《视觉的粮食》,《丰子恺文集》卷 3,第 349—350 页。

71 丰子恺,《辞缘缘堂》,《丰子恺文集》卷 6,第 123、125 页。

72 丰子恺,《告缘缘堂在天之灵》,《丰子恺文集》卷 6,第 57—58 页;将丰子恺的缘缘堂与郁达夫 1935 年在杭州为自己所建的时尚居所相比较,非常有趣,参看李欧梵,《中国现代作家的浪漫一代》,第 104—105 页。

73 丰子恺,《告缘缘堂在天之灵》,《丰子恺文集》卷 6,第 58 页;《劳者自歌》,《丰子恺文集》卷 5,第 437 页。这件物品残件的图像,参看丰子恺,《子恺漫画全集》第 5 册,第 30 页。

74 丰子恺,《辞缘缘堂》,《丰子恺文集》卷 6,第 125—126 页;关于石崇(季伦),参看迈克尔·苏立文,《中国山水画的起源》(Michael Sullivan, *The Birth of Landscape Painting in China*, London: Routledge & Kegan Paul, 1962),第 83—84 页;玛吉·凯瑟克,《中国园林》(Maggie Keswick, *The Chinese Garden*, London: Academy Editions, 1986), 第 76—78 页及插图 74;柯律格《丰饶之地:中国明代的园林文化》(Craig Clunas, *Fruiful Sites: Garden Culture in Ming Dynasty China*, Durham, N. C.: Duke University Press, 1996),第 53—55 页。对于秦始皇宏大宫殿最为著名的文学描写,是唐代诗人杜牧的《阿房宫赋》。

75 丰子恺,《辞缘缘堂》,《丰子恺文集》卷 6,第 134 页;同时参看《丰子恺文集》卷 6,第 112 页;丰一吟,《潇洒风神》,第 247 页。1934 年出现的关于"海派文学"的争论,可参看如曹聚仁、唐弢等于 1 月 17、26 日与 3 月 3、10、17 日在《申报·自由谈》上发表的文章。沈从文是这场争论的发起者之一,但他与海派毫无关系,参看金介甫,《沈从文传》,第 194—202 页及第 338—339 页注释 21、23。这场争论可以回溯到 20 年代主要活动于北京的文学研究会与以上海为中心的创造社之间的 论争,同时可参看李欧梵,《中国现代作家的浪漫一代》,第 25—26 页。

76 丰子恺,《房间艺术》,《丰子恺文集》卷 5,第 525 页。

77 李笠翁,《闲情偶寄》,杭州:浙江古籍出版社,1985 年,第 145 页。这段文字的英译见林语堂,《生活的艺术》,第 257—258 页。

78 丰子恺,《辞缘缘堂》,《丰子恺文集》卷 6,第 120—121 页。

79　丰子恺,《吃酒》,《丰子恺文集》卷6，第711—713页。

80　《丰子恺传》第49页；丰子恺,《辞缘缘堂》,《丰子恺文集》卷6，第127页；章桂,《难忘的岁月——回忆在恺叔身边的日子》,《桐乡文艺》,1985年第9期（总第25期），第25—28页；陶亢德,《贫贱江头自浣纱》,载林语堂、郑振铎等编，秦人路、孙玉蓉选编,《文人笔下的文人》，长沙：岳麓书社，1987年重印，第298页。章桂是丰家的亲戚，曾在丰家染房中做过学徒。

81　丰子恺,《家》,《丰子恺文集》卷5，第521页。

82　见柯律格,《丰饶之地》，第107页。

83　文棣,《文学权威与现代中国作家：自传的矛盾心理》(Wendy Larson, *Literary Authority and the Modern Chinese Writer: Ambivalence and Autobiography*, Durham, N. C.: Duke University Press, 1991)，第25—26页；亦可参看叶文心在《民国时期大学校园文化》第256—257页中描述的钱同文的田园牧歌。夏丏尊、叶圣陶,《文心》，杭州：浙江文艺出版社，1983年重印。

84　夏志清,《中国现代小说史》，第163页。茅盾本人对这篇小说背景的论说，见《我怎样写〈春蚕〉》,《茅盾选集》第5卷，成都：四川人民出版社，1985年，第316—320页。茅盾的"农村三部曲"包括《春蚕》《秋收》《残冬》，但他后来写的小说大多显得没有生气；英译见沙博理（ Sidney Shapiro ）,《春蚕集》（第二版），北京：外文出版社，1979年，第1—75页；另可参看周平,《茅盾传略》,《桐乡文史资料》（1985 年），第1—6页；关于茅盾早年生活细节，参看高利克,《茅盾与中国现代文学批评》(Marián Gálik, *Mao Tum and Modern Chinese Literary Criticism*, Wiesbaden: Franz Steiner Verlag Gmbh, 1969)，第1—18页。

85　冉玫烁,《浙江的精英活动和政治变迁》，第41、62—65页。

86　丰子恺,《忆儿时》,《丰子恺文集》卷5，第135—136页。

87　丰子恺,《新年话旧》,《丰子恺文集》卷5，第626页。

88　丰子恺,《故乡》,《丰子恺文集》卷5，第334页。丰子恺关于乡愁和四海为家的评说，见《乡愁与艺术——对一个南洋华侨学生的谈话》,《丰子恺文集》卷 1，第 99—109 页。

89　卢汉超，《霓虹灯外：20 世纪初日常生活中的上海》，第 8 页。

90　丰子恺，《都会之音》，《丰子恺文集》卷 5，第 456、459—460 页。此文是《都市相》一书序言。

91　傅郝夫，《中国现代文学的都市异国情调》，第 179 页后。

92　林培瑞，《一二十年代的传统市民通俗小说》，载梅谷编，《五四时期的中国现代文学》，第 342—343 页。

93　丰子恺，《塘栖》，《丰子恺文集》卷 6，第 673 页，他在此处翻译并引用了夏目漱石《草枕》中的话，原文见《草枕》，东京：新潮文库，1985 年，第 143 页；英译见阿兰·特尼，《草枕》(The Three Cornered World, Translated by Alan Turney, Chicago: Henry Regnery Company, 1967)，第 181 页。当丰子恺一家从石门湾坐船逃往省城杭州时，曾在塘栖度过一晚。丰子恺翻译的这篇文章，见丰子恺、开西译，《夏目漱石选集》第 2 册，北京：人民文学出版社，1958 年，第 229 页。冉玫烁曾讨论火车在 20 世纪初被引进浙江的情况及其意义，参看冉玫烁，《浙江的精英活动和政治变迁》，第 248—298 页。丰子恺则在《车厢社会》一文里论说了他对火车的态度的变化，见《丰子恺文集》卷 5，第 327—332 页。

94　在 1934 年 7 月，上海气象部门记录的温度高达华氏 104.4 度，参看浙江省政协编，《浙江百年大事记》，载《浙江文史资料选辑》第 31 辑，杭州：浙江人民出版社，1986 年，第 245 页。

95　丰子恺，《云霓》，《丰子恺文集》卷 5，第 451—453 页；何莫邪，《丰子恺》，第 169 页。

96　丰子恺，《热天写稿》，《丰子恺文集》卷 5，第 226—228 页。

97　丰子恺，《肉腿》，《丰子恺文集》卷 5，第 353—356 页；何莫邪，《丰子恺》，第 169 页；关于舞厅的细节，参看魏斐德，《上海警察》(Frederic Wakeman, Policing Shanghai, 1927—1937, Berkeley: University of California Press, 1995)，第 108 页；李欧梵，《上海摩登》，第 23 页。

98　丰子恺，《野外理发处》，《丰子恺文集》卷 5，第 364—367 页；关于这种场景的图片，参看海达·莫里森，《一位摄影师的中国之旅》(Hedda

Morrison, *Travels of A Photographer in China 1933—1946*, Hong Kong: Oxford University Press, 1987), 第 226 页。

99 丰子恺,《鼓乐》,《丰子恺文集》卷 5, 第 378—379 页。

100 丰子恺,《看灯》,《丰子恺文集》卷 5, 第 372—375 页; 关于"新生活运动"的有关研究, 参看易劳逸,《流产的革命: 国民党统治下的中国 》(Lloyd E. Eastman, *The Abortive Revolution: China under Nationalist Rule: 1927—1937*, Cambridge, Mass.: Harvard University Press, 1974), 第 13—14、66—70 页; 德里克,《新生活运动的意识形态基础》(Arif Dirlik, "The Ideological Foundations of the New Life Movement"), 载《亚洲研究杂志》(*Journal of Asian Studies*), 第 34 卷, 第 4 期 (1975), 第 105 页; 费约翰,《唤醒中国》, 第 105 页。

101 引自舒衡哲,《中国启蒙运动: 知识分子与五四遗产》, 第 215 页, 文字有修订。

102 关于更多细节, 参看周易,《丰子恺传略》, 载浙江桐乡县政协编,《桐乡文史资料》第 2 辑 (1985 年), 第 72—81 页; 丰一吟,《丰子恺》, 上海: 学林出版社, 1987 年, 第 282、284、285、286、289 页;《潇洒风神》, 第 131 页;《丰子恺先生年表》, 第 20—22 页;《丰子恺传》, 第 53、57—58、62、65、69、77—78、81—83 页。

103 参看张华等编,《中国现代杂文史》, 第 225—231 页, 特别是第 230 页指出"后期的林 (语堂) 系刊物还增添了一位著名作家, 就是丰子恺, 他从《论语》初期即开始投稿, 但发表大量随笔杂文, 还是在这一时期"。在 1936 年, 丰子恺为林语堂新创办的半月刊《宇宙风》绘制了大量封面和插图。 从 1934 年 5 月 24 日到 1935 年 6 月 24 日, 丰子恺还为《申报》创作了一百三十一件 (篇)漫画或者散文。参看杨晓文、张恒悦,《丰子恺与"论语派"》, 载朱晓江编,《丰子恺论》, 第 60—61 页及第 75 页注 5; 上海鲁迅纪念馆编,《申报 · 自由谈目录》, 上海: 鲁迅纪念馆, 1981 年, 第 121—122、125 页。

104 丰子恺,《辞缘缘堂》,《丰子恺文集》卷 6, 第 128 页。

105 丰子恺,《闲》,《丰子恺文集》卷 5, 第 436 页。

106　丰子恺,《惜春》,《丰子恺文集》卷 5，第 391 页。

107　《骆驼草》发刊词（1930 年 5 月 12 日）；这个维持时间不长的刊物由周
　　　作人、废名、徐祖正和俞平伯担任编辑，从 1930 年 5 月开始出版，共
　　　出刊二十一期。俞平伯曾以"没落"为主题，为该刊写过不少文章。其
　　　中的一篇被左翼刊物《萌芽》重刊，作为思想麻痹意志消沉的典范而开
　　　展批判。《萌芽》曾在 1929 年发表过柔石批评丰子恺"飘然态度"的文
　　　章。参看张华等编，《中国现代杂文史》，第 190—193 页。1982 年，经
　　　周作人的学生、友人方纪生介绍，在东京重印了《骆驼草》杂志，参看
　　　伊藤虎丸编，《骆驼草》，东京：亚细亚出版社，1982 年；同时参看苏文
　　　瑜，《周作人》，第 184 页。

108　杨晓文、张恒悦，《丰子恺与"论语派"》，第 63—64 页。

109　丰子恺,《辞缘缘堂》,《丰子恺文集》卷 6，第 127 页。所引孔子语，英
　　　译见李克曼，《论语》，第 78 页；杨伯峻，《论语译注》，第 168 页。"不
　　　为无益之事，何以遣有涯之生？"是浙江人项鸿祚（号忆云）语。项忆
　　　云的后期词作，刻意仿效晚唐五代词人，特别是李煜。而李煜作品在丰
　　　子恺早期漫画中，曾给予他不少创作灵感。

第八章
中国视角

1936 年秋，丰子恺回到家乡石门湾，欣喜地感受到久违的归属感和安全感："这里是我的最自由，最永久的本宅，我的归宿之处，我的家。"但当夜深人静、辗转不寐之时，他突然颇感困惑。

> 我觉得这里仍不是我的真的本宅，仍不是我的真的归宿之处，仍不是我的真的家。四大的暂时结合而形成我这身体，无始以来种种因缘相凑合而使我诞生在这地方。偶然的呢？还是非偶然的？若是偶然的，我又何恋恋于这虚幻的身和地？若是非偶然的，谁是造物主呢？我须得寻着了他，向他那里去找求我的真的本宅，真的归宿之处，真的家。这样一想，我现在是负着四大暂时结合的躯壳，而在无始以来种种因缘凑合而成的地方暂住，我是无"家"可归的。既然无"家"可归，就不妨到处为"家"。上述的屡次的不安心，都是我的妄念所生。想到那里，我很安心地睡着了。[1]

这种"安心"契合了他当时的境遇。战争的阴霾步步紧逼，石门湾的居民感到自身犹如"待宰的牲畜"。1937 年，日军攻占上海后立即进犯浙江。丰子恺携家带口，与恩师马一浮同时被迫逃亡。上海"八一三"淞沪抗战期间，日军的一次空袭炸毁杭州火车站后，丰子恺就已踏上逃亡的漫漫长途。他先从杭州田家园寓所撤回到石门湾，彼时他已在田家园度过了好几年悠闲的创作时光。日军把上海战役作为整个侵华战略的一枚重要棋子，意图重创中国经济实力，使中国无力阻止其全面入侵。民国政府部署了最精锐的部队抗击入侵的日军，将守城战拖延了好几个月。丰子恺利用这一喘息之机，让看护人将田家园"行宫"里的所有书籍和一应物件搬出，运往石门湾。

丰子恺全家人自此齐聚缘缘堂，此时的缘缘堂刚刚完成建造以来的第一次修葺翻新。为安置从杭州运回的图书和家具，丰子恺忙碌了好一阵子。街坊邻里都来看丰家运回的物件，也开了眼界，暂时忘掉了日益迫近的战事。杭州搬回来的家什中有一套他人赠送的西式沙发，邻居孩子们从未见过，丰子恺让他们在上面蹦蹦跳跳、做游戏，简直把他们乐坏了。热水壶也是奇物，起初大家还以为它是能冒蒸汽的现代宝鼎。就这样，任凭上海战火肆虐，丰子恺与家人朋友归隐缘缘堂，像过去一样惬意地生活着。他后来写道，"今日思之，太不识时务"。[2] 那时正值"中华民国二十六年 [1937] 十一月下旬。当此际，沪杭铁路一带，千百年来素称为繁华富庶，文雅风流的江南佳丽之地，充满了硫磺气、炸药气、厉气和杀气，书卷气与艺术香早已隐去。我们缺乏精神的空气，不能再在这里生存了。我家有老幼十口，又随伴乡亲四人……"[3]

就在举家出逃前几天，丰子恺收到了马一浮的来信和《将避兵桐庐，留别杭州诸友》一诗，这是他在缘缘堂收到的最后一封信。那时，马一浮已迁居杭州南面的桐庐迎薰坊十三号。丰子恺自言，在读到马一浮的信和诗句之前，由于太喜欢过去四年闲适宁静的归隐生活，正囿于浓浓的感伤和沮丧之中。读过诗和信后，他感到其中有一种伟大的力量把他的心渐渐从故乡拉开了。现在的故乡，不过是一座"死市"。[4]

丰子恺有种预感，他将面临生活的重大变故，返回故乡以来享受的惬意生活将不复存在。在日军轰炸石门湾的前夕，丰子恺年近四十，照孔子之言跨入了"不惑之年"。他感叹道：

> 十年前，我的年岁开始冠用"三十"两字时，我觉得好像头上张了一把薄绸的阳伞，全身蒙了一个淡灰色的影子。现在，我的年岁上开始冠用"四十"两字时，我觉得好比这顶薄绸的阳伞换了一柄油布的雨伞，全身蒙了一个深灰色的影子了。[5]

战争的阴霾让人如临末日。就在一家人被困石门湾，感到焦躁不安之时，马一浮来信了。丰子恺四十岁生日后不久，11月6日下午，两架日军战机飞临石门湾上空，盘旋几圈后发动了空袭。几分钟内，五百余户人家的石门湾就乱成一团。缘缘堂是镇上最高的建筑，自然易成敌机的轰炸目标，丰家人处在生死攸关的危急时刻。石门湾是战略要地，国民党军队在镇上所建的一个基地引起了日军注意，这会儿，基地所在之处机枪声大作，意图驱赶敌机。丰子恺一家都清楚此时奔逃极其危险，便躲在缘缘堂底楼扶梯之下挤作一团。两个小时的疯狂扫射和轰炸后，日军飞机撤退了，缘缘堂暂时未受到损毁，但全镇三十二人丧命，其中五具尸体就散落在丰家院子后门外的瓦砾中。惊魂甫定的一家人未曾为逃难多做准备，丰子恺到最后一刻才发现手头没有什么现钱。六个孩子齐齐站出来，拿出他历年来给他们的"压岁钱"红纸包，这些从未打开过的压岁钱足有四百余元。丰家一行十六人，轻装简行，开始了颠沛流离之行，他们随身仅携带从家里抢运出来的一些珍贵书籍、一只怀表、一只烟盒、一只烟嘴、一方石章和一方边款刻着《般若波罗蜜多心经》的牙章。这支庞大的逃亡队伍包括丰子恺、七十二岁高龄的岳母范宝珍（1945 年去世）、怀有身孕的妻子徐力民、姐姐丰满、子女陈宝、林先、宁馨、华瞻、元草、一吟、表弟周丙潮夫妇及婴儿、族弟平玉和仆人章桂等。[6] 匆匆吃过一顿囫囵饭后，他们乘船启程，先往杭州，再转向邀请他们暂住的桐庐马一浮处。

乘船去杭州的途中，丰子恺再次精简行李，拣出几本英文原著和一本英日字典。为了家人的安全，避免日军搜查和不必要的麻烦，他将随身携带的《日本帝国主义侵略中国史》以及在缘缘堂据此书而作的《漫画日本侵华史》草稿投入河中。经过一段极其艰苦的历程，丰子恺见到了尊敬的马一浮，这次相见对他的影响，并未因为身处异乡而有丝毫减弱。

> 这一天半夜里，我带了满身的火药气与血腥气而重上君
> 子之堂，自觉得非常唐突。我在灯光下再见马先生，我的忧
> 愁、疑惑与恐惧，不久就被他的慈祥、安定而严肃的精神所
> 克服。[7]

在马一浮处待了几天后，一家人迁往山中乡下的住处。数日后，马一浮和弟子王星贤也搬到附近。丰子恺和马一浮住得很近，且少了寻常礼节的限制，因而能随时拜访恩师，向他请益。

> "逃难"把重门深院统统打开，使深居简出的人统统出
> 门。这好比是一个盛大的展览会，平日不易见到的杰作，这
> 时候都出品，有时这些杰作竟会同你自己的拙作并列在一

块。我在桐庐避难而得常亲马先生的教益，便是一个适例。
我们下乡后一二天，马先生也就迁居到汤庄来，王星贤君及
其家族一同迁来，他们和我相距不过一里。时局不定，为了
互通消息及慰问，我的常访汤庄似乎不是惊扰而反是尽礼，
不是权利而反是义务了。我很欢喜，至多隔一二天，必定去
访问一次。马先生平时对于像我这样诚敬地拜访的人都亲切
地接见、谆谆地赐教，山中朋友稀少，我的获教就比平时
更多。

　　他们常常喝着浓浓的普洱茶，在马一浮刺鼻的水烟气中，一聊就
是好几个小时。丰子恺烟瘾也很大，一个钟头要抽三四支香烟，但在
马一浮面前抽得极少，"只因为我的心被引入高远之境，吸烟这种低
级欲望自然不会起来了"。在他们的谈话和后来的信函中，马一浮阐
释了他对艺术和宗教最高远和最本源的见解，让丰子恺感到"似乎看
见托尔斯泰、卢那卡尔斯基等一齐退避三舍"。[8]

　　战争的爆发，非但没有削弱，反而加强了马一浮的信念和与丰子
恺负暄谈"义"的兴致。马一浮当时思考的核心主题是"论六艺统摄
于一心"。马所言"六艺"，实为儒家的"六经"，即《诗》《书》《礼》
《易》《乐》《春秋》。文化，无论用"六艺"还是最现代的术语——如
西方追求的真善美（马一浮说，《诗》《书》是至善，《礼》《乐》是至
美，《易》《春秋》是至真）——来表述，都不依赖物质条件，而是直
接从人心中发散出来。[9] "天地一日不毁，人心一日不灭，则六艺之
道炳然常存。世界人类一切文化最后之归宿，必归于六艺。"[10]

　　在和丰子恺讨论文化问题时，马一浮非常赞赏地谈到，曾在苏
格兰接受教育的儒家学者辜鸿铭用英文的"arts"一词来译汉语中的
"礼"。马一浮将"礼乐"比作幽美的风景、和谐的音乐，认为唯有"仁"

的心灵也即儒家所谓有"德"的人，才能艺术地将其表达出来。因此，"六艺皆为德教所作"。这次交流之后不久的一天，马一浮在欣赏了寓所周围的山色风光后，手写近作《避乱郊居述怀兼答诸友见问》一诗给丰子恺。该诗起句为"天下虽干戈，吾心仍礼乐"[11]，但此处的哲学视界，显然摆脱了已经声名狼藉的儒家传统。这可以从他后来流亡途中在浙江大学泰和校区（浙大西迁江西泰和）对学生的演讲中得到证实。

> 六艺之道是前进的，决不是倒退的，切勿误为开倒车；是日新的，决不是腐旧的，切勿误为重保守；是普遍的，是平民的，决不是独裁的，不是贵族的，切勿误为封建思想。要说解放，这才是真正的解放；要说自由，这才是真正的自由；要说平等，这才是真正的平等。[12]

随着战事的进行，马一浮的思想对丰子恺的深刻影响也显现出来。对丰子恺而言，艺术和信仰在很大程度上是合二为一的追求。显然，在抗战期间，他认为艺术融合了道德和文化，不仅对个人，还对战火中的国家有着恒久的功用，他把这一抽象思想表述为"艺术必能建国"。1939 年，他在抗战时期重要的艺术中心桂林，对学生发表了阐释这一思想的同名演讲。他在演讲中说，面对历史和时局的召唤，艺术不应作为宣传的工具，而是要在育人和护心两个方面发挥重要的作用。

> 我在太平时代谈艺术，只是暗示地讲它陶冶之功与教化之力的伟大，没有赤裸裸地直说。但是现在，国家存亡危急之秋，不得不打开来直说了。这好比人没有生病，我但告诉

他金鸡纳霜里面含有治病的药即可。现在人发疟了，而不肯服金鸡纳霜，我非把金鸡纳霜敲碎来指给他看，使他相信不可。[13]

1937 年 12 月 21 日，在给马一浮留下一笔钱后，丰子恺和家人从桐庐启程，继续逃亡。与马一浮作别后，丰子恺仍尽可能地与他保持书信联系，从马在此后一年里给丰子恺的诸多信函中，可见两人关系非常深厚。马在信中常用佛学术语，在人生和艺术方面给弟子不断的建议和鼓励。在这段时期最早写给丰子恺的几封信中，马表达了与他在大学演讲中相一致的思想："愚意此后撰述，务望尽力发挥非战文学，为世界人道留一线生机。"[14]

丰子恺与家人一路向西南内陆跋涉，不时得到朋友、同事和弟子的接济。马一浮的撤离则相对迟缓，各自踏上撤离之路后，马一浮接受西撤至江西泰和（在中共井冈山革命根据地附近）的浙大的邀请，为学生做了一系列中国哲学思想演讲。演讲由学生记录整理，后以《泰和会语》为题发表。马一浮勾画出了民族文化救赎的策略，特别强调宋朝新儒家学者张载的"横渠四句"："为天地立心，为生民立命，为往圣继绝学，为万世开太平。"[15]

马一浮在"横渠四句"中找到了应对当前野蛮战争的圆满的文化策略，认为此语非常伟大，与弘一法师等佛教徒所倡导的"四弘誓愿"相当。"四弘誓愿"是佛教徒在佛法修行中所立的：一众生无边誓愿度，二烦恼无数誓愿断，三法门无尽誓愿知，四无上菩提誓愿证。[16]

1938 年年中，在写给丰子恺的一封信中，马一浮请他邀音乐家萧而化为张载"横渠四句"谱曲。萧而化是丰子恺在立达学园教书时的学生，丰子恺一家人经江西西部的萍乡前往湖南时，偶然遇到了他。萧而化盛情款待并挽留老师同过春节，他们便暂住于乡下的萧家祠堂。马一浮说，现代音乐也许是传达精神复兴的最有效媒介，他甚而认为，歌曲可以激励迷恋肤浅现代理论的学生，让他们知晓"吾国固有之特殊文化，为世界任何民族所不及"。

在萍乡暇鸭塘萧家祠堂过春节期间，丰子恺得知石门湾缘缘堂已在日军空袭中全部被毁。在给马一浮的信中，他引用陶渊明"人生归有道，衣食固其端"，来表达对缘缘堂惨重损失的感触。马一浮有感于陶渊明的诗句，面对丰子恺的平静，回信告慰说，在目前时局中，个人或可幸免于战火，于国家和文化而言，"若欲其归有道，则必于吾先哲之道理有深切之认识而后可"。[17] 不过，两人在信中都未提及清静无为与和平主义；相反，在逃亡的路上，丰子恺已经着手创作拟发表的一系列爱国激情高涨，甚而有着好战意味的文章，第一次向世人展示出从他青年时期就被逐渐灌输的爱国激情。他的外貌装束也发生了很大变化，学者长袍换成了当时在教员和官员中流行的半军事化的中山装。[18] 为了应对艰辛的流亡，他甚至剃去长须。在携家逃亡的路上，丰子恺的新姿态和新文章给人留下了深刻印象，一位进步人士这样称颂他：

> 本来不是革命家，但战后呢，由我看来，却是很"积极"的了。虽然不免老朽，不曾上前线杀敌，但已经是一位民族统一战线中的可敬的战士。他勇敢，坚决，乐观，和一切的战斗者一样。作为证据上的，是他这一年来的行动与言论。[19]

30 年代后期，丰子恺的字里行间充盈着义愤。他和马一浮都深信抗战必能毕其功于一役，但是，胜利不单单要靠武装，更要倚重中华文明精神的传承。一旦战事结束，唯有将已备受质疑的传统价值和艺术观念普及到各行各业的民众，才有和谐共生的人道的将来。丰子恺熟悉的人士，如进步作家叶圣陶，则认为马一浮的思想过时，对国家未来全无用处，至多是有丁点儿学术价值的晦涩哲学。在听闻马一浮的行为和观念之后，叶圣陶曾在信函中写道："弟极赞其不偏重知解而特重体验，不偏重谈说而特重践履；然所凭藉之教材为古籍，为心性之玄理，则所体验所践履者，至少有一半不当于今之世矣。好在学生决不会多，有一二十青年趋此一途，未尝不可为一种静修事业，像有些人信佛信耶稣一般，此所以弟前信有'以备一格未尝不可'之说也。大约理学家讲学，将以马先生为收场角色，此后不会再有矣。"[20]

战争不仅对马一浮这样认为精神文化就能救国的哲学家提出了挑战，也迫使丰子恺这种一直保持中立的艺术家开始重新审视自己的立场。丰子恺出生的时代，许多文人从自身出发审时度势，在学养和认知方面与传统的模式决裂，却仍以文化上的既有成就为傲。那时候，已有一大批艺术家，或国内，或东瀛，或欧洲求学，接受西方艺术的熏陶。中西方艺术从开始接触（始于 16 世纪晚期，耶稣会传教士将西洋油画和创作技巧引入中国）起，就在技巧和表现手法上显露出根本的不同。但直至民国初年，西洋绘画和雕刻在学校里的年轻艺术家中间愈来愈受欢迎，以至引发传统艺术保卫战时，人们才清晰地认识到二者在审美和哲学层面的根本分歧。[21]

中国艺术家是怎样对待西洋及现代东瀛艺术的？丰子恺的立场别具一格。在有关艺术、翻译和绘画的大量文章中，他都表现出学习西洋传统和现代艺术的旺盛求知欲。同时，他也显露出对中国传统的文人美学和 20 世纪早期"艺术建国论"的敏锐直觉和远见，并不断受到马一浮等师长的鼓励，在战争经历中强化了自己的艺术观和宗教观。

论及漫画在现代中国的演化发展，丰子恺注意到，在西方，艺术也只是在当代才取得相对独立的地位，但这种"独立性"却容易使艺术家"隐身于象牙塔中"而备受指责。由于经济萧条和战事混乱，被赶出"象牙塔"的艺术家急切地想去"拥抱生活"，如此一来就很容易滑入纷争的意识形态，成为党同伐异的武器。在培养业余爱好这一传统观念的基础之上，丰子恺确立了自己艺术创作的基本理论。他认为：

> 在中国，艺术早已独立。例如绘画，自唐以来，早就脱离实用的羁绊，而独立成为一种陶冶性灵的纯艺术。若说凡艺术皆宣传，则八大的山水宣传什么？南田的花卉宣传什么？难道这些山水花卉都非艺术么？可知艺术决不全是宣传，即漫画决不专重宣传。惟漫画形状小巧，用笔简明，取材精锐，动人深刻。因此最容易被利用为争斗的宣传工具。争斗日益激烈，宣传漫画日益风行。人就忘记了漫画的艺术的本体，而以为"凡漫画皆宣传"。这是循流忘源，逐末忘本。[22]

确实，自 20 世纪初以来，艺术家和评论家共同面临的难题之一就是：对于无论是传统文人画，还是受到西方艺术启发的革新作品，都找不到恰当的语言来描述。1935 年，任教于杭州国立艺专的美术教员、画家兼编辑孙福熙提出，这个问题是谈论文化的关键，而中西绘画之间人为划出的界限造就了艺术界的裂隙。他主张，"国画"或"中国画"的提法，以及字面背后的概念都应当探究质疑一下，反复强调切切不可再继续使用旧有概念。

> 我们展开一张纸绢，心中就想到这是"中国画"，于是，顾名思义，画出中国古人画过的画；没有人画过的题材，没

有人画过的方法，却都不敢放入，因为要成为一张"中国画"，倘若用一点新材料或者油画中所有的方法，必有人说这不是"中国画"！[23]

他认为，谈论艺术要拓展表达的能指范围，首先就得改变命名法。"如欲有所改进，非改变'中国画'与'西洋画'的名称不可。"[24] 令孙福熙不满的"国画"概念，其特点及意义到底是什么呢？"国画"是一个在清末建构民族国家的背景下演变形成的概念。民国初年，教育家和作家在学生和民众中，大力灌输新公民精神和对共和国家的忠诚，一大批民族文化表征符号、文化机构前面加上了"国"字，推广使用传播开来：语言叫作"国语"，京剧易名"国剧"。在这种背景下，"国画"之名形成，积极响应这一革新。

（国画）一般是指用毛笔和墨汁在宣纸或绢上创作的艺术品……这些作品通常是宋元明清的士人业余创作，体现其文人艺术的思想和风格。水墨画家的早期传统训练，需要通过对前代杰作的持久模仿来掌握笔墨的复杂语言。这些笔触，或者叫作"皴"法，被历代大师用来描绘一些有限的传统题材，但暗示着更为宏大的道德范和哲学思考。艺术家被视为数百年不断延续完善的传统的守护者。创作一件画作，其实也是艺术家道德和文化修养，以及诗意情感的表现，并体现着他的中国文化精英身份。

"国画"一词自20世纪20年代初开始使用。当时，许多中国知识分子对于传统的社会，政治和文化体系失去了信心，努力追求被视为具有现代性的外来文化。艺术是文化的一个重要组成部分，很多人认为西方现实主义与水墨画比较起来，是应对当时社会各种变化的更好的表达方式。[25]

岭南派的画家，身居革命思想和运动的热土广东，为响应这种"国"化运动，创立"新国画"，用西方的透视技巧表达当代中国主题，采用调和的办法应对现代化世界的挑战，倡导面向大众的艺术，推进孙逸仙领导的革命。[26] 这种画风"融合了中国传统的水墨技巧与西方现实主义艺术的光影技法，在题材上也与传统中国画不同，是从新时期的日常生活中选取当代主题。创造一种新的、为大众所理解的绘画语言，是传播新艺术的根基所在"。[27] 通过自我意识强烈、令人不安甚至偶尔笨拙的手法，岭南派的追随者，尤其是该画派领袖人物高剑父（1879—1951），明确地宣示了在危急时刻艺术家的使命与行动：艺术的革新与不断变化的革命息息相关。正如高剑父所言，"现代中国画是离不开现代中国的革命需要的；艺术家要从高处大处着眼，为着革命的未来的发展，配合着目前的需要，而努力增进自己的修养"。[28]

丰子恺对艺术的思考，和曾留学东瀛的岭南派领袖高剑父、高奇峰颇为一致，尤其响应了高剑父在 1936 年至 1937 年间提出的革新中国绘画的主张。但是丰子恺坚持画家个人情感或艺术灵感高于手法技巧，坚持知识的融合，又使他与岭南派的画家区别开来。[29] 丰子恺在传统与现代性问题上矛盾的处理方式，反映出中国文化激进主义分子遭遇的困境，这种困境因战争而越发突出。丰子恺的散文、演讲和画作显示，他能驾轻就熟地运用旧时代的艺术语言表达个人愿景，描摹现实现世，他继承了高雅艺术精英的传统，创作出深深植根于个人经历和现实感受的作品。实际上，他是 20 世纪早期在向西方、日本学习与遵循厚重的经典文化传统之间寻求调和的艺术家之一。尽管在30 年代后期，他的很多公开言论受到当时救亡图存、文化复兴宣传的强烈影响，但对"礼"的阐释——与马一浮这样的新儒家思想家所宣称的艺术和人的价值相联系，他吁求的是普遍的人性，而非仅仅致力于民族国家的利益。不同于同时代的其他艺术家，在艺术创作和教学生涯中，他从未打算建立一个丰氏画派，培育后人继承衣钵，宣扬理论，壮大声誉。他相信，艺术家个人艺术修养的表达，不必通过公开展示或发行绘画作品，而应是一种生活的方式、一种悲悯的态度。这完全是从个人角度出发的愿景。

战争岁月，困扰丰子恺的不仅是艺术的认知和实践。在五四运动倡导的离经叛道思潮之下，许多在海外留学的中国学生深受科学和商业精神的熏陶，体会到西方在物质文明上的巨大成就，归国后鼓吹全盘西化，取代他们所认为一切过时的、障碍性的、反现代的传统文化和哲学观念。他们像西方的同窗一样，要把科学发展成信仰——科学至上主义。20世纪20年代末，科学主义在中国正如五四运动领袖胡适所说，"在国内几乎做到了无上尊严的地位"。[30]

对于这波科学至上主义浪潮，卓越的政治思想家、清华大学教授张君劢（1887—1969），于1923年倡导全国青年远离纯粹倚靠科学的生活哲学，他的大声疾呼很快在倡言科学（科）和捍卫旧思想（玄）的两派之间引发了激烈辩论。[31]1919年至1923年四年间，反对科学至上主义的一派逐渐积蓄力量，最终导致两大对立阵营之间爆发辛辣刻薄的论战。论战始于梁启超的一篇文章，是他于第一次世界大战后，作为中国政府观察团成员，赴凡尔赛和谈会议考察欧洲知识阶层情况后所写。[32]梁在文中警告国人物质至上、机械至上主义生活观带来的巨大危险，正是这种生活观造成了刚刚席卷欧洲的灾难。他这样总结一战后的时局和困境："全社会人心，都陷入怀疑沉闷畏惧之中，好像失了罗针的海船遇着风遇着雾，不知前途怎生是好。"[33]他肯定了欧洲工业化带来的物质文明的发展，但同时也警告发展带来的精神上

的荒芜恶果，以及中国在国家建设中若采取同样价值观将会产生的
危险。

> 我们人类不惟没有得着幸福，倒反带来许多灾难。好像
> 沙漠中失路的旅人，远远望见个大黑影，拼命往前赶，以为
> 可以靠他向导。那知赶上几程，影子却不见了，因此无限凄
> 惶失望。影子是谁？就是这位"科学先生"。[34]

正如研究 20 世纪 20 年代中国科学和思想尴尬关系的历史学家郭
颖颐（David Kwok）所说：

> 中国在现代世界的作用也在争论之中，而对论战者来
> 说，这些哲学的争论更加重要。人们需要在注重精神的东方
> 和倾向物质的西方之间做出选择，这是一直都面临的问题。
> 过去，中国曾试图把它古老文明的精神与西方技术的某些方
> 面结合起来，因为这些技术说明了中国物质的不足。[35]

这场论战和当时知识界的氛围，显然对丰子恺产生了一定影响。
仅仅几年前，他敬重的新儒家学者马一浮与北大校长蔡元培意见相
左，愤而辞职。蔡元培是科玄论战的主角之一，作为教育现代化的一
项举措，他决定取消北京大学有关中国古代典籍的课程。[36] 在儒学被
围剿的同时，佛教情形则要好得多。胡适曾说："我们也许不轻易信
仰上帝的万能了，我们却信仰科学的方法是万能的，人的将来是不可
限量的。"但他在一本推崇科学主义的文集序言中，列举了科学与佛
学思想契合的诸多领域，如时间空间的无穷尽、否认造物主或原动
机、进化论、因果报应、物质运动而非静止、生命寓于大我或大善中

等。[37] 随着传统思想与现代观念之间关系日趋紧张，20 年代晚期，佛学杂志《海潮音》开始发表一系列文章，捍卫佛教的科学性。丰子恺最钦佩的僧人之一、精力充沛的活动家太虚大师，撰写了多篇文章提倡"人间佛教"。[38] 太虚大师从胡适的理性信仰宣言中找到许多共同点，并在佛法中寻找体现诸如天文学等科学的证据，他引述："空间无止境，世界数目无穷尽，它们相互制衡，如同蛛网。"生物学、物理、化学，也以类似方式涵盖在现代佛教的教义中。尽管太虚倡导科学与宗教结盟，但他紧接着指出："科学方法只能证实佛学原理，永远不能超越佛法。"太虚就此主题的著述颇丰，甚至还推论出，孙中山自诩"三民主义"为民族主义思想的基石，不过是"付诸实践的佛法"[39]。

和同代的人一样，丰子恺青年时代也曾学习科学知识。尽管早期接受的教育是半传统式的，但他在中学时了解了社会达尔文主义的基本原理，这让他开始以哲学乃至近乎宗教的态度，专注地思考自孩提时代起就困惑的问题——时间与空间的奥秘。[40] 尽管没有直接参与科玄论战，但丰子恺的观点仍曾在主流刊物的激烈交锋中得以展露。他欣然谈起自青年时期就产生的厌恶科学的情绪，谈起他在学校里怎样逃避科学课，认为和科学相关的书籍太技术化，与令他自在的情感世界距离遥远。在文学作品尤其是诗歌——甚至在大众化的《唐诗三百首》中，丰子恺都发现"处处含有接触人生根本而耐人回味的字句"。[41]

不过，在成熟的文章和演讲中，他从不套用广为流行却过分简单的二分法：西方等于物质文明，东方等于精神文明。对现代艺术的欣赏让他不时想象，绘画和建筑艺术的新发展，将在 20 世纪更加理想的社会形态中反映出来。在 1932 年所作的《玻璃建筑》一文中他说，尽管欧美正在建造如佛教西方净土般的建筑奇迹，但他担心"物质文明的快速发展会鼓动人忽略了精神文明"，"难道这就是文化发展的明证吗"？他表达了一个希望：一种反映佛教天堂美景的新文化能与这些新建筑相伴而生。[42] 在他的思想里，精神价值与物质文明、东方和西方、艺术与科学等之间的争论，通过包括书籍设计在内的种种方式表达出来。战争期间的流亡途中，他曾同一群科学家一夜深谈，之后颇觉遗憾：时下中国彭更式的实用主义者多不胜数，孟子那样秉持道德价值者却为数寥寥（彭更曾问孟子，圣人探讨智慧和人事的真正动机，是否仅仅在于提升自己的地位和改善生活）。每每深思这场毫无意义的毁灭性战争，他就求助于宗教，相信宗教足以给他一个终极的精神家园。这种"护心"的态度，自中日交恶之始，就在丰子恺的思想和写作中牢牢占据着中心位置。[43]

相较于只是在观念上认同五四时期的新思想，丰子恺其实更深深赞同导师的儒家—佛学观点，反对五四作家离经叛道的长期论战。由于战争的威胁，丰子恺匆匆逃离石门湾，1937 年在桐庐见到马一浮，后来又由于时局的变化重拾旧业再次成为一位文化评论者和教师，其间，他都直接公开表达了儒家—佛学思想。1939 年，和家人定居广西宜山浙大临时本部附近后不久，他就在浙大发表了一次演讲。这次演讲可谓佐证他在科玄论战问题上明确立场的极端例子。演讲中，丰子恺赞同 20 年代反科学至上者的观点：心胸狭窄者津津乐道于西方科学的无所不能，全然忘记了中华精神文明的优越，因此他们"盲从西洋，舍己耘人，用夷变夏"[44]。他再次表达了马一浮、梁漱溟、钱穆等新儒家先进曾多次坦露的担忧：唯有在中华精神文明的基础之上，战后的中国才能重建。

在 1938 年 8 月发表的《亡国之道》中，丰子恺告诫读者，儒家的孔孟早已指出"礼乐与人伦，是立国之大本"[45]，操戈相向的战国君主，由于冲突纷争而导致国家毁灭，已经证明他们的目光是多么短浅。在褒扬了 20 年代论战中玄学派的观点之后，他总结道：

今世号称文明，但其文明偏于物质方面，变本加厉，愈走愈远。军阀凭借新式杀人利器，横行暴动，肆无忌惮。此所谓"文教失宣，武人用奇"。乃亡国之道。[46]

这是被逐出闲适隐居的石门湾后，作为教师的丰子恺，为了学生的教化和救赎，决定向他们推介自身融会东西方传统的方式。他的立场，已经从二十多岁青年时期心胸开朗地接受欧洲艺术思想，演变为捍卫传统文人儒士艺术的构成心理、优越性及其技巧。这种僵化的态度标志着自 20 年代后期起，五四一代中很多人的思想发展倾向于新左派或泥古守旧。不过，丰子恺本人在坚持传统价值观点上似乎并未曾走得太远。

列文森（Joseph R. Levenson）对清帝国晚期文人士大夫的概括可谓精辟："他们对进步没有兴趣，对科学没有嗜好，对商业没有同情，对功利主义也缺乏偏爱。"[47] 从这种观点来看，专业的科学知识不仅是文人雅士品位的"诅咒"，而且有悖于儒士文人生活方式的精髓。艺术活动在他们的生活中居于中心位置，是他们思考的对象、写作的主题，也是个性表达和教养的表征。文人画家珍惜自己的"业余"地位，鄙视专业画家，不仅将之斥为画匠，而且视其为巴结权贵者。和后代同行一样，他们将提升思想志趣之外的一切经济、文化活动都视为禁忌，这遮蔽了他们的自我认知。丰子恺在 1941 年的《中国画简史》中总结自己对文人画家这种态度的理解时，非常赞许地引用了元代画家倪瓒（1301—1374）对"业余心态"的表述。

仆之所画者，不过逸笔草草，不求形似，聊以自娱耳！

以中每爱余画竹，余之竹聊以写胸中之逸气耳！岂复较其似与非，叶之繁与疏，枝之斜与直哉！或涂抹久之……[48]

高居翰教授在关于中国封建文人画家的研究中指出，这些话语反映出一个在中国绵延千年的复杂过程。他将这个过程的特征称为"中国绘画的审美化、去背景化传统"。

> 中国著述中画家被"业余化"，或者至少那些被认为应当受到赞扬的画家中的大多数被业余化，这只是反映更大的包含相互依存思想和态度的综合体之一部分，所有这些思想和态度，其目的都在于使艺术非物质化，免受所有庸俗因素、商业行径、实用功利与市侩习气的玷污……
>
> 除了无关利害的审美因素，作品的所有特征，那些出于个性表现以外的所有创作动机，均被降格为较低层次，被指谪为市井气、俗气或者平庸。[49]

丰子恺，一个融合了业余文人形象和专业艺术精神的公众人物（画家、教师、作家和翻译家），也许是早期商业化的"文人逸士"的真正继承者。[50]尤其是抗日战争和甚嚣尘上、毁灭性的物质至上思潮，使他提出了中国绘画艺术的现代化改良方案。在这个提案中，他对西方艺术做了精炼的评价，对自己的新保守主义也做了清晰的阐释。[51]

在抗战正酣的 1941 年，丰子恺在《思想与时代》月刊第 8 期上发表了宣言式的《绘画改良论》，提出与现代中国绘画发展具有广泛关联的七点倡议。文章有重要的时代意义，它的重要性不在于表明丰子恺试图提出激进的中西汇通方法或理论供当代中国艺术家采用，而在于它很好地阐释了他自己的艺术观点。被迫放弃杭州和石门湾自在生活开始逃难后，丰子恺不得已重执教鞭，还要卖画，才能养活一大家人。这种职业上的转变让他再一次接触到专业艺术圈及其守护者大学艺术讲师、出版商和艺术评论家。《绘画改良论》是他对生活其中的环境和时代的回应，是对自己绘画作品的一种辩护。同时，它也表达了丰子恺的艺术信仰，宣告他已经成功地以反映自己个性的方式融汇了中西方艺术传统。他的实践，在恰当的条件下，对于文化革新有着深远的意义。

20 年代以来，《绘画改良论》里的观点以各种各样的形式出现在丰子恺谈论艺术的文章中。这些孕育于战争时期的公开宣言，源于鲍慧和（1912—1969）的刺激。自称丰子恺学生的国民党军人鲍慧和，对丰的画作迷恋至极，狂热模仿其绘画风格。[52] 20 世纪 30 年代初，鲍慧和贿赂了一个他和丰子恺的共同朋友，经其介绍与丰相识。1934年，鲍慧和担任一位上校的秘书后，在林语堂和陶亢德担任编辑的《宇宙风》杂志上陆续发表了一些模仿丰氏艺术风格的作品。而《宇宙风》正是丰子恺发表作品的主要阵地。

《绘画改良论》的行文，脱胎于胡适的著名论文《文学改良刍议》，后者曾在始于 1917 年的新文化运动中发挥了重要的倡导作用。胡适在文章中说，"今日而言文学改良，须从八事入手"，鼓动民众放弃古文，使用现代通俗的白话文。[53] 在《绘画改良论》中，丰子恺则对画家提出了新绘画艺术的七个原则：

一、不避现实；二、不事临画；三、重写生；四、重透视；五、重构图；六、有笔墨趣；七、含人生味。[54]

丰子恺绝不是中国传统绘画的辩护者，尽管他在演讲和文章中也阐释了文人画的基础所在，但他并非一些艺术史学家所谓的"传统艺术家"。[55] 如前所述，他的技法、作品主题、布局构图，以及大量发表并复制自己漫画作品的做法，都毫无疑问地表明他是绘画改良阵营的一分子。他的文章以引用清代著名花卉画家邹一桂（1686—1772）

点评西洋画的名句"笔法全无，虽工亦匠，故不入画品"开始。[56] 他说，这就是耶稣会传教士在清朝中期引入西洋画之后，中国鉴赏家最初的反应。"盖当时中国人初见西洋画，根据了'第一印象'而随口说出，往往含有真理。"[57] 接着，他列举了中西方绘画艺术的六个主要差异：

> 一、中国画"写意"，描物象不照实物尺寸，但由主观加以变化，表出其神气；二、中国画不写阴影而专写光明；三、中国画不讲透视法；四、中国画不注重背景；五、中国画注重"线"；六、中国画注重画题（即款识）。[58]

在谈论西方绘画艺术时，丰子恺有别于同代画家之处，显然不在于中西合璧的技法。一方面，他认为使用视觉焦点、明暗构图法、透视法来表现景物值得效仿；另一方面，他又支持岭南画派的尝试，在传统画家理想化的构图中注入现代元素。[59] 他由此和蔡元培这样的文化权威在情感上一脉相承。蔡元培号召"以美育代宗教"，并在1924年的一篇文章中这样写道：

> 西人以中国画为写实而未到家，而华人则以西画为多匠心。积久而互见所长，则互相推重……欧洲自印象派以来，采取中国画风以入欧画者颇有之……至以中国画为本，而采用欧法以补所短者，我国画家间亦试为之。认为"兼取两方所长，而创设新体，亦有志者所当为"。[60]

这些激进革新的局限性显而易见：

> 如同当时众多演进的艺术形式，改良革新的动力来自政

治和文化帝国主义。艺术作品都是新闻笔调的，至于其价值，都以与社会政治时事的敏锐关联度为基准。因此，可以理解，民族主义是作品的情感内核。这也解释了，在中国巨变之时，这种影响为何会如此广泛深远。当刺激民族情绪的必要性消失，这种政治信息就不起作用了。[61]

清末民初，西洋画开始在中国广泛流行。有着"后文人"情怀的作家和艺术家继续呼应邹一桂这类鉴赏家的主张，抵制西方艺术。不过，这种现代的、爱国的想法，早在"17世纪精英所想象的画师分工"中便有所体现。明末清初画家龚贤（1619—1689）的名句就反映了他介绍西洋画法时的复杂心情。

古有图而无画。图者，肖其物貌其人写其事。画则不必，然用良毫珍墨施于故楮之上，其物则云山烟树危石冷泉板桥野屋，人可有可无。若命题写事则俗甚。[62]

著名作家、翻译家林纾也是一位业余画家和鉴赏家。在一本名为《春觉斋论画》的小册子中，林自述虽从未在艺术批评方面受过指导，但多年来一直在这个领域笔耕不辍。此前他不愿发表自己的任何观感，但目睹那些曾留学海外、学到点西洋画皮毛的人极其追捧外国艺术，对中国水墨画如弃"草狗"，鉴于情势之烈，他也不得不公开发表自己的论著了。

林纾对西方绘画做了许多评述，总体上在重申一个观点——西方艺术属于工匠技艺范畴："西洋机器之图与几何之画，方称有用。若中国之画，特陶情养心最妙之物。"林纾的口吻不像前人那般高傲，这表现出当时的一种普遍意识，即西方艺术和其代表的世界观，在国人眼中已经不仅仅是一种娱乐或本土传统绘画的附属品，而是本土艺术实践之外日渐受欢迎的另一种艺术形式，并越来越被提升到代表现代性、保持科学精神的高度上来。[63] 和林纾同代的激进分子，如维新派康有为——他本身就是一位著名的书法家，彻底批判宋朝之后的文人画传统。由于和工业时代脱节，中国传统绘画艺术被看作国家进步的绝对障碍，康有为认为，对文人画的追求也是有害社会进步的。"今工商百器皆藉于画，画不改进，工商无可言。"[64] 但林纾这样的保守派并不为支持实用主义的绘画现实主义所动，至于透视画法，林纾承认中国画家一直"未能区分出远近"，同时他却又辩解说，中国画家借鉴西方风景画劳神费力的逼真画法，只会徒增画家眼中的血丝而已。[65]

和岭南派画家一样，丰子恺也是经由游学日本接触到西方艺术的。他中学时的美术老师李叔同也曾留学日本。丰子恺在东京待过短暂的一段时间，阅读和翻译日本学者的文章，是他获取现代国际艺术信息的主要来源。我们看到，这样经过滤而形成的艺术视野，很容易为他招致更熟悉欧洲艺术的同行的严厉批评。关于日本留学经历对岭南派画家艺术视野的影响，迈克尔·苏立文教授曾这样中肯地概括：

> 这一流派（岭南派）失败的意义，部分地体现于他们所汲取的外国艺术之上。当某些传统中国画家放弃他们固有的原理和整体思维，转而寻求另外一种观照自然的一知半解的外来方式和路径，其结果可能不太乐观。更何况这些外来的审美方式是通过日本艺术家之手传入中国的。日本曾经充满热情地模仿西方文化的浮浅表象，但除了少数几个例外，他们在探求西方艺术真谛方面已经遭致失败。西方艺术追求逼真写实，其色彩的和谐仅仅是为了装饰，浪漫主义常常混合

着感伤。岭南派画家从日本转手学来的西方艺术的理念是扭曲变形的，因此他们通向新的民族艺术之路走入死胡同也就不足为奇了。中国艺术的复兴，并不依赖某种新的方法，而在于一种新的视野。[66]

丰子恺不同于岭南派画家及其他融合派画家和理论家之处在于，他在创作中强调个人情感的表达，用他自己的话来说，要有"人生味"——他也称之为"趣""趣味"，或者"悱恻之怀"，这是丰子恺绘画艺术的哲学和文化路径的主要内容，对此的讨论贯穿本书。因此，尽管技法革新在丰子恺的画作中占据重要位置，但构成他艺术世界全貌的还是情感——明确表达的情感，让他属于赞同"业余"的传统文人画家之列。显然，他乐于保留中国绘画的基本工具——水墨和毛笔，而不是全盘接受西方绘画中使用的油彩和帆布。这让他有别于同代画家（特别是接受西方学院正规艺术教育训练的画家），并使他能坚守文学研究会成立之初的宗旨——至少在他想象中应如此：在艺术作品中、在个人与周围世界的关系中强调生活的重要意义；不仅要描绘和书写，同时也要改造这个世界。[67]抗战前夕，他在《艺术漫谈》一书的序言中，对艺术怎样从生活中被放逐，生活和艺术又当怎样和谐共生做了精辟的分析。

有生即有情，有情即有艺术。故艺术非专科，乃人人所本能；艺术无专家，人人皆生知也。晚近世变多端，人事烦琐，逐末者忘本，循流者忘源，人各竭其力于生活之一隅，而丧失人生之常情。于是世间始立"艺术"为专科，而称专长此道者为"艺术家"。盖"艺术"与"艺术家"兴，而艺术始衰矣！出"艺术"之深宫，辞"艺术家"之尊位，对稚

子而教之习艺，执途人而与之论美，谈言微中，亦足以启发
其生知之本能，而归复其人生之常情。是则事事皆可成艺术，
而人人皆得为艺术家也。[68]

尽管丰子恺漫画中体现的能力和态度超越了严格意义上的文人画
家"业余"至上范畴，但他的创作仍是源自于传统品位和风格的艺术
表达。他认为同代的水墨画家"装雅"，拙劣地模仿传统艺术中的雅
致；但也批驳虚伪的老夫子，他们信誓旦旦标称自己是在艺术创作中
毫无金钱杂念的闲人逸士，实则是为了商业利益大量炮制所谓"即兴
而作"的伪文人、真商人。[69]颇具讽刺意味的是，丰子恺一直认同文
人画家"业余自抒胸臆"的思想，但我们反复看到，他的绘画实践、
风格和兴趣，既与严格的传统守旧者相去甚远，又与现代"国画"践
行者的步调不相一致。如同高雅文人艺术的价值观以"不适合娱乐"
为由否定了众多艺术形式和艺术家，20世纪民族艺术的倡导者也发
展出与社会、民族国家密切联系的规则和范式。在建设国家的大背景
下，新的国家艺术的层级阻碍了——甚而容不下——丰子恺作品这样
富有个性的绘画，认为它们无关痛痒、无法振奋民心或是显得太过粗
糙。尽管如此，20世纪30年代，特别是抗战期间，丰子恺展露的艺
术眼光与他的大多数作品，如果不在精神上，至少在字面上是互相矛
盾的。他这一时期的作品多使用传统文化典故，同时也从鲜活的生活
经验中不断敏锐地吸取营养和力量，既具象又富有诗意。[70]

在1941年《绘画改良论》这部交织着五四运动倡导的个人主义
和中国传统艺术经典观点的小册子里，丰子恺号召艺术家尊重自我个
性，不事抄袭模仿。从他早期关于艺术的演讲和文章来看，他是现代
美学教育和艺术欣赏课程的倡导者，尤其重视抄袭等艺术创作中的心
理或者说道德问题。传统认可这种观点，他也看不出作为五四知识分

子和强调艺术的道德维度之间有任何冲突。"我决不做石涛、八大、王（维）、李（思训）的应声虫。"他宣称，"我要自成一家，不要依附人家。"[71] 他引用著名的僧人画家石涛的名句作为注脚："是我为某家役，非某家为我用也。纵逼似某家，亦食某家残羹耳，于我何有哉！"石涛借此警告视绘画的精髓在于精准模仿他人作品的人。[72] 丰子恺完全同意石涛的看法：艺术家应能够"师古"，但同时在此基础上要能"化"，要有"我"。[73] 丰子恺用自己对传统艺术理论的阐释作为例子——这显示他深受日本艺术史学家金原省吾的影响，将南齐谢赫（公元 5 世纪）著名的"六法"中的最后一条"传移模写"变换为"师古有我"。[74]

虽有如上言论，但丰子恺对传统士人"业余"画家及其现代追随者推崇的高傲"个人主义"大加批评。"中国的画家以此为俗。一定要'不肯'、'不卖'才算是'雅'，这分明是一种'不合作'的'个人主义'的行径。这不是现代中国文化上，社会上的一种缺憾吗？"他不无讥讽地指出，这些优越感十足的灵魂，受高价承诺诱惑，最终会心甘情愿地把自己的作品卖给财大气粗却对艺术一窍不通的主顾。不幸的是，这也意味着真正懂得欣赏优秀艺术作品的人——普通的男男女女，无一例外地缺少购买佳作的资金。商业化的"业余"文人画家的奸诈传统，使大多数人无缘通过展览或购买，一睹天才作品的真容。几乎在出版《绘画改良论》这一改良主义宣言的同时，他写下《评中国的画风》一文，其中说到："这样制作出来的绘画，太不关人生，太不近人情，与艺术的根本原则相去太远了！所以我常常觉得中国的画风，大有改良的必要。"[75]

1942 年 11 月，丰子恺受邀在战时陪都重庆的国立艺术专科学校举办个展，此前，他的作品并未在传统艺术殿堂里展出过。当时专科学校的校长是画家、工艺美术家陈之佛，他邀请丰子恺一家自贵州遵义搬来四川。丰家逃难，历经江西、湖北、湖南等省，1940 年以来一直居住在遵义。二十年前，陈、丰两位艺术家在东京初次相遇就成为好友，之后在上海又见过数次面。此时的陈之佛早已成为顶尖的书籍期刊设计师，开明书店的许多书籍设计和图案都出自其手。[76] 抗战期间，丰子恺一直在重绘自己最喜欢的画作，加上漂泊路途上所作的新画，到 1946 年，作品累计已达二百余幅。他从其中选出一些展出，并应感兴趣买家的订购而重绘他们选中的作品。这些画作最后结集成《子恺漫画全集》小开八卷本，于 1945 年出版。[77]

丰子恺在为第一次公开的个人作品展所作的画展自序中写道，尽管多年来他的作品一直见诸全中国的杂志期刊，但直到此时才感到有必要在固定场所为特定观众展出。他还告诉观众，他的漫画易于复制并深受编辑的欢迎：“全国各地的乡僻处都有我的画的踪迹，连花生米的包纸中也有我的画的断片。”随着抗战爆发，他率眷西行，画风也有所变化。熟悉的江浙风物激发的简洁即兴之作，让位给对贵州雄奇山水的探究：“从此，我的眼光渐由人物移注到山水上，我的笔底下也渐渐有山水画出现。我的画纸渐渐放大起来，我的用笔渐渐繁多起来。最初是人物为主，山水为背景。后来居然也写山水为主人物点景的画了。最初用墨水画，后来也居然用彩色作画了。”[78]

朋友们在丰子恺的新作中或许能发现石涛、倪瓒的影子。对此，丰子恺宣称，他只是用现代的模式去重塑古人的成就，并在此过程中重估创作技法的价值。作为画家，他认为没有否定传统的必要，相反，他在传统中找到了普适性，以及与现实相关之处，因而在自己的作品中非常自信地沿用。丰子恺最基本的艺术理念，源于对中国艺术的传统及精神的不弃不离。

　　故科学不须学习过去，因为过去的成绩都不如今，已缺乏独立的价值，但在艺术，是人格的"全部"的。故其形与姿虽常变异，但其主要的要求与意义，自古已有，且至今还是有的。所以过去依然生存在现实中。在过去有价值的，同时在现在还是有价值的。故研究艺术，不是从前人已做到的地方继续做下去，而必须从前人开始做起的地方开始做起。"过去"，在科学只是达到现在的道路，但在艺术，是现在的出发点。[79]

就这样，他将自己置于悠久的传统之下，写下大量文字来探讨传统与艺术家的关系。[80] 借用金原省吾在这个问题上的思路，丰子恺得出结论: 只有艺术家在自己身上重新发现传统，并在自己作品中找到表达它的方式，艺术传统才能传承下去。如果艺术家只是机械地重复惯例，即"泥古"，而没有展现出任何个性，那么，毫无疑问会沦为可悲的盲从。"传统，是过去再生于现实的'我'中。写生，是'我'生于对象的现实中。"[81]

这次画展在经济上和评论上都取得了重大成功，但他的艺术宣言只得到了负面和尖刻的反应。1942 年 6 月，徐悲鸿的高徒、曾留学欧洲、时任重庆沙坪坝中央大学艺术系主任的油画家吕斯百，发表了对丰子恺艺术宣言的回应，那实则是一篇针锋相对的反驳。迈克尔·苏立文曾在 1959 年的一篇文章中评价道: 吕斯百和徐悲鸿的"好友和学生们，都迷恋于南京中央美术学院派精湛的绘画技巧，这也是该学派的一大特色"，"这一时期，就欧洲绘画技巧而言，大师衣钵传递到了南京中央美院徐悲鸿的继任者吕斯百身上。吕在欧洲留学五年，绘画水平高超，但学院气息浓厚。"[82]

虽然生于江苏，吕斯百的小学教育却是在丰子恺的故乡浙江完成的。吕斯百没有将丰子恺的文章当作后者对中国艺术传统面临困境的反思，而将其解读为他针对国家层面的艺术改良方案，以及对专业艺术学院发起的挑战。不熟悉丰子恺的散文和绘画风格的读者，的确会认为《绘画改良论》的唯一目的便在于此，因为从该文的风格和内容来看，在民族救亡复兴的呼声不断高涨之时，它不过就是另一篇提出文化革新的言过其实的宣言而已。但是，如若将《绘画改良论》看作丰子恺在国家危急存亡时刻表达的个人艺术观点和在文化上的大声疾呼，那么吕斯百激愤的批驳，就显得反应过度甚而有些恼羞成怒了。吕斯百冗长的驳斥文章展示了他十足的书生意气和妄自尊大的性格：他对自己在艺术专业领域的显赫地位孤芳自赏，丰子恺对中国传统艺术藕断丝连的立场令他油然而生被侮辱冒犯之感。吕斯百批驳之言的核心在于，丰子恺对中西方绘画艺术的矛盾关系持折中态度，这令他感到十分厌恶。他认为丰子恺提出的主张简单，甚至幼稚。[83] 另一种猜测是，吕斯百想借机表达对丰子恺 1939 年演讲言论的不满，这显然也有些道理。在那次演讲中，丰子恺斥责了远涉重洋去法国学习印象主义的学生。他先引述了中国和日本文艺界共同的结论，即印象主义如同其他画派一样，都源自中国，然后说：

> （这些留学生）学了回来，就请他们办艺术学校，还说这是外国来的艺术！其实这是出嫁女儿回娘家。又好比富人装作乞丐，向街上穷人讨饭，回来分给家里人吃，还说这些饭是外来的。[84]

吕斯百极其愤怒地指责丰子恺引用邹一桂的观点做论据（我们20 世纪的人岂能相信邹一桂的话，且奉为真理），接着批判他对中国画于史无据、与事实相背离的观点（认为丰子恺把中国画简单地等同于自由墨戏，主观地忽视了人物画和山水画及其他形式），以及称印象派以前的西方艺术本质上仅比照相术好一点的看法。他对丰子恺不满意的地方主要在于：丰子恺将美术与文学相比较，着实荒唐；对中国传统绘画构成的评论简直是无知妄言；丰氏抵制西方艺术源自其绘画实践的缺乏，推崇中国绘画的书法渊源更让人怀疑费解。[85] 在论及中国艺术的精华是否当如丰子恺所说的"有人生味"时，吕斯百表达了对丰子恺漫画根本上的憎恶：

> 丰氏所指人生味乃带一些幽默性的风花雪月的抽象的意义而已……要画一个现代的乞丐，要表现乞丐的神情，要动人深思，恐非书法家的能事，要凭写生得来吧。[86]

吕斯百这番言论的要旨，和柔石在 20 年代末对丰子恺《论艺术和同情》的狂傲攻击、曹聚仁在 30 年代早期对丰子恺将农村生活诗意化的批判大致相似——更不用说曹对《护生画集》的否定了。尽管吕斯百不应把丰子恺的文章视作其个人艺术宣言，但是他的有些批评是中肯的。其中最重要的一条就是：丰子恺对中西艺术的评判，以及对中西艺术差异的断言，仅基于他有限的西方艺术视野，基本上也就是最初在中学美术课上得自李叔同的介绍，再加上马一浮的文化哲学观点而已。毫无疑问，丰子恺几乎没有看过欧洲绘画原作，对那些作品的了解，是在转译大量关于欧洲艺术的日文书籍时拼凑而成的，这些译作中书籍有黑田鹏信的《艺术概论》和上田敏的《现代艺术十二讲》，也有一些起初选译发表在杂志上后来又结集出版的文章。[87] 然而，吕斯百批驳"丰先生所见的西洋画是平常在教室里教中学生的静物画"，就太言过其实了。[88] 总之，吕、丰二人之间的分歧，不仅在于谁有机会见识欧洲文化之都的艺术品真迹，还涉及教法影响、艺术真伪、制度权威、个人创新、精英实践和公众好恶、油墨或水墨、文化代表权的归属及其对错等诸多问题。

一个颇有讽刺意味的事实是，《绘画改良论》表达的是丰子恺艺术信念的精髓，但他在 30 年代末 40 年代初构思这篇文章时，自己的创作表现出的特点越来越明显地丧失了早期漫画的特点。他的新画风，一改从前黑白素描即兴自然、"拙"而雅致的特点，看起来是经过深思熟虑，生硬而颇为造作。[89] 现在，他更喜欢使用色彩，以至于在 40 年代创作的许多山水作品看起来好像是"重彩"，实际上往往确也如此。这些山水画创作于他所说的第四个重要创作期——被迫逃离浙江，举家向内地逃难的时期，此时他越来越借助王概《芥子园画谱》中的呆板画法——这可是他早期大力规避的画风。[90] 不到十年时间，1952 年，丰子恺曾做过自我批评，解释并承认了他"在人物画中增加了以前从不擅长的山水画"的原因是，"满足购画者的趣味"。1943年，由于健康原因辞去教职后，丰子恺越发依靠卖画来维持全家生活，此后一直到抗战胜利的三年间，他和家人又过起了战前的赋闲生涯。一家人住在重庆郊外沙坪坝一所小房子里，这是他用 1942 年在国立艺专办画展的部分所得修起来的。[91] 在这段时间里，他与重庆的文化人频繁接触，与进步作家巴金、茅盾等故交老友也常见面。1945年年中，立达学园成立二十周年，丰子恺参加了校庆，并在会场旁边举办作品展览。没有了教学压力，他全身心地投入到新的绘画、写作和翻译工作中。[92]

随着从早期作品的即兴、朴素，转变成对主题、笔法和色彩的谨慎考究，已成名的丰子恺逐渐开始在作品中使用著名诗人或是自己的诗行，来表达"人生趣味"，而在早期，他只用信手拈来的几个简单词语传达意味。他没有通过创作绘画为经典诗句注入新的活力，而是似乎要靠着大家业已熟悉的文字来确立作品的艺术地位并赋予其更大的公信力。也许，已经是风格成熟的著名艺术家这一事实本身，增添

▶ 丰子恺彩色画作《警报作媒人》，署名『子恺』。图片来自《丰子恺精品画集》（新加坡：蒼卜院，1988年）。

► 丰子恺彩色画作《天涯静处无征战，兵气销为日月光》，署名「子恺」。

图片来自《丰子恺精品画集》（新加坡：蔷卜院，1988 年）。

了他作品的无趣。叶圣陶等友人一直力促他创作更契合抗战要求的作品,而非一味"出世",大概也对他产生过一些影响。[93] 此外,他逐渐开始像文人画家一样钤盖印章装点作品。创作于 40 年代的作品极其明显地在署名下面用了红色印章,这些画越发不像写生或插图漫画,而是被崇拜者和买家像传统卷轴画一样庄重地装裱悬挂。用丰子恺自己的话说,他在这些年间"重绘"了自己早期的许多名作。这似乎也显示出他采用了和传统画家如出一辙的做法——复制或叫"自临",这种做法在过去被视为艺术家创作力枯竭的信号,而非创作水平提高、走向成熟的征兆。

当然,这并不是说他在 30 年代末和 40 年代的画作完全丧失了早期作品深具的那种魅力。1938 年,全家在桂林住下来的那段时间,教学安排使他仍有时间绘画和写作。他在《教师日记》中记录下日常家庭生活的种种考验与磨难,最后一个孩子新枚的出生让妻子徐力民病倒了,她身体极为虚弱,丰子恺记录下她缓慢康复的过程。另外,还有课堂讲座的细节,以及令人沮丧的战争进程、似乎无法阻挡的日军侵略。但举家西逃过程中诸多意料之外的欣喜和发现,路途所经各地的特色食品和古玩、竹编制品、繁复的窗格设计、独具匠心的木门锁以及许多偶遇,消解了战时宣传甚嚣尘上的鼓噪和民众对战争的气馁与麻木不仁。[94] 抗战结束前不久,在重庆出版的《教师日记》里记录的一件特别的事情,让丰子恺远离了单调乏味的教学和对战争的深深忧虑。

一个周日上午,听说邻居要返家了,他决定前去问候一下。邻居家的院门已经锁上了,但他可以看到夫妻俩都在里边忙碌,还兴致勃勃地用北京话聊天。每天晚上,这对夫妇都会来上一段京剧,"我从隔壁听戏,几疑身在西湖歌舞之场"。邻居养了两个孩子,尽管战争时期生活艰难,日子过得却很平静,日出而作,日落而息,如同儒家

田园诗描述的理想生活场景。

　　今日我从门隙中窥见此景，更觉可爱，即回室取纸和笔，为之写生。夫妇二人并不知觉，照旧工作。此为最好之写生题材。倘令知之，彼等必局促不安，或加以做作，而态度不自然矣。

　　写生毕，视原稿颇能成幅。即取宣纸为之放大，殷以彩色，题陶诗"衣食当须纪，力耕不吾欺"两句，持往相赠。近索画者甚众，积纸盈筐，每苦无力应嘱，李君并不索吾画，更不送纸来，而吾自动写赠。故画不可索，须作者自赠方佳。[95]

在过去，童稚之心和同情之心，让丰子恺能以新颖的视角看待周围的一切，于瞬间抓住感同身受的一幕幕画面。但在成为名家、作品为众人追捧之后，艺术家的童心也慢慢倦怠了。即兴挥毫的愉悦——必须指出的是，他在文章中曾屡屡提及——在他的画作中逐渐消失，他的画开始变得有些呆板与俗气。过去作品中那些看似随意却是灵感迸发的留白，逐渐被堆砌的色彩、厚重的线条和繁冗的词句所占据。随着表达方式的僵化，作品的写意愈加直白和重复。在 1952 年的自我批评中，丰子恺曾谈到当时的经济压力夺走了人生"趣味"的表达，就像战争也让他的许多艺术观点无法自由地表达出来，如同 30 年代宁静惬意的缘缘堂闲居生活突然间被打破，他被迫直面周遭的暴力和苦难一样。在逃离石门湾的路途中，丰子恺曾写道：

> 自然永远调和、圆满而美丽，惟人生常有不调和、缺陷与丑恶的表演，然而人生的丑，终不能影响大自然之美……我过去曾把自己的悲欢的感情移入于自然之中，而视自然为我忧亦忧、我喜亦喜的东西，未免亵渎了大自然！ [96]

丰子恺的艺术和个人视野，让他总体上得以用一种哲学的方式来应对新的生活经历。这种重要的哲学观念，受到马一浮的强烈影响，与他早期作品中的直觉、即兴、富有创造性的沉思和浪漫主义精神相去甚远。随着时间的推移，他似乎依然能保护自己的内心，却愈来愈无力保持自己的艺术。

1　丰子恺,《家》,《丰子恺文集》卷 5, 第 521—522 页。

2　丰子恺,《辞缘缘堂》,《丰子恺文集》卷 6, 第 128 页。

3　丰子恺,《桐庐负暄》,《丰子恺文集》卷 6, 第 1 页。

4　丰子恺,《辞缘缘堂》,《丰子恺文集》卷 6, 第 138—139 页。

5　丰子恺,《不惑之礼》,《丰子恺文集》卷 5, 第 644 页。

6　丰一吟,《潇洒风神》, 第 167 页。

7　丰子恺,《桐庐负暄》,《丰子恺文集》卷 6, 第 20 页；丰一吟,《潇洒风神》, 第 167—168 页。

8　丰子恺,《桐庐负暄》,《丰子恺文集》卷 6, 第 26—28 页。

9　贺麟,《当代中国哲学》, 第 17 页；布里埃,《中国哲学五十年》, 第 56 页及注释 20。

10　马一浮在《宜山会语》中语, 引自贺麟,《当代中国哲学》, 第 17 页；布里埃,《中国哲学五十年》, 第 56—57 页；同时参看马镜泉等编,《马一浮先生纪念册》, 第 13 页。以及叶圣陶在战时的通信, 载《我与四川》（成都: 四川人民出版社, 1984 年）一书第 110—111、118—119、126、129、131 页, 叶圣陶在书信中曾谈及马一浮的教学活动和其准备建立书院的计划。

11　丰子恺,《桐庐负暄》,《丰子恺文集》卷 6, 第 29—30 页。关于辜鸿铭的有关情况, 参看罗海民,《辜鸿铭》(Lo Hui-min,"Ku Hung-ming, Schooling"), 载《远东历史》(Far Eastern History) 第 38 期（1988 年 9 月）, 第 45—64 页。

12　马一浮,《论西来学术亦统于六艺》, 见《泰和会语》,《马一浮集》卷 1（3 卷本）, 丁敬涵标点, 杭州: 浙江古籍、浙江教育出版社, 1996 年, 第 23 页。

13　丰子恺,《艺术必能建国》, 发表于 1939 年 3 月《宇宙风》乙刊第 2 期, 第 16 页；《丰子恺文集》卷 4, 第 30—31 页。

14　这封信写于 1938 年农历二月初九,《马一浮集》卷 2, 第 562 页。

15 马一浮,《横渠四句教》,《泰和会语》,《马一浮集》卷1, 第 5—8 页。
   同时参看《马一浮先生纪念册》第 13 页；乌以风,《马一浮先生学赞》,
   安徽：无出版机构, 1987 年, 第 3 页。（当时）乌以风是少数尚健在的
   马一浮弟子之一。

16 参看丁福保,《佛学大辞典》, 北京：文物出版社, 1984 年, 第 380 页；
   苏慧廉、何乐益,《中国佛教术语词典》(William E. Soothill and Lewis
   Hodous, *A Dictionary of Chinese Buddhist Terms*, London: Kegan Paul.
   Reprint, Taipei: Ch'eng Wen Publishing Company, 1975), 第 174 页。尽
   管张载像其他新儒家哲学家一样激烈地批判佛教的虚无和空寂, 但他却
   在其思想中拓展了 "仁" 的概念, 倡导将 "仁爱" 扩展至整个宇宙, 即
   佛教所谓的 "有情世界"。参看陈荣捷,《中国哲学文献选编》(Wing-tsit
   Chan, *A Source Book in Chinese Philosophy*, London: Oxford University
   Press, 1963), 第 495—499 页；冯友兰著, 卜德译,《中国哲学简史》(2
   卷本) 第 2 册 (Fung Yu-lan, *A History of Chinese Philosophy*, Translated
   by Derk Bodde, Princeton, N. J.: Princeton University Press, 1953), 第
   488—496 页。

17 丰子恺,《横渠四句教附说》, 写于 1938 年 6 月 1 日,《丰子恺文集》卷
   5, 第 659—663 页；马一浮,《马一浮集》卷 2, 第 563—564 页；所引陶
   渊明诗句英译见戴维斯译,《陶渊明》第一卷, 第 93 页。丰子恺在这
   个时期与萧而化共同完成的其他 "和平战歌", 参看潘颂德,《丰子恺的
   抗日歌词》, 抗战文艺研究, 1982 年第 3 期, 第 12—13 页。

18 参看丰子恺,《漫文漫画》, 汉口：大路书店, 1938 年, 载《丰子恺文集》
   卷 5, 第 669—702 页。更多关于丰子恺积极姿态的论说, 参看丰一吟,
   《潇洒风神》, 第 184—185 页。

19 柯灵,《抗战中的丰子恺先生》, 转引自丰一吟,《潇洒风神》, 第 204 页。

20 叶圣陶 1939 年 5 月 9 日致王伯祥信, 载叶圣陶,《我与四川》, 第 118—
   119 页。

21 关于作者在此处及他处所使用的 "传统" 与 "新传统" 这两个概念的阐

述，参看姜苦乐，《亚洲现代艺术》，第 71—75 页。

22　丰子恺，《漫画的描法》，《丰子恺文集》卷 4，第 285 页。

23　引自孙福熙，《中国艺术前途之探讨》，转引自张少侠、李小山，《中国现代绘画史》，第 149 页。

24　同上。

25　罗清奇，《传统与现代：潘天寿的生活与艺术》[Claire Roberts, "Tradition and Modernity: The Life and Art of Pan Tianshou（1897—1971）"]，载《东亚历史》第 15、16 期（1998 年 6—12 月），第 67—96 页。

26　这个画派的创始人高剑父在《我的现代画——新国画观》一文中表达了其艺术观点，参看沈鹏、陈履生编，《美术论集（四）》（中国画讨论专辑），第 50—60 页；拉尔夫·克罗泽尔，《现代中国的 艺术与革命：岭南画派》[Ralph Crozier, *Art and Revolution in Modern China: The Lingnan（Cantonese）School of Painting, 1906—1957*, Berkeley: University of California Press, 1988]；高美庆，《中国艺术对西方的回应》，第 89—91 页；以及朱锦鸾，《岭南画派及其追随者》（Christina Chu, "The Lingnan School and Its Followers: Radical Innovation in Southern China"），载安雅兰、沈揆一编，《危机中的世纪》，第 65 页后。

27　朱锦鸾，《岭南画派及其追随者》，同上，第 68 页。

28　高剑父，《我的现代画——新国画观》，转引自朱锦鸾，《岭南画派及其追随者》，同上，第 76 页。

29　朱锦鸾，《岭南画派及其追随者》，同上，第 67—77 页；以及迈克尔·苏立文，《20 世纪中国艺术与艺术家》，第 52—57 页。

30　转引自郭颖颐，《中国现代思想中的唯科学主义》，第 12、22—23 页。

31　1923 年 2 月 14 日，现代新儒家学者张君劢在清华大学做了题为《人生观》的演讲，对科学主义提出批评，引起丁文江、胡适和陈独秀等人的激烈批评，参看郭颖颐，《中国现代思想中的唯科学主义》，第 135 页；周策纵，《五四运动：现代中国的思想革命》，第 320—337 页；周策纵，《共和中国的早期批孔》（"Anti-Confucianism in Early Republican China"），载芮沃寿（Arthur F. Wright）编，《儒家信念》（*The Confucian Persuasion*, Stanford, Calif: Stanford University Press, 1966），第 308—309 页。

32 参看梁启超，《欧游心影录》，收入《梁任公近作》（1922 年），摘录收入陈嵩编，《五四前后东西文化问题论战文选》，北京：中国社会科学出版社，1985 年，第 333—374 页；英译引自《中国现代思想中的唯科学主义》，第 136—138 页，同时参看周策纵，《五四运动：现代中国的思想革命》，第 328—329 页，以及陈序经，《东西文化观》，台北：牧童出版社，1976 年，第 90—92 页。

33 郭颖颐，《中国现代思想中的唯科学主义》，第 137 页。

34 同上。

35 同上，第 158—159 页。

36 马镜泉等编，《马一浮先生纪念册》，第 13 页。

37 参看胡适，《我们对于西洋近代文明的态度》，英译见郭颖颖，《中国现代思想中的唯科学主义》，第 96、155—156 页；释东初在《中国佛教近代史》第 2 册第 572—582 页讨论了胡适关于佛教的态度。

38 太虚就此问题发表了大量演讲，如《佛学与科学》《佛学与哲学》等，参看唯慈，《中国佛教的复兴》，第 55 页。

39 唯慈，《中国佛教的复兴》，第 65—66 页。

40 丰子恺，《两个"？"》，《丰子恺文集》卷 5，第 277—281 页。

41 丰子恺，《谈自己的画》，《丰子恺文集》卷 5，第 468 页。

42 丰子恺，《玻璃建筑》，《丰子恺文集》卷 2，第 449 页。

43 参看丰子恺，《教师日记》，《丰子恺文集》卷 7，第 138 页；杨伯峻，《孟子译注》第 1 册，第 145—146 页。

44 丰子恺，《中国文化之优越》，再次于《教师日记》中重申，《丰子恺文集》卷 7，第 151—155 页。

45 丰子恺，《亡国之道》，《丰子恺文集》卷 5，第 691 页。

46 同上。

47 约瑟夫·列文森，《儒教中国及其现代命运》（Joseph R. Levenson,

Confucian China and Its Modern Fate:The Problem of Intellectual Continuity，London: Routledge and Kegan Paul，1958），第 19 页。

48　转引自丰子恺，《中国画简史》，这是 1941 年在桂林出版的《艺术修养基础》一书中的一章（仅 5 页），《丰子恺文集》卷 4，第 213 页。这段文字英译引自喜龙仁，《中国画论》，第 110—111 页；高居翰关于倪瓒的评论，见《画家生涯：传统中国画家的生活与工作》（*The Painter's Practice: How Artists Lived and Worked in Traditional China*，New York: Columbia University Press，1994），第 3 页。

49　同上，第 9—10 页。

50　同上，第 22 页。

51　见史华兹，《关于保守主义的思考》（Benjamin L. Schwartz，"Notes on Conservatism in General and in China in Particular"，以及费侠莉，《现代中国保守主义的文化与政治》（Charlotte Furth，"Culture and Politics in Modern Chinese Conservatism"），载费侠莉编，《变革的局限》，散见于第 3—4、19—21、35—38、52—53 页；亦见牟复礼，《艺术与"理论化模式"》，载默克编，《艺术家与传统》，第 6 页。

52　《丰子恺传》第 127、202 页；丰一吟，《潇洒风神》，第 110—112 页。

53　胡适，《文学改良刍议》，初次发表于《新青年》第 2 卷第 5 期（1917 年 1 月 1 日）；同时参看周策纵，《五四运动：现代中国的思想革命》，第 30 页。

54　丰子恺，《绘画改良论》，《思想与时代》月刊第 8 期（1941 年），第 37—48 页，第 38 页；《丰子恺传》，第 73 页；丰子恺提出的这七项原则，可与岭南派画家高剑父在《我的现代画（新国画）观》一文中的观点相比较，高剑父的文章载《美术论集（四）》（中国画讨论专辑），第 55—59 页。

55　参看张少侠、李小山，《中国现代绘画史》，第 3 页。同时，丰子恺也不应被归入张少侠和李小山所谓的"开拓型艺术家"。

56　邹一桂，《小山画谱》，载黄宾虹、邓实编，《美术丛书》（40 卷本，第 4 版，神州国光社，1947 年）第 5 册，第 9 部分，第 37—38 页；高美庆，《中国艺术对西方的回应》, 第 35—36 页。这段文字英译引自喜龙仁, 7 卷本《中国画论》(Osvald Sirén, *The Chinese on the Art of Painting*, New York: Ronald Press, 1958), 第 228 页; 另见李克曼, 《石涛》, 第 248 页, 李克曼在此指出, 邹一桂列举出 艺术家应避免的六种 "气", 第二种即是 "匠气"。

57 丰子恺,《绘画改良论》, 第 37 页。关于传教士画家与本土画家之间的复杂互动, 参看姜苦乐,《亚洲现代艺术》, 第 31—34 页、第 44 页注释 3、第 75 页。

58 丰子恺,《绘画改良论》, 第 37—38 页。丰子恺所列举的中西美术之间的差异, 与著名传统艺术家傅抱石(1904—1965)在数年之后所列举的中西绘画八项差异, 并无太大不同。傅抱石的观点见于 1947 年 8 月 13 日在南京文化会堂发表的演讲《中国绘画之精神》, 记录稿随后发表于《京沪周刊》第 1 卷, 第 38 期 (1947 年 9 月 28 日)。参看傅抱石,《傅抱石美术文集》(叶宗镐编), 南京: 江苏文艺出版社, 1986 年, 第 510—511 页。傅抱石列举的这八项差异是: (1) 西洋画是宗教的, 中国画是人事的; (2) 西洋画是写实的, 中国画是写意的; (3) 西洋画是积极的, 中国画是消极的; (4) 西洋画是动的热的, 中国画是静的冷的; (5) 西洋画是科学的, 中国画是哲学的文学的; (6) 西洋画是说明的, 中国画是含蓄的; (7) 西洋画是年轻的, 中国画是年老的; (8) 西洋画是客观的, 中国画是主观的。

59 蔡星仪,《简说 "岭南画派"》,《北京艺术》, 1984 年第 4 期, 第 35—36 页; 张少侠、李小山,《中国现代绘画史》, 第 115—122 页; 邱定夫,《中国画近代各家宗派风格与技法之探究》, 第 33—69 页; 蒋健飞,《中国民初画家》, 第 70—75、120—25 页; 迈克尔·苏立文,《二十世纪中国艺术》, 第 44、45、48、74 页; 以及高美庆,《中国艺术对西方的回应》, 第 152—154 页。

60 蔡元培,《蔡元培美学文选》, 北京: 北京大学出版社, 1983 年, 第 229 页。

61 朱锦鸾,《岭南画派及其追随者》, 载安雅兰、沈揆一编,《危机中的世纪》，第 77 页。

62 柯律格，《明代的图像与视觉性》，第 184 页。关于龚贤本人的作品及其在帝国晚期（或用另一种说法，早期现代）中国艺术中的位置，参看姜苦乐，《亚洲现代艺术》，第 32—33 页。

63 林纾，《春觉斋论画》，载于安澜编，《画论丛刊》（2 卷本）第 2 册，北京：人民美术出版社，1960 年，第 628—629 页；李欧梵，《中国现代作家的浪漫一代》，第 41—58 页。

64 康有为，《万木草堂论画》，载沈鹏、陈履生编，《美术论集（四）》（中国画讨论专辑），第 2 页。郑午昌，《中国画之认识》（载《东方杂志》1931 年第 1 期），第 107—119、115—116 页，郑午昌在此文中批判了康有为对于艺术尤其是中国画原理的极端忽视与无知。同时，潘天寿也批判康有为主张 中国画应该效法郎世宁的改良意见，康有为认为郎世宁开创了中西合璧绘画技法，"折中新派，备致推崇"，潘天寿则认为"康氏不谙中西绘画，主以院体为绘画正宗，是全以个人意志而加以论断者"。参看潘天寿，《中国绘画史》，上海：上海人民美术出版社，1983 年，第 293 页。

65 林纾，《春觉斋论画》，载于安澜编，《画论丛刊》第 2 册，第 669 页。不过，林纾也赞叹外国画家对于瀑布的写实描绘（第 662 页）。

66 迈克尔·苏立文，《二十世纪中国艺术》，第 45—46 页。

67 丰子恺，《绘画改良论》，第 47 页。

68 此文的手稿首次发表于《宇宙风》第 29 期（1936 年 11 月 16 日），后被用作 1936 年出版的《艺术漫谈》一书《序言》，《丰子恺文集》卷 3，第 293 页。

69 例如，丰子恺对于中国文人画腐朽传统的尖锐批评，可参看《评中国的画风》，《丰子恺文集》卷 4，第 245—253 页。

70 浦安迪，《〈西游记〉和〈红楼梦〉中的寓言》（Andrew H. Plaks, "Allegory in Hsi-yu chi and Hung-lou meng"），载浦安迪编，《中国叙事》（Chinese Narrative, Princeton: Princeton University Press, 1977），第 169 页，引

自柯律格，《明代的图像与视觉性》，第 185 页。

71 丰子恺，《绘画改良论》，第 40 页。

72 石涛名句的英译见林语堂，《中国画论：译自国画名家》(*The Chinese Theory of Art: Translations from the Masters of Chinese Art*, London: Heinemann, 1967)，第 143 页；另参见李克曼，《石涛》，第 34 页。

73 丰子恺，《绘画改良论》，第 41 页。

74 同上。同时参看李克曼在《石涛》第 37—39 页关于谢赫及"师古"的有关论说。通过对金原省吾观点的借鉴，丰子恺没有完全照搬古人的理论。而"师古有我"，本也是中国传统艺术理论中的基本概念之一。参看杜维明关于新儒家思维方式与中国艺术的论文，《内在体验：新儒家思维的创新基础》("'Inner Experience': The Basis of Creativity in Neo-Confucian Thinking")，载默克编，《艺术家与传统》，第 9—15 页。

75 丰子恺，《评中国的画风》，《丰子恺文集》卷 4，第 253 页。战后，丰子恺曾写下一系列的儿童寓言，其中的一篇以大画家的"掮客"为主题，参看丰子恺《骗子》一文，《丰子恺文集》卷 6，第 344—350 页。

76 斯科特·米尼克、焦平，《20 世纪的中国平面设计》，第 42—43 页。

77 丰一吟，《潇洒风神》，第 211、229 页；1968 年，丰子恺将他的个人所藏交给了丰新枚。

78 丰子恺，《画展自序》，《丰子恺文集》卷 4，第 256—257 页；丰子恺关于桂林山水独特景观及对他艺术产生影响的论说，参看丰子恺，《桂林的山》，《丰子恺文集》卷 6，第 189—192 页。

79 丰子恺，《绘画改良论》，第 41 页，这也是对金原省吾观点的复述和发挥。

80 参看牟复礼，《艺术与"理论化模式"》，载默克编，《艺术家与传统》，第 6—8 页，他在此处讨论了传统中国艺术中的"古""诚""变"和"复古"问题。

81 丰子恺，《绘画改良论》，第 41 页；丰子恺在这段话后，引用了清代文人袁枚《随园诗话》和清代画家秦祖永《绘事津梁》中的两段话，进一步阐发他的观点。秦祖永是《桐阴论画》的作者，丰子恺在浙一师读书时就对这本画论很熟悉。参看本书第一章。

82 迈克尔·苏立文，《二十世纪中国艺术》，第 50、53 页。关于吕斯百的不那么尖刻的评说，参看张少侠、李小山，《中国现代绘画史》，第 132—133 页；高美庆，《中国艺术对西方的回应》，第 188、192、197 页。关于吕斯百生平更详尽的介绍，参看李润新等编，《中国艺术家辞典》第 5 册，长沙：湖南人民出版社，1985 年，第 405—406 页。

83 吕斯百，《读丰子恺先生所作〈绘画改良论〉》（《文史杂志》，1946 年第 2 卷第 5、6 期，第 33—39 页），第 36、38 页。

84 丰子恺，《教师日记》，《丰子恺文集》卷 7，第 153—154 页。

85 吕斯百，《读丰子恺先生所作〈绘画改良论〉》，《文史杂志》，1946 年第 2 卷第 5、6 期，第 33—35、37—38 页。

86 丰子恺，《绘画改良论》，第 47—48 页；吕斯百，《读丰子恺先生所作〈绘画改良论〉》，同上，第 38 页。宋代新儒家哲人邵雍（1023—1077）首次用"风花雪月"四字来指代春夏秋冬四季的景物。后来，这个短语被用来指伤感的爱与自我沉溺。吕斯百是在更为现代和负面的含义上使用这个短语，指"华丽而空洞无物"的文字（或艺术）。

87 《艺术概论》和《现代艺术十二讲》由开明书店分别于 1928 年和 1929 年出版，参看《丰子恺文集》卷 1，第 110 页和第 285—286 页。关于丰子恺译作的详细书目，参看丰一吟，《丰子恺》，第 287 页。

88 吕斯百，《读丰子恺先生所作〈绘画改良论〉》，《文史杂志》，1946 年第 2 卷第 5、6 期，第 35 页。

89 高居翰，《绘画理论中的儒家因素》，载芮沃寿编，《儒家信念》，第 137—138 页，作者在此引用了有关"拙"的说法并讨论了其在中国美学中的地位。

90 丰子恺，《绘画改良论》，第 40—41 页。

91 丰子恺，《检查我的思想》，《大公报》（上海），1952 年 7 月 16 日；丰子恺，《沙坪小屋的鹅》，《丰子恺文集》卷 6，第 161、164—166 页；丰子恺，《重庆觅屋记》，《丰子恺文集》卷 6，第 233 页；丰一吟，《潇洒风神》，第 237 页。

92 丰一吟，《潇洒风神》，第 240—243 页。

93 关于叶圣陶对丰子恺影响的说法，参看叶圣陶，《我与四川》，第 46 页。

94 参看丰子恺，《教师日记》，《丰子恺文集》卷 7，第 36—45 页。

95 同上，《丰子恺文集》卷 7，第 47—48 页；《人民日报》前副刊编辑姜德明曾以此事写过散文《丰子恺的教师日记》，《书味集》，三联书店，1986 年，第 232—234 页。关于所引陶渊明诗句的英译，见戴维斯译，《陶渊明》第一卷，第 64 页。

96 丰子恺，《桐庐负暄》，《丰子恺文集》卷 6，第 16 页。同时参看高居翰，《绘画理论中的儒家因素》。

第九章 新中国成立之后

1945 年 8 月，抗日战争胜利的消息传来时，丰子恺正忙于筹备他的作品展览。第二次辞去教职后，出售画作已经成了养活家人的主要手段。听闻胜利的消息，他立即挥毫绘制了一系列庆祝抗战胜利的作品。他写过一篇文章，表达对战后太平生活的期盼，其中还收录了一首打油诗。前一年，即 1944 年的中秋，丰子恺饮酒大醉，没有赏月就酣睡了。次晨醒来，他在枕上填了这首打油诗。

> 七载飘零久。喜中秋、巴山客里，全家聚首。去日孩童皆长大，添得娇儿一口。都会得、奉觞进酒。今夜月明人尽望，但团圆、骨肉几家有？天于我，相当厚。
>
> 故园焦土蹂躏后。幸联军、痛饮黄龙，快到时候。来日盟机千万架，扫荡中原暴寇。便还我、河山依旧。漫卷诗书归去也，问群儿、恋此山城否？言未毕，齐摇首。

丰家原以为停战意味着永享太平的开始，数年的逃难流亡就要结束，即将踏上归乡的坦途。"岂知胜利后数月内，那些'劫收'的丑恶、物价的飞涨，交通的困难，以及开战的消息，把胜利的欢喜消除殆尽。"[1]也许山城重庆，过去三年中庇护丰家的所在，才应是今后的居家之处。丰家人都明白，留在重庆生活会容易得多：房子虽然简陋拥挤，但是是自己的；三个年长的孩子都在重庆找到工作，现在东归故里，前途渺茫；丰子恺本人待在重庆，也比去上海收入要高。

> 不知道一种什么力，终于使我厌弃重庆，而心向杭州。不知道一种什么心理，使我决然舍弃了沙坪坝的衽席之安，而走上东归的崎岖之路。明知道今后衣食住行，要受一切的困苦；明知道此次复员，等于再逃一次难；然而大家情愿受苦，情愿逃难，拼命要回到杭州。这是什么原故？自己也不知道。想来想去，大约是"做人不能全为实利打算"的原故罢。

最终，丰子恺放弃了待在四川的务实打算，决定东归。"全为实利打算，换言之，就是只要便宜。充其极端，做人全无感情，全无意气，全无趣味，而人就变成枯燥、死板、冷酷、无情的一种动物。这就不是生活，而仅是一种'生存'了。古人有警句云'不为无益之事，何以遣有涯之生'。这句话看似翻案好奇，却含有人生的至理。无益之事……就是由感情、意气、趣味的要求而做的事。"

直到此时，全家才认真讨论起回乡计划。"故园已成焦土，不管交通如何困难，不管下江生活如何昂贵，我一定要辞别重庆，遄返江南。"[2]他们也明白，故乡还有很多东西已面目全非。经年累月的战争不仅给家乡浙江带来了物质上的巨大破坏，更让人难以言说的损失是在情感心理上的创痛。1942年，丰子恺的导师弘一法师在福建泉州去世。就在他计划动身去上海的前夕，又获悉恩师兼同事夏丏尊离开人世的消息。丰子恺感到，他所熟悉的大部分世界，不仅由于战争的损毁，更由于这些恩师的离去而不复存在了！在纪念国文老师夏丏尊先生的文章中，他写道："以往我每逢写一篇文章，写完之后，总要想：'不知这篇东西夏先生看了怎么说。'因为我的写文，是在夏先生的指导鼓励之下学起来的。今天写完了这篇文章，我又本能地想：'不知这篇东西夏先生看了怎么说。'两行热泪，一齐沉重地落在这原稿纸上。"[3] 他还作过一篇怀念文章，稿酬移赠朋友和同事倡议设立的夏先生纪念金。在文中他又一次引用最喜爱的诗人陶渊明的诗句，表达自己愧疚自责的心情。

> 先师遗训，余岂云坠！
>
> 四十无闻，斯不足畏。
>
> 脂我名车，策我名骥。
>
> 千里虽遥，孰敢不至！[4]

尽管归乡心切，1946 年夏天，丰子恺一大家人穿越战火蹂躏的四川、湖北的旅程却极为漫长。由于经济拮据，他不得不沿途举办画展筹措全家的开销。去上海的途中，他们先后在武汉和南京停留，当年 9 月才到达上海，暂住在他的学生和崇拜者鲍慧和家里，不过并未在此逗留太久。战争初期，丰家人就接到石门湾被毁的噩耗，但他们仍然急着赶回去，想亲眼看看家乡和缘缘堂的情况。[5]

在这年秋天返回石门湾的长途跋涉中，抗战胜利之初的喜悦一扫而空，全家人的心情颇为沉重。[6] 丰子恺对这次行程的记录，不禁让人联想到明末清初散文家、诗人张岱（号陶庵，1597—1679）在《西湖梦寻》中呈现出的浓浓乡愁。1640 年，在满人入侵江南之后，已出家为僧的张岱回到杭州，震惊于劫掠过后的惨状，最终只得离开文化繁盛的名城、挚爱的故土。离别二十八年，朝思暮想的故乡杭州西

湖已然化作焦土瓦砾，他作了一曲挽歌，追忆年轻时杭州歌舞升平的
繁华盛景。

> 余生不辰，阔别西湖二十八载，然西湖无日不入吾梦中，
> 而梦中之西湖，实未尝一日别余也……及余家之寄园一带湖
> 庄，仅存瓦砾。则是余梦中所有者，反为西湖所无。及至断
> 桥一望，凡昔日之弱柳夭桃、歌楼舞榭，如洪水湮没，百不
> 存一矣。余乃急急走避，谓余为西湖而来，今所见若此，反
> 不若保吾梦中之西湖，尚得完全无恙也。

他写下记忆里风景如画的杭州，仿佛述说梦境。他把自己想作一
个山民，第一次游历此处滨海胜景，回家后把这些讲给乡邻听。将信
将疑的邻居聚集在他周围，听他栩栩如生地描述所吃的美味海鲜、所
看到的绝世美景，一个个瞪大了眼睛，惊诧莫名。不过，张岱接着叹
息道："总是梦中说梦，非魇即呓也。"他再也无法看到故乡曾经的美
景了。[7]阔别十年后，踏上石门湾故土的丰子恺，也述说相似的哀伤
之情：

> 当我的小舟停泊到石门湾南皋桥堍的埠头上的时候，我
> 举头一望，疑心是弄错了地方。因为这全非石门湾，竟是另
> 一地方。只除运河的湾没有变直，其他一切都改样了。这是
> 我呱呱坠地的地方。但我十年归来，第一脚踏上故乡的土地
> 的时候，感觉并不比上海亲切。因为十年以来，它不断地装
> 着旧时的姿态而入我的客梦；而如今我所踏到的，并不是客
> 梦中所惯见的故乡！[8]

▶ 丰子恺《昔年欢宴处，树高已三丈》，署名"子恺"。图片来自丰子恺《劫后漫画》。

一家人走在了无生气、一片死寂的街道上。丰子恺说，他就像欧文笔下的温克（Rip Van Winkle，美国作家华盛顿·欧文于 1819 年写的一个故事中的主人公，在山中一觉睡了二十年，醒来后发现身边的一切面目全非），茫然地盯着完全陌生的居民。这些人在十年前大都是孩子或少年，丰家逃难这些年里，他们已在镇上长大成人。丰子恺注意到曾作为小学学堂的寺庙还有一部分在战火中保存下来，就冒险踩着瓦砾走进去。触景生情，想起了四十年前庙里的小和尚菊林，"我入内瞻眺，在廊柱石凳之间依稀仿佛地看见六岁的菊林向我合掌行礼。庵中的和尚不知去向，屋宇都被尘封"。[9] 缘缘堂在 1937 年毁于日军飞机的轰炸，失魂落魄的返乡人如今几乎辨认不出来了。一家人在废墟里刨弄，大儿子华瞻最终挖出一截烧焦的木头，依地点推测大约是门槛或堂窗的遗骸。华瞻髫龄的时候，曾同它们共数晨夕；如今他收拾它们的残骸，藏在火柴匣里。很快，他就要去北平上大学，也要把它们带去。

上海房租高昂，丰子恺无力承担，一家人最终还是决定在杭州住下来，先在俯瞰西湖孤山放鹤亭的招贤寺内找到暂时的食宿之地。招贤寺曾是弘一法师和师弟弘伞法师的寓居之地，相邻的就是丰家 30 年代的"行宫"——田家园别墅。全家人利用丰子恺在无锡、南京和上海举办个展的收益，将住所打理修葺一新。杭州小住，让数月来忐忑奔波的家人获得了难得的休憩。能和挚爱的三姐丰满同住一城，丰子恺也甚感欣慰，很快又恢复到例行绘画写作的闲适生活中。抗战结束后兵荒马乱的日子里，全家人靠着漫画书的版税和画展售画的收入度日。尽管经济并不宽裕，丰子恺还是参加了立达学园复校的艺术品慈善筹募拍卖。1947 年，他还把一次画展的全部收入都捐献出来，用于石门湾小学的重建。[10]

在杭州的这段时间，丰子恺的生活较为舒适、充实，画作和文字的立意，也和 30 年代早期退隐后的抒情意趣相似。比如，他颇为动情地撰文回忆重庆沙坪坝时期，朋友夏宗禹曾经赠送他的一只白鹅，家人把它当作宠物，并养它下蛋。又极其详尽地描述和梅兰芳相见的情形，临别时，丰子恺以自己所书弘一法师诗句的折扇相赠。曾于 20 年代"慧眼识得子恺漫画"的老友郑振铎来访，两人在醉酒的退思中，在西湖边度过了惬意的一夕。《我的烧香癖》则记录了在一家旧货店里觅得廉价香炉后，高兴地重拾起因战争放弃已久的在书房内焚香的癖好。[11]这些琐事和闲情，都记载于他的闲适散文中，在战前他和其他追寻趣味的写作者就运用这种风格。

尽管家里捉襟见肘，他并不急于沽售画作。在一篇谈及 1947 年在杭州举办个人画展的文章中，他吁请盗走两幅画的窃画者拿画前来，他愿加上题款后原样奉送。他承诺如果小偷照做的话，他不会报警。

　　我仔细地想，他一定不是为利。若为利，偷画去卖，一定不偷我的画，而另偷别的名家的墨宝。因为我已定润格卖画，而润格不高，即使卖脱，所得也很有限，犯不着辛苦冒险的。结果不为利，那么难道真是偏好我这种"尝试成功自古无"的画，而无力出润笔，就不惜辛苦和冒险，而到民教馆去偷吗？这人是我的知己，我愿意替他偷得的画题一上款"某某仁兄大人雅正"，以酬劳他的辛苦和冒险。这不是谎话，我以人格担保。如果这人拿了画来访，我立刻题款奉赠，决不扭送警察，也决不对外界任何人宣布"偷画的原来是某人"。你持画来访时，倘座上有外客，使你不便的话，你只说："这画请加题上款某某"，不必说别的话，我就心照不宣了。[12]

　　不过，窃画者终未露面。在丰子恺看来，与二十多年来失散的画作情况相较，被偷的漫画并无大书特书的必要。抗战伊始，开明书店印刷厂被炸，该厂为早期作品结集发行的《子恺漫画全集》的印版悉数被毁。因此，他煞费苦心地将曾经出版过的漫画又重新绘制。抗战结束后，一些偶然的发现，把失散的其他早期作品又带入到他的视野。实际上，他个人收藏的大部分书画，已随缘缘堂的大火化为了灰烬。直到有一天，石门湾的一位亲戚来到杭州，给他带来一口大箱子，这箱子是在缘缘堂被炸前一天代为抢出的。里面除了一些书籍信件外，竟还有当时未来得及发表的一大束画稿。"事隔十年，当日创作情景，历历在目。"讶异于命运的眷顾，"抚纸长叹，不胜感慨，此画应毁而不毁，已失而复得，可谓劫中奇迹，虎口余生，安得不加珍惜？"于

是，他从中整理出三十幅作品，加上流亡时期所作三十幅，共六十幅
画作结集成册，名为《劫余漫画》，在 1947 年愚人节作了序言，交由
万叶书店刊印出版。[13]

然而，浩劫并未真正结束。抗战胜利后，国共之间连年战争致使
经济严重萧条。丰子恺和家人不仅经济拮据，还得像当时所有人一
样，极其困顿疲倦地关注纷乱的时局，战战兢兢地等待着战争的结束。
1948 年除夕（不久之后，丰子恺和妻子徐力民在西湖边上楼外楼饭
店庆祝银婚纪念日），在一幅画作的题诗中，他流露了彼时上海和杭
州无数居民在恶性通货膨胀、急剧社会变迁、战火纷纭中的绝望心情。

　　　除夜生孩子，年龄像物价。只隔一黄昏，忽涨一倍大。[14]

1949 年 4 月 5 日，丰子恺乘船抵达香港，是年他已五十二岁。
他先是去了福建厦门，然后接受绍兴籍老友、开明书店总经理章锡
琛（又名雪村，1889—1969）之邀，前往台湾游历达两月之久，随后
才到了香港。游历台湾名胜期间，最小的女儿一吟和章锡琛一直陪伴
着他。[15] 在此非常时期，丰子恺不待在内地，而去香港访问的重要原
因之一是，接受章锡琛的建议赴港请著名书法家叶恭绰（笔名遐庵，
1881—1968）为《护生画集》第三集书写诗文。此前逗留厦门期间，
丰子恺已闭门数月，赶在 1950 年弘一法师七十诞辰之前悉心完成纪
念他的《护生画集》和所附诗文。隐居厦门潜心创作期间，他终于见
到了弘一法师生前的法侣、已定居新加坡的广洽（1900—1994）法师。
在后来的日子里，他与广洽信函往来十七载，一直持续到辞世，情谊
与日俱增。旅港之后，厦门的城市魅力和深厚虔敬的佛教氛围，使他
一度打算移居厦门，但在听闻解放军大军即将南渡长江后，一家人还
是决定北返，回到上海。[16]

在港期间，丰子恺也举办了个人近作展，希望凭此收入维持一段上海的生活开支。他曾说，为了在买家所购画作上现场题款，他推迟了展出时间。他觉得，购买画作的人都是在内在脾性上为他的艺术所吸引，与他有着"翰墨因缘"，值得倾心热诚对待。并进一步解释说，他视购画者为朋友，可是自抗战以来，他被迫卖画维生，把画作卖给仰慕者，实乃不得已而为之的事。[17]

画展之前，丰子恺的漫画在香港报章杂志上发表已一年有余。彼时的香港，已是一大批南下躲避战乱的（绝大多数来自国统区南京和上海）著名作家、艺术家的客居之地。[18] 即便如此，丰子恺漫画在香港的受欢迎程度，仍然让画展组织者措手不及。在花园路圣约翰礼拜堂举办的个展原定为期两天，后不得不易地延展数日。这也是丰子恺少有的全力公开推销自己的作品。在《香港画展自序》中，他这样总结自己的漫画艺术生涯：

> 二十余年来，国内有许多学习我这种奇怪的画的人。但学了一会，大都废止。废止的原因，据说是学不到我的线条及画上的题句。结果，到现今中国，画这种画的人，依然只有我一个。这样孤独的，奇怪的，不中不西的画，而居然有人要订要购；这订购人一定是偏好我的作风，有"嗜痂"之癖的人。[19]

但是，他极富个性的作品并非人人叫好。一些香港本土作家就指责，他的画展和漫画作品背后有不可告人的寓意。在国家动荡危急，革命如火如荼之时，唯我论的抒情意蕴显得很不协调。随着战争接近尾声，丰子恺的艺术较之从前越发显得与激进的革命情势不合时宜。左派评论家骆文宏撰文指责他的作品所表现的不过是毫无责任感的和平与温情。

> 我们不明白子恺先生的慈悲心肠，在现社会里教人去看
> 山上的落英，把中国的社会描写得那么平淡，把人民的生活
> 描写得那么悠闲？子恺先生的艺术企图，也许是要大家洗脱
> 那"凡俗"的感情，遵守"与人为善"为处世的宗旨。然而，
> 寄沉痛于山水，寓抑郁于郊游，这就可以使人与人之间产生
> 出爱的理念么？

骆文宏劝这个"在寂寞的'仁慈'中孤独地徘徊"的人，快快"从
空中回到人间"。[20] 如果不顾及这些仅代表一部分人观点的尖刻评论，
香港个展可谓极其成功。但也正是这些评论，及时向他预示了之后的
际遇。1949 年 4 月 23 日，丰子恺在老友、进步作家叶圣陶力劝之下
北返，由香港飞回上海同家人会合。1949 年 5 月 27 日，中国人民
解放军解放上海。上海的解放，标志着丰子恺的艺术生涯进入新中
国时期。

在丰子恺熟悉的人中，并非所有人都对政治上的变化感到欢欣
鼓舞。对一些人来说，这场解放来得太迟了。弘一法师在多年之前
已安然圆寂；恪守自己早年理想信念的夏丏尊和朱自清在贫病交加中
离世；解放战争结束后，儒者马一浮回到杭州隐居；上海解放前夕，
二十多年前资助《护生画集》第一集出版的善人、富裕的李圆净居士，
在妻儿迁台后，孤身一人投海而死。此时，丰子恺发现，自己竟是石
门湾小学同班七名同学中的唯一幸存者。一位同学因病早逝，其余的
都殁于革命洪流。伴随着政权在浙江全省的建立与巩固，中国共产党
开始逐步推行有利于贫苦农民的土地改革政策。刚刚解放的农民，受
到鼓动，积极投身于阶级斗争。丰子恺所有尚在世的儿时同学，在不

断高涨的阶级斗争中被定为汉奸、恶霸和地主，遭到镇压。

自青年时代起，他就见证了周遭诸多风物人事的变迁，缘缘堂被炸，家园被毁，举家经历长达十年的颠沛流离。躲避战乱的逃难途中，他们无数次在大后方的城市乡村间辗转迁居，丰子恺写作、教学、办画展，以此对抗战时的贫困。战乱和凋敝的经济，摧毁了生活的安定感和孩子们对未来的希望。先是经济崩溃和异族侵略，后是国内的意识形态敌对和由此引发的战乱，他所熟识的世界已荡然无存。现在，1949 年，强大而稳定的中国共产党政权明确承诺，要在一段时期之内休养生息，恢复建设。

丰子恺在 1949 年之后的生活，至少从最突出的方面来看，与那些从"旧社会"过来的著名老知识分子和文化人没有多少差别——这些男男女女选择留在内地，要为百废待兴的新中国贡献力量。从这一层面看，丰子恺此后的岁月，也许应该在一大批公众人物集体命运的背景下考察。这批人的个性被日益剥夺，他们煞费苦心地融入新秩序，努力在新生人民政权中找到一个恰当的位置。尽管这个群体中的成员偶有不满或抵触，但少有人否定国家，或者想脱离这个国家及其承载的爱国精神。他们的共同命运，无法在简短的章节中概括。我们将集中讨论 1949 年后丰子恺的生活中，反映他在顺应政治需要的同时力图保持"灵魂自留地"的一些事件。[21]

丰子恺最早是受恩师李叔同后来的弘一法师的影响和教导，开始追求"精神自由"的。尽管弘一法师在中共全面胜利前九年已圆寂，但他在丰子恺生活中的影响仍然举足轻重。早在 1939 年，丰子恺向弘一法师发誓要完成六卷《护生画集》，以对自己的过去和海内外的佛教界有一个交代。这一誓言竟成了他赖以保持精神独立的重要支柱，虽然这种独立是如此有限，在纷繁持久的政治风暴和宣传攻势之下，众多同代人根本无法保持精神的独立和完整。对弘一法师的虔敬怀念，使他的生活超然于党派纷争和社会主义革命的历史，家庭生计的压力更不在考量之列。丰子恺能与新加坡的广洽法师在福建相遇，结成朋友并维系终生的友谊，最重要的原因是两人与弘一法师的关系。丰子恺与广洽法师在这一时期的信函，是外界窥知他内心世界的重要线索。[22] 如果没有因弘一而结交广洽这一因缘，丰子恺很难保持自己艺术创作、思想信仰的有限独立空间。

面对国民党政府的腐败、经年累月的内乱和摇摇欲坠的国内经济状况，丰子恺和其他众多作家、新闻工作者和学者一样，公开抨击蒋介石的统治。这种抨击也呼应着他对左翼事业一直以来的同情，而这种同情既源于朋友的鼓动，也源于他对左翼公开宣传的自由民主政治诉求的认同——这或许也是 1949 年后丰子恺没有同众多佛教文化人物一起流亡海外，而继续留在大陆的原因。[23] 诚然，在中华人民共和国成立之前的数年中，丰子恺创作的散文和绘画在共产党作家眼中，已算得上是政治方向基本正确，其积极的态度也值得赞赏。这一判断被广为引用的佐证，是丰子恺在 1947 年冬天创作的《口中剿匪记》。他在文中描述自己去牙医易昭雪处拔牙的事，同时把坏牙比喻为"官匪"，意指贪墨的国民党官僚。他在文末透过辛辣的讽刺表达了对将来的愿望：易医师要尽数拔去坏牙，换上另行物色的一批人才来，要"个个方正，个个干练，个个为国效劳，为民服务。我口中的国土，从此可以天下太平了"。[24] 为了褒奖易昭雪医师的精湛医术，他以文言写成一篇极富幽默情调的短文，刻于一个四折小屏风上，放在易医师的诊所内。这篇小文一改《口中剿匪记》的尖刻，将易医师称为"齿亲家"，又恢复了他特有的幽默风味。[25]

丰子恺最初能轻松地适应中国共产党的领导，个中原因之一在于他长久以来对于治理中国持有如下信念：统治者一定要建立起良好的道德秩序，最后建成和谐的"大同世界"，如同他早在 1925 年的文章中所表达的那样。[26] 在 1950 年 2 月面世的《护生画集》第三集附言中，诗人和书法家叶恭绰也表达了同样愿望：愿该画集的出版能进一步鼓舞和平事业和兄弟情谊，帮助实现人们矢志追求的"大同社会"。[27] 中国这种"乌托邦"式的愿景，有着源远流长的政治文化背景，并且与佛教思想中的西方净土、极乐世界信仰相吻合，这些在丰子恺的作品中都屡屡出现。[28] "人人平等，社会安宁和谐，结束党同伐异"的承诺，是如今人民政府坚持的理想之一，对大多数国人来说极具诱惑力。40 年代末和 50 年代初，中国共产党的"统一战线"聚集了各界的力量，吸引了大量对国民党政权失望的文化界名人，他们共同支持、建设共产主义事业。像丰子恺这样一个有着深厚国际背景却又笃定于小市民心态的大众艺术家，自然成了文化界新干部成员的代表。丰子恺 1945 年在《艺术与革命》一文中写下的文字，现在看来颇似信口开河："艺术的精神就是革命的精神。艺术家是创造的，因为他具有革命精神。革命家是可赞美的，因为他具有艺术精神。"[29] 他当时并不了解，革命领袖毛主席正变得越来越像一位艺术家气质浓厚的学者大儒。毛泽东曾这样宣告：

> 中国六亿人口的显著特点是一穷二白。这些看起来是坏事，其实是好事。穷则思变，要干，要革命。一张白纸，没有负担，好写最新最美的文字，好画最新最美的画图。[30]

丰子恺像其他赤贫的艺术家知识分子一样乐观地迎接新生政权，还有一个原因：在经年累月的政治动荡和经济困窘之后，他期盼安定的生活环境和政府给予的生活补贴，还渴望在传统文学圈子中得到名家应该享有的认可和地位。1946 年以前，叶恭绰在国民政府中担任要职，在香港与丰子恺的一次谈话中，他曾热切地表达对将来艺术家待遇的想象：希望文人及艺术工作者由国家赡养，即便不从政府那里得到赞助，也能享有大量的社会资金支持。当时丰子恺在心中苦笑：国民党怎么可能这么慷慨地施舍艺术家？

> 我们过去的政府，对于文人与艺术家，但得不妨碍，不压迫，不摧残，我们已经要谢天谢地了，哪里敢希望"赡养"？[31]

40年代末，重返江南的丰子恺是有名的"三不先生"，即一不教课，二不演讲，三不宴会。[32]家人回忆说，即便是早年兵荒马乱经济特别拮据的岁月，他也坚定地拒绝参与政府差事，宁愿通过辅导补习和售画谋生。他告诫孩子们，"我如想要做官很容易，只要两个字：吹，拍"。[33]他又说："文艺家生活倘有保障，不但可以避免卖画卖稿这些不合理的事，其文艺的工作也可获得更正当的进步，与更理想的效果。"对叶恭绰而言，他的愿望完全实现了，1957年5月中国画院在北京成立，他担任院长等职务。而在1949年后，丰子恺也开始担任一些只有颇负名望的爱国艺术家才能享有的官位，受到诸多特殊待遇。

自孩提时代起，丰子恺就接受教导，要努力成为浙江的文化名流。他父亲通过浙江科举考试后，当地举行了极其隆重的庆祝仪式，在他有生之年，备受乡党的敬重和喜爱。父亲去世后，丰子恺的母亲完好地珍藏着丈夫应试成功时的礼服，期待有朝一日儿子也能光宗耀祖，加官进爵。丰子恺在文章和回忆中数次哀叹父亲当年"蜗居在这穷乡僻壤的蓬门败屋中"，无法发挥自己的才能。[34]尽管他向来对官场逢迎极其蔑视，对世俗成就带来的虚假满足也心存戒备，但新中国的成立对他这样行止不定的人给予的官方认可和优待，显然使他们产生了归属感和高人一等的优越感。他们无不自信地认为，新中国成立后得到的优厚职位是对早年艰难生活的补偿，并没有多少负疚感可言。

新中国成立前，儿子丰华瞻在北平待了一段时间后，被派去美国学习。对新中国领袖和政权的爱戴以及爱国激情一时盛行，也感染了丰子恺，他给丰华瞻写了一封十页的长信。家人回忆说，他"在信中热烈歌颂新社会，赞扬解放军"，并且鼓励儿子尽早回来为国效力。尽管家人对这封信做出积极、亲共的解读，但也可以说，信件表明丰子恺迫切希望家人能在这段难得的安宁中团聚。毕竟，他也要长女丰陈宝（阿宝）从工作地厦门转到上海，回来和家人在一起。[35] 在抗战的最后几年，丰家居住在重庆郊外沙坪坝，每天晚间，一边小酌一边倾听从大学回家的五个孩子讲白天里的活动，丰子恺颇为惬意。

> 在晚酌中看成群的儿女长大成人，照一般的人生观说来是"福气"，照我的人生观说来只是"兴味"。这好比饮酒赏春，眼看花草树木，欣欣向荣；自然的美，造物的用意，神的恩宠，我在晚酌中历历地感到了。[36]

1947 年岁末，丰子恺五十岁生日时，撰写了家庭"约法"，宣布子女们可以脱离父母自由独立生活，但这约法完成于国家开始干涉私人生活的方方面面之前。[37] 现在来看，新中国成立后划分阶级成分的政策，能够并且也确实使丰子恺的公众活动和声誉对子女产生了直接影响，他们都在上海和北京的出版界和教育界任职。如同在兵荒马乱的年月里养育年幼孩子一样，他和妻子徐力民仍然时刻担心着子女们在变幻无常的和平革命年代中的各种遭遇。

1950 年年初，丰子恺为一份亲政府的报纸撰文时再次使用了十年前提到的三层楼之喻，当年他用这一比喻来论说他与宗教和弘一法师之间的关系。这一次，各楼层的居者不再按生活的不同目标来划分（以前是有着最高宗教抱负者居于三楼），而是按社会经济地位和特权划分。最高层条件奢华，居住者享有明亮通透的环境；第二层住户富裕程度稍次一些，但仍过着闲适的生活；拥塞在底层的住户则挣扎于贫困线，住在空气不流通的小隔间里。一天晚上，整栋楼崩塌下来，住在三楼者绝大多数非死即伤，其他住户则及时逃脱。实际上，下边的住户还协力推倒了支撑楼房的立柱。紧接着，一楼的住户、木匠和泥水匠带领大家从废墟上搜寻能用的物品，开始修建人人都喜欢住的只有一层的住宅。[38]

在新中国成立之前和初期，丰子恺出版了一系列画作，这可能是他一生中最后一批无拘无束"童心"四溢的作品。作品共七十二幅，是为散文家周作人《儿童杂事诗》一书所作的插图。《儿童杂事诗》是周作人在南京狱中所作，他曾在北平日据时期担任伪职，抗战结束后被判入狱。他在序言中说，这些"七言四句"的灵感源于1946年偶然读到的英国画家、作家爱德华·里尔（1812—1888）的《胡诌诗集》。里尔曾以调侃的语调自我嘲讽：

> 认识里尔先生真开心，
> 他写了这么多无稽诗。
> 有人认为他脾气古怪，
> 也有人觉得他很可爱。
> 他在大洋的彼岸哭泣，
> 他还在山顶之上悲号。
> 他买来的煎饼和乳液，
> 和涂了巧克力的虾米。
> 能读不能说西班牙语，

丰子恺《阿Q遗像》，署名 TK。图片来自丰子恺《绘画鲁迅小说》（上海：文艺书店，1950年）。

不能喝加姜汁的啤酒。

在朝圣的那天玩失踪，

认识里尔先生真开心！ [39]

爱德华·里尔的诗歌在五四运动时期就为周作人所喜爱，他多次提及这些诗歌，同时对中国诗人从未创作这样胡诌的诗句而感到遗憾。[40]丰子恺为《儿童杂事诗》绘制插图的缘由不详，但正如我们所知，周作人很欣赏丰子恺在二十五年前为俞平伯诗集《忆》所绘的插图。抗战前夕，丰子恺也曾受开明书店之托，为周作人之兄鲁迅创作《阿Q正传》的插图。书店编辑一致认为，丰子恺的漫画最能捕捉到故事发生地浙江的江南水乡神韵。日军占领上海后，《阿Q正传》的插图悉数被毁。后来，丰子恺应他的学生、著名版画家钱君匋之请，重绘这些插图，却又在广州大轰炸中丢失，于是丰子恺第二次重绘，全部

▶ 丰子恺《扫帚拖来当马骑》，署名「子恺」和「K」，为东郭生（周作人）《儿童杂事诗》（《亦报》，1950 年）所作插画。图片来自钟叔河编《儿童杂事诗笺释》（北京：文化艺术出版社，1991 年）。

作品终于在 1939 年付梓。

　　丰子恺说，崇德石门湾离周氏兄弟的故乡绍兴三百多里，风习略有不同。[41] 在四卷插图本《阿 Q 正传》的序言里，丰子恺认为把文字改作绘画便于广大人民阅读，"就好比在鲁迅先生的讲话上装上一个麦克风，使他的声音扩大"。然而，即便接受这种解释，即插图可使小说家对"封建主义的猛烈攻击"更易于传达给"广大民众"，这些插图也并没有获得众望所归的成功。批评者称，丰子恺没有理解阿 Q 是一个喜剧性反英雄的普通人形象，也没理解主人公悲剧性格发展的原因。评论家维山说，丰子恺尝试从一个新的角度塑造阿 Q，避免了以前小说改编剧本或偶然被取作漫画材料时，"或者将阿 Q 改成一个革命家，或者就将他看成简单的供人玩笑的小丑"的两极化倾向。但这个阿 Q 仍然是黯淡无光、单调乏味的失败形象，这说明"在这题材上，（丰子恺）或者不愿，或者不能，甚至不敢将阿 Q 重创造了罢"。

问题的关键不在于绘者有没有漫画技巧，而更多地在于"艺术家的社会斗争精神"，甚而可以说丰子恺异乎寻常地缺乏这种精神。在对丰子恺创作的阿Q形象大加挞伐之后，维山继续嘲笑丰子恺作品的整体风格：

> 他一向的命意和笔法，我是以为陈旧，肤浅，平庸，而且似乎太将从前日本资产阶级教育画家所抛出的垃圾作为宝物而据为己有了。[42]①

对于被维山尖刻批驳的艺术风格，周作人倒是很欣赏，可能正是丰子恺刻意游离于社会斗争精神的风格，令鲁迅这位声名狼藉、不受欢迎的弟弟向其寻求帮助。周作人的诗以东郭生为笔名，配以丰子恺插图，在《亦报》——一份短命的上海报纸——上发表，从1950年2月23日开始，持续了两个月。[43]和丰子恺的大多作品一样，《儿童杂事诗》中的插图注重细节，缺乏画家在其他儿童题材画作中的自然灵性。正如集中诗句所描述的，插图描绘的也是成年人眼中的儿童欢乐，它们没有敞开双臂拥抱童真世界，反映的是冷峻成年人的怀旧想象。尽管周作人的诗歌和丰子恺的绘画都是叙述性、阐释性的，但读者偶尔还是可以察觉出挥之不去的丰氏趣味，许多画面仍然独具魅力。这次配图机缘，不仅给丰子恺提供了与中国现代文坛倡导白话文的领军人物合作的宝贵机会，也让他得以重温自己早期的绘画题材。诗集第二部分的二十四首诗歌，来自陶渊明、杜甫、李白和姜夔等古

---

① 据陈梦熊《新发现冯雪峰评论丰子恺〈漫画《阿Q正传》〉的两篇集外遗文》（《鲁迅研究动态》1989年第10期）一文，"维山"为冯雪峰笔名。

典诗人，他们的诗曾在 20 年代给丰子恺带来诸多灵感。

这些充满想象的诗歌绘画作品在革命胜利前夕得以出版，但 1948 年年底，不具有政治意义的儿童题材散文及其他儿童艺术作品，开始受到沉重打击——以往这类作品留存下来的本来也不多。亲近中国共产党的中国儿童读物作者协会以会议形式通过一份决议，宣布"儿童文学必须暴露当前政治所造成的贫穷、黑暗，这是儿童文学写作者不可躲避的责任。但同时必须向儿童大众指出一条奋斗的路，（集体的、有正确领导的）以及光明的胜利的前景"。[44]

当然，早在这一决议前，儿童就已经日渐成为整个社会急剧而全面政治化的目标。"在中国这块土地上，儿童是成长、进步和未来的象征，而不是一个可以自由自在想象和感情用事的符号。"[45] 也就是说，童年本身不是结果，而是不断成长并承担成年人责任的过程中的手段。过去，这种世俗的观点并没有改变丰子恺的基本信念：培育"童心"是非常重要的事情。但是，在他开始儿童绘画创作整整二十年后，几乎在儿童读物作者协会通过令人气馁的决议的同时，丰子恺写道：

> 我相信一个人的童心，切不可失去。大家不失去童心，则家庭，社会，国家，世界，一定温暖、和平而幸福。所以我情愿做"老儿童"，让人家去奇怪吧。[46]

40 年代后期，丰子恺创作了一系列青少年故事作品，刚好符合允许传播的文学标准，但鼎革后不久，他的绘画和文字风格显然受到了质疑。尽管他不过偶尔创作儿童文学作品，但他的作品，尤其是二三十年代创作的儿童绘画，被重新归到了儿童艺术类别内。他也受到告诫，那种感伤的、自我中心的童真和童心已经和旧社会一样过时了。艺术批评家、文化官员王朝闻自称丰子恺作品的仰慕者，他从社会主义"新的历史环境"角度对儿童艺术的前途做了积极预测，同时也利用这一时机严厉批评了丰子恺 20 年代的绘画。1950 年，在《人民日报》上，王朝闻用社会主义革命家的夸张语调表述了自己的观点。

> 新中国的儿童的生活、情感、愿望、幻想，具有丰富的健康的诗意。不仅值得入画，而且忽略了这一方面就是一种损失。我们知道那些作风不尽相同的古元的"哥哥的假期"、冯真的"娃娃戏"等等木刻或年画，同样是描写儿童而且受人欢迎的作品。根据实际的情况，新中国的儿童生活中的画题较之旧时代丰富得多健康得多。因此也就具备了产生比"瞻瞻的脚踏车"等等更有诗意、更有魅力和更有意义的作品的有利条件。由于社会性质的改变，子恺先生在《子恺画集》中慨叹地甚至伤感地认定的成人与儿童的对立状态正在改变，距离正在缩小。[47]

王朝闻的文章绝非空洞之辞。在苏联模式下，随着儿童文化事业集中统管继续推进，一场意识形态上的辩论，确切地说是一场有关"童心"理论的一边倒谴责拉开了序幕。朱光潜的美学著作被批驳痛骂，他在讨论康德审美无利害性的文章中有关童真、质朴的观点，被驳斥为与马列主义国家的社会主义建设伟大事业毫不相关。更有甚者，朱光潜的反对者声称："正如'初出世的小孩'根本谈不上艺术欣赏，这种最低级、最原始的感性直觉也根本不是什么美观直觉。"[48] 儿童文学作家、教育家陈伯吹对儿童的研究很有影响，也成为这次狂热论战中被攻击的主要目标。1960 年，陈伯吹因"反动的资产阶级思想"被批斗——他曾以此前对中国思想界产生巨大影响的哲学家约翰·杜威的风格，建议应该"以儿童为中心"，而不是仅仅把儿童当作长辈灌输"健康"意识形态的对象。随着论战席卷各种专业报刊杂志，广受欢迎的漫画和连环画都被列入国家文化宣传的服务工具。连环画，俗称"小人书"，成了当时最广受欢迎的绘画 / 文本形式，因此改写的经典小说、革命英雄主义故事乃至歌剧故事，都以连环画为载体。推翻陈伯吹的学术权威地位，是思想教育领域政治挂帅不断升级的一部分，这种批斗持续贯穿了整个六七十年代的大部分时间。"童心"作为一个积极的概念——承认儿童具有自主性，而不仅仅是成人世界教育的对象——在教育界被官方默许，而不是当成"批判改造"的对象，已是 1980 年以后的事了。[49]

　　丰子恺发现，在文化领域，不仅儿童文学变得面目全非，文化和意识形态的清理整顿很快在中国各大中心城市，尤其是在上海这样的大都市中逐步推开，在教育、音乐、出版界，以及众多作家中引起动荡剧变。1950 年，上海资深电影导演孙瑜推出了《武训传》，影片讲述了清朝光绪年间慈善家、教育家武训在穷乡僻壤行乞兴学的故事。[50] 作为教育家的丰子恺，对武训的义举颇为同情，对这样的美德教育典范也非常钦佩。几年前，他曾为 1947 年出版的张默生《义丐武训传》绘制插图，该书出版之后颇受赞誉。[51] 然而，到了 1951 年，毛泽东本人掀起了对广受好评的《武训传》，以及撰文称赞它的教育家、作家的政治批判运动。毛泽东为《人民日报》撰写了一篇异常尖刻的社论，称《武训传》的出现，特别是对于武训和电影《武训传》的歌颂竟至如此之多，"说明了我国文化界的思想混乱达到了何等的程度"。在他看来，武训是一个反面典型，绝不是一个可以在电影银幕上被讴歌的英雄。"像武训那样的人，处在清朝末年中国人民反对外国侵略者和反对国内的反动封建统治者的伟大斗争的时代，根本不去触动封建经济基础及其上层建筑的一根毫毛，反而狂热地宣传封建文化，并为了取得自己所没有的宣传封建文化的地位，就对反动的封建统治者竭尽奴颜婢膝的能事，这种丑恶的行为，难道是我们所应当歌颂的吗？"比简单浮浅的一般观众的反应更严重的是，"一些号称学得了马克思主义的共产党员"也在电影中找到了歌颂的美德，实则他们已经"丧失了批判的能力，有些人则竟至向这种反动思想投降"。[52]

毛泽东发动了一场名为"三反五反"的政治批判，随着1951年至1952年该运动的展开，开始了一系列针对部分党外知识分子的政治"洗澡"，即"思想改造"。对《武训传》的批判，是新中国成立后第一次轰轰烈烈的文化批判运动，同时也揭开了谴责教育家陶行知、驱逐"走资派"的序幕。所谓"走资派"，是隐藏在党的干部队伍中、在1949年后的意识形态改造中幸存下来的相对温和派。随着思想控制在全国范围内收紧，激进的社会主义改造运动全面铺开。[53]

这场运动的对象，从表面上看是官僚主义和腐败，二者威胁着鼎革后的社会稳定和治理效力。1951年年底以来，"三反"运动的重心逐步演变为解决从旧社会遗留下的未经改造的知识界的问题。1942年，在革命根据地陕北延安的党内知识分子中间，也开展过类似的整风运动。在那次整风运动中的文艺座谈会上，毛泽东曾对文艺工作者（即作家和艺术家）阐述过他们作为党的先锋队所应承担的责任和义务；现在则严令他们"要使文艺很好地成为整个革命机器的一个组成部分"。毛泽东尖锐批评"为艺术而艺术"的资产阶级追求，进而警告说：

> 在今天，坚持个人主义的小资产阶级立场的作家是不可能真正地为革命的工农兵群众服务的，他们的兴趣，主要是放在少数小资产阶级知识分子上面……一切革命的文学家艺术家只有联系群众，表现群众，把自己当作群众的忠实的代言人，他们的工作才有意义。[54]

"三反"运动是新中国成立后，知识分子和专业人员第一次作为整体被要求积极改造思想。只有经过适当的改造，才能更好地适应革命工作的需要和意识形态斗争的形势，而正确的政治态度是可以解放社会生产力的。运动顺理成章地先从大学、出版社和文化机构开始，随着运动的开展，一个个令人不安的全新政治术语被引进来。受过教育的知识分子自动进入"被怀疑者"的名单，必须公开宣布与过去的错误决裂，必须经过"洗澡"这一关，脱裤子、割尾巴，丢掉旧的思想和行为，才能被新社会接纳。

翻译家、作家杨绛在 1988 年创作的小说《洗澡》中，讲述了一个诙谐的爱情故事，背景即为这一时期动荡的社会生活。实际上，这样的故事在 50 年代的中国处处上演，其中不乏杨绛和她的丈夫钱锺书在北京的亲身经历。该书讲述的就是知识分子第一次经受思想改造——当时泛称"三反"，又称"脱裤子，割尾巴"的过程，这些知识分子耳朵娇嫩，听不惯"脱裤子"的粗俗说法，因此改称"洗澡"。不仅丰子恺，还有他几乎所有党外好友，包括俞平伯、朱光潜等，都为融入新社会付出了高昂代价。自丰子恺为《忆》创作插画之后，俞平伯已经成为北平著名的历史学家，此时他受到了严厉批判，原因是他对《红楼梦》的所谓"资产阶级"立场的解读——他的观点与毛泽东认为《红楼梦》是关于封建时代旧社会的寓言的权威说法不相符合。朱光潜则必须对 1949 年前的美学论著进行深刻的自我剖析与批判，他撰文称，作为知识分子，自己高高在上，脱离群众，草率轻浮，推行了丑恶的唯心主义。朱光潜对新政权的表态使他的名誉不久后得以恢复；而俞平伯则由于毛泽东点名批判他"用错误思想毒害青少年"，直到毛去世多年后才能参与正常的社会活动。[55]

杨绛《洗澡》中所再现的情节，对于理解丰子恺这样的作家在 50 年代接受社会主义改造、融入新社会的过程，很有启发意义。小说写到文学研究所主任作全所动员讲话，其中一位年迈资深的学者进行了自我批评，由于当时群众监督的自我剖析批评的内容和形式还没有全部定型，老学者丁宝桂讲话时似乎很难找得着调。研究所的大多数知识分子心里认为，党支部书记范凡一直在诱导和批驳里寻求某种平衡。随着思想改造的深入，全国上下大大小小的会上，干部和积极分子的类似讲话不绝于耳，会议记录充斥于各种媒体。范凡在文学所里的知识分子大会上是这样讲的：

　　新中国把旧社会过来的知识分子一个大包袱全包了，取他们的专长，不计较他们的缺点，指望他们认真改造自我，发挥一技之长，为人民做出贡献。可是，大家且看看一两年的成绩吧。大概每个人都会感到内心惭愧的。质量不高，数量不多，错误却不少。这都是因为旧社会遗留下来的封建思想和资产阶级思想使我们背负着沉重的包袱，束缚了我们的生产力，以致不能充分发挥作用，为当前的需要努力。大家只是散乱地各在原地踏步。我们一定要抛掉我们背负的包袱，轻装前进。

　　要抛掉包袱，最好是解开看看，究竟里面是什么宝贝，还是什么肮脏东西。有些同志的旧思想、旧意识，根深蒂固，并不像身上背一个包袱，放下就能扔掉，而是皮肤上陈年积累的泥垢，不用水着实擦洗，不会脱掉；或者竟是肉上的烂疮，或者是暗藏着尾巴，如果不动手术，烂疮挖不掉，尾巴也脱不下来。我们第一得不怕丑，把肮脏的、见不得人的部分暴露出来；第二得不怕痛，把这些部分擦洗干净，或挖掉以至割掉。

　　这是完全必要的。可是要做到这一点，首先得本人自觉自愿。改造自我，是个人对社会的负责，旁人不能强加于他。本人有觉悟，有要求，群众才能从旁帮助。如果他不自觉、不自愿，捂着自己的烂疮，那么，旁人尽避闻到他的臭味儿，也无法为他治疗。所以每个人首先得端正态度。态度端正了，旁人才能帮他擦洗垢污，切除或挖掉腐烂肮脏或见不得人的部分。

第二次群众动员大会是在大学的大会议室举行的。满座的年轻人神情严肃，一张张脸上漠无表情，显然已经端正态度，站稳立场。丁宝桂觉着他们都变了样儿：认识的都不认识了，和气的都不和气了。而且他觉得范凡在前次会上的话句句是针对他说的，忽然间觉得如芒刺在背。

随后，他们这一伙旧社会过来的资产阶级知识分子驯服地服从安排，连日出去旁听典型报告，不仅听自我检讨，也听群众对这些检讨提出来的意见。意见都很尖锐，"帮助"多而肯定少，还时时听到群众对检讨者的"顽抗"发出的愤怒吼声。这仿佛威胁着他们，使他们感到胆战心惊。

丁宝桂私下对老伴儿感叹说："我现在明白了。一个人越丑越美，越臭越香。像我们这种人，有什么可检讨的呢。人越是作恶多端，越是不要脸，检讨起来才有话可说，说起来也有声有色，越显得觉悟高，检讨深刻。不过，也有个难题。你要是打点儿偏手，群众会说你不老实，狡猾，很不够。你要是一口气说尽了，群众再挤你，你添不出货了，怎么办呢？"

丁宝桂逐渐悟出了"洗澡"过关的要诀：关键不要护着自己，该把自己当作冤家似的挑出错儿来，狠狠地骂，骂得越凶越好。干部和群众认为，挑自己的错就是"老实"，骂得凶就是"深刻"。反正只能说自己不好，千万不能得罪群众。关键就是彻底抛弃羞耻感，因此他先对群众坦白自己对"洗澡"一开始顾虑重重，简直吓坏了。

好比一个千金小姐，叫她当众脱裤子，她只好上吊啊。可是渐渐的思想开朗了。假如你长着一条尾巴，要医生动手术，不脱裤子行吗？你也不能一辈子把尾巴藏在裤子里呀！到出嫁的时候，不把新郎吓跑吗？我们要加入人民的队伍，就仿佛小姐要嫁人，没有婆家，终身没有个着落啊。

他的话有点像怪话，可是他苦着脸，两眼惶惶然，显然很严肃认真，大家耐心等他说下去。

共产党的恩情是说不完的。只说我个人在解放前后的遭遇吧。以前，正如朱千里先生说的，教中文也要洋招牌。尽管十年，几十年寒窗苦读，年纪一大把，没有洋学位就休想当教授，除非你是大名人。可是解放以后，我当上了研究员。这就相当于教授了，我还有不乐意的吗？我听说，将来不再年年发聘书，加入人民的队伍，就像聘去做了媳妇一样，就是终身有靠了。我还有不乐意的吗！我们靠薪水过日子的，经常怕两件事：一怕失业，二怕生病。现在一不愁失业，二不愁生病，生了病公费医疗，不用花钱请大夫，也不用花钱请代课。我们还有不拥护社会主义的吗！

……

没有主人翁感。老话说："国家兴亡，匹夫有责。"我却是很实际——不是很实际，我是很——很没有主人翁感。我觉得我有什么责任呀！国家大事，和我商量了吗？我是老几啊！我就说："食肉者谋之矣。"譬如抗美援朝吧，我暗里发愁：咳！我们打了这么多年的仗，"民亦劳止，迄可小休"，现在刚站稳，又打，打得过美国人吗？事实证明我不用愁，胜利是属于我们的。我现在对共产党是五体投地了。可是我承认自己确实没有主人翁感。我只要求自己做个好公民，响应党的号召，服从党的命令。

讲完后，丁宝桂坐下茫然四顾，像一个淹在水里的人，虽然脑袋还在水上，身子却直往下沉。他告诉大会主席上面是他当天想要说的全部内容，但是，"还有许许多多的罪，一时也数不清，反正我都认错，都保证改。我觉悟慢，不过慢慢地都会觉悟过来"。这时，大会主席做了总结：

丁先生的检讨，自始至终，表现出一个"怕"字。这就可见他对党对人民的距离多么远！只觉得共产党可怕，只愁我们要克他。解放前骂共产党有什么罪呢！共产党是骂不倒的。解放以后，你改变了对共产党的看法，可见你还不算太顽固。你也知道忧国忧民，可见你也不是完全没有主人翁感。可是你口口声声的认罪，好像把你当作仇人似的。丁先生这一点应当改正过来。应当靠拢党，靠拢人民。别忘了共产党是人民的党，你是中国的人民。你把自己放在人民的对立面，所以只好谨小慎微，经常战战兢兢，对人民如临大敌，对运动如临大难好像党和人民要难为你似的。丁先生，不要害怕，运动是为了改造你，让你可以投入人民的队伍。我们欢迎一切愿意投入我们队伍的人，团结一切可以团结的力量，共同努力，为人民做出贡献。

接着大家拍手通过了丁宝桂的检讨。丁宝桂放下了一颗悬在腔子里的心，快活得几乎下泪。杨绛描述，丁宝桂当时好像科举考试中了状元，如梦非梦，似醒非醒，一路回家好像是浮着飘着的。[56]

丰子恺的一些旧友和前同事，在新中国成立前就和中国共产党关系密切，像茅盾、叶圣陶和巴金等作家，在当时就发现自己是站在历史正确的一边，很快过渡到新生革命政权的中心。过渡的过程虽然不是一帆风顺，但也相对容易。其他不大同情中共的熟人，如尖酸刻薄的曹聚仁，已经早早撤离到安全之所，在香港以独立作家身份露面，逐渐软化了早前的激进立场[57]，尽管在香港坊间，不断有谣传说曹聚仁是中共在港颇具影响力的间谍。而那些留在内地要被国家政权所接纳的专业文化工作者，实实在在地付出了代价。预示丰子恺厄运来袭的第一个征兆，是《文艺报》在 1952 年 3 月初刊登的一篇批判文章。《文艺报》是当时官方发布消息的重要平台，在号召"文化工作者"改造思想、每周固定刊发的著名学者、作家和艺术家的自我批评文章中，丰子恺在音乐上的资产阶级观点受到了批判和攻击。[58]当时的氛围，可以从《文艺报》刊出的对上海文化界的批判文字中管窥一二。

上海文艺界缺乏坚强有力的思想领导，以致使上海解放初期某些已经匿迹不敢抬头的非无产阶级的思想意识得到了发展的机会，逐渐地暴露出来。部分文艺工作者满足于已有的成绩，甚至留恋过去而沾沾自喜，不努力学习，不求进步，脱离群众，脱离实际，脱离政治，于是各种丧失立场的带有浓厚的资产阶级与小资产阶级思想的作品，层出不穷。[59]

在这篇题为《上海文艺界应纠正思想混乱现象》的文章中，"趣味"一词的语境，与丰子恺和朋友们熟知的迥然不同。当时，"趣味"与社会行为和大众品位中最为负面低级的因素联系在一起，艺术家和作家由于"迎合群众中的某些低级趣味"而遭到谴责。党内批评家在谴责某些文化作品和观念不适合革命文化积极向上的价值观时，会斥之为粗俗、"低级趣味"的典型。漫画创作表面上受到鼓励，但仅指和政治运动密切相关的、用于大众媒体上的宣传漫画，比如《中华人民共和国惩治反革命条例》宣传画。在"三反"运动中，整个上海地区的艺术家因缺乏热情和积极性，创作数量过少而受到指责。根据上面所引文章中的统计，上海报刊在1951年只刊登了五十幅漫画，其中的三十七幅是外国作品（可能是来自苏联或其他社会主义国家），三幅转载自《人民日报》，只有十幅是上海本地艺术家创作的。而最令人警醒的是，这些作品中只有六幅配合了"政治核心任务"的宣传。[60]

1952年7月《文艺报》发出攻击文章不久，丰子恺被迫开始做公开的自我批评，也就是要彻底对此前创作的全部作品进行否定。丰子恺是那个时代的一个典型例子，无数作家、艺术家和知识分子和他一样，在诱导说服乃至威胁之下，对自己痛加贬损，被迫承认过去所犯的无根无据的错误，宣誓效忠于人民和人民的终极代表中国共产党。之后，他们才被允许加入新公民（人民）的行列，被接收安排到政府文化机构。丰子恺的《检查我的思想》，是亦步亦趋遵循党的倡导所做的自我忏悔，以剖析深刻的自传开始，对自己在思想意识上的诸多不足做了形式上的分析。他以忏悔的方式表达了自己的决心：努力进行阶级立场改造，全心全意为人民服务。又痛心自责：脱离群众，自三十岁以来一直没有从事稳定的工作，不关心政治，只顾追求"为资产阶级服务的纯艺术"，因此在过去的岁月中毒害了许多无辜的人民群众。甚而，他说要抛弃此前毕生追求的"趣味"。

　　我过去写作，一向很看重自己的趣味，兴之所至，任情而动，不问为何人服务。当时自以为是天才流露、性灵表现；今日回顾，完全是个人主义的思想！拿事实来讲：我十七岁入浙江第一师范，最初三年为好高的自尊心所驱使，勤于一切课业，每年考第一名；但到了最后两年，李叔同先生教我们艺术课，我的趣味忽然集中于绘画和音乐，把其他一切师范功课都抛弃，因此后两年我都考在第二十名以下。我在这两年中，常常背了书箱在西湖上写生，或者躲在音乐室里弹琴，后来勉强地师范毕业。现在回想，前三年的普遍用功，是出于个人英雄主义的好高心的；后两年的不顾一切而热衷于艺术，是出于趣味观点的。我家家境不好，父亲中了举人，科举即废，闲居在家，病肺而死，其时我只九岁。母亲靠一爿祖遗的小染坊店的收入，来抚养我们姊弟五人成长，家庭经济很困难。照理我师范毕业后，应该当教师，帮母亲赡家。但我不顾一切，我又为趣味所驱使，一定要专修艺术。我向富有的亲戚借了一千多块钱，东游日本。我在日本，入洋画研究会，音乐研究会，晚上又入外国语学校。因为我的趣味普及于绘画、音乐和文学，就不自量力，三者兼修。结果一年之后，金尽归国，落得个一事无成。归国之后，不得不当教师，拿薪水来维持生活又还债（那时我已娶妻，生二女）。生活负担压迫了我的趣味观点。然而在生活压迫略略放松的时候，我的趣味观点又抬头。直到现在，这种小资产阶级的自由主义的思想在我心中还没有出清，我正在用马克思列宁主义思想来根除它。[61]

　　渐进式的社会主义改造，不只在艺术家和学者中进行，工厂、政府机关和宣传组织也慢慢参加进来。按照党的计划，沿着无产阶级路线，要对全社会进行社会主义改造。自 20 年代起，开明书店与俞平伯、朱光潜等一大批作家之间的联系就非常紧密，此时，这家文学教育类出版社也成为改造的重点对象。开明书店到 1949 年已是全国六大书店之一，而自 1926 年章锡琛建店之初，丰子恺就与之密切往来。书店最早的股东之一、李叔同的同学兼挚友邵力子，在动荡的 40 年代一直担任董事会主席。靠着邵力子极高的公众威望，开明书店在 40 年代的复杂环境下避免了国民党的无端干涉。但是，到了 50 年代初期，董事会成员同意开明书店公私合营后，国家下令将开明书店从上海迁往新中国出版业的中心北京。同年 6 月，在党的宣传部门指令下，中央人民政府出版总署指导召开了开明书店的第一次干部会议，请邵力子以董事长名义参与开明编辑计划和其他重大事项的决定，指导书店的革命斗争和社会主义改造。会议的目的是"统一思想，加强共识"，保持开明书店在革命新秩序中的正确位置。多年后，开明书店的老作者叶圣陶说："这时候正赶上'三反''五反'，开明书店是私人企业，当然得按照'五反'的五条进行清查。这样的群众运动，邵先生是第一次遭遇，难免有些言语使他不大愉快。"历史学家、书店编辑唐锡光则意味深长地说："通过这次会议，大家统一了思想，提高了认识，乐于接受党的领导，为党的出版事业努力工作。"[62]

　　到了 1951 年上半年，开明书店业务萎缩，财政上完全依赖国家的资源分配；下半年，书店在中国共青团新组建的分支机构中国青年出版社指导下，参加"三反""五反"运动。1953 年 4 月，开明书店被归并到中国青年出版社，完全失去自己的名号。丰子恺的好友、原开明书店编辑宋云彬和总经理章锡琛，在 1957 年被打击揭发，定为右派，一生的事业被完全否定。直到 1992 年经济改革大潮到来，随着文化出版业改制和权力下放，才恢复原开明书店的名号并出版书籍，历史地位自此得到承认。① 但令人抱憾的是，开明书店的创始人和编辑已无一人健在，无法享受这一迟来的喜讯。恢复开明书店的名号后出版的第一批作品中，就有丰子恺的《缘缘堂散文选集》。[63]

在 1952 年年底的自我批评中，丰子恺说要决心通过强化政治学习来改善健康状况（整个五六十年代，他都受到严重肺炎的折磨）和更好地为人民服务。在此期间，他几乎放弃了绘画，直到新加坡的广洽法师请他重新拾起画笔。疾病—视力衰退和双手颤抖——经常被当作他的创作激情衰退的原因，但实际上，辍笔的主要原因是在当时情况之下，官方对漫画的定义，无论从哪点来看，都完全将丰子恺排挤在革命文化之外。新中国成立后的第一期《漫画》杂志于 1950 年出版时，就打上了党直接指导的烙印，对"漫画"这一术语作了政治的阐释，而这种阐释在丰子恺人生的最后十多年里一直发挥着重要影响。

> 漫画，是一种最密切地结合着政治任务，能最迅速地反映现实，而一般地"超越夸张"和"物喻夸张"的方式，以及简洁、单纯的手法来进行歌颂和表扬，教育和提示，讽刺和暴露，而不拘报纸、墙壁、招贴、传单、单幅、连续……的各种形式的绘画。[64]

---

① 1988 年成立了开明出版社。

50 年代，丰子恺在写给新加坡佛教界朋友的信中说："我患肺病已整整一年，尚未痊愈，然每日尚能工作数小时。所有工作都是介绍苏联文化（翻译），画事亦久已荒疏矣。惟国内社会安宁，生活幸福，可告慰也。"[65]1949 年以后相当长的一段时间内，佛教信徒，不论是宗教人员还是普通居士，都被寄予了协助对外关系的厚望。不难揣测政府容许丰子恺和广洽法师信函往来的真正原因，官方默许是考虑到新中国当时对新加坡的外交政策和爱国统一战线、丰子恺的地位、新加坡和东南亚佛教交流等多重因素的。无论是什么原因，丰子恺非常乐意享用这种优待，但落笔时也更加谨慎了。[66]

作为新中国的爱国主义者，丰子恺在自我批评环节中通过了忠诚度的考验后，组织给他安排了相当多的职务，如上海中国美术家协会（原华东美术协会）副主席、中国美术家协会常务理事等。此时，美术改革已提上所有文化艺术团体的议程。丰子恺和许多其他艺术家在 40 年代一道提出的改良传统国画风格、以创新为新的国画，成了国家政策。文化界重要党员、曾于 30 年代赴法国学习美术长达三年的诗人艾青，成为传统国画改革的重要推动者和发言人。他说，虽然国画现在被视为植根于反动精英阶层的艺术实践，是为封建地主和军阀官僚服务的，但经过改造，可以成为符合当前革命需要的体裁形式，在新民主主义建设中起一些作用，最终成为社会主义中国的新国画。[67]1953 年 3 月 27 日，艾青在上海美术工作者政治讲习班的讲话中总结了他的看法："画新画要有新的感情，要对活着的、劳动着的、战斗着的人有感情。"[68] 丰子恺的同情怜悯之心一直未变，只不过这份心意没有直接遵照阶级斗争和政治宣传的要求。大约在同一时期，社会主义国家匈牙利的米克洛什·哈拉兹提（Miklós Haraszti）在书中表达了如下看法：

艺术家被训练得不能创作任何不得出版的作品……任何形式的公开抵抗都被视为专业不过关的表现……国家是仁慈的，艺术家尽量不去冒犯它，顺从者将获得自上而下的慷慨对待。[69]

章锡琛在上海的住宅位于黄浦区，靠近丰子恺以前经常去看梅兰芳演出的天蟾戏院。章锡琛履职北京后，举家北迁，丰子恺就在章家旧宅住了好几年。当时，组织上给丰家分配了更大的房子，于是全家搬到陕南新村。尽管丰子恺的健康状况一直很糟，但1953年上海市市长陈毅还是请他担任上海市文史馆馆员，他接受了这个待遇优厚的职位。而三年前，丰子恺还明确宣布了自己的"三不"（不教书、不讲演、不宴会）政策，数次坚定拒绝杭州市市长、国民党中央委员孔祥熙请他到政府任职的邀请，真可谓此一时，彼一时也。[70]尽管享受着政府职员的特殊待遇，生活还算舒适，但30年代建立起来并在40年代中晚期也曾享有的闲情逸致，现在却无法拾起了。丰子恺新居所在的陕南新村，位于靠近淮海路（上海市中心最繁忙的商贸街）的陕西南路，是一座比较奢侈的复式住宅。搬进新居后，他想把新居的书房重新命名，还是叫魂牵梦绕的"缘缘堂"，却又觉得极不合时宜。新书房观景窗很大，阳光从外面直射进来，让人感觉非常惬意，因此他把书房叫作"日月楼"，并在书房内悬挂一幅字，上书"日月楼中日月长"。

宋代新儒家哲学家邵雍（1011—1077）把自宅叫作"安乐窝"，房子两边都有窗子——日窗和月窗，称"日月永"，这一典故启发了丰子恺。[71]书房是让他远离外部世界与日俱增的政治喧嚣的避风港，他也经常像早年那样从经典诗歌中寻求慰藉。有了国家的薪水和妻子的全身心付出，丰子恺得以在"清高"的氛围中自我沉醉，在上海这

▶丰子恺《日月楼中日月长》，题跋文字为「余闲居沪上日月楼，常与女一吟、子新枚共事读书译作，写其景遥寄星岛广洽上人，用代鱼雁云尔。戊戌，子恺」。此作为新加坡广洽法师私人收藏，发表于夏宗禹编《丰子恺遗作》（北京：华夏出版社，1988年）。

座沸腾喧嚣的都市转变成新中国单调的社会主义工业中心的过程中，与每天上演的政治风云保持相当的距离，从日月楼上俯瞰芸芸众生。尽管是新中国文化机构中的一员，他也向往着"大隐隐于市"的"市隐"生活。毋庸置疑，在 1966 年之前的中国文化界，丰子恺的生活展现了隐士形象背后的传统道德观念。

高士，"高尚的隐士"，是具有高尚的道德情操和博雅知识的人，尽管他们可能暂时生活在隐逸之中，但仍与庸常大众极为不同，无疑属于统治阶层，而非被统治的对象。[72]

尽管政权"循循善诱"，丰子恺在新中国成立的头七年里还是少有画作，这表明他某种程度上没有能力或是不愿向变化的生活环境妥协。在此前的岁月中，他都是用漫画来记录周围发生的一切，而今却在写给海外佛教界友人的信中承认"搁笔已久"。这的确表明画家的艺术精神已经消磨殆尽，1949年后出版的大部分作品，都表明他在艺术上的沉默或心神不宁。当时著名的国画家们都在响应党的号召，革新绘画风格，力求"推陈出新""古为今用"，一些较为精明者获得了成功，譬如丰子恺在浙一师的同学潘天寿（1897—1971）。"（潘天寿）巧妙地通过画作上的题跋，将作品与当时的政治运动结合进来。他不像别的艺术家，没有直接以视觉的方式表达政治。通过这种手段，他既保持了艺术的完整性，又展示了一种应对社会、文化和政治变迁的复杂的解决方式。"但是，正如潘天寿的研究者罗清奇（Claire Roberts）女士所言，"当时艺术家都要用自己的服务（作品）来回报国家对自己的认可。在1958年到1964年间，潘天寿应政府官员、个人和机构单位的请求，绘制了大量画作。这些作品可以称为'应酬'之作"。[73]

虽然不像那些应景挥毫的大师需要为新贵们装饰住宅，或者有求必应地为接待大厅、酒店、宾馆等公共空间绘制大量画作，但丰子恺的漫画仍有很大的需求。他积极响应党的艺术政策的号召，努力改造自己的世界观和读者的口味，在五六十年代逐步形成了新时期的儿童画风格。这种正面积极、富有教育意义的风格，和王朝闻早先表达的观点逐渐契合。在此期间的一幅漫画代表作是《勤俭持家》，英语世界研究丰子恺作品的先行者、德国著名汉学家何莫邪（Christoph Harbsmeier）如此评价这幅画作：

> 在《勤俭持家》这幅画里，丰子恺细致刻画了新中国几个听话的孩子。中间那个孩子穿的是紧身衣，从他梳得光亮的发型看出，他肯定不被允许越雷池半步。很快右边小的那个也要被一模一样打扮出来……左边的女孩立正站着，只有喊她，她才会动一下。她在优秀的、纪律严明的教育下变得

僵硬刻板，这幅漫画和它陈腐的意思让人深感担忧，特别是
当我们将这幅图画与丰子恺早期作品进行对比的话，更觉
如此。[74]

为了彰显新社会的乐观主义，丰子恺 1949 年以后的作品几乎都
是彩色画。那时，就连传统水墨国画，也被指责缺乏受群众欢迎、充
满希望的鲜亮色彩。1982 年，大陆评论家黄可在一篇古板的文章中
分析丰子恺的彩色画在社会主义时期大受赞赏的原因："老画家面对
着新中国新儿童的许多感人的新童心，太激动了，觉得只用墨不足以
表达对新儿童的热爱之情，所以改用墨和彩相结合，甚至用彩多于墨
的方法作表现。"[75] 然而，丰子恺优雅的水墨素描和与之相随的朴素
风格都一去不复返了。众人以同一个声音讲话，1961 年春节丰子恺
在文章中说："'万恶社会'已经变成'君子国'了；地狱已经变成天堂
了。"[76] 然而，即便在这样的环境下，他的画作也从未仅仅是阶级斗
争和宣传的粗糙工具。与此相似，虽然传统水墨画在社会主义改造的
强大影响下，逐步演变成一种国家艺术形式，但画家也逐步发展出一
种与国家政权复杂而又矛盾的关系：向历史的经验学习，用编码一样
的复杂艺术手法表达个人的喜好和微妙的情感。[77]

在这点上，何莫邪比较了丰子恺分别作于 1949 年之后和 30 年代
的两幅漫画，前者是描绘邻居间交换阅读《解放日报》和《人民日报》
的《交换看报》。何莫邪得出了一个有趣但似乎有些过度演绎的分析，
也显示了丰子恺在 1949 年后的绘画创作中的尴尬。

邻居们都成了优秀的共产主义者。右边的人读着《解放
日报》，想必已经参军；左边的人拿着《人民日报》，很可能
是党员。两人的热情都显得相当勉强，右边的军人脸上挂着

◀ 丰子恺《交换看报》，署款为『一九五八年，子恺画』。图片来自《丰子恺画集》（上海：上海人民美术出版社，1963年）。

挤出来的空洞微笑。我们似乎可以听见，丰子恺创作这幅漫画时政客们在他后脖子上的呼吸。他肯定认为这种无奈的艺术上的自我否定是极大的耻辱。这是对当时反右运动的颂词。[78]

何莫邪将这幅漫画和类似作品归纳为丰子恺的"社会现实主义"，并认为这正是丰子恺的艺术表达，而不是政治的艺术。但"文化大革命"之后，学者援引这些画作时，通常将它们作为丰子恺在政治上积极要求进步的证据。[79] 但是很显然，这一时期大多数作品所体现的精神，已经和过去的灵感大相径庭。1949年之后，仅存的"童心"和"趣味"都深深隐藏在苦中作乐和毫无生气的文章和画作中，即便是重绘

二三十年代鼎盛期的作品，也显得僵硬呆板，毫无灵感可言。1934年，他在《儿童画》一文中呼吁家长和老师要允许孩子随意涂抹，不要依照传统方式去规范孩子的绘画，限制他们的创造性。

孩子们的壁画往往比学校里的美术科的图画成绩更富于艺术的价值。因为这是出于自动的，不勉强，不做作，始终伴着热烈的兴趣而描出……我常常想，若能专心探访研究这种绘画，一定可以真切地知道一地的儿童生活的实况，真切地理解儿童的心情。[80]

1958年，针对1956年"百花齐放"政策之后出现的整风运动开始了。这一年，丰子恺写了《谈儿童画》一文，建议中小学美术老师采纳多种办法，让儿童放弃"连看不见的东西也要画它们出来"的幼稚习惯。他的观点似乎彻底改变了："儿童对绘画富有兴味，而拙于技术。因此儿童描绘物象，往往不正确，甚至错误。"他随后在文中谴责约翰·杜威及其中国的追随者（主要目标大概是胡适，他于解放战争结束前夕赴美，后定居台湾，1955年大陆掀起了批判他的全国运动）的恶劣影响。"资产阶级的反动教育论认为这是符合生物进化论的，应该听他们按照本能而作画，不可加以干涉。这是错误的图画教育论。"他接着列出了教师可用以帮助三四岁孩子在图画中准确、现实地呈现事物的各种方法。如此一来，"他们也会逐渐地悟到'不看见的东西不画'的道理了"。[81] 显而易见，至少在公开层面，丰子恺彼时已经接受了王朝闻的严厉告诫。

丰子恺的绘画创作走入低谷，转而关注出版。传记作家描述他在1951年到1952年的生活时称，"（他）为配合当时形势，重新复习三十年前在日本所学之俄语，十分用功"。[82]1952年，丰子恺在自我批评时承诺要向读者译介现当代苏联文学，而不是像过去那样翻译的多是十月革命前的作品。次年，他成为上海市文史馆馆员，这是事业性的松散组织，爱护"旧社会"过来、具有学识声望的知名文化人物。[83]1952年，丰子恺在浙大授课时的同事、小说家王西彦由于工作调动，从杭州来到上海，他们自此得以经常接触。王西彦对丰子恺学习、运用外语的能力印象深刻，但对他的思想改造进展迟缓感到不太耐烦。王西彦在谈到他们重逢后的最初几次见面时说："我的确很想从他身上嗅出一点'居士气'。"后来，丰子恺似乎学会了对时局抱有积极主动的态度，至少在同王西彦说话时，他选取了恰当的语言。据王西彦说，有一次他问及丰子恺对新社会事物的看法，对方答道："时代不同了，已经把悲观主义丢掉了。"[84]

事实上，丰子恺接受了政府职位，领取生活津贴，获得了特权和尊重；相应地，他也充分意识到自己应该起到示范作用。他参加了20

世纪 50 年代中期对胡风反革命集团、反"主观主义"的文艺界大规模政治整肃和清洗运动。胡风（1902—1985）是作家，也是党内著名人物，于 1933 年在上海参加左翼文化运动，一直在国统区从事革命文艺活动。批判胡风的运动，实际上成了当时党对文化艺术界思想自由主义批判的又一个机会，对其后文化艺术界的言论自由带来了毁灭性打击。对于不了解党内路线、派系斗争秘辛的人来说，这次运动似乎只是连续不断的文化批判的一个新阶段。颇具讽刺意味的是，胡风作为党的文艺理论家，过去一直都是指导和谴责别人的角色。胡风在上海发动的无数骂战中，丰子恺及其漫画也曾是他攻击的目标。1935年，在一篇发表于《申报》副刊《自由谈》的讨伐文章中，胡风对丰子恺作品缺乏社会意识进行了尖刻的批评。他承认年轻时对丰子恺的早期儿童漫画有一定程度的喜爱，但紧接着说对丰子恺最近的画作《卖金元宝的祖母》（类似于《清泰门外》）应该彻底批判。

> 一个举着一串金元宝的老太婆底背面，一个小孩子抓着她底后裙，这能够表现什么呢？……一个孤立的平面的现象，我们是看不出它底内容来的。似乎子恺先生近年来热心地想画出穷苦人底面影，但如果不使读者看出他们和周围生活的交涉，那他们底面影也就不会明晰地浮出罢。[85]

二十年后，1955 年 6 月，官方刊物《美术》月刊上刊登了丰子恺谴责胡风的文章，题为《严惩怙恶不悛的胡风反革命分子》。丰子恺轻描淡写地说："就是我自己也是略闻其名而一向未晤其人，未读其文的。"[86] 这是他一反常态的批判文章之一，真实呈现了他对一个曾经的坚定共产党作家的回击。在毛泽东的授意下，胡风的宿敌们，尤其是时任文化部部长的周扬，极力捍卫由毛泽东在 40 年代初提出的艺术观点和理论，这些观点也很快被应用到全国大大小小的文化活动中。匪夷所思的是，丰子恺这样观点温和、声誉极高的艺术家，竟然也积极投身到这场精心组织的政治大批斗中，写了冗长的批判文章。[87] 尽管丰子恺内心蔑视胡风，但如果认为他加入反胡风运动的原因是后者二十年前对他的批评，就有失公允了。丰子恺这篇文章的风格，与其一贯作风全不相符，在缺乏其他证据的情况下，我们有理由猜测一下这篇文章出现背后的真正原因。值得一提的是，在1950年11月之后丰子恺与广洽法师的往来信函中，可以找到的一封信写于1955年6月6日，十二天后他就撰写了严厉谴责胡风的文章。考虑到当时的情况，完全有可能的是，组织出面要求丰子恺，如果要继续享有特殊权利，譬如同海外友人保持联系，就必须参加到党的运动中来，在对胡风的清洗运动中表达对组织的忠诚。

丰子恺生活中较为隐秘的一个方面——政府出于自身利益给予了有限度的自由——是同广洽法师的信函往来。对佛教一如既往的虔诚，使他和一些人维系着友情，这让他在新时代的躁动与混乱中得到一些精神上的抚慰。1953年下半年，丰子恺、钱君匋、章锡琛、叶圣陶和其他一些朋友，在杭州虎跑寺为弘一法师建舍利塔。去杭州的途中，丰子恺了解到弘一法师的部分骨灰存放在虎跑寺，急需圣骨匣进行安放，其余的骨灰则留在弘一晚年所居的福建泉州的开元寺和承天寺。于是丰子恺马上行动，积极筹划舍利塔的修建事宜。他先去找了弘一法师的弟子宽缘和尚，让后者设计一座永久纪念塔。然后手绘十幅画作，售给海外佛教信徒，以筹集建塔款项。舍利塔于1954年1月建成，"文化大革命"中被红卫兵捣毁，80年代后期得以重建。[88]

新政府能够容忍建塔计划的原因在于，佛教徒的爱国主义行为和宗教戒律可以对社会主义事业做出特别贡献，如佛教戒律对个人言论、行为和思想做了许多限制，党和政府也已确定了从总体上对佛教

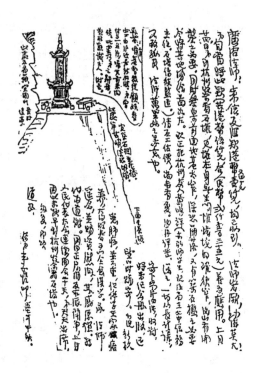

寺庙进行改造的理想规划。[89] 弘一法师的弟子和朋友原本还想在虎跑寺为他建一座纪念堂，但地方政府的诸多限制和国家政策的多变，导致修建计划屡屡落空。在给广洽法师写信时，丰子恺经常感到痛苦和尴尬，苦于无法恰当表述当时的实际情形，特别是请广洽在东南亚售卖自己的画作以筹集纪念堂的经费时。自1948年在厦门见面以来，二人已好几年不曾谋面，随着广洽对这一请求的回复由几月延长到几年之久，丰子恺再也无法掩饰自己的失望和烦恼。[90]1957年，广洽法师编辑整理的弘一法师作品集出版，丰子恺在为该集所作的序言里写道，对弘一法师最好的纪念，是像广洽法师两年前在新加坡自己的寺庙附近建立中文弥陀学校一样，按最高的道义标准新建一所学校。[91]此时，广洽已经成了丰子恺名副其实的供养人，不仅资助他开展佛教活动，以继续纪念弘一法师，还持续不断地向上海汇款，并寄去一些物品，从紧缺的药品到生活必需品（毛巾和食品）和个人奢侈品（给丰子恺和子女的手表、打火机、当时国内非常珍贵的"三五"牌香烟等）。[92] 官方一直容忍他们的信函往来，原因很简单——政府需要这种数额虽小但来源正当的外汇。[93]

丰子恺心怀忧虑，不得不经常提醒新加坡的虔敬友人国内佛教的危险状况。丰子恺对当时佛教的评价散见于往来信函中，为我们研究当时的宗教政策提供了极有价值的资料。在公开出版的丰子恺信函中，有关新中国佛教情况的内容虽然不多，但处处显得辛辣尖锐。譬如，在 1955 年关于虎跑寺的信中，他说那里已经被重新设计，变成风景区的一部分，只有几个和尚留下来照看古庙，但他们都没有时间像过去那样诵经礼佛。

> 虎跑现已成为西湖风景区，僧人极少（有数人留住，皆卖茶为生），所以不宜立纪念馆……国内僧人，无论年老年青，均从事工作，参加政治学习及会议，隐居山林之僧人已绝少。此情况与昔年大不同也。[94]

尽管如此，广洽还是急切地想回到中国亲眼看个究竟，但他最终将回乡朝拜的行程从 50 年代中期一直推迟到 1965 年。个中原因尚不明晰，其中之一恐怕要归于丰子恺的反复警告：当局对佛教徒朝拜的容忍空间极为有限。在写给广洽的信中，丰子恺经常暗示，政府支持的激进世俗主义的影响极其深远。譬如，1961 年广洽邀请丰子恺和老同事吴梦非领衔，组织一批中国教育家为他的佛教学校周年纪念特刊撰稿，而丰子恺却回信告诉他，这样做很不合适。"现时中国教育的理论和实践，与佛教教义差别极大"，丰子恺接着解释，"即使我们

为法师约到一些稿件，我敢肯定它们皆不适合于刊物。可能我们还得另行设法。" [95][①]

当时佛教徒生活中的其他变化对丰子恺产生了怎样的影响，还不得而知。作为极度重视自我修养的人，他从来不曾对公共空间中的佛教活动表示太大兴趣，也许对佛教的管制给他的影响并不太大。当然，他也容忍了那些曾被他视为迷信的宗教活动。他能想通 50 年代初期针对地主和反革命的大规模镇压吗？作为《护生画集》的作者，在人们熟知的朝鲜战争期间，当他和法侣们被动员捐钱给国家用以制造"佛教号"战斗机时，他又作何感想呢？

① 引文译自英文。

1　丰子恺，《谢谢重庆》，《丰子恺文集》卷 6，第 175—176 页。

2　同上，《丰子恺文集》卷 6，第 176—177 页。前文曾引用过项鸿祚（项忆云）的这句话，参看第七章最后一段引语。

3　丰子恺，《悼丐师》，《丰子恺文集》卷 6，第 160 页。

4　丰子恺，《读丐师遗札》，《丰子恺文集》卷 6，第 89 页。关于这首陶诗全篇的英译，见戴维斯译，《陶渊明》第一卷，第 17 页。

5　《丰子恺传》，第 127、201—202 页；丰一吟，《潇洒风神》，第 253—254 页。

6　丰子恺在为《导报》月刊第 1 卷第 1 期（1946 年 8 月 1 日，第 80—83 页）所作的画中，表达出对于抗战胜利的喜悦之情；另外一些相似作品则收录于《劫余漫画》（上海：万叶书店，1947 年）中；参看《丰子恺文集》卷 4，第 409 页；另可参看蒋阆仙，《抗战胜利时的子恺漫画》，《人民日报》，1985 年 9 月 2 日。

7　张岱，《西湖梦寻》，载张岱，《陶庵梦忆 西湖梦寻》第二部分，上海：上海古籍出版社，1982 年，第 7 页；同时参看卜正民，《为权力祈祷》，第 50—51 页。

8　丰子恺，《胜利还乡记》，1947 年 5 月 10 日写于杭州，《丰子恺文集》卷 6，第 195—196 页。

9　丰子恺，《菊林》，《丰子恺文集》卷 6，第 685 页。

10　丰一吟、丰陈宝，《丰子恺年表》，《丰子恺文集》卷 7，第 841 页；《丰子恺传》，第 202 页。

11　丰子恺，《沙坪小屋的鹅》，《丰子恺文集》卷 6，第 161—166 页；《再访梅兰芳》，《丰子恺文集》卷 6，第 385—390 页；《湖畔夜饮》，《丰子恺文集》卷 6，第 380—384 页；《我的烧香癖》，《丰子恺文集》卷 6，第 184—188 页。

12　丰子恺，《告窃画人》，《丰子恺文集》卷 6，第 243 页。

13　丰子恺，《〈又生画集〉自序》，《丰子恺文集》卷 4，第 406 页；《〈劫余漫画〉自序》，《丰子恺文集》卷 4，第 409 页；《丰子恺传》，第 203 页。

14　丰子恺，《题 1948 年除夕画》，《丰子恺文集》卷 7，第 759 页。

15　《丰子恺传》，第 133—135 页；丰一吟，《丰子恺与开明书店》，载中国出版工作者协会编，《我与开明》，第 117 页；陈星，《丰子恺台湾之行略记》，《潇洒风神》，第 150—153 页。

16　参看丰子恺为《护生画集》第三集所写序言，《丰子恺文集》卷 4，第 424 页；丰子恺，《香港画展自序》，《丰子恺文集》卷 4，第 419—420 页；《丰子恺年表》，《丰子恺文集》卷 7，第 840—842 页；卢玮銮，《本在人间的丰子恺》，《香港文纵——内地作家南来及其文化活动》，香港：华汉文化事业公司，1987 年，第 171 页；关于丰子恺与广洽，参看陈星，《丰子恺与广洽法师》，《潇洒风神》，第 156—159 页。

17　卢玮銮，同上；《丰子恺传》，第 133—135 页。

18　卢玮銮，同上，第 172 页；丰子恺在港期间创作的另外一些画作，后来被收集并重印于莫一点、许征衣编，《丰子恺连环漫画集》，香港：明窗出版社，1979 年。

19　丰子恺，《香港画展自序》，《丰子恺文集》卷 4，第 418—419 页。展览于 4 月 15—16、19—20 日举行。丰子恺还在九龙的培正中学发表了演讲，画展也于 4 月 21—22 日在培正中学图书馆再次展出。参看丰一吟，《潇洒风神》，第 279 页。

20　骆文宏（黄新波的笔名），《丰子恺的画》，《大公报》（香港），1949 年 4 月 24 日，转引自卢玮銮，《本在人间的丰子恺》，《香港文纵——内地作家南来及其文化活动》，第 173 页。

21　关于 50 年代中国艺术和艺术家的讨论，参看谢伯轲（Jerome Silbergeld）、龚继遂，《矛盾：中国画家李华生的艺术生活与社会主义国家》（*Contradictions: Artistic Life, the Socialist State, and the Chinese Painter Li Huasheng*, Seattle: University of Washington Press, 1993），第 3—25 页。

22　广洽编，《丰子恺致广洽法师书信选》，香港：时代图书有限公司，1977 年。此书是给丰子恺的佛教友人和崇敬者的赠品，不作商业流通，丰一吟曾赠给笔者此书的一册复制本。这些书信的部分而非全部，被收录于《丰子恺文集》卷 7。关于广洽法师生平细节，参看丰一吟，《我所了解的广洽法师》，载文史资料研究委员会编，《文史资料选辑》，北京：中国文史出版社，1987 年，总第 112 期，第 207—219 页。

23　关于其他佛教徒的命运，参看唯慈，《中国佛教的复兴》，第 157—159 页，
　　尤其是第 158 页。

24　丰子恺，《口中剿匪记》，《丰子恺文集》卷 6，第 256 页；《丰子恺传》，
　　第 132 页。

25　丰子恺，《赠易昭雪牙医师》，《浙赣路讯》，第 316 期（1948 年 7 月 10 日），
　　第 4 页；《义齿》，《丰子恺文集》卷 6，第 376—379 页；这件书法屏风毁
　　于"文化大革命"。

26　例如，丰子恺，《东京某晚的事》，《丰子恺文集》卷 5，第 127—129 页。

27　写于 1949 年 4 月，参看《护生画集》第三集，第 141 页。

28　关于中国古代大同思想与佛教思想的相关讨论，参看陈正炎、林其锬，
　　《中国古代大同思想研究》，上海：上海人民出版社，1986 年，第 222—
　　235 页。关于 1949 年至 1966 年对于佛教—共产主义理想天堂愿景的结
　　合细节，看看唯慈，《毛泽东时代的佛教》，第 262、288—291 页。

29　丰子恺，《艺术与革命》，《丰子恺文集》卷 4，第 323 页。

30　引自毛泽东，《介绍一个合作社》，1958 年 4 月，英译见刘益辉、何宛仪、
　　杨西祥（人名均为音译——译者），《中国政治短语语汇》（Glossary of
　　Chinese Political Phrases，Translated by Lau Yee-fui、Ho Wan-yee、Yeung
　　Sai-cheung，Hong Kong: Union Research Institute，1977），第 520 页。

31　丰子恺，《香港画展自序》，《丰子恺文集》卷 4，第 419 页。

32　丰子恺，《宴会之苦》，《丰子恺文集》卷 6，第 204 页；《丰子恺传》第
　　132 页。

33　《丰子恺传》第 117 页；何莫邪，《丰子恺》，第 39 页。

34　参见丰子恺，《过年》，《丰子恺文集》卷 6，第 698 页；《清明》，《丰子
　　恺文集》卷 6，第 708 页。

35　《丰子恺传》，第 138—139 页；何莫邪，《丰子恺》，第 36 页；丰一吟，《潇
　　洒风神》，第 280—281 页。

36　丰子恺，《沙坪的美酒》，《丰子恺文集》卷 6，第 182 页。

37　丰一吟，《潇洒风神》，第 260 页。

38　丰子恺，《三层楼》，连载发表于《新民报》(1950 年 1 月 29 日、2 月 5 日)，《丰子恺文集》卷 6，第 411—414 页。

39　爱德华·里尔，《认识里尔先生真开心》[Edward Lear, "How Pleasant to Know Mr. Lear (1871)"]，载霍尔布鲁克 (Holbrook Jackson) 编，《胡诌诗集》(*The Complete Nonsense*, London: Faber & Faber, 1975)。

40　参看周作人，《知堂杂诗钞》，长沙：岳麓书社，1987 年，第 57—58 页；张菊香等编，《周作人年谱》，天津：南开大学出版社，1985 年，第 528—529 页；朱省斋，《记知堂老人的诗书》，《文艺世界》，1960 年第 2 期，第 10—11 页。

41　参看丰子恺，《〈绘画鲁迅小说〉序言》，《丰子恺文集》卷 4，第 511—512 页；丰子恺，《丰子恺绘画鲁迅小说》，杭州：浙江人民出版社，1982 年；威廉·莱尔，《鲁迅的现实观》(William A. Lyell, *Lu Hsün's Vision of Reality*, Berkeley: University of California Press, 1976)，第 147、151、169、213、221、225、254、257、278、302 页。

42　维山，《读〈漫画阿 Q 正传〉》；宋慕法，《关于〈漫画阿 Q 正传〉》，《宇宙风》，1941 年第 9 期，第 143—145 页，宋的文章是在读到《中央日报》1941 年 7 月 21 日严绍端批评丰子恺的文章后，为他所作的辩护。

43　这些作品收录于周作人、丰子恺，《儿童杂事诗图笺释》(钟叔河注)，北京：文化艺术出版社，1991 年；王仲三，《周作人诗全编笺注》，上海：学林出版社，1995 年，第 179—244 页。据张菊香等编《周作人年谱》第 528、556 页，周作人自 1949 年 11 月至 1952 年 3 月，曾在《亦报》上发表了大量散文。参看钟叔河，《谈谈知堂的亦报随笔》，《人民日报》，1987 年 12 月 22 日；陈子善编，《知堂集外文：亦报随笔》，长沙：岳麓书社，1988 年。

44　引自《中国儿童读物作者协会简史》，载该协会编，《儿童文学创作选集 (1948)》，上海：中华书局，1949 年，第 4—5 页，英译转引自胡敏娜，《中国的儿童文学》，第 180 页，有修订。

45　胡敏娜，《中国的儿童文学》，第 101 页。

46　丰子恺，《我与〈新儿童〉》(1949 年 4 月 8 日)，《丰子恺文集》卷 6，第 408 页。

47 王朝闻,《我们需要儿童画——重读〈子恺画集〉所感》,《新艺术论集》,
北京:人民文学出版社,1952 年,第 156—157 页;何莫邪,《丰子恺》,
第 38 页。关于丰子恺 40 年代后期创作的儿童故事,见《博士见鬼》,《丰
子恺文集》卷 6,第 257—333 页;《丰子恺文集》卷 6,第 334—374 页
所载的另一些儿童故事。

48 王斑提到了马克思主义哲学家李泽厚对于朱光潜的批评,参看王斑,《历
史的崇高形象》,第 179 页。

49 陈伯吹,《儿童文学简论》,武汉:湖北人民出版社,1958 年;《儿童文学
研究》,1980 年第 4 期,第 155—186 页;王斑,《历史的崇高形象》,第
179—181 页。

50 中国电影家协会编,《中国艺术影片编目》第 1 册,北京:文化艺术出
版社,1981 年,第 49—52 页;孙瑜的影片参考了段承泽编、孙之儁插
图的《武训先生画传》,参看孙瑜,《我编导武训传和受批判的经过》,
上海市政协编,《上海文史资料选辑》第 53 辑,上海:上海人民出版社,
1986 年,第 201—202 页,尤其是第 201 页。

51 张默生,《义丐武训传》(丰子恺插图),上海:东方书店,1947 年。此
书有二十一幅丰子恺所绘插图。

52 毛泽东,《应当重视电影〈武训传〉的讨论》(1951 年 5 月 20 日),《毛
泽东文集》第 6 卷,北京:人民出版社,1999 年,第 166、167 页。

53 范际燕,《电影〈武训传〉批判的意义和经验》,《中国电影年鉴》,北京:
中国电影出版社,1983 年,第 323—331 页。

54 此段英译见《毛泽东著作选读》(*Selected Readings from the Works of
Mao Tsetung*),北京:外文出版社,1971 年,第 251、260、269 页。

55 力扬,《俞平伯先生底资产阶级的人生观和唯心论的文艺学术思想》,第
69—91 页;朱光潜否定过去作品的自我批判文章,见《人民日报》(1952
年 11 月 26 日);同时参看梅谷,《共产中国文学界的异议者》(Merle
Goldman, *Literary Dissent in Communist China*, Cambridge, Mass.:
Harvard University Press, 1967),第 115—119、173—174 页。关于毛泽

东对俞平伯的批判，见《关于〈红楼梦〉研究问题的信》（1954 年 10 月 16 日），《毛泽东文集》第 6 卷，第 352—353 页。

56 杨绛，《洗澡》，香港：三联书店，1988 年，第 238—242 页。

57 曹聚仁，《文坛五十年》（续编），第 264 页。曹聚仁还藏有一部由周作人诗、丰子恺画组成的作品，这些诗画曾于 1950 年在《亦报》上发表。根据周、丰二人诗画编成的《儿童杂事诗画笺释》一书，通过卢玮銮和湖南出版家钟叔河的努力，于 1991 年出版。

58 陈骢，《反对文艺工作中的资产阶级思想》，《文艺报》，1952 年第 5 期，第 26—28 页。关于音乐界，特别是上海音乐界的变化，参看理查德·克劳斯，《中国的钢琴与政治：中产阶级的抱负和为西方音乐的奋斗》，第 76—77 页。

59 《上海文艺界应纠正思想混乱现象》，《文艺报》，1952 年第 3 期，第 16—19 页。

60 同上，第 18 页。

61 丰子恺，《检查我的思想》；何莫邪，《丰子恺》，第 36—37 页。

62 唐锡光，《开明的历程》，载中国出版工作者协会编，《我与开明》，第 312—314 页。关于章锡琛的职业生涯，参看陈星，《功德圆满——〈护生画集〉创作史话》，第 116—117 页。

63 叶圣陶，《邵力子和开明书店》，载中国出版工作者协会编，《我与开明》，第 107 页。关于宋云彬和章锡琛的情况，分别参看《我与开明》，第 146—149 和第 172—177 页。关于 90 年代版本的丰子恺散文，参看丰子恺，《缘缘堂随笔》。

64 朱金楼，《释漫画》，转引自毕克官，《漫画十谈》，第 2—3 页。

65 丰子恺 1955 年 9 月 11 日致广洽法师信，《丰子恺文集》卷 7，第 209 页。

66 唯慈，《毛泽东时代的佛教》，第 169—170 页。

67 姜苦乐，《亚洲现代艺术》，第 243 页。

68 转引自安雅兰，《中华人民共和国的绘画与政治》，第 117 页。原文载《文艺报》，第 15 期（1953 年 8 月），题为《谈中国画》。

69 米克洛什·哈拉兹提，《天鹅绒监狱》（Miklós Haraszti, *The Velvet*

Prison: Artists Under Siate Socialism，New York: New Republic/BasicBooks，1987)，散见于第 79、133、137 页。

70　丰一吟，《潇洒风神》，第 288—289 页。

71　宗白华，《美学的散步》，第 34 页。

72　参考柯律格《丰饶之地》第 151—152 和第 146 页对市隐的评论。

73　罗清奇，《传统与现代》(Claire Roberts，"Tradition and Modernity")，载《东亚历史》第 15、16 期（1998 年 6—12 月），散见于第 87、88 页。

74　丰子恺，《子恺漫画》，第 2 页；何莫邪，《丰子恺》，第 188 页。这件作品是对早期"漫画人间"系列的重绘，参看《丰子恺彩色漫画选集》，香港：中流出版社，1977 年，第 16 页。

75　黄可，《浓墨深情画童心——读丰子恺的儿童漫画》，《新美术》，1982 年第 3 期，第 71—75 页。

76　丰子恺，《新年随笔》，在 1960 年 11 月 29 日为中国新闻社（其宣传对象是海外华人）而写，《丰子恺文集》卷 6，第 547—549 页。"君子国"的说法，来自清代中期小说家李汝珍的《镜花缘》。

77　安雅兰，《中华人民共和国的绘画与政治》，第 34 页之后，第 49—52 页，第 176 页后。

78　何莫邪，《丰子恺》，第 193 页。

79　例如，《丰子恺传》，第 73—74 页；丰华瞻，《丰子恺解放前夕的漫画》，《艺坛》，1982 年第 2 期，第 76—77 页。

80　丰子恺，《儿童画》，《丰子恺文集》卷 2，第 592—593 页。

81　丰子恺，《谈儿童画》，《丰子恺文集》卷 6，第 556、558 页。

82　《丰子恺传》，第 204 页；同时参看王西彦，《辛勤的播种者——记丰子恺》，载上海文艺出版社编，《往事与哀思》，第 359—360、366 页。

83　《丰子恺传》，第 205 页。

84　王西彦，《辛勤的播种者——记丰子恺》，载上海文艺出版社编，《往事与哀思》，第 359、361、362、364 页。

85　胡风，《略谈"小品文"与"漫画"》，载陈望道编，《小品文与漫画》，上海：生活书店，1935 年；上海书店 1981 年重印，第 173—176 页。

86　丰子恺，《严惩怙恶不悛的胡风反革命分子》，写于 1955 年 6 月 18 日，发表于《美术》月刊 1955 年 6 月号，第 8—9 页，这篇文章未收入《丰子恺文集》。参看梅谷，《共产中国文学界的异议者》，第 129—157 页。

87　关于胡风"主观战斗精神"的有关研究，参看邓腾克，《中国现代文学的自我问题：胡风与路翎》(Kirk A. Denton, *The Problematic of Self in Modern Chinese Literature: Hu Feng and Lu Ling*, Stanford, Calif.: Stanford University Press, 1998)，第 73—116 页；关于毛泽东在这场清洗运动中的作用，参看林贤治，《胡风"集团"案：二十世纪中国的政治事件和精神事件》，《北京文学》，1998 年第 11 期，第 66—91 页。

88　林子青，《尊师重道的丰子恺先生》，《人民日报》，1988 年 11 月 12 日；《丰子恺传》，第 171 页及注释 1 和 205 页；何莫邪，《丰子恺》，第 38 页；丰子恺在 1955 年 9 月 11 日致广洽法师信函，《丰子恺文集》卷 7，第 209 页。

89　唯慈，《毛泽东时代的佛教》，第 129—130、268—272、394 页。

90　丰子恺的老友、同学吴梦非也一直努力设法实现他们关于弘一法师生平展示的计划。这个计划及其所遭受的挫折，在丰子恺与广洽的信函中多次提到，参看《丰子恺文集》卷 7，第 209、210、213、214—216、216—217 页等。

91　丰一吟，《我所了解的广洽法师》，第 209—210 页。

92　这封信函写于 1960 年 5 月 4 日，《丰子恺文集》卷 7，第 241 页。丰子恺已有十多年未曾吸过"三五"牌香烟，他告诉广洽，"今日试吸，觉香味倍佳"。广洽还给丰子恺寄去 1080 粒电石，以配他的老式打火机。丰子恺说："弟计算此电石用完，费五十余年！"他还将电石赠给友朋中用打火机者，"弟将以此普遍结缘，名之为'香火缘'可也"。

93　唯慈在《毛泽东时代的佛教》一书第 225—226 页中指出，广洽并非唯一一个被鼓励向中国大陆汇款寄物的海外佛教徒，这种行为是为中国社会主义建设做间接贡献。

94　丰子恺 1955 年 9 月 11 日致广洽函，《丰子恺文集》卷 7，第 208—209 页。

95　丰子恺 1961 年 3 月 22 日致广洽函，此信未收入《丰子恺文集》，载广洽编，《丰子恺致广洽法师书信选》，香港：时代图书有限公司，1977 年，第 70 页。

第十章
迟来的爆发

1949 年之后，丰子恺最突出的成就，是一项随时面临各种威胁却从未被打断的事业——履行他对弘一法师的誓言，完成六卷本《护生画集》。画集的最末一册，包含一百幅配有诗句的画作，于 1979 年弘一法师百年诞辰之际正式出版。如果没有广洽法师在物质和精神上的双重支持，这项工程是不可能完成的。1950 年，《护生画集》第三集在上海由大法轮书局出版，此时距上海解放并不久。第四集计划于 1959 年出版，它与前后诸集不同，拟采用多年间收集到的各种笔记材料中的"护生"故事。当时丰子恺已准备好素材，其中包括俞平伯的曾祖父俞曲园笔记中的段落。[1] 但正如他在给广洽的信中所言，"今材料已有，而出版困难"。广洽获悉后，立即谋划在新加坡印行此书，很快，他收到了自上海挂号寄来的《护生画集》第四集全套原稿。此集中有八十幅丰子恺的画作，均由中学校长朱幼兰居士配以书法。[2] 书前有一篇丰子恺起草、广洽署名的序言，文中讲到，这些为纪念弘一法师诞辰八十周年而出版的画作，多年前就已寄往新加坡。丰子恺在致广洽的信里说：

    此书刊印，请对外言法师主动。（实际上确系如此，弟

虽有稿，本定缓刊，法师主张早刊也，故非妄语。）作为弟
过去寄画，今满八十，故由法师主动付刊，如此较佳。盖弟
在国内负责文教工作，理应先著与社会主义革命及建设有关
之书物，不宜先刊"护生"集，并在海外出版也。[3]

这些努力值得一为。丰子恺在信中说，因为《护生画集》的绘制，
"弟近来常夜梦无数禽兽前来叩谢，亦玄妙也"。此集的后记中也说：

> 普劝世人，勿贪口腹之欲而妄行杀戮，则弘一法师、广
> 洽法师、舍财诸信善及书画作者之本愿也。[4]

第五集的九十件画作完成于 1965 年，距第四集印行并不太久。
丰子恺在这一集的前言中说，之所以提前完成并出版，是因为人们对
"前作的大量索求"和广洽法师的鼓励。[5]在给广洽的信里，他说："浮
生短暂，若《护生画集》没有完成我就离世，这将是一生最大之遗憾。"
真实的情况是，朋友们要他提前同时完成原定分别于 1969 年和 1979
年出版的《护生画集》第五、六集。从 1964 年 9 月开始，在广洽的
支持和不会引起过度怀疑的前提下，丰子恺尽量减少了公开活动和官
方工作，以致力于《护生画集》的编撰。[6]随后的几个月里，他查阅
大量诗文集和历史著作，收集合适的题材和故事。到了 1965 年的 6
月，已经找齐第五集九十幅作品的素材。这一集的书法，由北京佛学
院教授虞愚书写。虞愚生于厦门，早在 30 年代就与弘一、丰子恺相识。
第五集于 1965 年 9 月完成，并立即寄往新加坡，不过，过程中还是
出现了一点小麻烦。丰子恺告诉广洽："昨日（8 月 25 日）付邮寄奉。
计画九十幅，目次一纸。惟非航空，乃普通挂号。并非惜邮费，实因
近来海关出口检查加严，而对航空邮件尤注目。弟曾被留难，以故付

普通挂号。"当他从广洽的来信中得知画稿已经安全寄达后，回信说："私念冥冥之中自有佛力呵护，深可庆也。"不仅如此，考虑到大陆越来越不稳定的政治局势，丰子恺已经颇有先见之明地感觉到"文化大革命"涌起的旋涡。他想尽可能压缩工期，早日完成《护生画集》这项大工程。[7]

1966 年年初，第五集刚刚出版，广洽也于此前不久访问大陆。丰子恺接到友人的提醒，《护生画集》"与'除四害'（蚊、蝇、鼠、蟑）有冲突，故有人劝弟勿多送人"。唯慈在其关于共产主义社会中佛教活动的著作里说，50 年代末，"非杀"的戒律已经在政府要求之下被"爱国佛教"重新阐释。"有益的杀生"，被中国佛教协会会长喜饶嘉措这样的权威人士所许可。喜饶嘉措说："我们不但要杀死蝗虫，也要杀死其他的有害因素，像帝国主义者和反革命分子，杀死这些该死的人并不违背我们佛教的精神。"不过，唯慈也认为："很难说服僧侣和信徒像镇压反革命那样去消灭老鼠和野狼。实际上，几乎没有见到关于僧人参加国家所发动的'除四害'运动的报道。"[8] 丰子恺听从友人劝告，克制住自己劝人"非杀"的举动，请广洽在海外尽全力推广《护生画集》："请多多在海外侨胞中宣传。此意想觉星师已与法师谈及……少数保藏在家，当无问题也。"[9]

1965 年，在准备《护生画集》第五集期间，丰子恺在上海友人的帮助下找到此书第一、二集的原稿，并请广洽设法印行第一至五集的新版。这一振奋人心的进展对丰子恺而言非常重要。在随后的几个月里，他写给广洽的书信，都在谈论这项工作，就新书的设计和装帧提出详细的建议。他还写了一篇文章，讲述新版得以面世的种种机缘，并请广洽在每一集中都印出此文，由丰子恺本人署名。[10]《护生画集》的第六集，也就是最末一册，则远不是在这种愉快的氛围中完成的。在"文化大革命"的后几年里，丰子恺不得不秘密地从事这一集的绘制。

虽然丰子恺把《护生画集》的工作视为首要任务，但在 1959 年 1 月 11 日致广洽的信中，他也说到自己前一年已年过六旬，精力再不如以前了："六十以前每日可工作（写作）十小时，最近只五六小时，限于上午，下午即疲劳不堪读写矣。且患夜盲，入暮即视力茫然，但求早睡。此乃入休养之期。"[11] 这一年，他还担任了官方修订本新版《辞海》"艺术分册"的编辑，这本中国语言百科全书初版于 1936 年。[12] 他还第一次去北京参加全国政协会议。上海作家巴金在《随想录》的一篇回忆文章里谈到丰子恺，"我们有时一起参加学习，他发言不多"。尽管丰子恺在会上很少讲话，但他饱含热情地写下了不少歌颂祖国统一、社会和谐及"大跃进"运动伟大成就的诗歌，比如，"无边柳絮趁东风，入户穿帘瞬息中。好似全民大跃进，云程迅速到高峰"。[13] 在内心深处，他是否真的认为这就是他曾描绘的"大同"时代的开始，却不好断言。

随着这些打油诗的出现，丰子恺受到官方意识形态认可的旧作也得以重新刊载。但是，从 1949 年到 1966 年的十七年间，这位昔日的著名艺术家却只出版了四部漫画作品集，并在 1957 年以旧题《缘缘堂随笔》为名出版了一部经过细致编审的散文旧作。[14] 在编辑看来，这部散文集里有不少段落不合时宜，在作者的同意下进行了删修。其中有一段作者自白，表达了艺术家在各种压力下创作的感受：

> 但在作画这件事说，我一向欢喜自动，兴到落笔，毫无外力强迫，为作画而作画，这才是艺术品，如果为了敷衍应酬，为了交换条件，为了某种目的或作用而作画，我的手就不自然，觉得画出来的笔笔没有意味，我这个人也毫无意味。[15]

中华儿女好精神 三面红
旗一手擎
今日已戴江随中
他年定是
接班人
一九六〇年
儿童节

豊子愷画并题

▲ 丰子恺彩色画作《中华儿女好精神，三面红旗一手擎，今日已戴红领巾，他年定是接班人》，署款为「一九六〇年儿童节，丰子恺画并题」。1960年曾发表，后收入丰陈宝和丰一吟编《丰子恺漫画全集》（北京：京华出版社，1999年）。

　　尽管得到了某种程度的官方认可，丰子恺的艺术还是被限制在儿童插画的狭小范围内。中断多年之后，他又开始创作诗意漫画，最初是应广洽法师的新加坡友人之请，后来又为国内的各种出版物创作。这些作品中，一部分是对早期画作的重绘。在时代的要求之下，他也创作了不少新作，尽管与新社会严肃沉闷的宣传艺术不太协调，他还是努力保留过去的风格和"趣味"。1963年，这些作品集中起来以《丰子恺画集》为名在上海出版。画集的第一部分，是反映社会主义新貌的三十件彩色新作；第二部分是创作于1949年以前的漫画，当然都是黑白印刷。[16]

　　这一时期，丰子恺的翻译作品多达二十五部，说明他的主要时间和精力都投入了这个相对不会引起争议的领域。像其他作家和学者一样，他在 50 年代初期就开始学习俄语，当时中国的社会主义盟友苏联正处在鼎盛时期。除了苏联音乐讲义，丰子恺还翻译了屠格涅夫的小说《猎人日记》，并于 1953 年出版。[17] 有关日本文学的工作，对他而言也同样重要——或许还更具有感情上的价值。1956 年，他编辑了一部雪舟画集，纪念这位画家逝世四百五十周年，还为此写下一篇长文。随后，开始翻译夏目漱石的小说《草枕》，早在 30 年代他就经常在散文中引用这篇小说。几年后，他开始着手译介日本古典文学中的"物语"，致力于紫式部《源氏物语》首部中文全译本的翻译。[18]

此时发生的一个小事件，或许可以反映出丰子恺在动荡环境中对身边事的审慎应对。1956 年 11 月，他去上海龙华机场参加内山完造的欢迎仪式。内山是一位日本书店的老板，也是 30 年代左翼文学界的老朋友。此时的内山是日中友协理事长，这是他在 1949 年之后首次重游中国。内山后来在回忆录中记叙，他曾在 30 年代售给丰子恺一套不全的《夏目漱石全集》，但他对这次感人的重聚却语焉不详。内山写道，从机场返回市区的途中，丰子恺问："上海变化很大，是吗？""改变了颜色。"内山随口答道。丰子恺频频点头："确实是的。"[19] 遗憾的是，内山的文中却没有关于两人交流的更多细节，转而描述过去十年间街道两旁的行道树长高了许多。当晚，他们在上海著名的功德林素食处共进晚餐。[20] 此前几个月，作为"百花齐放"运动的一部分，政府鼓励知识分子、艺术家和其他人群向党提意见。在这场席卷全国的谏言运动中，丰子恺也发言说："在解放前的混乱时代，我们的文化界是多样而不统一的。在初解放的时期，我们的文化界是统一而不多样的。今后，在'百家争鸣'的号召之下，一定会出现多样统一的美满状态。"[21] 不少人在这场短暂的全国运动中表达了不满，很快就遭到清洗。所以，丰子恺在和日本客人交流时，不得不倍加小心。

与其他人相比，丰子恺可以算是新社会的重要成员。他是挂名的文化官员、老画家，也是具有国际声望的爱国佛教居士，他温和的批评是可以容忍的。无论是联系著名无党派人士的中共统一战线工作部，还是文化行政机关，都给予他极大的尊重和特权。1960 年，他被任命为上海中国画院院长，这个机构是为了将传统的中国画发扬光大而建立的。同时，他还是上海对外友协的成员，这是由政府主导的半官方机构，目标是与对革命有益的外国友人保持良好关系。这两个职务都没有薪水，前者只需偶尔参加会议，所以他的生活基本没有改变。平时，他还可以因公务之需使用小轿车。但是，即使像他这样相对重要的无党派人士，也和其他上海人一样，在严格的粮食配给制下深受其苦。从他与广洽的通信中可以发现，那个时期，虽然他的家庭享有特供，但依然物资奇缺。不过，由于丰子恺经常能够收到新加坡寄来的外汇，他的家庭还享有一些额外的粮、油、鱼、肉供应。[22]

虽然从 50 年代中期开始，丰子恺对自己在文化机关中的官位上升偶尔也流露出拒斥之意，但像他这样既不画油画也不创作国画的边缘艺术家，如今成为文化名人，还是会令人感到某种程度的满足。他因爱国主义和不属于任何文化派别而得到的回报是，在一些享有名望的机构中担任负责人。在以后的日子里，这些职务将给他带来极大的麻烦。作为对党忠诚的老作家，面对时代的每一个新转折，他都有义务表达对政府的支持。例如，1961 年 6 月 1 日，他写下《幸福儿童》一文为新中国儿童的美好生活唱赞歌，作为针对台湾及海外华人的宣传运动的组成部分。在这篇文章里，他赞颂 50 年代后期毛泽东所提倡、后来造成灾难性后果的"公共食堂"，称扬新上海和睦的邻里氛围，说现在的方方面面都与旧社会形成了"明暗之别"。[23]这个时期的其他文字和画作，也都是彻头彻尾的革命宣传。1961 年，他随上海政协参观团去江西，在二十多天内访问了南昌、吉安、井冈山、赣州、瑞金、兴国、抚州、景德镇等地，并创作了诗歌、散文和画作，纪念中国革命运动的起源。在南昌烈士纪念堂参观时，丰子恺流下了激动的眼泪。在《化作春泥更护花》一文中，他说："这些烈士的血化作了革命的动力，激励了全国人民的心，取得了巨大的胜利……古人的两句诗：'落红不是无情物，化作春泥更护花。'……看似风雅优美，其实沉痛悲壮；看似消沉的，其实是积极的。这就是'化悲愤为力量'！我把这两句诗吟了几遍，胸中的郁勃才消解了些……这种艰苦卓绝的精神和这种悲愤，都化作了无穷大的力量，取得了辉煌的胜利，又推动着伟大的社会主义建设。因人成事而坐享成果的我们，安得不感谢这些烈士和英雄而尽心竭力地为社会主义建设服务呢？"感动之余，他还填了一阕《望江南》："南昌好，八一建奇勋。饮水思源怀烈士，揭竿起义忆群英。青史永留名。"江西之行回来，除了《化作春泥更护花》之外，他又写作了《有头有尾》《饮水思源》等文章，以《江西道中作》为总题的诗词，也写了数十首。1961 年 11 月，是上虞白马湖畔的春晖中学建校四十周年，他写下"今日莘莘群学子，他年尽是接班人"。[24] 在官方媒体上发表社会主义颂歌的同时，丰子恺却在与广洽法师的通信里，一再请求给自己和深受物资短缺之苦的孩子一吟、新枚邮寄药品。虽然金额不大，他还是多次对广洽寄来外汇表达感激之意，这些钱让丰家获得了额外的粮油食品。直到 1962 年，他才在致广洽的信里说："国内近来供养物品甚是丰富，故弟不须托买物品。"

1962 年 10 月 2 日，是弘一法师圆寂二十周年。上海佛教协会组织了一场官方纪念活动，七十多人参加，丰子恺是主事者。活动结束后，与会者到功德林午餐，丰子恺和弘一以前也常到这家著名的素餐馆就餐。[25] 经历了数年的困难之后，由于宽松的政策氛围和经济的逐步复苏，这场活动才得以举行。但丰子恺在写给广洽的信里，却为不能在杭州为人生导师举办大型纪念活动，或至少举办更私人的纪念会而感到深深的遗憾。他解释说，主要的问题是佛教居士们都"工作繁忙"——这是谨慎的说辞，任何私自集会都可能招致风险。他还说，提议在杭州举行纪念弘一大师生西二十周年的纪念活动"恐未能实现耳"，因为"虎跑寺僧人甚少，皆不知弘公为何人者，故地点亦不易选定"。他决定绘制观音圣像一百帧，"广赠信善，以纪念弘师生西廿周，聊表寸心"。每日清晨沐手画二帧，大部分寄到新加坡，赠送给当地的佛教徒结缘。他还约上在沪较为空闲的旧友数人，专门到虎跑寺为弘一扫墓，以代集会。被尊称为"马老居士"的马一浮已八十岁，因为白内障导致部分失明，未能去虎跑寺参加丰子恺组织的活动。事后，丰子恺遵嘱给广洽寄去活动照片。

和丰子恺一样，马一浮在 1949 年以后也得到政府的尊敬和保护，并获得不少名誉头衔和国家津贴。他最早将马列主义经典著作《资本论》翻译为中文[①]，且是精通传统思想和文化的大儒，因此获准在杭州西湖苏堤边花港旁宽敞而隐蔽的豪华别墅蒋庄居住。[26] 然而，50 年代末到 60 年代初的革命热情和政治动荡席卷全国后，马一浮这样的旧式人物失去了政治上的价值。他们的学问反动保守，过去取得的成就对社会主义现代化建设也毫无益处。当时，这位老人深受严重的眼疾之苦，越来越依赖友人和学生的资助。丰子恺急迫地想让他的儒学导师分享新加坡佛教居士的供养，因此，他去函询问广洽，新加坡是否有人愿意购买马一浮精妙的书法作品，并以"侨汇购物券"为润笔回报马老居士。虽然马一浮明显有这种需求，但起初却反对以这种方式来交换他的艺术，最后也只是勉强答应此事。[27]

---

① 马一浮可能是最早把《资本论》带回中国的人，但不是最早翻译的人。

▶ 丰子恺与马一浮于 1962 年在西湖蒋庄合影。图片来自丰一吟《潇洒风神——我的父亲丰子恺》(上海:华东师范大学出版社,1998 年)。

丰子恺在 1962 年迎来了迟来的爆发。经历了数年的经济困难、大饥荒和政治不稳定之后,一段虽不算充满希望但相对平静的时期到来了。丰子恺在香港《新晚报》上开辟专栏,定期发表漫画。[28] 在内地,包括艺术在内的各个领域得到了相对宽松的政策,让人们对"大跃进"狂热回落、逐步恢复经济繁荣和社会稳定,抱有谨慎的乐观态度。在革命狂热持续五年多之后,全国的知识分子都在试探政治的水温,对未来抱着隐隐的担忧。

这一年 5 月,丰子恺再次被推选为上海市美术家协会主席。他决定在上海市第二届文学艺术工作者代表大会上,破例作一次关于文化事业的公开发言。这次会议距离上海市第一次文代会召开,已有十二年之久,也预示着文艺界将出现新的自由氛围。说完"我的胡须已经白了,但我的人却红了"的开场白,丰子恺念了为大会所作的几首诗,之后,他出人意料的发言震惊了全场。他的发言反映出人们要求落实

1956 年提出的"双百"方针的广泛希望，这一政策后来转变为"百花齐放"运动。毛泽东是这一政策最权威的阐释者，他鼓励艺术家和学者"百花齐放、百家争鸣"。丰子恺同样以园艺花卉作比喻，谈起象征着不同品格的"梅兰竹菊"四君子。

> 百花齐放已经号召了多年，并且确已放了许多花。但过去所放的，大都是大花、名花，大多含有意义。例如梅花象征纯洁，兰花是王者之香，竹有君子之节，菊花凌霜耐寒。还有许多小花、无名花，却没有好好地放。"花不知名分外娇"，在小花、无名花中，也有很香很美丽的，也都应该放，这才是真正的"百花齐放"。再说：既然承认它是香花，是应该放的花，那么最好让它自己生长，不要"帮"它生长，不要干涉它。曾见有些盆景，人们把花枝弯转来，用绳捆住，使它生长得奇形怪状，半身不遂。这种矫揉造作，难看极了。种冬青作篱笆，本来是很好的。株株冬青，或高或矮，原是它们的自然形态，很好看的。但有人用一把大剪刀，把冬青剪齐，仿佛砍头，弄得株株冬青一样高低，千篇一律，有什么好看呢？倘使这些花和冬青会说话，会畅所欲言，我想它们一定会提出抗议。[29]

曾在 50 年代初期严厉指责过丰子恺佛教信仰的忠诚党员王西彦，也参加了文代会。他和政府机构供养多年的其他文化工作者一样，在持续的政治运动中学会了小心翼翼、审时度势。丰子恺的发言令这个温顺的党员颇感吃惊，后来他讲述了自己当时的戏剧性反应："他的发言博得全场有如雷鸣的热烈的掌声。我也是当时热烈鼓掌的一个。在我满含激动热泪的眼睛里，原是佛教居士的子恺先生，已经成为一

▶ 丰子恺为散文《阿咪》所作插图。发表于《上海文学》1962 年 8 月号（总第 35 期）。

个向恶势力冲锋陷阵的无畏战士。"[30] 著名作家巴金也参加了这次会议，在多年之后他这样回忆丰子恺的讲话给他留下的深刻印象：

> 这位被称为"辛勤的播种者"的老艺术家不过温和地讲了几句心里话，他只是谈谈生活的乐趣，讲讲工作的方法。他做梦也没有想到要"反"什么，要向什么"进攻"。但是不多久台风刮了起来，他的讲话，他的漫画《阿咪》的插图"猫伯伯坐在贵客的后颈上"一下子就变成了"反社会主义"的毒草。[31]

不久，1962 年 8 月，丰子恺在《上海文学》月刊发表了一篇短小的散文《阿咪》，描写他家的小猫，并配有一幅插图，"猫伯伯坐在贵客的后颈上"。这篇散文以闲散文学的笔法写就，读者通过他在 30

年代的文章已经相当熟悉这种风格。从表面上看，文章内容是评说猫的任性，讲述丰家新养的小白猫阿咪，但是，在当时偏执而狂热的氛围里，因为"猫"和"毛"发音相似，此文很快被挑拣出来并不令人意外。这篇文章被指责为向伟大领袖毛主席发动的无耻攻击，最可疑的段落如下：

> 这猫名叫"猫伯伯"。在我们故乡，伯伯不一定是尊称。我们称鬼为"鬼伯伯"，称贼为"贼伯伯"。故猫也不妨称为"猫伯伯"。大约对于特殊而引人注目的人物，都可讥讽地称之为伯伯。这猫的确是特殊而引人注目的。[32]

那个时期，有些作家以略带嘲讽的方式批评党的领导，因此，人们对这种看似漫不经心的说法极其警觉。丰子恺的《阿咪》一文，很容易被视为对国家近来灾难频发的狂妄嘲讽。很快，因为公开发言和这篇短文，丰子恺受到了当地党委宣传部门的批判。上海人民出版社也突然将结集出版他在 1949 年以后文章的计划取消了。值得庆幸的是，在他的公众形象被这些批判完全打倒之前，中央新闻纪录电影制片厂在 1962 年秋拍摄了纪录短片《画家丰子恺》，介绍他的艺术成就。[33]

1963 年，"社会主义教育运动"在全国展开，以革命行动向党和社会中各个层面的资产阶级思想及其拥护者宣战。这场运动是"文化大革命"的前奏，引发了关于国家和文艺事业政策导向的激烈争辩。1963 年 12 月，毛泽东向党的宣传部门发出指示：

> 各种艺术形式——戏剧、曲艺、音乐、美术、舞蹈、电影、诗和文学等等，问题不少，人数很多，社会主义改造在许多部门中，至今收效甚微。许多部门至今还是"死人"统

治着。不能低估电影、新诗、民歌、美术、小说的成绩，但其中的问题也不少。至于戏剧等部门，问题就更大了。社会经济基础已经改变了，为这个基础服务的上层建筑之一的艺术部门，至今还是大问题。这需要从调查研究着手，认真地抓起来。

广洽法师于 1965 年到中国的短暂访问，给了丰子恺稍稍喘息的机会。

关于这位新加坡客人的到来，丰子恺的女儿一吟记载："从接到消息的这一天起，父亲兴奋得就像即将接待一位多年不见的亲兄弟从海外归来。"她从来没见过父亲如此费心地安排和忙碌，为广洽的居停和可能到上海郊外的游览做着细致的准备。虽然丰子恺极力催促友人在国庆节前抵达，以便观览盛大的国庆游行，但广洽直到 1965 年 11 月才抵沪。很有意思的是，尽管两人已保持了十五年的通信，但由于口音相差甚远，初晤时的语言交流颇有障碍。两人说话都带着浓重的地方口音，花了好几天时间才逐渐适应，明白对方的话语。丰子恺告诉一吟："广洽法师讲闽南官话，我讲江浙官话。起初互相很难懂，说也奇怪，后来硬听硬讲，终于也能懂八九分了。这大概是因为两人心心相印的缘故吧！"[34] 广洽在江南逗留十九天，由丰子恺陪同，先到以古代文人园林闻名的苏州，一起漫步到虎丘；然后去了杭州，瞻谒弘一大师石塔，并到蒋庄拜望了马一浮老先生。这位八十三岁的学者以佛语撰联，书赠广洽法师："心香普熏，众生安乐；时雨润物，百卉滋荣。"联语中嵌入了广洽的别号"普润"二字，寓有勉励的深刻含义。对联内容在无意中不太恰当地与毛泽东时代广为流行的革命歌曲《大海航行靠舵手》相呼应：

大海航行靠舵手，

万物生长靠太阳，

雨露滋润禾苗壮，

干革命靠的是毛泽东思想。

当时，丰子恺和广洽的身体都还很健康。与老友道别之时，丰子恺提到古人很少能活到他们现在的六十高龄，但当代却是"人生七十不稀奇"，六十岁只是小弟弟，希望今后还有机会见面。广洽返程后，丰子恺在写给他的首封信中说："但愿人寿河清，三年后再在塔影山光下相叙，则幸甚矣。"这个美好的愿望未能实现，两人再未重逢。1985年4月，距60年代中期他们见面的二十年之后，丰一吟写道："谁料三年之后，国内局势大变，河不清，人难寿！"[35]

1966年，"文化大革命"大潮席卷中国。自1949年以来，丰子恺享有尊贵职位的环境被强烈地震动了。新闻媒体持续数月发出关于修正主义危险和反革命威胁的严重警告，不断进行革命动员。毛泽东明确指示北京大学的造反派向学校领导发动攻击。随后，一批激进的中学生将自己命名为"红卫兵"。6月1日，毛泽东公开支持造反派的同一天，《人民日报》发表社论《横扫一切牛鬼蛇神》，宣称亿万工农兵群众、广大革命干部和革命的知识分子，以毛泽东思想为武器，横扫盘踞在思想文化阵地上的大量牛鬼蛇神，其势如暴风骤雨，迅猛异常，打碎了多年来剥削阶级强加在他们身上的精神枷锁，把所谓资产阶级的"专家""学者""权威""祖师爷"打得落花流水，使他们威风扫地。[36]同月，上海中国画院也以大字报形式展开对丰子恺首次公开批判，指责《阿咪》一文是对于"最红最红的红太阳"毛主席有预谋的恶毒攻击。[37]不计其数的作家、艺术家、学者、党政领导和丰子恺一样都曾是五四一代青年，在1949年以后被予以重用，他们在

▶ 在广洽法师于 1965 年来大陆时，丰子恺与广洽在苏州城外虎丘留影，图片来自广洽法师编《丰子恺致广洽法师书信选》（香港：时代图书有限公司，1977 年）。

过往岁月中尽力紧跟政治形势的变化，如今却发现自己被各种大会和无休止的大字报严厉批判。丰子恺以前的文字和画作，受到身边最接近的同事和来自全国的政治积极分子的仔细审查和恶意解读。他所做的每一件事情、所作的每篇文字和每幅画作，都遭到了夸大的指控，和其他同事一样，他不得不承认自己的罪行并不断进行自我检讨。这是王斑所说的"无休止的自我检讨成为全民娱乐"的开始。"这个时期，每个人都习惯于不断找寻自身的缺点，通过学习发现弱点和错误，定期向党组织汇报个人思想动态，每时每刻都在进行自我检查和自我谴责。"[38] 杨绛在《丙午丁未年纪事》一文中记叙了"文化大革命"初期被"揪出来"后遭到"斗争"，被迫承认罪行所遭受的折磨。

"揪出来"的算什么东西呢，还"妾身未分明"。革命群众天天开大会。我门同组"揪出来"的一伙，坐在空落落的办公室里待罪。办公室的四壁贴满了红红绿绿的"语录"条，有一张上说：拿枪的敌人消灭后，不拿枪的敌人依然存在。一位同伙正坐在这条语录的对面。他好像阿Q照见了自己癫痫头上的疮疤，气呼呼地换了一个坐位。好在屋里空位子多的是，我们是有自由随便就坐，不必面对不爱看的现实。

有一天，报上发表了《五·一六通知》。我们在冷冷清清的办公室里正把这个文件细细研究，窃窃私议，忽被召去开大会。我们满以为按这个指示的精神，革命群众该请我们重新加入他们的队伍。不料大会上群众愤怒地控诉我们种种罪行，并公布今后的待遇：一、不发工资，每月发生活费若干元；二、每天上班后，身上挂牌，牌上写明身份和自己招认并经群众审定的罪状；三、组成劳动队，行动听指挥，并由"监管小组"监管。[39]

丰子恺已经六十多岁了。1966 年 6 月，上海中国画院被造反派夺权之后，他被定为"反动学术权威"。这些造反派中，很多人曾是画院的学生或教师。丰家在石门湾的产业，使他被定性为"地主"，而曾在开明书店持有的股份又让他成了"资本家"。8 月，他的所有资产被冻结，一半的住房被政治上更为可靠的人所占据。尽管丰子恺长期患病，但仍被要求每天去画院汇报自己的情况。1968 年 9 月，他被移交给上海市博物馆，脖子上挂着吊牌遭到批斗，牌子上写着他反对革命文化和反党、反人民的"罪行"。他的散文旧作被视为"大毒草"；《护生画集》"宣扬反动的佛教思想，打着护生的幌子，宣扬不要武装斗争，麻痹人民的革命斗争意志"；1949 年后翻译的屠格涅夫《猎人日记》"歌颂沉溺于宴饮和打猎的地主阶级"；《源氏物语》则是"津津乐道于统治阶级奢靡生活细节的黄色小说"。[40] 丰子恺曾多次撰文反对的斗争性强烈的讽刺漫画，现在大量用于丑化政治领导和文化名人。大约三十年前，张谔曾说，漫画家应该把笔墨作为斗争的武器。现在，听从毛泽东指示、决心要"砸烂旧世界"建立新秩序的红卫兵，尽情发挥文字和绘画的力量，努力打倒丰子恺这样曾在新社会中享有特权的人。正如年轻的狂热者所唱：

> 拿起笔，做刀枪，
> 集中火力斗黑帮，
> 革命师生齐造反，
> 文化革命干一场。[41]

批判丰子恺漫画的大字报，铺天盖地出现在中国画院和丰家的外墙。而一册配有打倒丰子恺的漫画和批判文字的书，也以《打倒美术界反共老手丰子恺》为名正式出版。[42]

佩戴着毛泽东像章的老艺术家不得不以认罪的态度，定期向迫害他的人承认自己的罪行，有时是以口头汇报的形式，更多的时候则是书写似乎永无休止的书面报告。除此之外，他还被要求参加体力劳动，清扫大街，以身体的劳苦来洗刷思想上的污点。从 1966 年到 1969 年，像其他作家和艺术家一样，丰子恺不停地自我检讨，接受批判，参加各种批斗会和游街。[43] 丰家的变故，给家庭经济状况和生活的各个方面都带来了极大压力，但徐力民并未受到直接冲击。为了应付经济困难，夫妇俩不得不变卖家里的收音机、照相机和钢琴，最后连丰子恺一直极为珍视的一套日文版《世界美术全集》也卖掉了。在这段极其困难的日子里，从石门湾就一直跟随丰家的工友何英娥，一直忠诚地

批判毒画毒文合辑

上海财经学院东方红兵团大批判组
上海中国画院《斩阎王》
工总司高桥化工厂造反纵队
工总司府东游杂志联络站上海铁合金厂大队

《打倒美术界反共老手丰子恺》。图片来自『文化大革命』时期批判丰子恺及其背后黑手刘少奇的小册子(1967年)。

守在他们身边。[44] 许多家庭都因为政治倾向不同而分崩离析，无论是出于政治上的考量还是由于极度的恐惧，被子女唾弃而打倒的父母并不少见。丰家子女之间的分歧，也使这个家庭开始离散。他们是丰子恺身边最亲近的人，不同的意识形态观点甚至在"文化大革命"结束以后很长时间内，还深深影响着兄弟姊妹之间的关系。

从下面这段公开出版的材料中，可以感受到丰子恺所遭受的批判的腔调。这种尖锐的言辞，在"文化大革命"初期大量针对丰子恺的文章、论文和大字报中相当典型。

丰子恺，一八九八年生于浙江崇德县石门湾的一个地主家庭，是一个一贯反共反人民的老手、民族败类。在各个不同历史时期，他都利用诗、画、文密切配合国民党反动派进行反共反人民的罪恶勾当，干尽了坏事。

第二次国内革命战争时期，蒋介石匪帮对革命根据地进行大规模的"围剿"，中国工农红军和革命根据地人民进行了英勇的反围剿斗争。丰子恺，此时却出版了《护生画初集》，宣扬反动的佛教思想，打着护生的幌子，宣扬不要杀生（不要武装斗争），麻痹人民的革命斗争意志。

抗日战争时期，丰子恺大力散布亡国论调，"七七"事变后，日本妄图以武力并吞中国，丰子恺却偏唱"青天白日下，到处可为家"，歌颂国民党统治下到处"阳光普照""安居乐业"。一九四一，是世界法西斯最猖獗的一年，丰子恺却接连抛出《天涯静处无征战，兵气销为日月光》《年丰便觉村居好》等黑画，把国民党统治下的农村描写成"清静和平"的"世外桃源"，宣扬阶级投降、民族投降，散布资产阶级和平主义思想，要中国人民作亡国奴。

解放后，丰子恺继续坚持反对立场，恶毒攻击无产阶级专政，疯狂地反党反社会主义反毛泽东思想。

一九五〇，在全国人民欢庆解放之际，丰子恺却画了《却羡蜗牛自有家》，感到无家可归了。

一九五六，他紧紧配合刘少奇的阶级斗争熄灭论，一而再地画《炮弹当花瓶，世界永和平》宣扬和平主义，要革命人民放下武器。

同年，他写了毒文《元旦有感》，并配上毒画《城中好高髻》，恶毒攻击党中央和党中央制定的各项政策。

一九五七，他写黑文《代画》，攻击无产阶级专政像"张着狰狞血盆大口"的"铁锁"，说它是"人间耻辱的象征"，并要它速朽。[45]

一九六〇，他又以歌颂人民公社为名抛出毒画《船里看春景》，把人民公社描写成"徒有其表""虚假""浮夸"的东西。[46]

一九六二，他借辛弃疾词意描写单干"农家乐"，大肆鼓吹"三自一包"。[47]同时，又配合帝、修、反的反华大合唱，写杂文《阿咪》，恶毒地攻击我们心中最红的红太阳毛主席，污蔑我们社会主义制度下的"人不如猫"，人与人之间的关系是"虚伪"的。

三年自然灾害期间，丰子恺画了不少黑画攻击社会主义革命和建设，攻击社会主义制度，寄到香港去发表，得到了台湾蒋匪的喝彩。

可是在周扬、夏衍反革命文艺黑线的庇护下，丰子恺这个不拿枪的敌人，却窃据了全国政协委员、全国美协上海分会主席、上海文联副主席、上海中国画院院长、上海市人民代表等重要职务，并被吹捧为"社会名流""多才多艺"的权威。[48]

后来，丰子恺的亲人回忆起老艺术家在面对狂暴指责时的回应："他们逼我承认反党反社会主义，说如果不承认，就要开大规模的群众大会来批斗我……我实在是热爱党，热爱新中国，热爱社会主义的啊！可是他们不让我爱，他们不许我爱……"[49]这是"文化大革命"结束之后，很多人回忆起往事时的固定说辞。尽管这么说，丰子恺面对困境时却比较平静。为丰子恺写传记的作者，记叙了他的冷静。被抄家隔离，关入"牛棚"，挂牌游斗，他横下一条心，很快适应了环境，自寻安慰，自我解脱，把"牛棚"看作参禅之地，把批斗看成演戏。被隔离在上海美术学校校舍内时，他仍然千方百计叫家里人给他送酒，把这说成是治疗风湿的药酒。为纪念母丧而蓄的胡须被造反派剪了，他满不在乎地说："野火烧不尽，春风吹又生。"他的书面检讨，经常被喜爱其书法的人偷走。有时被带到公众场合游行，一些路人与他友好而同情的对话，也令他感到快乐。[50]

1967 年，小说家巴金也遭受了造反派的残酷迫害。某天，他从批斗会场被放出来，在街上偶遇丰子恺：

> 批斗以后我走过陕西路搭电车回家，望见那些西班牙式洋房，我就想起丰先生，心里很不好过：我都受不了，他那样一个纯朴、善良的人怎么办呢？！一天我看见了他。他不拄手杖，腋下夹了一把伞，急急地在我前面走，胡子也没有了，不像我在市政协学习时看见他的那个样子。匆匆的一面，他似乎不曾看见我，我觉得他倒显得年轻些了。看见多一个好人活下来，我很高兴。我以为他可以闯过眼前的这一关了。[51]

无论是在五一劳动节被命令上街贴标语，还是被带到黄浦江东岸遥远的市郊浦东，在群众斗争大会上接受批判，丰子恺的幽默和镇定，都使他承受住了无情的羞辱和时代的荒诞。一天晚上，他被拉过黄浦江游斗，自寻开心地说这好像是"浦江夜游"。1967 年，在等候进一步的批判时，他和美术理论家邵洛羊关押在一起。两人纵论佛教哲学和中外历史，度过了一段愉快的时光。唯一"美中不足"的是没有好酒助兴，索性放大了胆，让家里人送酒来，被"造反派"看到时就说这是药酒。[52] 不过，对丰子恺这种从未固定在单位上班的自由职业者来说，被关押在牛棚里极其难熬。他在给儿子新枚的信中，必须勇敢面对生活中的巨大变化。这种强迫的管制，反而使他的身体比以前更加健康了。"我因天天上班而身体健康了。近来只觉得烟、酒、饭，都味美，此即健康之证。故我希望'文革'延长，我永远上班，则永远健康。"[53]

丰新枚于1964年从天津大学精密仪器系毕业后，校方照顾他家在上海，父亲又是统战对象，便分配到上海科技大学外语进修部进修两年英语。"文化大革命"初期，他感到自己的生活风平浪静。到了1968年，由于父亲是上海市十大批斗对象之一，原定分配在上海工作的新枚，被分到河北省石家庄市的华北制药厂，和新婚妻子沈纶（佩红）一起离开上海，当了一名技术工人。从这时开始直到去世，丰子恺一直与新枚保持着密切的书信往来。这些信件与写给广洽的书信，成为我们了解他晚年生涯最重要的资料。他在给广洽的书信中说话还比较审慎，在写给儿子的信里则更加坦诚和直爽，父子二人的通信中常常写满了含有暗语与隐喻的古代诗词。[54]

在被监禁的冗长日子里，丰子恺还是希望能做一些工作。由于缺乏复印设备，红卫兵命令这位不幸的艺术家重绘其民国时代的旧画，以供群众批判时使用。下面这段文字，是他在离开牛棚后的漫长软禁时期中写的每日汇报。这页文字被原样复制，由他的女儿一吟在80年代中期捐给石门湾丰子恺纪念馆，陈列于二楼的书房中。

1968年3月31日星期天

6时起身起床

7时早餐

8时学习毛主席著作——反对自由主义、老三篇

10时休息，整理衣物，洗脚

12时午餐

14时学习毛主席语录

16 时休息，抄写思想交代

18 时晚餐

（20 时半就寝）全日无客来

全日不出门 [55]

　　这是一份关于当时生活的简洁而辛酸的记录。虽然自我否定成了丰子恺新的日常工作，但在每天早餐之前，他都会偷偷地从事自己所称的"地下活动"：在花园中浇灌花草，写一点散文。这后一项功课，很快变成写作回忆录和进行翻译的新计划。[56]

　　1969 年，丰子恺决定写一卷《古诗十九首》的书法作品。《古诗十九首》创作于公元 2 世纪，是五言律诗最早的合集之一。他写信告诉新枚："我近常默背《古诗十九首》，这无名氏作品，实在很好，可谓五言诗之鼻祖。但在今日皆属毒草矣。"《古诗十九首》收录于《昭明文选》，半个世纪之前，他的师范同学杨伯豪为了阅读这部文选而逃课。十九首中那些忧郁的诗句，感慨人生欲望的虚幻和生命的短暂，正契合丰子恺绘画和写作的主题，也与他此时的心理状态产生共鸣。

去者日以疏，来者日以亲。

出郭门直视，但见丘与坟。

古墓犁为田，松柏摧为薪。

白杨多悲风，萧萧愁杀人。

思还故里闾，欲归道无因。[57]

　　到了 1969 年夏天，情况似乎开始好转。5 月，丰子恺写信告诉新枚："我们请罪已改为请示，鞠躬取消，身戴像章，劳动废止，与群众混在一起。只欠缺'解放'二字。"[58]他甚至适应了每天的体力劳动。

丰子恺与老艺术家唐云同在画院和一家制药厂劳动，他们二人被关押在牛棚时，曾以学习"毛选"为幌子，写作旧体诗词。然而，当年秋天，按照通过体力劳动改造知识分子灵魂、准备应对与美苏之间可能爆发战争冲突的要求，七十二岁的丰子恺被遣送到上海市郊劳动。在给新枚的信里，丰子恺说徐力民拒绝了返回石门湾的建议，更愿意待在上海忍受假想敌的轰炸。虽然面对命运的变故相对镇定，但他的健康状况却由于乡村的寒冬而每况愈下，他的床边堆满积雪，屋子里只有一个残破的炉子。次年 1 月，虚弱的肺部感染了，丰子恺被送进医院。尽管公众对他的批判还在继续，大街上仍有针对丰子恺艺术的最新批判专栏，但最终他还是被允许在家休养，直至病愈。他利用这段难得的休养时期，马不停蹄地重新投入到"地下活动"中。

《护生画集》最后一卷即第六集，原定在 1979 年出版，但丰子恺决定马上开始这一集的工作。1971 年 1 月 11 日，他写信告诉广洽法师："病中回忆往事，时多感慨。弘一法师曾约画'护生'集六册，已成其五，尚缺其一，弟近来梦中常念此事，不知将来能否完成也。弟今年七十有二。"[59]

他想让友人、书法家朱幼兰居士为最后一册《护生画集》书写诗文，又害怕连累朱幼兰。朱幼兰深为丰子恺的精神所感动，当即表示愿意担此风险："我是佛门弟子，为宏法利生，也愿担此风险，乐于题词。"他在极其保密的情况下为第六集配好诗文，并冒险保存。1978 年，广洽法师回国，把画稿带走。这一集画稿安全送抵新加坡后，于 1979 年在香港由时代图书有限公司印行，距离 1929 年出版初集已有五十年之久。广洽法师在最后一集的序言中说：

> 从此数年之后，往来音问，若断若续，似有不能言之隐衷，而常以深居简出养病为词，庸讵知此乃故友受无妄之灾

之日也！……盖所谓护生者，即护心也，亦即维护人生之趋
向于和平安宁之大道，纠正其偏向于恶性之发展及暴力恣意
之纵横也。[60]

病假也让丰子恺有更多时间来翻译日本古典文学"物语"，他在
十年前就开始对这些经典感兴趣。在病中接连译出了三部日本著名的
古典故事：《竹取物语》《伊势物语》《落洼物语》。[61] 他还决定译出早
年读过的夏目漱石《草枕》。虚弱的丰子恺感觉自己的时间不多了，
便在晚间全力写作回忆录，这一系列三十三篇文章被命名为《往事琐
记》，后以《缘缘堂续笔》之名出版。后来，丰子恺把这整部手稿，
连同他的一些译稿全部寄给了在石家庄的儿子新枚，叫他妥善保管。[62]
和往常一样，他从儿童的生活中获得慰藉，其中也包括与父母新枚和
沈纶分居两地的小羽。1970 年 1 月，他写下一首《病中口占》，表达
此时此地的心境：

> 风风雨雨忆前尘，七十年来剩此生。
> 满眼儿孙皆俊秀，未须寂寞养残生。[63]

在这些最后的文章中，他依然无声地表达着他在艺术生涯和生命
中一直坚持的宗教信仰和美学观念。他很少提及给他熟悉的世界带来
巨大变化的政治动荡，却一再回忆离散老友和家人，感叹命运的无
常，重温石门湾少年时光的种种欢乐。有些短章中充满了孩子气般的
回忆，怀想无忧无虑的年少往昔，甚至还写到杭州师范时期的几件学
生惨案和他的学生陶元庆妹妹的可怖惊险的故事，还有他认识的一个
和尚的秽行。另一些文章记载着父亲中举后当地举行的传统庆典，还
有中国旧历新年和清明节的扫墓、七七牛郎织女鹊桥相会，以及放焰

口等。[64] 逝者的幽魂在这些文字中游荡，既有年少时的邻居、狡黠的玩伴，也有当地的怪人。其中有一位本地的独身汉阿庆，给丰家卖柴，阿庆唯一的爱好是二胡，具有极高的天赋和艺术感受力。丰子恺回忆说："中国的胡琴，构造比小提琴简单得多。但阿庆演奏起来，效果不亚于小提琴，这完全是心灵手巧之故。"

> 阿庆孑然一身，无家庭之乐。他的生活乐趣完全寄托在胡琴上。可见音乐感人之深，又可见精神生活有时可以代替物质生活。感悟佛法而出家为僧者，亦犹是也。[65]

而在《暂时脱离尘世》一文中，丰子恺回顾了他一生关注的美学主题，否定对过去的过度自卑，重申对趣味的不变信仰和对诗意生活的追求。他引用夏目漱石的一段话来表述自己的看法：

> 苦痛、愤怒、叫嚣、哭泣，是附着在人世间的。我也在三十年间经历过来，此中况味尝得够腻了。腻了还要在戏剧、小说中反复体验同样的刺激，真吃不消。我所喜爱的诗，不是鼓吹世俗人情的东西，是放弃俗念，使心地暂时脱离尘世的诗。[66]

文末，他又回到了最喜爱的文学主题：归隐。多年以来，人们认为陶渊明的《桃花源记》是虚幻的，但是大家都喜欢读，"就为了它能使人暂时脱离尘世"。当丰子恺写下这些文字时，他或许也想到了《饮酒二十首》中最著名的诗句：

> 结庐在人境，而无车马喧。

问君何能尔？心远地自偏。

采菊东篱下，悠然见南山。

山气日夕佳，飞鸟相与还。

此中有真意，欲辨已忘言。[67]

除了文学，丰子恺晚年还致力于佛教活动。在给广洽的一封信中，他说"弟自幼受弘一法师指示，对佛法信仰极深，至老不能变心"。他同本地的佛教居士保持联系，尽最大努力维持素食的习惯（偶尔辅以火腿等肉类）。尽管健康状况日益不佳，肺部有疾，但还是保持着每天一包香烟和两瓶啤酒的嗜好。[68]1971年，他秘密完成了《护生画集》第六集，同时还翻译了日本学者汤次了荣注释的《大乘起信论新释》。此书是印度高僧马鸣所著，在大乘佛教徒中享有很高声誉，也曾影响丰子恺20年代的皈依。[69]汤次了荣的注释详赡，便于理解。为了保密，他给儿子新枚的信中将此事称之为"研习哲学"，并一再叮嘱儿子阅后把信毁去。全书译毕后，他设法让人带到海外交给广洽法师。1973年8月，丰子恺得知译稿即将刊印，立即致信广洽法师：

我国规定，对宗教信仰可以自由，但不宜宣传。弟今乃私下在海外宣传，故不敢具名，而用"无名氏"也……[70]

这部书于1973年在新加坡以丰子恺手迹原稿影印出版。

那些年里，丰子恺和徐力民夫妇关心的首要事情，是政府何时能给他的"专案"一个结论，只有这样，他和家人才能重新回归正常稳定的生活。丰子恺每月的工资仍被冻结，家里大半空间也被他人占据。在写给最疼爱的小儿子、远在石家庄的新枚的大量通信里，丰子恺表达了对此的忧虑。他多次说到全家平安，让儿子放心，信中也充满对未来的无尽猜想，希望将来被正式"解放"，移除悬在头上无中生有的种种指控。他盼望最终能从公职中解脱出来，获准退休赋闲。现在，他们除了耐心地观望政治上的风吹草动之外，毫无选择可言。丰子恺写道："抗战八年，'文革'差不多七年，我真经得起考验。"多年来，全国各地人们的生活都被迫停滞，等待着他们政治状况的官方裁定。然而，北京暗中涌动、变幻无常的派系斗争，却使得整个国家都陷入了停滞。"好在我有丰富的精神生活，足以抵抗。"丰子恺告诉儿子，"病假两年半以来，笔下产生了不少东西，真是因祸得福。"[71]

即使在黑暗的日子里，在丰子恺的信中仍能看出一些端倪，他始终相信耻辱的时代结束之后会迎来更好的命运。1972年9月，他在信里告诉儿子："我幽居在此，想起与归熙甫项脊轩有点相似，写了一张附给你，文章很好。文中言'蜀清守丹穴'，乃四川一寡妇以炼丹致富，秦王为造女怀清台也。"丰子恺蜷缩在日月楼兼作书房和卧室的小小阳台之上，在给儿子的信里并没有引用下面归震川这篇名文中的文字，因为他知道新枚自己会找来阅读，能够明白父亲想要表达的意思。

> 余区区处败屋中，方扬眉、瞬目，谓有奇景。人知之者，其谓与坎井之蛙何异？[72]

1971年秋，丰子恺完成了最后一套绘画作品。这七十多件画作是他自1969年以来秘密创作的，交给了学生胡治均，作为多年以来赠给胡治均的三百多件作品的替代之物。胡治均是上海市电力公司的干部，在40年代就认识丰子恺。"文化大革命"中，他受到冲击和追查，在万般无奈时，从珍藏的老师赠画中选出十多幅，藏到领袖像和鲁迅"横眉冷对千夫指"条幅背后。剩下的三百来幅，他觉得似乎是定时炸弹，随时会被抄出而带来极大麻烦，这些作品与其让别人毁掉，不如自己动手。一天凌晨，他带着一大包画稿来到江边，含泪将其沉入江底。[73] 这个时期，直到 1971 年林彪事件之前，"文化大革命"的动荡仍在持续，人们依然生活困难，但丰子恺决定尽可能给胡治均重绘失去的作品。于是，不顾病体虚弱坚持作画，叮嘱胡治均每周来一次。每次丰子恺总会给他一个封好的信封，让他藏好回家再拆，每个信封内装着一两幅画。周周如此，从不间断。不到两年，胡治均存画已有七十多幅。1971 年秋的一天，丰子恺送给胡治均一个亲手糊制的大信封，上用铅笔写着"敝帚自珍"四个大字。令人奇怪的是，丰子恺选择这个经典之语作为最后一本漫画集的题目。这四个字来源于诗人和文学批评家曹丕的《文论》。虽然当时丰子恺的艺术被外界贬低，但他用这四个字宣告，他和最亲近的朋友仍然珍爱自己的漫画艺术。他在给新枚的信中最早提及此事时，因害怕被查出，就和儿子约定在以后的所有通信中用"语录"二字代替"画"字。[74]

这些"无用的画"并非是丰子恺晚年仅有的作品。据丰一吟说，在动荡的年月中，父亲经常给陌生人作画。他坚守佛教中"结善缘"的信念来与人打交道，家人担心这慷慨迟早会带来麻烦，但他说："爱我画的，爱我字的人，总是爱护我的。爱护我的人，总不会是坏人吧！"[75] 不过，乐善好施也并未掩盖他的讽刺精神。有一次，一个毛泽东思想宣传队的人来索画，丰子恺画了一幅农村景物的作品，并题字"种瓜得瓜"。[76]

在新集子《敝帚自珍》中，也包含有不少早期作品的重绘之作。此时距丰子恺与晚明"言志"文学的现代提倡者俞平伯、林语堂、周作人等人结识，已过了四十多年之久。在当时那个时代，他们都已成为被贬低的对象，被当成反革命扫进了"历史的垃圾堆"。俞平伯自

50 年代开始就被禁言；林语堂在 1949 年之后再未回到大陆，郁郁流落境外，为中国文化的命运而苦闷；而周作人在"文化大革命"爆发初期就已去世，那时他刚刚修订了 50 年代出版、丰子恺插图的《儿童杂事诗》。他们的努力已经被激进的政治横扫在一旁，丰子恺只有在《敝帚自珍》的序言中抓住短暂的机会来重述他的早期艺术生涯：

予少壮时喜为讽刺漫画，写目睹之现状，揭人间之丑相。然亦作古诗新画，以今日之形相，写古诗之情景。今老矣。回思少作，深悔讽刺之徒增口业，而窃喜古诗之美妙天真，可以陶情适性，排遣世虑也。

他说已将这些画作交给胡治均，"交爱我者藏之"。短序的最后一句很简单："今生画缘尽于此矣！"[77] 这个"缘"字，真像是一道不断的线索，贯穿于丰子恺的一生。

1972 年 12 月，官方经过调查，澄清了加在丰子恺身上的各种罪名和不实之词。上海中国画院对丰子恺作出"审查"结论："不戴资产阶级反动学术权威的帽子，酌情发给生活费。"1973 年年初，丰子恺终于可以离开上海了。这是七年来他首次离开这座城市外出旅行，他决定利用这难得的自由，首先去自己的艺术生涯开始之地——杭州。在胡治均的陪同下，丰子恺探望了八十三岁的姐姐丰满。丰满也是一位虔诚的佛教徒。这是姐弟俩在杭州的最后一次见面。两人在一起待了几天，动情地回忆往昔的时光，但杭州这座湖光山色之城已改变了许多。餐馆里供应的东西很少，丰子恺一行连最有名的西湖醋鱼也没吃到，路上公共交通工具也拥挤不堪。令人失望的还不仅仅是公共设施的欠缺，当丰子恺来到苏堤附近的蒋庄马一浮旧宅，想进去看看时，却被禁止入内。"文化大革命"爆发后不久，年老失明的儒学大师马一浮被加以"反动学术权威"之名赶出住宅。这位八十四岁的老人随后不久在杭州旧城中凄凉离世。虽然丰子恺从马一浮的侍者口中得知老先生"圆寂安详"，但在写给儿子的信里，丰子恺说："（马一浮）可惜不早死，在'文革'中被迫迁出，死在城中陋屋内。"[78]

1974 年，丰子恺完成了缘缘堂散文系列的最后一篇文章，此文记载了他这次到杭州游览的收获。不过，像是对丰家的再次考验，丰子恺在"地下活动"中创作的两件画作又落入官方之手，遭到批判。其中一件是《满山红叶女郎樵》，这幅作品来源于中国近代文学家苏曼殊的诗句，描绘一位秋天打樵的女子，但画中有三片红叶落下，被认为是影射革命的"三面红旗"（总路线、"大跃进"和人民公社）落地并被人扫走。为了更好地展示这些揭露艺术家煽动性意图的"罪证"，画作被收入上海市革命委员会效仿北京"黑画展"而举办的展览。这次展览严格限制参观人员，其后台就是后来被称为"四人帮"的那伙人。展览是自 1974 年初发动的"批林批孔"运动的组成部分，"批林批孔"的主要攻击对象，既不是林彪，也不是古代哲学家孔子，而是"当代大儒"总理周恩来。

多年的狂热革命动荡之后，周恩来只希望恢复正常秩序，并无疑在其中扮演着关键角色。他在文化领域小心翼翼地实施了一系列温和政策，提出了关于艺术的内部和外部两条标准。但是，这个模式可能让"四人帮"所倡导的恶毒的政治宣传文艺蓬勃发展；同时，也使得在一切领域推行"温和民族主义的或者乐观反传统政治的绘画"成为可能。[79]在被纳入"黑画展"这个最后的屈辱之前，丰子恺奉命在上海中国画院书写"批孔"的大字标语。但即便是这种姿态，也未能使他避免新运动的打击，此时需要的，是新的认罪。他在给新枚的信里说："我当然都认错，就没事。"在上海的丰家亲属们对此事却不敢如

此淡然处之,他们试图说服丰子恺不要再画画了,以免给家庭带来更多麻烦,他们甚至想藏起他的画笔。丰子恺却无视家人的反对:

> "文革"中我承认我的画都是毒草,然而世间有一种人视毒草为香花,什袭珍藏。对此种人,我还是乐意画给他们珍藏。

在写给新枚的另外一封信中,他说,"古人云:'文章千古事,得失寸心知。'画亦如此。"在与儿子谈到有人指责他们的画作中隐藏着政治讽刺时,丰子恺说:"此种吹毛求疵的办法,在'文革'初期很新鲜,但现在大家看伤了,都变成笑柄。"[80]

1975年清明节之后一周,丰子恺由弟子胡治均和女儿麟先陪同,重返石门湾探亲。在上海乘火车至海宁长安站后,改坐外甥蒋正东早已等候多时的小汽船,经过两个半小时到达石门镇。尽管他们最初打算和丰子恺的姐姐丰雪珍(雪雪)一起待在镇外,但还是遇到了前来迎接的亲友人群。丰子恺写信告诉新枚,他们去的季节,正好赶上李花和杏花盛开,还吃到了新鲜的扁豆。自1946年胜利还乡以来,这是丰子恺将近三十年间第一次回到石门湾。他在商店取了一条香烟,拿了不少糖果,散发给老朋友和他们的后代。此外,他还写了很多幅字送给乡亲,内容多数是贺知章的《回乡偶记》:"少小离家老大回,乡音无改鬓毛衰。儿童相见不相识,笑问客从何处来。"

这是丰子恺过去经常引用的一首古诗。在他的晚年,在特殊的环境之中,诗句所描述的景象对他具有双重含义。在返乡之前,石门镇革命委员会致函丰子恺,请他为"石门镇人民大会堂"题字,而这个建筑在"文化大革命"初期就被毁坏了。丰子恺的父亲和姑姑在近七十年前制作的节日花灯"彩伞",也在抗日战争时期日军对缘缘堂的轰炸中被摧毁。有意思的是，"彩伞"在"文化大革命"前夜由当地政府恢复。当时，丰子恺将已经残破和褪色的彩伞交给桐乡县文化馆，作为已被人遗忘的本地民间手工艺的样本。而现在所剩下的，只有丰子恺关于元宵彩伞历史的记录，这件传家宝本身早已在多年前损坏。[81] 在当地政府的邀请下，一行人在石门湾停留了十天。除了没完没了的宴请和团聚，他们还参观了从前的小学、丰家染房，当然还有缘缘堂。缘缘堂旧址早已被当地一家企业占用，并建起一家玻璃纤维厂，满地焦炭和碎石，证明着社会主义改造事业的进程。[82]

回到上海后不久，丰子恺突然告诉老酒友胡治均，决定放弃心爱的绍兴黄酒，说他只想看看一段时间不喝酒感觉会如何。胡治均一听到这个消息，立即感到事态严重。丰子恺不喝酒的决心只维持了两个星期，实际上，留给他喝酒的时间已经不多了。1975 年 7 月，在写给新枚的最后一封信里，他说自己依旧每天饮一壶米酒，抽一包香烟，并以写字为业余消遣。他给儿子说这些假话，想证明自己身体健康，事实上他的健康状况已经迅速恶化了。1975 年 8 月，手臂麻木，低烧不退。8 月 15 日，得知八十四岁的姐姐丰满病逝，心情异常悲痛，病情转重，随即住进大华医院；9 月 2 日转到华山医院，经检查诊断，患右叶肺癌，已转移到脑部。因脑部神经受压，右腿右手已不能动，舌头也发僵，说话困难。两周以后，9 月 15 日，丰子恺在上海与世长辞，享年七十七岁。9 月 19 日，由上海画院发出讣告，在龙华火葬场大厅，为画院名义上的领导、实际上的受迫害者丰子恺举行了简单的追悼会。[83]

1976 年 10 月，在毛泽东逝世一个月之后，江青及"四人帮"的其他成员被捕，"文化大革命"正式结束。1978 年 6 月 5 日，上海市文化局党委做出复查结论，撤销原审查结论，为丰子恺平反。一年之后，1979 年 6 月 28 日，由上海市文化局、文联、画院出面，为丰子恺举行骨灰安放仪式，将骨灰安放在上海烈士陵园革命干部骨灰室。

1986 年 4 月，徐力民去世三年之后，丰子恺的一包衣物，和妻子徐力民、姐姐丰满和雪雪以及雪雪丈夫蒋茂春的骨灰，一起安葬在石门湾南圣浜雪雪之子蒋正东家的自留地上。[84]

1 由俞平伯祖父俞樾所作的《俞曲园笔记》，也是周作人非常喜欢的一部书。

2 1960 年 8 月 19 日、9 月 20 日和 10 月 18 日致广洽信函，《丰子恺文集》卷 7，第 245—246、249—250 页。丰子恺告诉广洽，他之所以请朱幼兰居士题写书法，不仅仅是字写得好，还因为朱居士从年轻时就开始茹素。参看朱幼兰，《丰子恺和他的〈护生画集〉》，《浙江月刊》，1986 年第 12 期，第 28—29 页；陈星，《功德圆满——〈护生画集〉创作史话》，第 136—138 页。

3 1960 年 10 月 17 日致广洽函，《丰子恺文集》卷 7，第 248 页；《护生画集》第四集，第 3 页。

4 《丰子恺文集》卷 7，第 249 页；《护生画集》第四集，第 161 页。

5 《护生画集》第五集，第 3 页。

6 参看《丰子恺文集》卷 7，第 314、319、330 页。

7 1965 年 6 月 8 日致广洽函，《丰子恺文集》卷 7，第 331 页。丰子恺大约在此时完成了序言并寄给广洽，参看 1965 年 6 月 16 日致广洽函，《丰子恺文集》卷 7，第 332 页。《丰子恺文集》卷 7，第 334、336 页。

8 唯慈，《毛泽东时代的佛教》，第 286—287 页。关于"四害"，参看刘益辉、何宛仪、杨西祥，《中国政治短语语汇》，第 47 页。

9 1966 年 2 月 14 日致广洽函，《丰子恺文集》卷 7，第 341 页。尽管丰子恺请广洽将少量书籍寄给在中国大陆的友人，但他同时强调："勿多寄，以后续需时当再函索。"

10 1965 年 6 月 16 日和 7 月 2 日致广洽函，《丰子恺文集》卷 7，第 332—333 页。

11 1959 年 1 月 11 日致广洽函，《丰子恺文集》卷 7，第 228 页。

12 《丰子恺传》，第 207 页；中华书局编辑部，"出版说明"，载于辞海编辑委员会编，《辞海》（1965 年新编本），上海：中华书局，1965 年；香港：中华书局（香港）有限公司，1979 年重印。

13 巴金，《怀念丰先生》，载《真话集》（1981 年 1 月—1982 年 6 月），收入巴金《随想录》第三部分，第 39 页；丰子恺的诗句见《丰子恺文集》卷 7，第 772—774，特别是第 773 页；丰一吟，《潇洒风神》，第 290 页。

14 这些作品集分别是《子恺漫画选》（北京：人民美术出版社，1955 年）、《子恺儿童漫画》（天津：天津少年儿童美术出版社，1959 年）、《听我唱歌难上难》（北京：中国少年儿童出版社，1959 年）和《丰子恺画集》（上海：上海人民美术出版社，1963 年）、《缘缘堂随笔》（北京：人民文学出版社，1957 年）。1956 年，北京的外文出版社以英语、德语和波兰语出版了丰子恺画选，参看丰一吟，《丰子恺》，第 283 页；殷琦，《关于 1957 年版的缘缘堂随笔》，《杨柳》，1985 年第 8 期，第 7—9 页。

15 丰子恺，《艺术的逃难》，《丰子恺文集》卷 6，第 173 页。

16 参看丰子恺，《丰子恺画集》第 1—32 页。

17 丰一吟，《丰子恺》，第 287—288 页；陈星，《丰子恺怎样翻译〈猎人笔记〉》，《潇洒风神》，第 165—166 页；丰一吟，《潇洒风神》，第 285 页。

18 参看丰子恺编，《雪舟的生涯与艺术：纪念日本画家雪舟逝世 450 周年》，上海：上海人民美术出版社，1956 年；丰华瞻，《丰子恺与日本的文学艺术》，《日本文学》，1986 年第 3 期，第 229—243 页。

19 内山完造，《丰子恺先生》，写于 1956 年 12 月，收入《花甲录》，东京：岩波书店，1960 年，第 397 页。

20 内山完造，《丰子恺先生》，见《花甲录》，第 398 页。

21 丰子恺，《谈"百家争鸣"》，《丰子恺文集》卷 6，第 422—423 页。

22 例如，可参看 1960 年 7 月 25 日致广洽函，《丰子恺文集》卷 7，第 244 页；何莫邪，《丰子恺》，第 39—40 页。许多涉及丰子恺请广洽给他寄送外汇和其他物品的信件，未被收入文集。

23 丰子恺，《幸福儿童》，《丰子恺文集》卷 6，第 553—554 页。

24 这些诗句，参看《丰子恺文集》卷 7，第 783—784、789 页。

25 参看《丰子恺文集》卷 7，第 295 页。

26 陈星，《隐士儒宗马一浮》，第 81—85 页。

27 参看《丰子恺文集》卷 7，第 296—299 页。

28 丰一吟，《潇洒风神》，第 303 页。

29 丰子恺。《我作了四首诗——在上海第二次文代会上的发言》，发言时间
    是 1962 年 5 月 9 日，《丰子恺文集》卷 6，第 629—631 页；《丰子恺传》，
    第 153、208 页。

30 王西彦，《辛勤的播种者——记丰子恺》，载上海文艺出版社编，《往事
    与哀思》，第 363 页。

31 巴金，《怀念丰先生》，《随想录》，第 39 页。

32 丰子恺，《阿咪》，《丰子恺文集》卷 6，第 617 页；陈星，《丰子恺与猫》，
    《浙江日报》，1987 年 1 月 24 日。

33 丰一吟，《编后记》，《缘缘堂随笔集》，杭州：浙江文艺出版社，1983
    年，第 500 页；纪录片《画家丰子恺》，北京：中央新闻纪录电影制品厂，
    1962 年；《丰子恺传》，第 208 页；何莫邪，《丰子恺》，第 39 页。

34 丰一吟，《我所了解的广洽法师》，载文史资料研究委员会编，《文史资
    料选辑》第 112 辑，第 216 页。

35 丰一吟，《我所了解的广洽法师》，同上，第 217 页；《丰子恺文集》卷 7，
    第 337 页。

36 陈伯达，《横扫一切牛鬼蛇神》，《人民日报》，1966 年 6 月 1 日。

37 丰一吟，《潇洒风神》，第 318—319 页。

38 王斑，《历史的崇高形象》，第 220 页。

39 杨绛著，白杰明译，《丙午丁未年纪事》(Yang Jiang, *Lost in the Crowd,
    a Cultural Revolution Memoir*, Melbourne: McPhee Gribble Publishers,
    1989)，第 13—15 页。"五·一六通知"是当时指导"文化大革命"的纲
    领性文件，该通知提出一套"左"的理论、路线、方针、政策，号召向
    党、政、军、文各界的"资产阶级代表人物"猛烈开火。

40 中国文联原批黑画小组编，《送瘟神——全国 111 个文艺黑线人物示众》，
    北京：北京师范学院文艺革命编辑部，1968 年，第 324—325 页。

41 此首《造反歌》，又称《革命造反歌》，最初名为《文化革命干一场》，
    1966 年 6 月 4 日由北大附中红旗战斗小组文娱委员少华替同组闾恒的快
    板诗《文化革命干一场》谱曲，江青曾做过修改。参看上海工学院革命
    委员会编，《东方红颂歌》，上海：上海工学院革命委员会，1967 年，第

430 页。文中所引张谔关于漫画的观点，参看本书第三章，注释 81。

42　上海财经学院东方红兵团大辩论组和上海中国画院《斩阎王》编，《打倒美术界反共老手丰子恺》，上海，无出版时间。

43　何莫邪，《丰子恺》，第 40—41 页。

44　丰一吟，《潇洒风神》，第 325 页。

45　丰子恺，《代画》，《丰子恺文集》卷 6，第 505—508 页；实际上，这篇文章写于 1956 年 12 月 5 日。同时参看《丰子恺传》，第 151 页。

46　参看《丰子恺画集》，第 11 页。

47　"三自一包"，即自负盈亏、自由市场、自留地和包产到户，是刘少奇和邓小平 1962 年推行的政策。这项政策允许农民保留自留地、发展农村自由市场，同时也提倡发展小型企业和家庭生产，追求利润。这些政策旨在改善中苏关系破裂后和 1958—1960 年"大跃进"运动带来的大饥荒的严重经济后果。

48　这篇人物传记来自武汉大学中文系鲁迅无产阶级战斗团编，《文艺黑线人物示众》，武汉：无出版机构，1968 年，第 157—158 页。

49　《丰子恺传》第 165 页；这些话见于诗人白桦在 1980 年创作的剧本《苦恋》，"文化大革命"后成为一种流行的说法。

50　《丰子恺传》，第 166 页；王西彦，《辛勤的播种者——记丰子恺》，第 365—366 页；潘文彦，《丰子恺先生的胡须》，《香港文学》，1985 年第 9 期，第 14—16 页；丰一吟，《丰子恺晚年的遭遇及遗作》《联合报》，1983 年 8 月 18 日；丰一吟，《潇洒风神》，第 323—325 页。

51　巴金，《怀念丰先生》，《随想录》，第 41—42 页。

52　丰一吟，《潇洒风神》，第 324 页。

53　丰一吟，《丰子恺晚年的遭遇及遗作》；1968 年 4 月写给新枚的信，《丰子恺文集》卷 7，第 553 页。

54　丰新枚，《父亲与诗词》，载浙江省嘉兴市对外文化交流协会编，《嘉禾风情》，北京：国际文化出版公司，1992 年，第 9 页。

55　这条材料是笔者在 1986 年 11 月中旬访问石门湾时抄录的，未收入《丰子恺文集》。另可参看谷苇，《丰子恺在"长夜"中》，《澳门日报》《镜海》

副刊，1986 年第 26 期。"老三篇"是指《毛泽东选集》中的三篇短文《为人民服务》《纪念白求恩》《愚公移山》。在"文化大革命"期间，人人需要学习和背诵这些文章。

56　《丰子恺传》，第 167—168 页；王西彦说丰子恺"加紧开设他的'地下工厂'，从事翻译和绘画"。见《辛勤的播种者——记丰子恺》，载上海文艺出版社编，《往事与哀思》，第 365 页。

57　此诗的英译见宇文所安编，《中国文学选读》，第 260—261 页；同时参看《丰子恺文集》卷 7，第 576 页；《丰子恺传》，第 211 页。

58　参看《丰子恺文集》卷 7，第 557 页。

59　参看《丰子恺文集》卷 7，第 350 页。

60　广洽在 1979 年所写序言，《护生画集》第六集，第 1 页；《丰子恺传》，第 171—172 页。

61　丰子恺致新枚的信函，《丰子恺文集》卷 7，第 561、569 页；《丰子恺传》，第 166、168—169、211—212 页；何莫邪，《丰子恺》，第 41 页；《落洼物语》，北京：人民文学出版社，1984 年；丰一吟，《父亲的最后一部书》，《文汇报》，1985 年 9 月 16 日。

62　《丰子恺传》第 212 页；丰一吟，《编后记》，载《缘缘堂随笔集》，第 500—502 页；《丰子恺一批散文遗作发现》，《文汇报》，1983 年 1 月 25 日；丰一吟，《关于〈缘缘堂随笔集〉》，《文汇报》，1983 年 1 月 26 日。

63　丰子恺，《病中口占》，《丰子恺文集》卷 7，第 821 页。

64　分别参看《丰子恺文集》卷 6，第 717—718、719-721、755—758、676—680、696—704、705—708、660—661 和 729—732 页。

65　丰子恺，《阿庆》，《丰子恺文集》卷 6，第 743 页；阿庆的名字是"姚阿庆"，他的亲戚姚青（音）曾撰文记载阿庆于 1954 年去世，他的后代们在"文化大革命"后享受着幸福生活。作者姚青的父亲是一位干部，母亲在商店当售货员，她写这篇文章时，还是一位中学生。参看姚青：《我的太公姚阿庆》，《杨柳》，1985 年第 6 期，第 4 页。

66　丰子恺，《暂时脱离尘世》，《丰子恺文集》卷 6，第 662 页；阿兰·特尼译，《草枕》，第 19 页。日文原文见夏目漱石，《草枕》，第 10 页。丰子恺和开西的译文，见《夏目漱石选集》第 2 册，北京：人民文学出版社，1958 年，第 118 页。

67　英译见班宗华，《桃花源》，第 14 页。

68　广洽编，《子恺漫画及其师友墨妙》，新加坡：胜利书局，1983 年；丰子恺致新枚的信函，见《丰子恺文集》卷 7，第 629、655 页。

69　多年以前，丰子恺对于这本著作就非常熟悉，他在《教师日记》说此书最适合学佛者，参看丰子恺，《教师日记》，《丰子恺文集》卷 7，第 131 页；关于丰子恺受此书的影响，见他致新枚的信函，《丰子恺文集》卷 7，第 630 页。

70　广洽编，《子恺漫画及其师友墨妙》，第 69 页；汤次了荣，《大乘起信论新释》（丰子恺译），台北：天华出版公司，1981 年。

71　分别参看丰子恺于 1972 年 9 月 26 日、8 月 4 日致新枚的信函，《丰子恺文集》卷 7，第 660、655—656 页。

72　丰子恺于 1972 年 9 月 9 日致新枚的信函，《丰子恺文集》卷 7，第 657 页；归有光（字熙甫，又字开甫，别号震川，1507—1571），《项脊轩志》，由卜立德英译为 "The Xiangji Studio"，载《古今散文英译集》，第 93 页。

73　胡治均，《丰子恺的〈敝帚自珍〉》，《人民日报》（海外版），1985 年 10 月 22 日；萧丁，《丰子恺画稿历难记》，《新观察》，1981 年第 15 期（8 月 10 日），第 30—31 页；鲁迅《自嘲》一诗的英译见詹纳尔译，《鲁迅诗选》（Lu Xun: Selected Poems），北京：外文出版社，1982 年，第 57 页。

74　《丰子恺文集》卷 7，第 647 页。

75　丰一吟，《儿童漫画家丰子恺先生的日常生活》，《明报月刊》，1979 年第 9 期，第 56—68 页。

76　萧丁，《丰子恺画稿历难记》，《新观察》，1981 年第 15 期（8 月 10 日），第 30—31 页。

77　引自丰子恺手迹，题为《敝帚自珍序言》，《香港文学》1985 年 9 月号，第 18 页；同时参看丰子恺《敝帚自珍序言》，《丰子恺文集》卷 4，第 583 页；关于周作人修订诗句的情况，参看钟叔河关于周作人和丰子恺的有关论说，载周作人、丰子恺，《儿童杂事诗图笺释》（钟叔河注），第 313 页。

78 《丰子恺传》，第 212 页；陈星，《隐士儒宗马一浮》，第 95 页；所引丰子恺语，见 1974 年丰子恺致马一浮弟子王星贤的信函，《丰子恺文集》卷 7，第 715 页；1969 年丰子恺致新枚信函，《丰子恺文集》卷 7，第 557 页。

79 安雅兰，《中华人民共和国的绘画与政治》，第 376 页；丰一吟，《丰子恺晚年的遭遇及遗作》；丰一吟，《潇洒风神》，第 332 页。

80 丰子恺致新枚的信函，《丰子恺文集》卷 7，第 678、685 页；萧丁，《丰子恺画稿历难记》，《新观察》1981 年第 15 期（8 月 10 日），第 30—31 页；关于丰子恺书写"批孔"大字报事，见《丰子恺文集》卷 7，第 676 页。

81 丰子恺，《彩伞说明》，《丰子恺文集》卷 6，第 651 页：以及笔者与陈星的私人通信。

82 丰子恺致新枚的信函，《丰子恺文集》卷 7，第 688—691 页；蓉康、梦全，《恺叔故乡之行》，载《桐乡文史资料》第 2 辑，第 91—95 页；《丰子恺传》第 174—175、213—214 页；丁凡关于石门镇的抒情文章，见《诗趣画意石门湾——寻访丰子恺故居》，《东海》，1983 年第 5 期，第 72 页。

83 胡治均，《忆丰先生一次戒酒》，《香港文学》1985 年第 9 期，第 12—13 页；1975 年 7 月 29 日丰子恺致新枚的信函，《丰子恺文集》卷 7，第 692 页；《丰子恺传》第 177、214 页；《丰子恺先生年表》，第 55 页。

84 《丰子恺年表》，《丰子恺文集》卷 7，第 846—847 页；《丰子恺传》第 177、215 页；《丰子恺先生年表》，第 55 页；丰子恺，《敝帚自珍》序言。

尾声

艺术的逃难

> 不封不树，日月遂过。匪贵前誉，孰重后歌。人生实难，
> 死如之何。
>
> ——陶渊明[1]

正如"文化大革命"初期对历史的彻底重估一样，从 1976 年开始，一股重新评价过往事件的大潮席卷了中国。不仅十年来被清洗、被污蔑，甚至被迫害致死的老干部们，恢复了名誉或者重新执掌了权力，整个时代和相关的人物以及文化的形式、主题和风格，也都处于恢复和调整之中。

70 年代末，中国共产党开始着手纠正过去的错误，"拨乱反正"，要让整个国家"重回历史的正确轨道"。恢复始于 70 年代初期，这也让丰子恺这样的人在经历了 60 年代末期的狂暴之后，过上了勉强能够忍受的生活。整个过程贯穿了 80 年代，在毛泽东晚年受到打压的文化也得到了挽救。[2]

恢复过程中出现了一种全国现象，即官方认可的对过去和受害者的怀念与追忆。这种官方引导的公众怀旧情绪，在 80 年代初期达到高潮。而在 1986 年及随后的阶段，又出现过另一次怀旧写作

的潮流。

在所谓怀旧产业初期，有关的写作是试探性的、渐进的。它既取决于回忆的内容，也和宣传部门彼时的状况有关。不难理解亲属、友人回忆文化界、学术界甚至政界故人的动机——他们希望记录逝者的故事，弥补多年沉默所欠下的心债。写作回忆录，也是恢复亲友声誉的方式，在很多情况下，还是利用逝者身后威望或发掘其文化资本的一种途径。这些回忆录，无论是文章、随笔或书籍，提供了许多与文中人物的工作、生活和时代有关的有趣（却并非总是可靠的）信息。但到了 80 年代中期，这些值得赞赏的做法，在新的经济和政治要务压力之下变了味。1984 年开始的城市经济改革，使中国出版业逐步走向商业化，为如饥似渴的都市阅读市场也为了投影视改编所好——写作稀奇古怪的角色，成为一项有利可图的生意。那些为名人创造神话并进行炒作的人，如今有可能获得国家拨款或其他资助，在媒体上高调亮相，作为逝者记忆的守护者，收获了令多数作家眼红的个人声誉。商业开发和政治操控的结合，为怀旧产业的兴起提供了理想环境。从 1979 年官方为丰子恺恢复名誉开始，他就因为正面的形象和对艺术的不可估量的影响，成为怀旧的理想对象。

远在丰子恺去世之前，新加坡的广洽法师就成为他的佛教绘画和书法作品的海外传播者，乃至代理人。广洽同样是弘一法师和马一浮作品的推介者，他们不可避免地与作为艺术家和居士的丰子恺联系在一起。但最早煞费苦心将他作为文化名人进行严肃思考和研究的，是 70 年代香港的文学史研究者卢玮銮女士。她在丰子恺去世前不久与他建立了通信联系，并且在最后的岁月里送了一件令他很开心的礼物：竹久梦二画册的复刻本。她以明川为笔名，出版与丰子恺有关的文章和书籍，凭一己之力在香港引发了大众对丰氏艺术的兴趣。她在这当中最大的成就，也许是 1977 年首次编辑出版丰子恺的闲适散文和其他文章的集子。几年之后,通过内地学者和丰氏亲属的努力,那些被人遗忘多年的作品得以再次出版。[4]虽然卢玮銮最初强烈希望在香港普及丰氏艺术,但80年代中期以后,出于对丰子恺的深切仰慕,她决定不再撰写关于他的文章。丰子恺逝世十周年之际,卢玮銮写了一篇怀念短文,解释了这一心理变化:"把自己仰慕的人作为研究对象,其实是万分杀风景的事情。"[5]尽管她在80年代中期中断了对丰子恺的研究和传播,转而研究40年代在港活动的内地作家,但她仍然保持着对丰子恺研究的兴趣。80年代末,她加入由丰氏亲属和研究者发起、成立于上海的丰子恺研究会,并成为通讯员,协助在港台发表研究成果。

然而,丰子恺再次出现于内地出版物的过程是缓慢的。第一个信号,是1978年8月23日上海《文汇报》以《丰子恺遗作》为题发表了一幅画作,显示出作者在政治上已被重新接纳。很快,《文汇报》发表了一封充满伤感又带着欣喜的读者来信,信中说从报纸上第一次得知这位艺术家已经过世。画作和读者来信的发表,使丰家人意识到丰子恺的名誉将很快恢复。[6]不久之后,丰子恺的沪上老友和倾慕者潘文彦在广洽法师的帮助下,发表了撰写多年的《丰子恺年表》。[7]同时,一册包括三十四幅漫画的丰子恺作品集在香港出版,还收入了香港作家和陈宝、一吟撰写的序言与评介文章。这几篇文章里最有意思的一篇,是以"怪论"闻名的香港讽刺杂文家哈公撰写的。他说:

> 今天,到处充满"战斗性",政治的或经济的,似乎随时都可以爆炸。读了这辑漫画,能令人"返老还童",心情平和,减少戾气![8]

随着纪念政治可靠或者平反人物的文字大量出现于国内的报纸和文学杂志，丰子恺也被纳入中国共产党的同路人、同情者组成的进步作家群体。上海作家王西彦评论道："虽是李叔同的崇拜者，纵观他的一生，他应该是属于归向革命洪流的，是革命队伍中的一个战斗成员，不过在前进的道路中，步履比较缓慢，有时且不免有些踟蹰而已。"[9] 而作为当时依然健在的老朋友，朱光潜在他所写的首批怀念文章里就谈到了丰子恺，这也是少有的不含政治色彩的回忆录。[10] 丰氏亲属，特别是小女儿丰一吟，也极为关注有关的回忆文章。他们和丰子恺的友人共同努力，在北京《新文学史料》上发表了丰子恺传记。这份半学术刊物，很快成了文化复兴者的主要发表园地。香港的重要文化刊物《明报月刊》，也于此时刊发了纪念丰子恺的文章。[11]

不过，与丰子恺的生涯和作品一并遗留下来的，还有烦琐沉重的责任，特别是他与周作人、林语堂等政治上有污点的作家亲密交往，还有他本人虔诚的佛教信仰，这类问题尤其触目。1981 年，上海出版 1949 年以来他的第一部作品集（由丰华瞻、戚志蓉夫妇合编）时，似乎无处不在的王西彦撰写了序言。为了防止读者得出作者与颓废资产阶级作家周作人、林语堂和俞平伯关系密切的结论，王在文章里称，丰子恺散文属于反对轻浮的"幽默"和"闲适"散文的革命阵营[12]，当时这些作家及其作品尚被官方谴责。在 30 年代的上海，丰子恺努力回避文艺阵营的内部争斗，五十年后，却被官方写手用于对个人主义作家的持续（虽然正逐渐减弱）批判。这些作家的文字已有三十多年不曾出现在公众视野中，以至在 80 年代初期，一度闻名于世的他们显得沉寂无名。同样有意思的是，1983 年丰一吟编选出版父亲的首部散文作品集时（与她的长兄竞争），与宗教信仰和弘一大师有关的内容明显被删除了。

在恢复名誉阶段结束后的最初几年，有关丰子恺的争议让人回想起 1949 年香港画展前夕，他曾声言自己追求的是一种"孤独的，奇怪的，不中不西"的艺术风格。80 年代，他的漫画再次被充满政治功利和讽喻意味的官方漫画界拒斥，他的艺术主张也不为西化派和保守者接受。半归隐的生活使他与文化界政治立场各异的宗派和团体，都保持着一定距离；即便共产党精英能勉强容忍他，也依然鄙视他的佛教信仰和遁世态度。虽然被誉为爱国者，生涯和艺术也被有限度地接纳和赞许，但官方文化机构中依然缺少为他授予相应荣誉的支持者。而他的同代人，如共产党员郭沫若、茅盾，以及忠实的同路人巴金、老舍和叶圣陶等，都已经获得了许多荣誉。

对丰子恺散文和绘画的评论，最早出现于 70 年代初的香港，当时他在内地仍不被肯定。他的作品能在内地获得正常的评说之后，无党派学者逐渐鼓足勇气，反对从意识形态上将他简单地归为思想受到玷污的进步者，也不认为他的宗教背景是怀疑主义与无政府主义世界观的产物。最早直面这个问题的学者之一是来自上海的殷琦，1984 年他在一本学术刊物上发表论文，论及一些"好心人"以为丰氏在 1949 年以后，放弃了严重妨碍他投入政治生活的悲观的佛教思想，转而积极入世。但殷琦认为，对作家丰子恺来说，"宗教思想是他创作风格的组成部分，为了讳疾而人为地除去它们，那么丰子恺也将不成为丰子恺了"。[13] 卢玮銮对这段评论印象极为深刻，在同年 9 月丰子恺研究会成立之时，写贺信给丰一吟，说殷琦显示了"思想与勇气……研究者应该具有的实事求是的专业精神，客观公正，不跟从政治潮流，证明中国年轻一代学者还有希望"。而在另外一个场合，针对丰氏亲属竭力推崇丰子恺并从中获得利益的做法，她明确说：

在一项研究中，个人关系不应该影响研究的客观性，不应该"为亲者讳"。今天，当学者研究其父辈的作品时，在一些中国作家的后代身上就出现了这类缺陷。这种态度完全不符合严谨的学术研究的目标，如果您能完全克服这个缺点，您将为学术研究树立一个标榜。[14]①

卢玮銮的担心是有理由的。1984 年 1 月，在"文化大革命"期间结识丰子恺的文艺理论家邵洛羊，在《解放日报》上发表文章，引用古典理论和丰子恺的有关论说，讨论"人品"与艺术成就的关系，以论证 1983 年 10 月以来"清除精神污染"运动的合理性。5 与大陆的情况相反，丰子恺作品在台湾获得了极大声誉。先锋作家、学者杨牧，编选了四卷本的《丰子恺文选》，由台湾重要的文艺出版机构洪范书店刊行。杨牧在 1982 年版的《丰子恺文选》序言里这样说：

> 丰子恺确实是 20 世纪动乱的中国最坚毅笃定的文艺大师，在洪涛汹涌中，默默承受时代的灾难，从来不彷徨呐喊，不尖酸刻薄，却又于无声中批驳喧嚣的世俗，通过绘画和文学，创作和翻译，沉潜人类心灵的精极，揭发宇宙的奥秘，生命的无常和可贵。[16]

虽然改革初期政治仍时有起伏，但严肃的学术研究和出版项目已从前所未有的文化宽容中获益。1984 年秋，在广洽法师的提议和资助之下，亲友建立了一个小型的非营利团体——丰子恺研究会，随后不久就开始编印内部流通的通讯刊物《杨柳》，以方便会员交流。刊

---

① 引文译自英文。

物最初由丰一吟编辑，后来交由杭州的一位热心于丰子恺艺术的年轻学者陈星，再后来由桐乡县政府主持。正是在老友广洽法师的努力下，研究会才能在政府的控制之外进行独立的研究。当时，此类团体仍很少见，也很冒险。从成立之日起，研究会就策划出版与丰子恺有关的书刊，安排多种活动，并接待八十多岁的广洽法师偶尔来国内巡游。遗憾的是，"文化大革命"期间丰子恺的子女之间产生了裂痕，这意味着并非所有的子女和友人都参与了研究会的创立及随后的工作和活动。[17]

各类出版物，无论书籍还是文章，在接下来的几年里逐渐涌现。但就 80 年代中期开始的公众纪念而言，最有意义的是 1985 年石门镇缘缘堂的重建及正式对外开放。丰家人迁走丝厂，在原地重修了这座 1937 年被日军炸毁的房子。70 年代以后，各式各样的纪念馆、展览厅、博物馆和纪念碑等建筑开始大量修建。不过，它们纪念的大都是与党和国家关系密切的个人，政府借此缅怀他们认为值得怀念的人物，但同时，地方团体也可以通过公众纪念的方式，拓展值得纪念者的范围。

在丰子恺的例子中，老宅的复原并非出于地方政府的慷慨，而是得益于老友广洽法师的资助。缘缘堂有一个房间专门展示、纪念他们的友谊，法师回国参加了落成和揭幕仪式。和"文化大革命"之前的状况一样，丰氏产业的支持者认为，正统佛教作为一种尚存的宗教，在这个国家里几乎毫无前途，但其往昔历史和精神网络，在海外华人世界中得以留存；佛教在海外华人中的昌盛，成了大陆获得捐赠的来源，也因此得到官方统一战线的容忍。[18]弘一大师和马一浮也间接从杭州政府支持旅游产业的新政策中受益。1953 年，丰子恺和同仁们在虎跑寺修建了弘一骨塔，现在那里又新建起弘一纪念馆。西湖边上马一浮的蒋庄别墅，则改成了一座茶馆，二楼悬挂着少得可怜的书法和儒家格言。到了 90 年代，粗俗的旅游商品的叫卖声打破了这里的宁静。

《人民日报》（海外版）于 1985 年 9 月 15 日——丰子恺去世十周年纪念之际，刊登缘缘堂重新建成的消息，肯定不是巧合。[19] 重新落成的建筑并非席卷全国的翻新重建浪潮的产物，而是浙江省旅游开发项目之一。这些项目包括绍兴的鲁迅旧居、茅盾的故乡乌镇，以及其他景观。随着浙江省逐渐意识到传统文化的价值和重要性，历朝历代和民国时期具有文化意义的故居，开始得到翻新重建，以体现本省的地方特色和重要性。但是，作为改革时期经济并不发达地方的商业纪念馆，缘缘堂开放不久就被迫开始出售廉价的旅游纪念商品。展示丰子恺艺术的空间里，挂满了他勤勉的女儿丰一吟的模仿之作，不大的商店里则摆放着几排模仿丰氏艺术"趣味"的拙劣纪念品（收益用以维持纪念馆的运行）。这些商品包括左侧以红蓝二色印着丰子恺漫画、下面印有"缘缘堂制"字样的纪念封，印有漫画《天末凉风送早秋》的扇子，以儿童漫画为蓝本、红蓝棕三色的棉质手巾，以及镶着红黑色平绒花边的花哨围巾。在纪念馆开放的最初几年里，印有子恺漫画的劣质塑料书签也很受欢迎。缘缘堂重新开放不久，为了进一步体现爱国热情，广洽法师将精心收藏了多年的 70 年代初六卷《护生画集》原稿全部捐献给浙江省博物馆。虽然一些寺庙中也有这套书的复制品，但直到 2000 年以后，这套画册才开始在市场上出售。

80 年代末，对丰子恺艺术更广泛的商业开发逐渐兴起。1987 年，云南省大理火柴厂发行了一套二十四枚的火花，图案就是丰子恺的山水画。《杨柳》编者、丰子恺艺术的研究者和推广者陈星在一篇短文里说，丰子恺漫画也是设计邮票、书签和贺卡的理想题材，因此，他呼吁"有关部门"考虑以这些方式开发丰子恺的作品。[20]

1988 年 12 月，丰子恺研究会在桐乡举办纪念丰子恺诞辰九十周年活动。"[21] 会员潘颂德在会议上说，应该效仿获得政府资金支持的

"红学"，建立"丰学"研究体系。[22] 会议还宣布，研究会成立以来，成员发表的研究论文和报告已达数百篇。12 月末，《杭州日报》刊登的《我所认识的陈星》一文称，陈星这样的研究会成员，甚至一些严肃的学者和作家，都通过将自己和丰子恺联系在一起而声名鹊起。[23] 不久，陈星以小说家的身份发表了《佛天艺海：李叔同与丰子恺传奇》。这篇半小说性质的文章讲述了两人的交往，最早刊登在《人民日报》海外版上，后来收入专书。[24] 1997 年末，在台湾某基金会的赞助下，潘颂德关于丰学研究的设想变成现实。杭州师范大学成立"弘一大师·丰子恺研究中心"，陈星出任中心主任。1998 年，丰子恺诞辰一百周年时，一座传统风格的建筑划拨给了研究中心。[25]

这一时期，丰子恺在四川时的老友夏宗禹，正在北京忙着编辑一套有关丰子恺、弘一和马一浮遗墨的书。夏宗禹早年担任《商务日报》记者，后在《人民日报》任编辑。1991 年，随着《马一浮遗墨》的出版，这套印制精美的丛书全部竣工，展现了三位名人长达六十多年的友谊。夏宗禹还原样翻印了早已绝版的俞平伯诗集《忆》，书中的插图均为丰子恺绘制，1992 年的这次复制，距离初版已有六十六年。[26] 文化的复兴一直持续到 90 年代，在此期间，杭州陆续出版了七卷本的《丰子恺文集》，本书使用的丰子恺文章，都依据这个权威版本。《丰子恺文集》是关于艺术和音乐的论文、散文、随笔、小说、诗歌和书信的最完整辑录。不过也要指出，出于政治或其他因素的考量，文集删改了不少重要的文章和书信内容。虽然丰子恺的后人尽可能小心地减少对作品的修改，但从主要方面来看，他们显然还是在努力制造不会带来政治麻烦的、比较"干净"的丰子恺文集。[27]

有时候，丰子恺的创作遗产因他热忱而鲁莽的后代而受到损害，他最受欢迎的艺术作品，同时成了改革开放时期出版业发展的受益者和贪婪抢夺的受害者。1998 年，丰子恺诞辰一百周年之际，十四卷的《丰子恺漫画全集》出版，这套精装画集售价高达 2500 元人民币。丰子恺的早期绘画关注普通人的生活，而这套精美画集显然不是为普通人准备的。令人惊讶的价格面向的是商业中心的新贵和白领阶层（这些父母只有一个被称为"小皇帝"的小孩，瞻瞻和他们比起来可是温顺得多），也适合于出版管理部门和领导的胃口。豪华的画册可以作为礼品送给来访客人、海外华侨及达官贵人，以感谢他们过往的支持，并期盼以后给予更多帮助。

1925 年，郑振铎首次出版丰子恺的漫画，是为了让长三角地区的城市青年，从新传统主义通俗小说和流行文化中抽身。丰子恺早期的大部分漫画出现在激进的左翼杂志或教育刊物上，当时他那一代的不少人都以日益增加的热情汲取进步的文化信息。1949 年以后，左翼文学和艺术取得了决定性胜利，主导文艺达三十年之久。随着"文化大革命"的结束，时代踏上了经济改革的列车，在传统破败和商业主义流行的氛围中，也弥漫着寻求文化前景的怀旧气息。

从 80 年代初开始，周作人、林语堂等人所效法的晚明作家及其小品文，逐渐在大陆重新印行。90 年代初期，这些小品文作家和他们在 20 世纪的"传承者"甚至获得过一段时间的盛誉，并在各地的图书排行榜上高居前列。然而，从 30 年代就开始的关于"言志"文学及其倡导者的古老争论，也随之重新出现。[28] 和半个世纪之前一样，林语堂和周作人再次因从晚明小品等个性主义作品中寻找应对现代中国危机的方式，将其"作为他们逃避现实并对抗革命的'永久的巢穴'"而受到批判。[29] 新一代读者则受到警告：这些不健康的作品观点错误，文艺水平低劣，会消磨人的意志。有一段时间，有人甚至努力阻止这些作品的出版和销售。党推行改革开放、世界贸易和商品交换，引来了林语堂小品流行多年的港台地区的文化的侵蚀；此时，林语堂特地从晚明小品中寻找到的灵感，似乎又成了新的威胁。林语堂对近四个世纪之前的"言志"文学的赞扬，令某些人感到不安，认为这是向90年代的正统意识形态提出挑战，正如这些思潮在清代的僵化思想环境中也不被接纳一样。林语堂写道：

自我发挥学派叫我们在写作中只可表达我们自己的思想和感觉，出乎本意的爱好，出乎本意的憎恶，出乎本意的恐惧，和出乎本意的癖嗜。我便在表现这些时，不可隐恶而扬善，不可畏惧外界的嘲笑，也不可畏惧有背于古圣或时贤。

自我发挥派的作家对一篇文章专喜爱其中个性最流露的一节，专喜爱一节中个性最流露的一句，专喜爱一句中个性最流露的一个表现语词。他在描写或叙述一幅景物、一个情感或一件事实时，他只就自己所目击的景物，自己所感觉的情感，自己所了解的事实，而加以描写或叙述。凡符合这条定例者，都是真文学；不符合者，即不是真文学。

这一派的弊病，在于学者不慎即会流于平淡（袁中郎），或流于怪僻（金圣叹），或过于离经（李卓吾）。因此后来的儒家都非常憎恶这个学派。但以事实而论，中国的思想和文学实全靠他们这班自出心裁的作家出力，方不至于完全灭绝。在以后的数十年中，他们必会得到其应有的地位的。

中国正统派文学的目标：明明是在于表现古圣的心胸，而不是表现作者自己的心胸，所以完全是死的。性灵派文学的目标：是在于表现作者自己的心胸，而不是古圣的心胸，所以是活的。

这派学者都有一种自尊心和独立心，这使他们不致逾越本分，而以危言耸人的听闻，如若孔孟的说话偶然和他们的见地相合，良心上可以赞同，他们不会矫情而持异说。但是，

　　如若他们以良心上不能赞同时，他们便不肯将孔孟随便放过去。他们是不为金钱所动，不为威武所屈的。

　　发乎本心的文学，不过是对于宇宙和人生的一种好奇心。

　　凡是目力明确，不为外物所惑的人，都能时常保持这个好奇心。所以他不必歪曲事实以求景物能视若新奇。别人所以觉得这派学者的观念和见地十分新奇，即因他们都是看惯了矫揉造作的景物的缘故。[30]

　　当读者厌倦了政治写作和浮浅的文学创作，便越来越需要能够逃避现实、放纵自己的"言志"散文。因此，到了20世纪90年代，与80年代末开始的文化退潮和自我膨胀的民族主义新的十年的主要特色——相对应，晚明作家及其20世纪的追随者也享受到出版大潮的便利。[31]80年代的"行家赞赏"（succès d'estime）变成了商业现象，对大陆读者的影响日渐式微。同时，闲适文学在大陆出版界盛行。从70年代开始，港台通俗作家就参与到休闲文学产业的繁荣之中。明代样式的茶坊和餐厅开始在北京等城市出现，这些产业即使不是台湾人投资，也是模仿台湾的样式。[32]随着大陆的进一步去政治化，林语堂、周作人、梁实秋、丰子恺，以及其他重要的非党派作家的作品选编、合集及重印本，拥有了更多的新读者。读者发现，这些作家的随笔——个人与个人之间的亲密对话——是一种他们自己的文学。历朝及当代个人写作者的作品，现在都能找到，传播便利，并被广泛接受和模仿。在近半个世纪的中断之后，这群作家的作品又一次出现在他们的对手、支持者和普通读者的眼前。

　　周质平在关于晚明公安派作家袁宏道的专论结尾指出，周作人对晚明小品文的看法甚至影响了其本身的文学创作。他还指出，袁宏道的文学观与五四健将胡适的文学主张之间存在相似性。胡适提倡自我表达的自由，抵制古典散文的僵化保守。"这种历史的巧合，"周质平写道，"使我相信由公安派所倡导的'言志'文学主张在随后的四个世纪中从未消失。它就像在清代正统文学观之下潜伏的一股暗流，在20世纪初如同巨大的喷泉一般涌现出来。历史可以证明，袁宏道所倡导的晚明文学运动在某种意义上预言了中国文学的发展方向。"[33]

30年代鼓吹向晚明进行积极文化怀旧的作家，也反抗始于五四运动的潮流——否定曾对他们意义重大的解放动力。目睹了现代中国城市，特别是上海和长江流域其他商业城市中的进步文化逐渐演化成宗派主义、革命、知识审查或者对异国情调的自我沉溺之后，他们强调"生活情趣""童真""保持本心"的文学、艺术追求，也面临着越来越大的威胁。下面这些文字传达出的信息是，对许多人来说，他们已与昔日的激进姿态没有多少关联：

> 他们生活与作品的焦点都是自身，但其自我表达却并无确切定义，也缺乏内在的深度……五四一代作家（仅有少数例外）常常声言其个性和生活方式反抗着他们认为混乱和异化的外部环境，但当这种自我的外部表达只是一种浪漫的吁求时，其激进的反传统外衣之下掩藏的则是精神的空虚。[34]

像丰子恺这样不属于任何派别的作家，回应着时代的解放潮流——尽管依然坚持对历代文人传统的个性化阐释，试图在艺术与文学中追求强调自我修养与同情之心独特见解。他的这种努力与文雅的现代传统主义者林语堂很相似，后者在作品中寻求宽容的反讽、洒脱、理性和人文精神。[35]这种"闲适文学"及与其密切联系的文雅风格（以及多数情况下的姿态），还充当了在职业作家和教育者中重现文人理想的媒介。难怪在相对繁荣的90年代，再次出现了大众对闲适、品位和文学风尚的现代模式的追捧。

无论是社会主义还是资本主义，经济体和国家的赤裸裸的自我利益，都完全建立在贪婪——对自然资源的持续消耗之上。对环境的利用和改造，永久性地改变了江南的面貌，远在丰子恺去世前，黑压压的工厂、灰色宿舍楼、污染、碎石路、过度密集的人口和错误的农业政策，已将原先"在任何地方都能看到诗意与美景"的江南彻底改变了。在不到一个世纪的时间中，石门湾至少经受了两次摧毁，一次是在太平天国战争中，另一次是在30年代的日本侵略中，而解放后的所谓建设狂潮，也给它也留下了无法抹去的印记。

伴随地区经济的发展，杭州的面貌也焕然一新。西湖边竖起了耀眼的路灯，停满各式轮船，成为发展旅游产业的嘈杂之地；城内高楼林立，再也没有能令游客放松的与上海摩天大楼截然不同的景致了。从杭州去上海的，不但有悠闲的航船，还有快捷的高速公路和便利的铁路。同时，苏杭之间的大运河观光之旅也重新开张，沿途景观早已改变，河道里商船川流不息。甚至丰子恺在上海的最后居所——陕南新村"文化圈"的公寓和"日月楼"，也在90年代的城市重建大潮中拆除。丰子恺百年诞辰之际，金华汤溪丰村竖起了一座纪念碑，六十年前日军侵入江南时他曾考虑带家人到祖籍地避难，但他从未真正到过那里，现在，纪念碑上铭刻着"丰子恺祖地"五个大字。[36]

丰子恺去世之后，他饱含着爱和温情记述的那些地方，大多换了模样，只能留存在他的文字中。虽然地方政府出于发展旅游产业等考虑，努力重建或至少保护江南的文化和自然景观，但无济于事。在这种失落的情绪中，读者或许只能在丰子恺的文字里得到弥补。

所以，丰子恺的作品能在文化复兴和怀旧潮流中占据一席之地，也就不会令人感到惊讶了。他的作品吸引读者的魅力是多种多样的：

文字既是城市的，也是乡村的；既是现实的，也是理想的；它们蕴含着现代的情感，又以传统的笔墨抒发；同时，也表达了对政治激情和商业大潮的深切担忧。读者能在他的作品中追忆往昔，得到安慰，也能欣赏到现时的图景，了解他对生命艰辛和虚荣的感悟、家庭和孩子带来的快乐、诗歌的美好，还有在万物中寻找美的艺术。在丰子恺散文明晰而简洁的语言中，读者能感受到与政治口号完全不同的微妙与优美。丰子恺和友人创作于二三十年代的文章，比那些欧化文学和革命文学更优雅、更清新，特别是散文这种在当代中国广受吹捧的体裁。陕西小说家贾平凹和他的朋友提倡"美文"，而上海的余秋雨也推崇丰子恺类型的闲适文学作家。通过他们的努力，曾经一度消失的散文家及其作品，成为世纪末文学景观的重要现象。虽然正统左翼文人仍把持着官方的话语权，他们的作品大量出现在大学和高中课程之中，但世纪之交，丰子恺这样的散文家及其作品，却在更宽广的、未受政治变幻影响的大众阅读领域里得到持久的欢迎。

然而，一个像丰子恺这样的艺术家，在世纪末闲适作家和民国散文家被经典化之后，可能经受了新的逃难，他也需要追问自己的精神和内心是否经历了新的错位。他渴望向人们呈现简单表象下的可能性，日常生活中眼睛和心灵捕捉到的吉光片羽，季节的变幻，情感的波动，人类工业的空虚和宏大目标的愚蠢。似乎可以掉以轻心，但却仍需时时警戒。柔石、曹聚仁、吕斯百和胡风等坚定的反对者，想把丰子恺打入另册，认为他的艺术和散文不过是中国现代文化的注脚，但他们自己却被当代读者边缘化了。

本书从"艺术的逃难"视角，追述丰子恺的命运和艺术生涯。今天，讨论被放逐的艺术或文学时，不免令人想到知识分子的命运，他们生活在对自由的痛苦梦想之中，长年——如果不是终其一生——背井离乡，四处漂泊。

但在本书中，我们追寻的是另外一种方式的流亡。在丰子恺的一生中，他只在年轻时出过一次国门，也从未因为自己的信仰和行为遭受牢狱之灾，但他作为艺术家的逃难，确是真实而尖锐的。

应该注意到，不仅是政治流亡者，那些大艺术家和真正的思想者，在他们自己的国度中都是异乡人。艺术家身上的独特性和不合群，让自身所有的事情都变得不同寻常，甚至有时会令人奇怪。即使在最熟悉的环境中，也会感到疏离，这使他开始了流亡。即使在从出生到死亡，都生活在自己最为熟悉的同一处所里，他也是一位流亡者。[37]

或许是由于 20 世纪逃难和流离的普遍经验，丰子恺的故事才能远远突破中国革命及其所催生的文化限制。丰子恺那一代人，出生于物质与文化都错位、矛盾的时代。他在帝国晚期的文化中心度过了青春岁月，通过父亲的命运目睹了旧式儒家教育和科举体制无可挽回的衰败，见证新的教育、文化和大众政治的产生，以及以暴力形式出现的学生激进主义。他的青少年时期在杭州度过，这里既是新民国的省城，也是一座被历代诗歌、绘画和散文描述过无数次的美丽古城。在这里，经过李叔同、夏丏尊等老师的教导，他发展出富有个性、融合中外的文化感受力，并在后来的人生中继续追求。这个时期，他也首次遭了放逐的难言隐痛——逐渐远离童年，远离儿时稳定的世界、温暖的家庭、世外桃源和简单愉悦的生活。正是在这种放逐中，他找到了抒情漫画的灵感。孩子们出生成长，自己成为佛教徒，再度使丰子恺感受到童年的远离和无情的隔阂。在老师李叔同的影响下，他成为一名佛教居士，以面对 20 年代那一代人所遭遇的危机。在几个孩子夭折及母亲去世后，无法平静的孤独和内疚越来越强烈。从追求精神的安身立命之所的角度看，我们才可以思考和理解他后来的生涯。

在 20 年代和 30 年代初期，丰子恺作为教师、译者和作家，活动于上海及周边地区。这一时期，早年的文化争议仍在继续，精英们在复杂的政治斗争中逐渐分裂。他的许多同代人在国共两党紧张的斗争中变得更加激进，深涉政治，而丰子恺却选择部分地退回到童年。这个决定让他创作出许多令人难忘的作品，但也成为他后来受到指责的污点。丰子恺对儿童和"童真之心"的迷恋，是他对周遭紧张混乱的现实世界的回应。这使他似乎被定位成儿童作家，对于更广阔的读者群体没有太大意义。但是，当人们意识到他的作品更多的是为成年人而作时，他便由于对社会没有承担责任而遭受指责。与二三十年代流行的浪漫儿童文学不同，他的作品虽然态度坚定，但具有佛教的厌世主义色彩。他的艺术真诚积极，但他却被视为逃避者。其实，他是一位为现代民族文化做出贡献的入世浪漫主义者。他的文字和绘画显示出他对那个时代"新正统"的抗拒，更加倾心于他所理解的"言志"传统，这是在更悠久的历史中流传下来的"正统"。正因此，他与周作人、俞平伯、林语堂等作家志趣相投，致力于在中国诗书画中追求与正统不同的明清思潮中的"异端"传统。他们的努力证明，即使在商业化的时代，在寻找现代性的另类表达形式时，对抗社会变化和革命大潮的美学和个人立场是可以存在的。

丰子恺的职业和情感使他与同情激进政治力量的教师、作家群体保持一致，与此同时，重要的传统也在这群人的生活和文化活动中得到重塑并延续下去。他为林语堂倡导"现代文雅的人文主义"的杂志写稿，而这类杂志被左翼作家和同情共产党的文人嘲笑为小资产阶级的失败主义宣言，在独立和个性的外衣之下，向当权者邀功领赏。在 30 年代的上海，他极力避免卷入激烈的文化论争，一旦经济条件许可，就返回故乡石门湾过半隐居的生活。尽管他尽量避开上海的影响，但作为一位作家和艺术家，他无疑是在这座城市里发展成熟的人物。无论是他的传统主义或是他对现代性的兴趣，其实都是对当时文化背景的某种共鸣。虽然上海在某种程度上看起来像是中国的"他者"[38]——另类中国，但这座城市也展现出成熟的文化、混合蓬勃商业文化的自我意识，成为一个大熔炉，为丰子恺新传统主义艺术的产生创造了环境。他对读者与观众的认知，对城市生活的关注，在喧闹都市里发现的乡村美景和日常生活中的诗意，还有画作中对平凡事物蕴含神圣的赞叹，都是在上海这座都市充满活力的环境中产生的。从某种意义上说，丰子恺可以作为上海这座城市的象征。虽然不太情愿，但他在这个都市中度过了近一半的生命时光。

抗日战争爆发，令艺术家进入了另一种心灵上的放逐。1937 年，丰子恺和眷属被迫逃离石门湾。战火烧向浙江的幽静庭院和宅邸，居民四处离散。在随后不久的一次日军空袭中，他亲手主持修建的缘缘堂、数量可观的私人藏书和保存的早期绘画作品摧毁殆尽。对丰子恺而言，这不过是八年离乱的开始。八年里，全中国的知识界都比以往更深地卷入战事，丰子恺将这个时期称为"艺术的逃难"。艺术本身在这一时期也处于流亡之中。时代的宏大要求完全压倒了艺术家的个性追求，但即使在这种时代，他还是希望自己的流亡生涯能够尽可能艺术化。

许多论者认为，战时的逃难生涯使丰子恺与外界有了更多接触，刺激他更关注现实，更热心于政治。毫无疑问，穿行于中国内陆各省逃难之时，他所谓的"同情之心"更加增长。他以传统文人随笔的风格，用半文言将这段经历写进了《教师日记》当中。其他人也许会以这种书写形式评述大众抗日的精神，或者描述个人生涯的不幸，但丰子恺却记录了世俗日常生活里的琐事，除了讲授的美术课程，和经常要面对的毫无灵气的学生，他还记录了在桂林看到的牛棚窗棂图案，描写了广西与家乡浙江完全不同的各种灯饰、锁具和座椅。

作为文化名人，度过十年的半隐居生活之后，他发现再次走进教室是一次挑战。一段时间之后，他觉得学生既笨拙，又毫无艺术感受力。一天，他看到一群学生在校园中的抗日宣传画展板前咯咯发笑，那里展示的都是揭露战争暴行的宣传画。丰子恺觉得奇怪，就问他们为何发笑。其中一人说，在一张画上有一位妇人头颅都被炸掉了，背上还背着小孩，这个景象很好笑。丰子恺看到学生对战争的残酷竟然如此麻木，不禁目瞪口呆。这些展示侵略者暴行、激发仇恨的宣传画所收获的只有麻木。他开始担心这个国家的未来。后来，他发表了一场关于人性和同情的演讲，引用了许多儒家的看法来支撑自己的观点，并得出结论：强制性的规则和严惩不能使人得到教育，只能引发更大的欺瞒和不安。同情心只能来源于个人，并以个人对自我的理解为基础。学生们呆呆地听着，丰子恺怀疑他们是否真的听懂了这些教诲。他的美术课程虽然看起来是在教授透视法、明暗法和素描，但他对于学生能成长为艺术家不抱任何希望。不过他相信，他的讲授能让学生了解生命和美的意义，获得欣赏世界、对世界怀抱同情心的方法。他的日记，不断显示出与他年龄不相符合的生活方式，他敏感地感觉到战争的进程将导致社会危险地走向残暴。

和同时代多数人一样，中华人民共和国成立之后，丰子恺最初也为新政权所承诺的政治稳定、经济繁荣和社会和谐的前景激动。他通过与弘一和马一浮的接触而怀抱的佛教、儒家信仰，与对文化复兴和国家繁荣的期盼交织在一起。他们都希望看到一个强大的中国，也希望国家具有精神和灵魂。党的宣传机构给出的美好愿景，让他和同时代的许多人想象，某种形式的大同世界，在近一个世纪的不断追寻之后，如今可能变成现实。在这个时期，自由文化人，被势利的腐朽文化所拒斥、被商业艺术市场所厌恶、被战争摧残和政治贬斥的男男女女，急迫地寻求政府的资助，努力在新社会里寻找他们能得到的前所未有的名望和财富。他们中的不少人认为，作为中国古老传统学而优则仕的继承者，他们天然就具有这种权利。因此，像丰子恺这样把个人重生和国家复兴的希望联系在一起的艺术家和作家逐渐认识到，"自我批判"，即"对过去的否定"，不但能使他们在新中国获得一个位置，并且扮演重要的角色。但是，自我作践的代价是让他们在新中国经历了"内心的流亡"，尽管他作为革命的同路人，受到善待并获得了一些荣誉。丰子恺从未完全放弃绘画，但把主要的精力放在学习俄语和翻译上，也偷偷地继续着《护生画集》的工作。"文化大革命"期间，他和其他艺术家和作家一样遭受打击，但他是极少数能坚持在私底下为了热爱自己作品的大众继续写作和绘画的艺术家之一。即便是这种对个人理想的追求，也不为当时的情势所容忍。

丰子恺面临着时代的困境——如何处理好现代艺术家身份与混乱年代里的个体的关系。这不仅要简单粗暴地否定自己的过去，还得屈从于权势和五四以来的极端反传统主义潮流。[39]他对李叔同的精神依赖与深切的师生之谊，并未因五四运动的爆发而有丝毫动摇。当时，不少师生的关系破裂了[40]，而丰子恺却通过立誓完成全部六卷《护生画集》，有意识地使自己与老师联系在一起。他作出这个决定是在1927至1928年之间，这正是中国近代史上知识分子和政治生活发生极大变动的时期。这个誓言，帮他挨过了40年代的战争威胁和社会主义时期的烦琐要求，成为以积极的行动恪尽职责的典范。

当然，这并不意味着丰子恺能超越时代的变迁。中国的政治和社会变革，城市知识分子之间的矛盾，二三十年代农村破产带来的动荡，抗日战争时期的各种灾难，以及随后国共两党战争的暴力，都能在丰子恺的绘画和散文中寻出踪迹。在内心世界被时代危机所占据的时候，他能够服从局势的要求，支持追求适应于大众的民族文化形式。但是，他也生活在由自己的宗教信仰、个人修养及自我表达所滋养的另一种文化之中，这些都植根于往昔的精英文化。面对适应新的艺术与教师职业、努力成为革命文艺工作者典范的要求，他以一种业余的理念来对待艺术和革命的职业化——对于二者都不感兴趣。

丰子恺认同五四时代的早期人文主义，这种观点在周作人《人的文学》一文中得到过最清晰的表述。[41] 如果说，那时大多数作家都认为时代最大的变化是通过思想和观念的转变来改良国民性 [42]，那么，无论是作为教师，还是译者、作家或艺术家，甚至是作为父亲，丰子恺一生都在寻求这个目标的完成。同样，如果把"艺术地生活"看成一种成就，那毫无疑问，丰子恺是他那个时代最成功的艺术家之一。难怪朱光潜会说："子恺从顶至踵是一个艺术家，他的胸襟，他的言动笑貌，全都是艺术的。"[43] 丰子恺最大的成就，或许是在 20 世纪变幻无常的政治中始终保持一种自由自在的精神，当许多人在艺术创作与政治活动之间进行痛苦的选择时，他没有完全被现实击溃，也不为历史所出卖。不过，这并不是说，在新中国成立之后他还能公开地坚持他的独立。正如我们所见，他的后半生也经历着党和政权的影响，以及由此带来的种种利益、痛苦。在生命的最后时期，他在很大程度上保持着精神的独立。在"文化大革命"结束、复兴大潮赋予他爱国文化工作者身份、让他获得全新的解放之前，他就去世了，不然，在经济改革的时代，对于自己能够扮演的角色，他还可以有新的选择。

虽然丰子恺未能度过"文化大革命"，但他的艺术和声誉都留存下来了。借助普实克（Jaroslav Prusek）的观点重新审视他的抒情漫画艺术，我们就会发现其持久的魅力和新鲜活力：

很多世纪以来，中国抒情文学从自然中选择了一些要素，饱含着热情来创作一个超验、睿智并沉浸于其中的自然之"神秘"的图景。这种追求的基本假设是艺术家拥有精确的观察能力，能敏锐地捕捉到虽然琐碎但却具有代表性的小事物，并希望通过这些事物来与读者进行沟通……这种方式教会艺术家从普通日常现象中寻出典型性，进行概括以到达其最本质的核心，以尽可能简明的方式说出其内涵。当艺术家以之来暗示社会现实时，人们不难理解这种方式所指的是什么。尽可能精炼地观察，使艺术家拥有了从混乱的现象中找出最有意义之物的能力，并以简洁而富有启发性的笔触予以酝酿和表达。因此，诗歌所建构的图景，不但指向个别的事物，也是对于整个时代的高度概括。[44]

说到丰子恺作品的影响，或许在漫画领域最容易看到。对丰氏艺术风格的模仿最早出现在 20 年代的《妇女杂志》和 1931 年的《中学生》杂志上[45]，他的崇拜者和模仿者鲍慧和还在 30 年代中期于林语堂主编的《宇宙风》上发表过仿作。抗战时期，上海一位叫李毓镛的年轻画家，被《护生画集》深深打动，以"次恺"之名在《申报》上发表丰氏风格的漫画。[46]而在今天的中国大陆，至少有两位漫画家深受丰子恺艺术的影响。一位是华君武，高产的漫画家和资深文化官员，虽然他声称自己的艺术风格主要是受到二三十年代活跃于上海的白俄漫画家萨帕乔（Sapajou）的影响[47]，但其漫画的中国水墨线条，对边框的使用，及其书法风格和题款，都与丰子恺漫画极为相似。另一位是艺术家和漫画史专家毕克官，他自豪地称丰子恺是他的导师。[48]"文化大革命"后，毕克官倡导重新评价丰子恺漫画，他的一些非政治题材作品，显示出对丰氏风格的持久追求，甚至某些作品的题目都是从

丰子恺《拜年与压岁》（1930 年代末）。图片来自丰子恺《教师日记》（重庆：万光书局，1944 年）。

丰子恺《八十七岁》，署名 TK。图片来自《人间相》。

丰氏漫画中借用而来的。

还有证据表明丰氏漫画也影响了其他漫画家——虽然他们不一定会承认这种影响，而且作品风格和丰子恺之作也不太具有相似性。丰子恺的影响体现在，这些画家都使用中国水墨的笔法，讽刺时事，描绘日常生活甚至是琐碎之物。在 1976 年后的大陆美术史中，除了漫画，曾鼓舞丰子恺艺术的观念和精神已经很少见到。风格怪诞的后文人画风在台湾出现后，大陆的"新文人画"也开始活跃，并自 80 年代中期以后与前卫艺术平分天下。作为中国改革时代的产物，这种复古的文人画风，利用水墨、书法和题跋（往往是几句打油诗）作为表达方式，风靡一时。丰子恺的风格和艺术观念反而显得另类过时。虽然丰子恺的画作在市场上仍具有一定的价值，但在今天——就像从 40 年代以来一样，他的作品可能已是一种老古董了。

从丰子恺难以言喻的个人风格中，我们看到了他作为个体和创作者所秉持的"同情之心"。他相信，这是艺术之所以不朽的根基所在 [49]，也正是同情心使他从大多数同时代人中间脱颖而出。这解释了为何当大多数人的作品只具有学术研究和收藏价值时，丰子恺艺术在

愚公定挖封建余脉

▶ 华君武《愚公移山》（1980 年 6 月），画中山峰上的文字是「一言堂山」，说明文字为『愚公定挖封建余脉』。封建主义的大山虽然已经移走了，（毛泽东在《愚公移山》中说，有两座压在中国人民头上的大山，一座叫做帝国主义，一座叫做封建主义。中国共产党早就下了决心，要挖掉这两座山。）但还要继续深挖斩除封建主义的根源。图片来自中英双语版《华君武漫画选（1955—1982 年）》北京：新世界出版社，1984 年），由詹纳尔（W. J. F. Jenner）英译。

今天仍然具有勃勃生机。丰子恺的"同情之心"，传递出关于永恒和价值的理念，以温和的方式提醒我们警惕无理性的进步和大众文化的威胁，以及未曾注意到的物质陷阱。它还隐藏有一个追问：当文化中的道德崩塌之时，现代人还能幸存吗？ [50]

夏志清在关于中国现代小说史的研究中指出，20 世纪的中国文化有一个严重的缺失，即"同情心的缺乏"。当谈论落花生（许地山，佛教居士、小说家，他和丰子恺一样是文学研究会的早期成员）时，他说：

> 大部分的现代中国作家把他们的同情只保留给贫苦者和被压迫者。他们完全不知道，任何一个人，不管他的阶级和地位如何，都值得我们去同情了解。这一个缺点说明了中国现代文学在道德意识上的浮浅；由于它只顾及国家的与思想

◀ 毕克官《有趣的书》。图片来自《毕克官漫画选》（天津：天津人民美术出版社，1981 年）。

上的问题，它便无暇以慈悲的精神去检讨个人的命运。[51]

如果说丰子恺的生命和作品是"艺术的逃难"之象征，它也恰恰是"同情心的胜利"的明证。从这个角度看，丰子恺或许就不再是中国大陆和台湾两岸主流文化之外可有可无的边缘人物。现在，许多读者都从丰氏作品中寻找超脱于政治变幻和经济盛衰之外的精神力量。从他的逃难中，在人性的种种机遇中，人们可以认识到自身的生存状态。在丰子恺作品里，读者找到安慰，在乱世的苦痛、愤怒、斗争和遗憾中得到片刻的解脱。丰子恺生命的大多数时光，都是一种"艺术的逃难"。不过，如果你愿意去找寻，通往丰子恺这种状态的永恒之路，就在他的艺术和文字的世界中。

当《桃花源记》中孤单的渔夫偶然发现了平静安宁的理想世界，又返回喧闹而混乱的世界，他以为如果愿意，仍能找回桃花源。但是，

▶ 方成《为官老爷画像》。图片来自《方成漫画选》（上海：上海人民美术出版社，1982年）。

▶ 丰子恺彩色画作《女墙上黯黯的一抹斜阳，人在城外了》，署名「K」，为俞平伯《忆》所作插图。

丰子恺《教人立尽梧桐影》，署名「K」，作品主题来自宋代吕岩词《梧桐影》。图片来自《子恺漫画》。

当人们跟随渔夫的指引，想再次寻找那个村落时，却再也无法寻到通往彼处的路径了。

> 旋复还幽蔽。
>
> 借问游方士，
>
> 焉测尘嚣外？
>
> 愿言蹑轻风，
>
> 高举寻吾契。[52]

1　由海托华（Hightower）英译，引自班宗华，《桃花源》，第 15 页。

2　白杰明，《大众的历史》（"History for the Masses"），载安戈（Jonathan Unger）编，《古为今用：当代中国的史学与政治》（*Using the Past to Serve the Present: Historiography and Politics in Contemporary China*，N. Y.: M. E. Sharpe，1993），第 260 页后。

3　白杰明，《反抗者的记忆》（"Memory as the Enemy of Tyranny"），载《远东经济评论》（*Far Eastern Economic Review*），第 19 期（1988 年 5 月），第 47—48 页；《大众的历史》，载安戈编，《古为今用》，第 265 页后。

4　明川编，《缘缘堂集外佚文》，香港：文学社，1979 年。

5　明川，《不是纪念一个人那么简单》，《香港文学》，1985 年第 9 期，第 19 页。陈星，《明川女士与丰子恺》，《嘉兴报》，1987 年 11 月 22、29 日。不过，明川女士同意大量重印她受丰子恺艺术影响的散文精选，参看明川，《丰子恺漫画选绎》，1976 年；香港：三联书店，1991 年，修订版。

6　丰一吟，《潇洒风神》，第 347 页；这位读者是供职于湖北省黄石市某幼儿园的王琴。

7　潘文彦，《丰子恺先生年表》，新加坡、香港：时代图书公司，1979 年。

8　莫一点、许征农编，《丰子恺连环漫画集》；关于哈公的更多信息，请参看白杰明、闵福德（John Minford）编，《火种》第二版（*Seeds of Fire: Chinese Voices of Conscience*，New York: Hill&Wang，1988），第 179—188 页。

9　参看上海文艺出版社编，《往事与哀思》，第 365 页。这本"文化大革命"后最早出版的名人怀念集是按照人物的政治地位排序，他们分别是：郭沫若、老舍、何其芳、阿英、邵荃麟、赵树理、柳青、杨朔、郭小川、侯金镜、叶以群、魏金枝、丰子恺、傅雷、闻捷、海默、罗广斌。

10　朱光潜，《缅怀丰子恺老友》，此文写于 1979 年，重印于《艺文杂谈》，合肥：安徽人民出版社，1981 年，第 259—261 页。

11　《新文学史料》（季刊）由人民文学出版社出版，《丰子恺传》分四次连载于 1980 年第 2 期（6 月）至 1981 年第 1 期（3 月）；同时参看丰一吟等的怀念文章，载于《明报月刊》1979 年第 9 期，第 45—48 页。

12　丰华瞻、戚志蓉编，《丰子恺散文选集》，上海：上海文艺出版社，1981 年，第 3—5 页。

13　参看殷琦，《丰子恺散文初探》，《中国现代文学研究丛刊》，1983 年第 4 期，重印于《杨柳》1984 年第 2 期，第 10 页。

14　引自《杨柳》，1984 年第 2 期，第 10 页。

15　邵洛羊，《人品与画格》，《解放日报》，1984 年 1 月 17 日。

16　杨牧，《丰子恺礼赞》，载杨牧编，《丰子恺文选》（4 卷本）第 1 卷，台北：洪范书店，1982 年，第 9 页。

17　丰华瞻，《丰子恺最后几年的著述活动》，《明报月刊》，1988 年第 8 期，第 75—76 页。

18　唯慈，《毛泽东时代的佛教》，第 145 页。

19　徐开磊，《喜闻重建缘缘堂》，《人民日报》（海外版），1985 年 9 月 15 日；国内版《人民日报》随后也刊登了这个消息，参看朱姗，《缘缘堂巡礼》，《人民日报》，1986 年 5 月 21 日（原文日期有误——译者）。

20　陈星，《火花上的丰子恺漫画》，《嘉兴报》，1988 年 3 月 6 日。

21　《杨柳》，1988 年第 22 期，第 11—12 页。

22　潘颂德，《建议创立一门丰子恺学》，《杨柳》，1988 年第 22 期，第 3—4 页。

23　角威航（音），《我所认识的陈星》，《杨柳》，1988 年第 22 期，第 10 页。

24　陈星，《佛天艺海——李叔同与丰子恺传奇》，《人民日报》，1989 年 1 月 4 日。

25　笔者参加这次会议最愉快的经历是见到了易昭雪医师，他曾以在 1947 年拔掉了丰子恺口中的"官匪"而闻名。（参看本书第九章）

26　笔者最初于 1988 年在北京图书馆见到此书。那时，北图刚刚搬到白石桥的新馆，图书管理员李志良（音）在一堆搬迁后杂乱堆放的书籍中找到这本残破的书。

27　例如，对当代中国大陆读者而言，丰子恺抗战时期的文章在谈到国民党军队时，有时过于正面而显得政治不正确。与之类似的情况是，丰子恺在 1949 年之后的作品，过于美化中国共产党政府种种政策。这些文字经过后期的编辑, 有不少地方已被改变。但是, 在这些编改的背后, 其实隐藏着更深的真相: 丰子恺的谴责与自我批评, 对他人的各种批判, 以及他私下对于新政府的批评, 等等, 已经以编辑的名义, 在丰子恺艺术创作生涯的公共记录中被过滤掉, 已经影响 (或阻碍) 了笔者的学术观点的形成。笔者在使用材料时, 将尽可能采用最初发表的原始版本或其他来源。

28 在台湾工作的陈敬之, 是首位在一本专著中研究讨论了周作人、朱自清、俞平伯、林语堂和丰子恺生平和创作的作家, 参看其《早期新散文的重要作家》, 台北: 成文出版社, 1980 年, 特别是在该书第 123—150 页中关于丰子恺的论说。

29 钱伯城,《前言》,《袁宏道集笺校》第 1 册, 第 2 页。

30 林语堂,《生活的艺术》, 第 376—379 页。

31 参看白杰明,《红尘滚滚》, 第 255—280 页。

32 参看白杰明,《台湾》("Taiwan, China's Other"), 载《红尘滚滚》, 第 219—224 页。

33 周质平,《袁宏道与公安派》(Chih-p'ing Chou, *Yian Hung-tao and the Kung-a School*, Cambridge: Cambridge University Press, 1988), 第 121—122 页。

34 李欧梵,《鲁迅及其遗产》(Leo Ou-fan Lee, *Lu Xun and His Legacy*, Berkeley: University of California Press, 1985), 第 294 页。

35 钱锁桥,《林语堂论现代》,《二十一世纪》(香港), 第 35 期 (1996 年 6 月), 第 137—144 页。

36 丰一吟,《潇洒风神》, 第 349 页。在这个石碑的背面, 记载着丰子恺是从黄堂迁往石门的丰圣文的第十七代孙。

37 约瑟夫 · 魏特灵,《悲伤与庄严的流亡》(Joseph Wittlin, "Sorrow and Grandeur of Exile"), 载《波兰评论》(The Polish Review)第 2 卷, 第 2—3 期 (1957), 第 102 页。

38 卢汉超,《霓虹灯外: 20 世纪初日常生活中的上海》, 第 309—310 页。

39 例如, 林毓生,《中国意识的危机》, 第 55 页。

40 李泽厚、舒衡哲,《现代中国的六代知识分子》(Li Zehou and Vera Schwarcz, "Six Generations of Modern Chinese Intellectuals"),《中国历史研究》(Chinese Studies in History)第 17 卷,第 2 期,(1983—1984 年,冬季刊),第 42—56、49 页。

41 恩斯特·沃尔夫,《周作人》,第 97—105 页。

42 见卜立德的相关论述,载费侠莉编,《变革的局限》,第 349 页。

43 朱光潜,《缅怀丰子恺老友》,《艺文杂谈》,第 260 页。

44 普实克,《对白居易诗的一些旁注》,(Jaroslav Prusek, "Some Marginal Notes on the Poemsof Po Chü-i"),见普氏《中国历史与文学研究》(Chinese History and Literature: Collection of Sudies, Dordrecht: Reidel, 1970),第 80—81 页。

45 参看《中学生》第 19 期(1931 年 11 月),《第九次美术竞赛:学校生活漫画》,图版 4、7、10。

46 丰子恺,《教师日记》,《丰子恺文集》卷 7,第 133 页。

47 华君武,《华君武漫画选》(Chinese Satire and Humour: Selected Cartoons of Hua Junwu),第 7、10 页。华君武为丰一吟的《丰子恺》一书撰写了一篇简短文章作为序言,讲述了他和丰子恺之间的关系。这篇题为《子恺先生》的文章,初次发表于《美术》杂志 1984 年 12 月号,第 50—51 页。据华君武讲,他经林语堂的介绍,于 30 年代初期认识了丰子恺,随后于 1934 年随陶亢德在杭州再次拜访过丰子恺。华君武的早期漫画作品和丰子恺画作一道出现在林语堂编的《宇宙风》杂志上。关于萨帕乔的更多信息,参看格瑞教,《萨帕乔》(Richard Rigby, "Sapajou"),载《东亚历史》,第 17、18 期(1999 年 6—12 月),第 131—168 页,尤其是第 137 页。

48 参看毕克官为《毕克官漫画选》(天津:天津人民美术出版社,1981 年)所写序言(第 5 页)。毕克官的儿童漫画受到丰子恺作品的直接影响。自 1956 年毕业于北京的中央美术学院后,毕克官先后在《漫画》和《美术》杂志社工作。1959 年,毕克官开始为多种报刊创作儿童漫画专栏。这些专栏的名字深受丰子恺的影响,叫作"童心"。

49 丰子恺,《文艺的不朽性》,《丰子恺文集》卷 4, 第 319—321 页。

50 这个问题出自李克曼对刘易斯 (C. S. Lewis) 1943 年文章《人之废》("The Abolition of Man") 的评论, 见李克曼,《被遗忘的宝藏》("Forgotten Treasures: A Symposium"),《洛杉矶时报书评》(*Los Angeles Times Book Review*), 第 26 期 (1999 年 12 月), 第 6 页。

51 夏志清,《中国现代小说史》, 第 55—56、84—92 页; 陈慧剑编,《四居士书》, 香港: 荒原出版社, 无出版时间, 此书收录了夏丏尊、丰子恺、许地山和陈慧剑的文章。

52 这是陶渊明诗的最后几句, 与他的《桃花源记》有关, 由戴维斯英译, 见《陶渊明》第一卷, 第 197 页。

编后记

　　《此生已近桃花源：丰子恺传》的写作过程中，作者参考了各个历史时期的文献。在编辑过程中，鉴于各种文献所处时代在标点符号、词汇使用、句式结构以及一些说法上，与当代规范存在差异，为尽可能保留原著风貌，我们仅对文本做了必要的微调。以上情况，请读者朋友在阅读中参考，难免有错讹疏漏，盼指正。